炎黄文化研究

第六辑

- 中华炎黄文化研究会
- 黄帝陵基金会
- 炎帝陵基金会 主办

主编 王俊义

大象出版社

## 编辑委员会

| 顾　　　问 | 张岂之　方克立　石兴邦　韩　伟　文选德 |
|---|---|
| 主　　　任 | 张文彬　孙天义　石玉珍 |
| 委　　　员 | （以姓氏笔画为序） |
| | 王　才　王俊义　冯广裕　曲英杰　刘宝才 |
| | 李尚英　何炳武　邵小强　耿相新　黄爱平 |
| | 梁绍辉　曹敬庄　曾雨农　漆永祥 |
| 主　　　编 | 王俊义 |
| 副　主　编 | 王　才　曾雨农　邵小强 |
| 编辑部主任 | 李尚英 |

# 目　录

## 专　论
文化自觉与中华文化的当代价值……………鲁　谆　王俊义　王　才\1
发现东方与新世纪中国文化前景………………………………王岳川\11

## 炎黄二帝及其时代
嫘祖与嫘祖故里………………………………………………马世之\27
黄帝建都涿鹿考辨……………………………………………江达煌\34
炎帝陵的修复与整建………………………………曾雨农　曹敬庄\41
炎帝、黄帝与中国龙
　　——兼谈建构中国的形象品牌………………………王宇信\54
炎黄二帝——中华姓氏之根…………………………………张海瀛\60

## 祭祀文化
秦汉魏晋南北朝时期的黄帝祭祀及其演变…………………何炳武\68
清代孔庙祭孔仪制……………………………………………邱雪静\75

## 民族文化与地域文化
论"浙学"……………………………………………………吴　光\84
湖湘学术传统的近代转型
　　——中国近代化进程中的文化传承与创新问题管窥…朱汉民\94
晚清湖湘理学群体与湖湘文化………………………………张晨怡\105

## 思潮与学派
中国古代"天人合一"思想与当代生态文化建设……………曾繁仁\118
儒家文明在世界文明对话中的地位和价值…………………张立文\128
老子学说的精华及其现代性…………………………………侯　才\139
康有为《孟子微》发微
　　——兼论以西学补充印证经学………………………汪学群\148

## 文化丛谈
试述中华文化的精神风格……………………………………李德顺\160

中华文化与民族凝聚力 ………………………………… 王志光\169

## 文物与考古
中国近年重要考古发现及其文化价值 …………………… 张文彬\174

## 文献整理与研究
《全宋文》与宋代思想家研究 ……………………………… 郭　齐\189
从《全宋文》的"全"看其学术价值 ……………………… 刘　琳\197
论《全宋文》的文体分类及其编序 ………………………… 曾枣庄\210

## 海外中华文化研究
西方汉学家对清史感兴趣的原因 …………………………… 胡志宏\229

## 中华学人
永远令人怀念的黎澍先生 …………………………………… 蒋大椿\237
史家当具千秋识
　　——熊德基先生与史学研究 …………………………… 刘　驰\250

## 书评与序跋
《老子古今》序 ……………………………………………… 余英时\262
王章涛《王念孙王引之年谱》读后 ………………………… 漆永祥\267

## 学术动态
中华文化及其当代价值
　　——"21世纪中华文化世界论坛"第四次国际学术研讨会述评
………………………………………………………………… 阎纯德\274
"西学与清代文化"国际学术研讨会综述 ………………… 黄爱平\297

# 文化自觉与中华文化的当代价值

◇鲁 谆 王俊义 王 才

正当人类进入21世纪之际,一种新的文化观在国内外学术界引起越来越广泛的关注,这就是费孝通教授提出的"文化自觉"理论。

文化自觉论的形成和发展有一个过程,为人们所了解和认识也有一个过程。费老生前在担任中华炎黄文化研究会会长期间,曾参与发起、热忱关怀"21世纪中华文化世界论坛",并在论坛的多次会议上反复呼吁实现文化自觉。对于我们中华民族来说,文化自觉的一个重要课题,就是发掘与实现中华文化的当代价值。研究费老的文化自觉论,有助于我们深入探讨中华文化的当代价值。

## 一、文化自觉是时代的潮流与呼唤

什么是"文化自觉"?在1998年香港举行的"中华文化与21世纪"国际学术研讨会,亦即21世纪中华文化世界论坛发起会上,费先生发表了论文《中华文化在新世纪面临的挑战》,他说:"文化自觉,意思是生活在既定文化中的人对其文化有'自知之明',明白它的来历、形成的过程、所具有的特色和它发展的趋向。自知之明是为了加强对文化转型的自主能力,取得决定适应新环境、新时代文化选择的自主地位。"[①]简言之,所谓文化自觉,就是要对自己的文化有自知之明,这与当今时代潮流有着内在的密切联系。

(一)文化自觉是当今时代发展的必然趋势。

任何一种学术思想和文化理论的诞生,都有一定的时代背景。文化自觉论出现在20世纪与21世纪之交,绝非偶然,而是伴随国内、国际形势发展应运而生的。

正如费孝通先生所说,20世纪前半叶中国思想的主流,一直是围绕着民族认同和文化认同而发展的。以各种方式出现的有关中西文化的长期论争,归根结底只是一个问题,就是在西方文化的强烈冲击下,现代中国人究竟能不能保持原有的文化认同?是不是必须向西方文化认同?他指出,中国上两代的知识分

---

① 见《费孝通论文化与文化自觉》,第295页,群言出版社,2005年。

子,一生都被困在有关中西文化的争论之中,人们所熟悉的梁漱溟、陈寅恪、钱穆先生等都在其内。西方列强自19世纪中叶进犯中国以后,中西文化直接碰头,中西文化的比较就一直是中国知识分子关心的问题,如"中学为体,西学为用"的提出等等。从五四新文化运动举起"民主与科学"的旗帜、马克思主义传入中国,到抗日战争,从新中国成立后历次政治运动的"破旧立新",直到"文化大革命"达到顶点,贯穿的一种倾向,都是要把传统的东西统统扫清。费孝通总结说:"总之,中国文化从传统走向现代的进程中,步履维艰。怎样才能使中国文化的发展摆脱困境,适应于时代潮流,中国知识分子上下求索,提出了各种各样的主张,以探求中国文化的道路。"①也就是说,中国人民尤其是知识分子,经过一百多年来的曲折道路和痛苦摸索,深感有必要从文化上的各种迷惘与盲目状态中解脱出来,走向自觉。

就国际环境而言,20世纪是个风云变幻的世纪。上半叶经历了两次世界大战,给人类带来了空前的浩劫和无尽的灾难;下半叶又长期陷于两大阵营的冷战之中,国际局势持续紧张。直到90年代,苏联解体,冷战结束,世界格局发生了重大变化。然而,国家与国家、民族与民族、宗教与宗教以及教派之间,局部的战争与冲突从未间断。特别是霸权主义到处插手,搅得世界不得安宁。到了世纪之交,全球化浪潮汹涌澎湃,又引起世界范围内种种新的矛盾和问题。如何从文化上,对新时代、新形势、新问题进行分析和应对,各国学者纷纷从不同角度提出了各自的见解。亨廷顿的"文明冲突论"问世,在世界范围内引起强烈反响,国际学术界出现有关不同文明之间相互关系的讨论热潮。此时,中国随着改革开放的深化,日益融入世界,国内局势与国际局势更加息息相关。费先生高瞻远瞩,放眼全球,密切注视重大国际事件的发生发展。他的文化自觉论,正是紧扣当今时代进行文化思考的理论结晶,也是对亨廷顿"文明冲突论"的一个回应。

(二)文化自觉论是中华文化与时代精神相结合的产物。

当前国际形势尽管局部动荡彼伏此起,然而,和平发展毕竟是时代的主题。各国有识之士认识到,不同国家、不同文明之间的和平共处,不仅是非常必要的,也是完全可能的。和平与发展是当今世界大众最关心的问题,也是他们最迫切的愿望。费孝通对于文化自觉提出了著名的"美美四句":"各美其美,美人之美,美美与共,天下大同。"这既是对文化自觉历程的精辟概括,也是处理不同文明之间相互关系的基本准则,为争取和平发展提出了美好前景。

"美美四句"言简意赅,内涵丰富,论者对其作了逐句解释。"各美其美","就是不同文化中的不同人群对自己传统的欣赏"。"各美其美"不仅仅是"自美其美",更不是"唯我独美"。它既包括对于自己文化的欣赏,同时又要理解和容忍其他文化的人们也欣赏其各自的文化。可见,要真正做到"各美其美"并不容

---

① 《关于"文化自觉"的一些自白》,《费孝通论文化与文化自觉》,第475页。

易,但这只是文化自觉的第一步。"美人之美","就是要求我们了解别人文化的优势和美感"。也就是说,各个文化的人们,在欣赏自己文化的同时,还要看到其他文化的优点和长处。直到今天,世界各国还有不少人只看到自己文化的优点和长处,而看不到其他文化的优点和长处,这是缺乏文化自觉的表现。"美美与共","就是说已经被捆在一体中的人们能有一套被大家共认的价值标准,人人心甘自愿地按这些标准主动地行事"①。这是文化自觉历程的更高层次,有了这种文化自觉的境界,才能维护世界的持久和平。"天下大同",在费先生看来,就是让"一个个分裂的文化集体联合起来,形成一个文化共同体,一个多元一体的国际社会"②。他是从文化角度来论述"天下大同"的,并把"天下大同"作为文化自觉的最终目标。这样一种崇高的文化理想和文化信念,可以鼓舞人们在人文价值上谋求某些共识,正确处理当前各个文化之间的相互关系。"文化自觉就是在全球范围内提倡'和而不同'世界观的一种具体体现"③。

(三)文化自觉论反映了人民大众的意愿。

费孝通一生从事社会学、人类学研究,"从实求知","志在富民"。20世纪80年代末和90年代末,他先后到内蒙古鄂伦春族和黑龙江省赫哲族聚居区考察,看到这两个民族由于长期在森林中生存,世世代代传下来一套适合林区环境的文化,以狩猎和饲鹿为生;近百年来由于森林的日益衰败,威胁到这两个小民族的生存。于是他想,在跨入信息社会后文化变动这么快,这两个少数民族只有从文化转型上求生路,发挥原有文化的特长,才能求得民族的生存与发展。而要主动进行文化转型,就必须对自己的文化有自知之明,这就是文化自觉。因此,文化自觉论是在实际考察的基础上,反映了人民大众的迫切愿望。

可见,费先生的视野从小到大,从具体到抽象,从这两个少数民族的特殊问题,看到文化自觉是全国、全世界面临的普遍问题,是时代的强音。尽管各个民族、各个文化所迫切需要解决的问题各不相同,但是,必须主动地进行文化转型,必须实现文化自觉,这一点是共同的。时代的呼唤,总是与人民大众的根本利益息息相关的。只有实现文化自觉,才能适应时代的步伐,符合时代的要求,才能最大限度地代表人民大众的利益。反之,如果缺乏文化自觉,固步自封,停滞不前,必将落后于时代的步伐,背离时代的要求,最终损害人民大众的利益。

正因为如此,不少学者在阐述各自的文化观点时,都以不同方式表达了文化自觉的思想。费先生的贡献在于,他把文化自觉的思想理念加以高度概括、深入阐发,上升为系统的理论。因而,当文化自觉论一旦面世之后,立即在国内外学术、文化以及社会各界人士中,产生共鸣、受到赞誉、引起重视。这在"21世纪中

---

① 以上引文均引自《人文价值再思考》,同上书,第248页。
② 《东方文明与二十一世纪和平》,同上书,第205页。
③ 《经济全球化和中国"三级两跳"中对文化的思考》,同上书,第398页。

华文化世界论坛"先后在北京、香港、澳门举行的几届会议上,也不同程度地得到反映。这次由中华炎黄文化研究会与辅仁大学、南华大学等在台湾共同主办的第四届论坛,以"中华文化的当代价值"为主题的学术研讨会,是上述系列讨论的继续和深入。

## 二、发掘中华文化的当代价值是实现文化自觉题中应有之义

产生于人类实际生活的理论,应该也可以回到实际生活中去,给人们的活动以指导和影响。文化自觉论随着时代应运而生,也将回到实际生活中去,推动时代前进。就我们中华民族尤其是学术文化界来说,实现文化自觉,首先要对于中华文化有自知之明,要正确全面地认识中华文化的起源、传承和发展,及其与其他文化的相互关系,认识其中的精华与糟粕、长处与短处。而归根到底,是通过对于中华文化的深入研究、精心梳理,把那些对于当今具有现实价值的东西,赋予时代内涵,加以发扬光大,用来为中国以至人类社会谋福利。这个过程也就是发掘与实现中华文化当代价值的过程。

文化的历史价值与现实价值是统一的。任何一种文化作为一定时代的产物,都具有时代的特征,其中必然有某些成分随着时代的前进而发展、提高,也必然有某些成分因与时代不相适应而被历史所淘汰。因而,决不能把传统文化不加分析、原封不动地全部搬用到今天。传统文化中又有其超越于时代的因素,带有延续性、持久性和普遍性,不仅在历史上有其价值,现在以至将来都有其价值。在这个问题上,文化复古主义和文化虚无主义都是片面、错误和有害的。实现文化自觉,首先要把文化的历史价值和现实价值结合起来进行研究。中华文明作为世界几大文明中唯一具有几千年悠久历史而从未中断的文明,不但有过辉煌的历史作用,其当代价值也极为丰富和突出,这是理所当然的。可是,自明末以来,随着西方传教士来到中国,西学东渐,对中国社会带来极大的冲击。特别是经过1840年鸦片战争,西方列强用炮舰轰开了中国闭关锁国的大门,中西文化的交流与冲突剧增,中国文化在吸取借鉴西方文化许多积极因素的同时,也给人们的心理和认识上造成一种错觉:似乎整个中国文化等同于封建落后的代名词,成了现代化的障碍,在当今时代不再有任何价值可言了。这种片面认识,极大地伤害了中华民族的文化自信与文化自尊,从而对于中华文化和中华民族的复兴带来了严重的消极影响。经过了辛亥革命,全民族抗日战争的胜利,中国的独立、解放,特别是中国大陆实行改革开放后的经济腾飞,加之台湾经济上自上世纪50年代以来的发展与变化,整个中华民族国际政治地位的提高,人们逐渐以全面的观点来看待中华文化,发掘与实现中华文化的当代价值也就越来越被作为重要课题重新提了出来。费老在论述文化自觉的过程中,强调指出中华文化的当代价值将在21世纪得到充分的发掘与实现。他说:"如果我们有理由认

为,中华民族在新世纪中又将进入一个强盛时期,我们就应该意识到,生活在新世纪中的中国人正面临着一个充分发扬中华文化特色的历史机遇的到来。"①

谈论中华文化的当代价值,要立足于中国,首先把中华文化中那些有利于当今中国经济发展、社会进步、民族和睦、国家统一以及争取一个国际和平环境的一切宝贵东西充分发掘出来,用以提高全民族的思想文化素质和精神境界情操,并在先进文化的引导下,提高全民族的自信与自尊,全面推进现代化建设和综合国力的提高,实现中华民族的伟大复兴。同时,还应放眼世界,进一步将中华文化中那些对于当今世界有价值的东西,贡献于全人类。世界文化是多元一体的,这个基本格局在当今世界更加突出、更为明显。各个民族、各个国家之间的文化交流、融合与竞争,在全球化时代越来越频繁与激烈。我们应以更加开放的态度,看待和迎接这种挑战。我们在进一步学习、吸收、借鉴一切外来文化中有益成分的同时,也要积极地将中华文化中可供其他民族和国家学习、吸收和借鉴的东西,主动地推介出去。这既是我们对于人类应当负起的责任,也是应对西方强势文化挑战的必要措施。正如费老所说:"我们相信中华文化中还有许多特有的东西,可以解决当今人类面临的很多现实问题,甚至可以解决很难的难题,这是可以相信的,不然哪里会有曾绵延了5000年的巨大活力。现在的问题是我们怎么把这些特点发掘出来,表达出来,这也就是我们实现文化自觉的具体课题。"②因此,发掘与实现中华文化的当代价值本身,就是文化自觉的重要任务和生动体现。

## 三、中华文化当代价值的主要表现

发掘与实现中华文化的当代价值,是一个长期、艰苦、曲折的过程。文化自觉的程度越高,对于自己文化的认识越深刻、越全面,中华文化当代价值的发掘与实现也会越有成效。我们的先辈过去已经付出了许多心血,取得了许多成绩,但还只是开始,还需要一代一代人承前启后、持续不断地努力。

发掘与实现中华文化的当代价值,要把握其核心和要旨。中华文化是一座无尽的宝库,博大精深,丰富多彩。凡是有益于今天社会进步、人类向上的东西,都应当寻找出来,加以利用。同时,要紧扣时代脉搏,突出重点,吃透原创精神及其演变过程,作出全面阐释,赋予当代新意。

发掘与实现中华文化的当代价值,要正确认识和处理一些关系。经验证明,对待中华文化及其中的某些重大问题,往往见仁见智,争论不休。这是正常的、有益的现象。但是,在学术探讨的过程中,要力求避免片面、各执一端。要互相

---

① 《中华文化在新世纪面临的挑战》,同上书,第295页。
② 同上书,第298页。

学习,互相补充,取人之长,补己之短。通过实事求是、平等友好的切磋,求得更为全面客观的认识。

本着上述精神,谨就在当前发掘与实现中华文化当代价值应当着重的几个方面,结合值得注意的问题,提出以下看法,作为引玉之砖。

**1. 大力弘扬中华人文精神**

当今时代科学技术飞速发展,日新月异。高科技正在被运用到人类生活从宏观到微观的各个领域,使世界发生了过去无法想象的巨大变化。在这样的时代,古老的中华文化其现实价值何在?这是人们首先需要回答的问题。它牵涉到科学精神与人文精神的相互关系问题。

人类借助于高科技的威力,今天已经把自己的活动空间从地球扩展到太空;通过生物基因工程,成功地克隆出一些动物,并且有能力克隆人。科学技术的双刃剑作用,比以往任何时候都更加突出起来,科学技术一方面极大地造福于人类,另一方面又给人类带来无穷的灾难和痛苦。核能的应用,在开辟新的能源和医疗技术的同时,也制造出足以毁灭人类的原子弹、氢弹等大规模杀伤性武器;克隆技术在为农业、医学的发展作出巨大贡献的同时,也可能对人类繁衍和社会伦理造成难以预见的后果。所有这些,促使国内外有识之士大声疾呼,必须警惕和防止科学主义的泛滥,在进一步发展高科技的同时,必须大力弘扬人文精神。

人文主义在西方和东方都有悠久的历史,都应该得到发扬,并且加以融合、贯通。而中华人文主义有其鲜明特点,不像西方那样从文艺复兴反对神权而来,重"人"观念的渊源更为深厚。早在《周易·贲卦·彖辞》中就有"观乎人文,以化成天下"的名言。中国古代所谓"三才",即天、地、人,把人与天、地并提,表明三者是密不可分的。人是自然的一部分,但是,人又不同于禽兽草木。其区别的根本标志,就是文化。人有思想意识、理想追求、道德情操,并由此产生文学、艺术、宗教、哲学等等。科学技术对于经济、社会的发展是极其重要的,尤其在近代科学技术远远落后的中国,更必须大力发展科学技术。同时,在发展科技的过程中,首先要关怀人,关怀人的生存和发展、人的尊严和人格。科学家首先也是人,在进入科学世界的同时,也必须进入人文世界,并把科学精神与人文精神结合起来。现在不少科学家在研究科学的同时,进行艺术、文化的研究,有的还结合当前实际,认真关注科技发展中的伦理道德问题,这是很好的现象。要进一步促使自然科学家、人文社会科学家与哲学家的紧密合作,就当今时代随着科技迅猛发展突现出来的事关人类前途与命运的问题,进行联合研究和探讨,作出正确选择。因此,中华人文主义在高科技迅猛发展的今天,不仅没有过时,而且越加显示其宝贵价值。对于中华文化中的人文主义资源,要大力发掘、实现。这是越来越紧迫的重要课题。

**2. 充分挖掘"天人合一"观念的精华**

天人关系在中国文化中是一个古老而又长期争论不休的哲学问题,直到今天,对于"天人合一"观念的阐释与评价仍有分歧。之所以如此,恐怕与古人赋予"天"这个词以多种含义有关,同时在天人关系问题上精华与糟粕杂糅,被搞得非常复杂。发掘中华文化的当代价值,在天人关系问题上,尤其要分清糟粕与精华,而决定弃取。

应该承认,中国古代在讲到"天"时,包含着许多封建迷信成分。所谓"天命"、"天运"、"天神"、"天意"、"天心"等等,都以"天"为上帝,把"天"说成是有意志、能够主宰人命运的神,或者带有某种神秘色彩。"天人感应"学说更蛊惑人心,用来为当时的封建统治作合理性论证,为巩固其统治服务。这些愚昧、消极、落后的东西,无疑是应当摈弃的。同时,"天空"、"天然"、"天文"、"天时"、"天气"、"天象"、"天河"、"天汉"、"天灾"、"天籁"等等,在这些词语中,"天"显然是指大自然,即自然界。上引《周易》:"观乎人文,以化成天下",紧靠其前就是"观乎天文,以察时变",说明中国自古以来就把"天"与"人"作为既有区别又有联系的不可分割的两个方面。人从自然界(天地)发展而来,是自然界的一部分,生活在自然界之间。人不能游离于天地之外,更不能凌驾在天地之上。人又可以发挥主观能动性,利用自然环境、自然资源,不是无所作为的。但是,人的一切行动都在"天"的基本原则之中。人离不开大自然的养育,受其恩惠,就决不能恣意破坏它,否则就要受到大自然的惩罚。因此,"天"和"人"是休戚与共、息息相关的。人与自然必须和谐相处,这样才是从根本上对人的关怀。《周易·乾卦·文言》进一步总结概括了人应当如何处理与自然界关系的原则:"夫大人者,与天地合其德,与日月合其明,与四时合其序,与鬼神合其吉凶。先天而天弗违,后天而奉天时。"《周易·系辞下》又说:"天地之大德曰生。"也就是说,天地的最高准则,就是使万物"生生不息"。而要达到这个目标,人就要处理好与天的关系。"天人合一"的理念,可以说是中华文化的核心,与中华人文主义是一脉相承的,也可说是古代朴素的"科学发展观"。费老对于"天人合一"观念给予高度评价,在2000年北京举办的论坛首届会议上,他说:"对于中国人来说,'天人合一'是一种理想的境界。天与人之间的社会规范就是'和'。"[①]费老在晚年不遗余力地呼吁正确处理人与自然的关系。在2003年南京大学成立100周年纪念会上,他还作了《文化论中人与自然关系的再思考》的学术演讲,强调要树立"天人合一"的宇宙观,反对"天人对立"的宇宙观。

"天人合一"的思想,也不是中国所独有的,世界很多文明都具有这种基本的理念,但中国文化传统上在这方面有特别丰富的认识和深刻的体会。早在先秦时期,就十分重视处理好人与自然的关系,并有许多生动实例。例如《论语·述而》载:"子钓而不纲,弋不射宿。"记载了孔子只钓鱼,而不用大网捕鱼;用箭射鸟,但不射宿在巢里的鸟。按照今天的说法,就是不滥捕滥猎。说明孔子对于

---

[①] 《经济全球化和中国"三级两跳"中对文化的思考》,同上书,第397页。

保护生态环境,使自然资源不致枯竭,不仅有正确的认识,而且身体力行。《孟子·梁惠王上》载:"不违农时,谷不可胜食也;数罟不入洿池,鱼鳖不可胜食也;斧斤以时入山林,材木不可胜用也。"意思是说,按照季节从事农业生产,粮食就吃不完;在浅水池里不用网捕,鱼鳖就吃不完;按照季节进入山林采伐,木材就用不尽。这是一种多么可贵的顺应自然、合理利用自然资源、保持经济社会持续发展的见解啊!今天,随着现代化进程的加快、经济的高速发展,生态环境急剧恶化。大气、水域、土地严重污染,人被自己所造成的垃圾所包围,而石油等资源的过度开发和无节制的消耗,又造成人为的危机与互相间的紧张关系。所有这些,都表现出自然界与人的对立空前尖锐。我们必须反对以功利主义态度无止境地片面地改造自然来适应人的一时需要,而主张尽可能地适应自然。因此,中国传统文化中的"天人合一"理念,今天比历史上任何时候都显现其宝贵价值。如何结合当前实际,正确地领会、分析、运用中国古代"天人合一"的思想文化遗产,是又一个紧迫而需要合理解决的重大课题。

### 3. 赋予"和而不同"文化观以时代内涵

中华文化特别是儒家的"贵和"思想,传之久远。《论语·学而》载:"礼之用,和为贵。先王之道斯为美,小大由之。""和"是宝贵的、美好的,这种思想扎根于中华民族的心灵深处。孔子说:"君子和而不同,小人同而不和。"(《论语·子路》)这里把"和"与"同"当作为人处世的两种根本对立的态度,区别"君子"和"小人"的重要标志。"和"就是和谐,引申出来的含义,有和睦、和平、和蔼、和气等等;"同"就是同一,引申出来的含义,有同道、同志、同伙、同谋、同党等等。"和而不同"意味着承认差别的存在,不要求完全同一,但又能和谐相处。孔子认为,这才是君子,也就是有道德、有教养、有知识、有智慧的人。反过来,强求别人成为自己的同道、同志、同伙、同谋、同党等等,否则就不与之和谐相处,这实际上是不允许差别的存在,这样的人就是小人。"和而不同"是处理人际关系、天人关系的准则。同样在处理民族关系、文化关系上,也应当如此。中华民族在与异民族、异文化相处时,在这种"和而不同"文化观的指导和影响下,表现出了宽阔胸怀和包容态度。这是我们中华民族能够持久发展、中华文化能够从未中断的重要原因。

今天要充分发掘与实现"和而不同"这一优良传统,就要解决好继承与创新的关系问题。要对"和"的思想理念的内涵及其发展,作全面深入的研究,并结合当今时代的特征,作出新的阐述、发挥与创造。文化总是在继承与创新的矛盾统一中发展的。没有继承,无从创新;没有创新,也难以继承。费孝通在1998年与李亦园教授的对话中,曾经突出地谈到中华文化的继承性问题,他说:"看来继承性是中国文化的一个特点,世界上还没有像中国文化继承性这么强的。"同时,他又指出:"承认我们中国文化里边有好的东西,当然也不是一切都好,这就需要提炼,把好的东西提炼出来,用到现在的实际当中去。"①人们不可能离开或者完全抛弃既有的文化,去从事文化创新活动;但如果只是援引古人、拘泥既往,就会苍白无力、死气沉沉,也无从实现文化的现实价值。文化自觉的一个重要表现,就在于从批判继承中自主创新。今天,中国大陆提出构建"和谐社会"、海峡两岸与各国人民共建"和谐世界"等等,充分显示出把传统文化的继承与创新有机结合起来的巨大活力与无穷威力,也表明中华文化今天对于中国、对于世界,都有非常重要、非常广泛的现实意义。费老说:"'和而不同'是人类共同生存的基本条件。"②本着这样的精神,多元化的世界才能和谐相处,这也是中华文化用以解决当今人类面临的重大问题的一个方面。

**4. 坚持培育中华民族的传统美德**

实现中华文化的当代价值,要把提高与普及结合起来。文化价值的实现离不开广大民众。所谓"观乎人文,以化成天下",说明自古以来中华民族就有重视人的教化的优良传统,强调要让普天下的民众都受到文化的熏陶与养成。中华文化及其当代价值的深入系统研究,主要依靠专家学者的艰辛付出,这关系到民族文化水平的提高问题。同时专门队伍的研究成果要变成全民族、全社会的共识,为全民族、全社会所接受,使中华文化的当代价值得到充分实现,还需要大力做好普及传播工作。如果那些具有宝贵价值的东西,发掘出来后,只停留在少数人的圈子里,就达不到"化成天下"的目的,其价值的实现就将大打折扣。

最能说明中华文化提高与普及的相辅相成关系重要性的,是中华优良传统道德。几千年来,中华文化资源极为丰厚,影响十分广泛,也是争论最为激烈的部分,莫过于传统道德。中华文化尤其是儒家崇尚道德。五四前后的新文化运动,立了两大功劳,一是反对旧道德提倡新道德,二是反对旧文学提倡新文学。可是,由于种种原因,新道德并未真正建立起来。现在,回过头来重新审视,适应新时代的新道德要建立起来,也必须继承中华传统道德对于今天仍然有用的东西,而批判其带有封建专制性质的部分和因素。长期以来,"三纲五常"被作为中国传统道德的天经地义和最高准则,一度被全盘否定,这种不作具体分析、不实事求是的态度,是很不明智的。近年来,越来越多的海内外学者,把"三纲"与"五常"加以分别看待和具体分析。所谓"君为臣纲"、"父为子纲"、"夫为妻纲",要求的是臣、子、妻对于君、父、夫的绝对服从,无视臣、子、妻的独立人格,维护的是君主专制和等级差别,严重阻碍社会进步,绝不可取。至于"仁、义、礼、智、信"这"五常",则仍然有其重要价值,当然要作具体分析,其中也有那个时代的烙印,必须赋予新的阐释和新的内涵。孔子说:"仁者,爱人。"尽管儒家

---

① 《中国文化与新世纪的社会学人类学——费孝通、李亦园对话录》,同上书,第281、288页。

② 《经济全球化和中国"三级两跳"中对文化的思考》,同上书,第398页。

的爱是有等级差别之爱,但是"泛爱众"无论何时都是有其重要价值的。"义",即公正、道义。"主持正义"对于任何社会维护秩序都是有益的。"见义勇为"现在也必须大力提倡。"礼",抛开其中的封建等级观念,今天对礼貌、礼节、礼让、礼仪等,也是应该重建的。《中庸》以"智、仁、勇"为"三达德",可见"智"在中国传统道德中的重要地位。没有智慧,是不可能领悟道德规范,更不可能践行道德规范的。"信"则是最基本的公共秩序规则,在市场经济条件下尤为重要。在不同的历史时期,对于中华传统道德有各种不同的概括,如把"孝悌忠信"与"礼义廉耻"合起来,称为"八德"等等。近年来,对于新的道德准则有各种建议,著名学者张岱年先生生前提出了"新三纲"。他说:"我们今天必须肯定的三个基本原则,(1)爱国主义,(2)为人民服务的集体主义,(3)社会主义人道主义,应该是今日必须确立的新三纲。"①今年以来,中国大陆针对当前社会道德状况,着重围绕"八荣八耻"的荣辱观,展开了热烈讨论,大家认为这是中华民族优秀传统道德与时代精神的紧密结合,也是提高与普及的紧密结合。我们想,海峡两岸的有识之士,都应当发挥自己的聪明才智,为弘扬中华传统美德,提高全民族道德水准,作出理论与实践上的贡献。新的道德观念、道德理论、道德规范、道德实践的建设是长期的过程。道德建设与社会、家庭、个人,与各行各业、各个单位、各个群体,密切相关。只有在深入研究的基础上,做好普及传播工作,才有全民族道德文化素质的提高,才能充分实现中华文化的当代价值。

　　以上所述,是中华文化当代价值的几个主要方面和在其发掘与实现过程中应当注意的几个关系。应当说明,中华文化的当代价值还表现在其他许多方面,例如,自强不息的民族精神等都是十分重要的;应当注意解决的关系也不止此,而且这些关系也都体现在中华文化的各个方面。

　　发掘与实现中华文化的当代价值,是一个伟大的系统工程,涉及各个领域、各个学科。这个过程也是中华文化伟大复兴的过程,中华民族伟大复兴的过程。当今时代给了我们非常难得的机遇,也赋予我们以不可推卸的责任。我们愿意与大家携手前进、共同努力。

(作者分别是《光明日报》原副总编辑、<br>中国社会科学院教授、首都师范大学教授)

---

① 张岱年:《文化与价值》,第70页,新华出版社,2004年。

# 发现东方与新世纪中国文化前景

◇王岳川

  法国当代思想家布尔迪厄的"文化资本理论",将整个社会资本分成三个资本域,即经济资本、文化资本和象征资本。就经济资本而言,每个国家都可以用GDP来量化。今天中国的经济资本日益雄强。1972年中日邦交正常化时,中国的GDP大抵仅为日本的三十六分之一。然而去年中国外汇储备第一次超过了日本成为世界第一,按照现在的发展速度,在未来十年内中国GDP总量将名列世界前茅。换言之,中国只用了30年时间就同日本成为了1比1的对手。难怪日本在东海油田和钓鱼岛等诸多问题上会跟我们摩擦,因为面对一个庞大经济国度的崛起,他们还没有调整好心态。但中国经济资本的崛起是任何国家都挡不住的,在科技一体化和制度并轨化中,中国的和平崛起将对人类的发展有重要的平衡意义。

  然而,中国的文化资本却不容乐观,上世纪过分的崇洋使得中国的文化身份出现了辨认上的危机,文化资本严重滞后于经济资本的提升。象征资本建立在经济资本和文化资本之上,它是一个国家是否是强国形象的辨认方式。经济崛起而文化资本与象征资本下滑,必然出现一手硬一手软的现象:经济雄强,所以国际上"中国威胁论"、"中国分裂论"、"中国崩溃论"频频出现;而由于缺乏文化对中国崛起的合法性的重新界定和软着陆,以致缺乏用文化对这个大国崛起以后的动向进行重新说明。因此,当代中国应该下大力气抓文化资本与象征资本的积累和创新,使经济崛起和文化创新的双翼共同提升中国的新世纪强国形象,让世界逐渐消除对抗中国崛起的敌对情绪,使得中国在和平崛起中,同其他强国一道引领世界未来的新文化走向。

  "发现东方"将成为新世纪人类的新意识。在这一全球性的学术理路中,我们的立场既不是民族主义的排外,也不是全盘西化的照搬,而是从一种全球性视角出发,从生命体验和文明变迁的角度追问困扰人类生命心性的共同问题,在人类文化现状和未来发展的坐标轴上反思中国文化的地位和人类文化的走向。在"文化输出"中,东方学者应该有自己独立的视点和学术品格,使得在全球性的学术舞台上不使"东方声音"被淹没。

## 一、"发现东方"是中国思想的当代推进

在西方中心主义话语霸权中,"发现东方"是一个艰难而漫长的历程。从中国"夏商周断代工程"遭受到西方偏见的攻击可见一斑。中国古代文明史研究中有个很大的缺憾,那就是在中华民族五千年文明史上,包括五帝和夏、商、西周在内的两千多年未建立年代学标尺。从西汉的刘歆开始,历代学者就想尽各种办法推定西周共和元年(前841)以前的年代,但两千多年过去了,始终未能得出令人信服的结论①。1996年5月16日,国家"九五"项目"夏商周断代工程"启动,在李学勤、李伯谦、席泽宗、仇士华等四位首席科学家领头下,组织了多个单位的多位专家联合攻关,2000年底《夏商周年表》方案公布。《夏商周年表》的问世将我国的历史准确纪年由公元前841年向前延伸了1200多年②。但只隔了两天,美国《纽约时报》刊载一篇题为《中国:古代历史引发现代怀疑》的报道,引述美国历史学家夏含夷(Edward L. Shaughnessy)的批评说:这是一种沙文主义的愿望,企图把中国历史记载前推到公元前三千年,把中国推到和埃及一样的水准上,表明这是一种政治和民族主义上的冲动。《远东经济评论》对此评论说:中国把夏朝列为中国神圣历史的证据,其意义等同于日本在1930年代吹嘘自己历史,中国发动此项工程的目的值得怀疑。

在我看来,《纽约时报》、《远东经济评论》等出于西方文化中心主义的偏见,指责中国"民族主义"高涨和所谓"中国欲向海外扩张",是极不负责的说法,反映出西方学人中仍然存在相当的文化种族偏见。虽然一些汉学家立场中肯,但有其他不少人附和西方媒介,不仅完全否定夏商周工程,攻击中国考古学的质量,甚至把对夏代历史性的正当学术性质疑,加码到对中国传统历史记载的无端怀疑,进而借古讽今,称中国学者对夏朝的"盲信"代表一种"文化灌输的危险意识形态"。这种西方文化中心主义立场问题很多,值得在分析批判的同时,认真地在学术思想上杜绝"文化战争"的错误观念,以"发现"并"重释"东方,进而形成良性互动式的文化输出,达到人类文化总体性平衡。

这一论争使我意识到,"发现"和"输出"互相依存。至于"输出"首要的是输出方式和途径问题。汉语言全球化在目前不具有可能性,因此,文化输出只有运用汉语—英语交互式方式阐释传播中国经典和当代文本,即用第一世界的形式(语言传播)传送第三世界的内容(思想文化)。文化背景的不同使得输出不可能是强制性的,而只能是对差异性文化的欣赏,当这种欣赏进入深层次,进入文化的神经中枢时,西方就会打破语言的障碍,一窥东方文化的堂奥。正如李济

---

① 参李学勤:《缀古集》,第1—12页,上海古籍出版社,1998年。
② 参《夏商周断代工程笔谈》,《中原文物》2001年第2期,第21—44页。

所说:"中国历史是人类全部历史的最光荣的一面,只有把它放在全人类的背景上面,它的光辉才显得更加鲜明。把它关在一间老屋子内孤芳自赏的日子已经过去了。"席泽宗也说:"历史上的东方文明决不是只能陈列于博物馆之中,它在现代科学的发展中正在起着并且继续起着重要的作用。"[1]

法国著名思想家弗朗索瓦·于连教授曾经向中国知识界发出呼吁,希望中国知识分子迎接新世纪的挑战:"在世纪转折之际,中国知识界要做的应该是站在中西交汇的高度,用中国概念重新诠释中国思想传统。如果不做这一工作,下一世纪中国思想传统将为西方概念所淹没,成为西方思想的附庸。如果没有人的主动争取,这样一个阶段是不会自动到来的。中国人被动接受西方思想并向西方传播自己的思想经历了一个世纪,这个历史时期现在应该可以结束了。"我坚持提出"发现东方"和"文化输出",因为,中国再也不可以等着西方来发现,"发现的主体"不再是传教士,不再是西方,而是我们自己。"发现的对象"也不再是我们那些落后的、僵化的、保守的东西,而是经过现代化的欧风美雨洗刷后,中国还有什么样的东西。中国书法和包括像音乐在内的这些是最好的输出途径,然后是思想文化,这是更高境界的文化。

一些西方学者认为:现代化等于西化,西化等于全球化,全球化等于美国化,美国化等于基督教化。如果中国的现代化仅仅是为了美国化或基督教化,就把人类未来的终极目标看成了"中西之争"的西方,这恰好用"中西之争"遮蔽了真正的问题——"古今之争"。其实传统价值的失调、生态失衡、精神失去家园等很多问题,病根不在于"中西之争",而在于"古今之争"上。"古今之争"使得历史老问题出现在新环境新世纪中。我们张扬的是人类主义和世界主义,换言之,人类历史上所有国家不管是东方、西方、南方、北方,只要曾经为人类的推进作出过贡献,今天都应该把它好的东西分别出来。因此不再是全球化,不再是西化,也不再是所谓的美国化,而只可能是人类化和世界化。

对于现代化其实是有争议的。一种观点认为现代化是从农业文明向工业文明转换,这又被称为第一次现代化。还有一种说法是从工业文明向知识文明转化,这是第二次现代化,也有人称之为后现代化。第一次现代化基本上是物质输出,落后就要挨打。而第二次现代化就不一样了,强调多元差异,强调精神价值的合法性,不再是用物质文明来简单地评述。所以,"发现东方"首要的问题就是中国如何面对全球化和现代化问题。现代化是人类共同的途径,而不是西方的途径,也不是人类只需要单一模式的途径。

关于"发现东方"还有一个问题。萨义德在《东方学》中把东方区分为"一个东方"和"整体东方",由于对远东不甚了解,他谈的是一个东方——中东。然而

---

[1] 转引自岳南:《千年学案——夏商周断代工程纪实》"扉页题记",浙江人民出版社,2001年。

问题在于,中东在宗教、文字以及某些思想的片断方面都曾作为西方文明的文化来源之一,可以说埃及文明和两河流域思想的启迪性源远流长。但是"远东"被长期忽略了,就连萨义德这样的思想家,在美国白人中心的话语圈中可以代表东方发言的人,在《东方学》中提到"中国"不到十次,而且只作为名词出现。问题是:谁来为中国文化说话?是洋人吗?是中东的学者吗?还是我们一心考托福考出去以后,发誓不再回国的那些朋友们?我想应该思考了。今天没有谁可以代中国发言,中国学者应该走出来,不再是谈一己的温饱,谈一己的住房、工资。这种知识分子只是为"稻粱谋"的知识分子,还应该有一批萨义德所说的"业余的知识分子"出来谈文化的走向。基于现在的情况,我想到了关于东方,尤其是关于远东的问题,所以提出来"发现东方"。当然,提出这个问题的本身,它是对我知识结构的一次挑战,同时也是对中国学者在一个世纪"拿来主义"以后的一个挑战。

## 二、从中西文化发源论争中看中国心态

在中国文化发源问题上,"西方文化东移造成中国文化说"一度几乎成为世界学术界的主流观点①。20世纪20年代,瑞典考古学家安特生对仰韶文化遗址进行发掘后,即鼓吹中国的彩陶制作技术是先在西方成熟后才传入中国的,并将这一观点写进他的著作《甘肃考古记》中,至1934年,他在其最有影响的通俗性英文著作《黄土的儿女》中,仍然坚持这一观点②。日本学者石田干之助甚至推测出了具体的西方文化东渐的路线③。"中国文化西来说"得到不少中国学者的认可,包括章太炎、刘师培④,甚至当时中国人编历史、地理教科书,几乎无不奉"西来说"为据,不惟坊间教科书为然,即使京师大学堂的中国史、中国地理讲

---

① 还有一种"中国文明源自埃及说":"17世纪中叶,耶稣会士德人祈尔歇(Athanasius Kircher,1601—1686)便提出中国文明源于埃及。他1667年在荷兰阿姆斯特丹出版《中国图说》一书,说《圣经》所载的闪的子孙率领埃及人来到中国,把古埃及文字传授给中国人。这以后种种中国文明西来说层出不穷,其共同特点是否定中国文明的古远,不相信辉煌的中国文明是中国人自己创造的。"(李学勤:《缀古集》,第7页,上海古籍出版社,1998年)
② 参岳南:《千古学案——夏商周断代工程纪实》,第111—117页。不过,半个世纪后,这一观点由于另一考古文化遗址磁山—老官台文化的发现而被彻底否定。
③ 祁剑飞:《世界的中国观》,第5页,学林出版社,1991年。
④ 在溯及中华民族起源问题时,所谓来自西亚之巴比伦的说法流播颇广,如法国人奥伯尔(Oppert)与拉克伯里(Lacouperie)等皆持此说,奥氏于1858年已有著作出版,拉氏著有《中国太古文明西元论》(Western Origin of the Early Chinese Civilization,1880),论中国民族由巴比伦迁入引证甚多。章、刘两氏显然受此影响。章氏有《訄书》序、《种姓篇》,直称古巴比伦为宗国(见《章太炎全集》,上海古籍出版社,1985年);刘氏有《思祖国篇》、《华夏篇》、《国土原始论》等文(见《刘申叔先生遗书》)。

义,亦曾一时全采拉克伯里之说。"疑古派"的产生与此不无关系。同时代的日本亦大肆宣扬"尧舜禹抹杀论"①。

当然,同这种观点相反,明末清初即有中国学者提出"西学中源说"②,强调西学源于中国传统,尤其是先秦诸子。如徐光启、方以智、李之藻等就认为中国传统科技与西学之间存在相近之处,是受"一源辐射"影响,西学只不过是"唐虞三代之缺典遗义"③,"皆谓圣人所已言"④,"与上古《素问》、《周髀》、《考工》、《漆园》诸编,默相勘印"⑤。黄宗羲讲学时认为,西方的科学技术不过是拾中国圣人之余绪:"勾股之术乃周公、商高之遗而后人失之,使西人得以窃其传。"⑥积极倡导西学的康熙帝同时也积极倡导"西学中源说"⑦。梅文鼎、王锡阐、戴震、阮元等都有西学源于中学的说法,下迨清末,王韬、郑观应、陈炽、薛福成、俞樾、黄遵宪等依然老调重弹。如黄遵宪就认为:"泰西之学,其源流皆出于《墨子》。其谓人有自主权利,则《墨子》之尚同也。其谓爱邻如己,则《墨子》之兼爱也。其谓独尊上帝,保汝灵魂,则《墨子》之尊天明鬼也。至于机器之精,攻守之能,则《墨子》备攻备突,削鸢能飞之绪余也。而格致之学,无不引其端于《墨子》经上下篇。"⑧这些说法,一方面表现了中国打开国门过程中"天朝中心"的民族中心观念,另一方面,将西学纳入中国学术系统中,可以回避严苛的"夷夏大防"而得以移植西学。

其实,文化交流不是简单的双边关系,而是一种交流的多极性问题。只不过在现代性光谱中,"东方"已经丧失了立法和阐释权。正如日本学者竹内好所说:"过去的东方既没有理解欧洲的能力,也没有理解其自身的能力。理解东方并改变它的是处于欧洲的欧洲性。东方之所以成为东方就是因为它被包含到了欧洲之中,不仅欧洲只有处于欧洲中才能被实现,就连东方也只有处于欧洲中才

---

① 李学勤认为:"有意无意对中国古代文明贬低的倾向,仍然是存在的。其具体表现有两方面,一是把中国文明的历史估计过短,二是对中国文明发展的高度估计过低。……这样做,抹煞了近十几年中国考古学、历史学研究的成果,实在是不公平的。"(《缀古集》,第8页)

② 甚至连《四库全书总目》也持"西学中源说":"西法出于《周髀》,此皆显证,特后来测验增修,愈推愈密尔。《明史·历志》谓尧时宅西居昧谷,畴人子弟散入遐方。因而传为西学者,固有缘由矣。"(《四库全书总目》,卷一〇六,子部,《周髀算经》条)

③ 徐光启:《徐光启集》,卷二,《刻几何原本序》。

④ 方以智:《天经或问序》。

⑤ 李之藻:《天主实义重刻序》。

⑥ 全祖望:《黎洲先生神道碑文》,《鲒埼亭集》,卷一一。

⑦ 康熙断言:"论者以古发今法之不同,深不知历源出自中国,传及于极西。西人守之不失,测量不已,岁岁增修,所以得差分之精密,非有他术也。"(《康熙政要》,卷一八,《御制文三集》)

⑧ 黄遵宪:《日本国志·学术志》,上海古籍出版社,2001年影印本。

能被实现。"①有学者想揭示两种语言对译中所遮蔽了的迂回输出传播背后的权力支配关系,但由于过多地采用后殖民主义中"理论旅行"的理论,使得原本相当复杂的跨语际实践的"互译性",变成了以西方为中心的文化单向渗透和塑造的"单译性"②,并有可能肯定了这些压迫关系所依赖的价值标准存在的合理性③。

在传教士的文化传播功能问题上也存在不同的看法。何兆武认为:"当时这批西方文化的媒介者,这批旧教的传教士们,确实对中国起了一种封锁近代科学和近代思想的恶劣作用的。假如当时传入中国的不是中世纪神学的世界构图而是近代牛顿的古典体系,不是中世纪经院哲学的思维方式而是培根、笛卡儿的近代思维方式,中国思想意识的近代化有没有可能提前两百五十年至三百年?"④这种看法值得注意。当然,也许这种说法对传教士过分苛求。确实传教士们传入的科学技术和哲学思想都较为陈旧,但那些基本上是那个时代主流的和成为定论的说法。考察当时的历史语境,他们对西方科学和西方思想在中国传播的功绩还是存在的。

还有学者不同意西方进入中国的"炮轰"的"外在气候"说,余英时对思想史的考察即很重视"内在理路"(inner logic),理由是"它足以破除现代各种决定论(determinism)的迷信"。余氏认为:"学术思想的发展决不可能不受种种外在环境的刺激,然而只讲外缘,忽略了'内在理路',则学术史终无法讲得到家、无法讲得细致入微。"⑤虽然余氏的明清思想史研究的论述重心集中于"内在理路"方面是在 70 年代,到 80 年代中期以来已转移到外缘的领域,而且他同时表明:"'内在理路'不过是为明、清的思想转变增加一个理解的层面而已。它不但不排斥任何持之有故的外缘解释,而且也可以与一切有效的外缘解释互相支援、互相配合。"但是,余氏反复强调:"我唯一坚持的论点是:思想史研究如果仅从外缘着眼,而不深入'内在理路',则终不能尽其曲折,甚至舍本逐末。"⑥另外,胡维革也认为:"近代中国研究西方的第一次热潮是中国传统思想、学术、文化的'内在机理'在新的历史条件下的弘扬和发展。而那种认为近代中国研究西方的第一次热潮应当归功于外国侵略的看法,如果不是别有用心,便是迂腐之见。"⑦

---

① 竹内好:《何谓现代——就日本和中国而言》,载张京媛主编:《后殖民理论和文化批评》,第450页,北京大学出版社,1999年。
② 参刘禾:《语际书写——现代思想史写作批评纲要》,上海三联书店,1999年。
③ 杨念群:《中层理论——东西方思想会通下的中国史研究》,第264页,江西教育出版社,2001年。
④ 何兆武:《中西文化交流史论》,第6页,中国青年出版社,2001年。
⑤ 余英时:《论戴震与章学诚》,第356页,三联书店,2000年。
⑥ 同上书,增订本自序,第2页。
⑦ 见胡维革:《中国近代社会思潮研究》,第6页,长春:东北师范大学出版社,1994年。

进入现代以后,中国问题又与后殖民主义问题粘连在一起,使得"阐释中国"变得相当艰难。美国史学家柯文认为:"想正确理解十九、二十世纪的中国历史,必须不仅把此段历史视为外部势力的产物,而且也应视之为帝制时代最后数百年出现的内部演变的产物。"[1]西方人注意到中国的现代性其实已经形成内部地理上的差异——"花架子中国"的说法表明东部的高速发展和西部的滞后,这种内在的差异将现代性中国撕裂,造成了文化心理结构上的内在殖民——文化殖民、语言殖民、心态殖民、金钱殖民。另外,就东方文化对西方的差异性魅力而言,日本文化的大力输出使得日本挡在了中国前面,成为东方文化的代表。一个国家在加强经济振兴和生活富裕的同时,文化建设同样关键。现在,我们面临的是如何增强民族文化凝聚力的问题,只有经济和文化同时振兴,人文科学和自然科学齐头并进,才可能不断输出中国有价值的新思想。中国文化几千年来历经冲击而不崩溃,仍然具有凝聚力,原因就在于中国文化的根本精神就是吐纳吸放,自我创新,能容纳并且融合古今中外各种思想。

## 三、西方人眼睛中中国形象的变化

在人类文明史上,唯独西欧古典文明永久湮没,而被一种现代性文明所替补。欧亚大陆其他地区的文明要么如印度南方和中国南方免遭侵略,要么如拜占庭和波斯击退了入侵者,要么如中国北方和印度北方遭受侵略却得以幸存。只有西方古典文明无法复原地消逝了,尽管在几个世纪以来,曾有人多次力图恢复,但最终于事无补。对此,史学家有一个有趣的设想:"如果公元前1世纪的罗马人,于1000年、1500年或1800年在欧洲复活,他将会为居住在这一古老帝国许多地区的诸日耳曼民族,为崭新奇特的生活方式而大吃一惊。他将会发现有几种新的日耳曼语和罗曼语取代了拉丁语,上装和裤子代替了古罗马人的宽外袍,新兴的基督教接替了古罗马诸神;他还会发现,罗马的帝国结构已为一群新的民族国家所替代,古老的谋生之道正受到新的农业技术、新的贸易、新的行业的挑战。"[2]可以说,西方出现了独特的结局——在罗马帝国灭亡之后古典文明无可挽回地消亡了,最终出现了世界历史的重要转折点——西方古典文明大规模的消亡为早应发生的技术革命扫清了道路,出现了一个新的现代性开端。

中世纪结束后,西方开始了强劲有力的海外扩张,那种与世隔绝的传统的地区自治开始让位于全球统一。不同种族渐渐消除了"鸡犬之声相闻,老死不相

---

[1] 柯文:《在中国发现历史——中国中心观在美国的兴起》,第3页,北京:中华书局,1989年。

[2] 斯塔夫里阿诺斯(L. S. Stavrianos):《全球通史:1500年以前的世界》,第323页,吴象婴、梁赤民译,上海社会科学院出版社,1999年。

往来"的生活区域隔绝,而开始彼此倾听差异性声音。由于欧洲人在这一全球历史运动中处于领先地位,于是他们开始支配这个逐渐成为一体的世界体系。19世纪肇始,欧洲人就以其强大的帝国和股份公司在政治经济上控制了全球,并进一步取得了文化上的支配地位。如此一来,西方的强势文化成了全球的典范:"西方文化被等同于文明,而非西方文化天生就下贱。这种西方的霸权在19世纪时不仅欧洲人而且非欧洲人都认为是理所当然。在人们看来,西方的优势地位几乎是天经地义,是由上帝安排的。"①

几千年来,中国文化曾一直处于世界领先的位置。到了清代,相当部分的中国学者都拒绝西方科学和西方宗教,在关门主义中忘了世界的存在也不是由中国说了算。在教皇克雷芒十一世于1715年3月颁布"自该日"训令,禁止基督教徒参加祭祖或尊孔的仪式之后,康熙轻蔑地说:像他们那样愚蠢的西方人,怎么能反对中国的伟大学说呢?他们当中没有人能透彻地理解中国的经籍。"就当时中国民众对欧洲人的看法而论,它或许准确地反映在以下这句格言中:只有他们中国人拥有双眼,欧洲人是独眼,世界上所有其他的居民均为瞎子。假如是这种气氛,那么可以理解:1763年以前,除诸如天文学之类的某些专门的知识领域外,欧洲人对中国文明的影响是微不足道的。"②这种互相隔膜冷漠的状态,必然使彼此之间的误读日益加深,冲突加强。18世纪,说中国是世界上最强的国家亦不为过;到19世纪末,中国失去了现代性转型的机遇而综合国力大幅下滑,沦为半殖民地国家;20世纪中叶,中国在战乱中衰落为第三世界国家。来自海外贸易和不断殖民的想象以及对大陆拓展开发的欲望,使西方成为一个充满野心的殖民征服者。

到了近代,中国遭遇到"数千年未有之变局",使得"中国不是走出中世纪而是被轰出中世纪的"③,从而彻底改写了中国在世界中的位置④,并连带地重新编码了中国文化的心态,即从世界领先的位置降到后发国家的位置。使得国人在文化心态上总是在古、今、中、西之间摇摆,或崇洋,或自卑,或赶超,或闭关,使中国文化在现代性转型中成为一个政治哲学问题,一个国格尊严或民族存亡的问题。

于是西方看中国的眼光开始变化。18世纪时,法国思想家伏尔泰对中国充满敬意。德国的莱布尼茨博览群书,醉心于中国文化,曾与好几位传教士通信,甚至想亲自访问中国并同中国学者交谈,为此他还学了些汉语。他的思想与中国思想有许多不谋而合的地方,尽管有人说他没有受到中国哲学的重大影响,只

---

① 同上书,第239—240页。
② 同上书,第232—233页。
③ 陈旭麓:《陈旭麓学术文存》,第790页,上海人民出版社,1990年。
④ 参荣新江:《中古中国与外来文明》,第15页,三联书店,2001年。

是得到中国哲学的印证和旁证①。随着中国的衰落,经济利益成为最重要的问题,中国与西方的文化关系趋于破裂。"随着西欧'中国文化热'的降温,欧洲人不再视中国为人类知识的发源地,而奉希腊人为人类最伟大的教师,在甚嚣尘上的否定中国文化的言论声中,结束了'全人类最伟大的文化和文明'。"②历史表明,欧洲人的兴趣在 17 世纪从奥斯曼帝国转移到中国,这是因为奥斯曼帝国因王朝的堕落、行政管理的腐败和军事上的软弱而出现的衰败征兆,使其渐渐在欧洲人中失去了声誉。欧洲知识分子被耶稣会传教士报告中遥远的中国文明强烈地吸引住,引起了对中国和中国事物的巨大热情。但是,一个世纪以后(18 世纪后期),西方的"发现"目光又转向希腊和印度文化。欧洲人对中国的钦慕开始消退,除了因天主教传教士受到迫害以外,主要是因为欧洲人对中国的自然资源的兴趣开始超过对中国文化的兴趣③。其中,孟德斯鸠对中华帝国加以抨击的声音很有代表性:"我不晓得,一个国家只有使用棍棒才能让人民做些事情,还能有什么荣誉可说呢?……中国是一个专制的国家,它的原则是恐怖。在最初的那些朝代,疆域没有这么辽阔,政府的专制精神也许稍微差些,但是今天的情况却正相反。"④

于是,西方"看"中国的眼神也在发生变化。18 世纪,西方人对中国文化总带有神往之感:"18 世纪总是欧洲最倾慕中国的时代:中国工艺品导致了欧洲巴洛克风格之后的洛可可风格,中国建筑使英法各国进入了所谓'园林时代',中国的陶瓷、绘画、地毯、壁饰遍及各地,直接间接地推动了西方工业革命。"⑤而 19 世纪,随着欧洲现代性的世界性扩张,欧洲人以最优秀的人种自居,将所有东方国家视为劣等民族。海德尔(Johann Friedrich Herder,1776—1803)是俯视中国的代表人物:"中国文化列其特征为:四声语言、水利文化、混杂而乏具体形式之花园、重细节忽大体之建筑、华美不实之服装、奢侈之游乐,以至缠足与养长指甲等等。其更达于侮辱之词句,则谓中国人为涂满香料与油之木乃伊,而内在之循环如同冬眠动物。然则海氏如此自信宣讲'蒙古血统'特征,其基本意象无非欲

---

① 何兆武等主编:《中国印象——世界名人论中国文化》(上册),第 130 页,广西师范大学出版社,2001 年;张维华:《明清之际中西关系简史》,齐鲁书社,1987 年。

② 于桂芬:《西风东渐》,第 108 页,商务印书馆,2001 年;另可参熊月之:《西学东渐与晚清社会》,上海人民出版社,1994 年。

③ 这种由钦慕到冷漠的态度转变反映于 1776 年至 1814 年间在巴黎出版的共 16 卷《关于中国人的历史、科学和技术等等的学会论文集》中,其中第 11 卷(1786 年出版)仅收录使商人们感兴趣的自然资源,诸如硼砂、褐煤、水银、氨草胶、马、竹以及产棉状毛的动物等。这大概也是欧洲人冷落中国文化的客观原因。

④ 孟德斯鸠:《论法的精神》,第 127—129 页,张雁深译,商务印书馆,1987 年。

⑤ 乐黛云:《世界文化总体对话中的中国形象》,载史景迁:《文化雷同与文化利用》,第 2 页,北京大学出版社,1990 年。

证明世界上有一极端优秀之'高加索血统',实为白人中心理论之先导。嗣后十九世纪欧洲商人与野心殖民主义者之东方发展,更以粗浅之感悟而加深其对华诬蔑。更欲肆其对东方之侵夺榨取,必形容此类民族之低劣卑下,其所奴役杀害,待以非人,皆为公理之至当。在此动机之下,于是豚尾、小脚、鸦片,遂成为对华观感之不可分部分。"①20世纪上半叶,战争频仍。在这一百多年的落后挨打中,中国丢掉国土一百多万平方公里,接近一亿人非自然死亡,中国从此一蹶不振。

然而,历史的转型没有停止。半个多世纪以来,中国政治经济发生了重大的转型,根据《中国现代化报告2003》可以清楚地看到:"2000年我国比较发达地区(发达和中等发达地区)包括北京、天津、上海、香港、澳门、台湾等6个地区,它们第二次现代化指数和第一次现代化实现程度都超过世界平均值。其中,香港第二次现代化指数达到发达国家水平,北京第二次现代化指数与意大利相当,上海第二次现代化指数与葡萄牙相当,天津第二次现代化指数高于世界平均值。中国比较发达地区的现代化水平代表了中国现代化的最高水平。"该报告的结论是:"对于中华民族而言,21世纪是决定命运的世纪。如果中国在2050年左右达到世界中等发达国家水平,在21世纪末达到世界发达国家水平,中国就能重新站在人类文明的前列。"②于是,在当代西方学者眼中,中国呈现为这样的形象:"一个最古老和最丰富的有生气的文明,她有传统的古诗可回溯到公元前1700年;她有悠长的哲学记载,是理想的也是实践的,是玄奥的也是易于了解的;她有一些优美的陶器和无与伦比的字画;她有一些温厚完美的艺术珍品,只有日本诚可相争;她更注重伦理道德——随时可以在人群中见到;她有一种社会组织,其结合的人民,经历的世界,比任何已知的历史为长久;她有种政体,几乎被哲学家们认为是最理想的形态,一直维持鼎革后才被摧毁;这一社会,当希腊尚为野蛮的民族居住之时,已经开化了,她目睹巴比伦和亚述,波斯和犹太,雅典和罗马,威尼斯和西班牙的兴衰,甚至当那巴尔干人称欧罗巴回复到黑暗和野蛮的时代,中国依然存在着。维持这悠久的政府,手工业的艺术,安定而有深度的精神的奥秘是什么呢?"③

## 四、20世纪文化互动中的文化赤字

在中国一个世纪"西化"的艰难历程中,政治经济现代化正在转型为中国特

---

① 王尔敏编:《中国文献西译书目》,"叙录"第4—5页,台北商务印书馆,1975年。
② 中国现代化战略研究课题组、中国科学院中国现代化研究中心:《中国现代化报告2003》,第80—81页,第111页,北京大学出版社。
③ 威尔·杜兰:《世界文明史·东方的遗产》,第780—781页,幼狮文化公司译,东方出版社,1999年。

色的现代化,而文化方面却在全盘西化中,出现了令人不安的文化透支和文化赤字,而且这一"文化征候"仍然没有引起中国学界注意。

百余年来,中国学会了拿来主义,而且是全盘地"拿",以下一组数据颇能说明"拿来"的成绩。徐维则在《东西学书录》中认为,中国在1860年以后翻译西书555种①。而我在国家图书馆和北大图书馆作了调查统计,20世纪中国翻译了西方大约106800余册著作,而西方翻译中国20世纪著作(我说的重点不是古代典籍,而是20世纪的中国思想著作)仅仅几百册,其中翻译较多的是王国维《人间词话》等,而20世纪末翻译较多的是一些当代作家的作品,其他现代中国学者的著作译成西文的则微乎其微②。这种巨大的文化交流逆差已经引起中国翻译界的严重关注。

至于中国翻译日本书籍也有一些值得注意的问题。谭汝谦认为:"我们为《明治文献目录》③作了统计,该书著录译者共1472种,翻译扩翻刻汉文书籍仅得三种,可见明治日本对东西文献失衡态度的一斑。……其实,这时期日译中书不止三种(我们也有证据证实日译西书不止1469种),我们的目录收录了16种。不过,这16种译书不但数量少,而且没有多大新意。其中文学书最多,有六种,《水浒传》占四种,其余两种是《西游记》和《支那奇谈集》;这几种译书也近乎训读,说是江户时代译业的余波并不为过。只有三种社会科学书稍露新兴趣的端倪,因为《刘张变法奏议》等三种译本,显示日本译者对隔海的时事不是完全忽略。"④如果谭汝谦统计确实,日本从中国典籍中"翻译扩翻刻汉文书籍仅得三种",或"只有三种社会科学书稍露新兴趣的端倪",从中不难看到中国形象的萎缩和文化交流的闭锁。

王尔敏在《中国文献西译书目》中广泛地收集了西方翻译中文书目,上起先秦,下至近代。全书提供了几组重要数据。一是西方翻译编纂中文字典的数量:"西方学者已编纂中文字典为最早,其代表1620年金尼阁所编之《西儒家耳目资》(*Vocabulaire Chinois*)。为时乃在明末,自然远在《康熙字典》之前。以数量而言,自1620年以迄于今,约计有一百五十余种之多。"二是西方翻译中国思想

---

① 参熊月之:《西学东渐与晚清社会》,第11页。
② 事实上,情况比这更为严重:"当代中西文化交流的极不对称和巨大的翻译逆差,使得当代西方读书界对中国文化所知甚少,西方发达国家的大书店中最多的是'风水'、'易经'、'八卦'、'菜谱',当然还有一些有关形形色色的不准确,甚至是歪曲我们中国现实的图书,很少有真正深入浅出地介绍中国文化和以西方读者喜闻乐见的形式和内容出版的介绍当今中国的图书。"(王有布:《中国文化的世界地位》,载《中华读书报》2003年7月23日)这种现状已经不容忽视。
③ 高市庆雄编:《明治文献目录》,东京:日本评论社,1932年。
④ 实藤惠秀监修、谭汝谦主编、小川博编辑:《日本译中国综合目录》,第62—63页,香港中文大学出版社,1981年。

文化与历史书籍的分布情况:"《老子》译本多达一百四十余种,其次《四书》译本在百种以上,《庄子》译本近三十种,《诗经》译本达二十余种。及至简略的《三字经》,亦有十八种译本,《千字文》有十一种译本。"三是统计了几百年来西方翻译中国图书的基本总数:"搜录了西文所译之长短文献共计三千余种,分类编排,成此书目。"四是翻译成西文的文字有"英、法、德、俄、拉丁、希腊、意大利、西班牙、葡萄牙、荷兰、瑞典、挪威、土耳其、捷克、保加利亚等文字,内以英、法、德三种文字最多。"①但我注意到,王尔敏这部书主要展现了西人翻译中国古籍尤其是先秦古籍的状况,而未能清楚展示西方人翻译中国20世纪著作的情况。遍翻全书,很少见到西人翻译20世纪中国学者著作,这与中国20世纪全面翻译西人著作达十万册之多形成了鲜明的对比。

同样值得注意的是,20世纪初到日本求学的国人之多令人吃惊。从1806年到20世纪最初的十余年间,到日本留学的中国学生有数万人之多,仅1906年就有8600人。但这些留学生到日本大多并非以学日本学术为目的,而是以学习西洋文化为目的②。这些人或留学,或旅居著述,或流亡,均积极吸收新知识和新思想。正是各种西方和日本译作涌入中国,与传统思想相较量,而最终改变甚至变革了传统精神,进而取代了传统思想的中心地位。而一些未能出国的学者,也在学习日语或翻译各类著作。在译西文东文时,他们又经常遭到国粹派攻击③。在翻译西学和接受哲学思想方面,中国思想界在20世纪初通过先行走向现代化的日本这一"中介"④,开始了苦学外语(日语和西语),并急切地译书⑤。如康有为1898年曾记下:"日本维新,仿效西法,法制甚备。与我相近,最易仿摹,近来编辑有日本变政考,及俄大彼得变政记可以采鉴焉。"⑥

这种文化交流的巨大"赤字",使人不得不陷入深思。然而,我清醒地意识

---

① 王尔敏编:《中国文献西译书目》,"叙录"第6—7页,"凡例"第1页。
② 参实藤惠秀:《中国人日本留学史》,东京くろしお出版,1960年;另参熊月之:《西学东渐与晚清社会》,第12—13页。
③ 章炳麟曾就翻译日本著述致信罗振玉,其语言相当尖刻:"足下学术虽未周挟,自视过于林泰辅辈,固当绝远。……今复妄自鄙薄,以下海外腐生,令四方承学者不识短长,以为道艺废灭,学在四夷。……今以故国之典,甚精之术,不自校练,而取东鄙拟似之言。斯学术之大蝨,国闻之大稗。"(《与罗振玉书》,见《章太炎全集》[四],第172页,上海人民出版社,1985年)
④ 王晓秋:《近代中日文化交流史》,第21页,中华书局,2000年;另参陆坚、王勇主编:《中国典籍在日本的流传与影响》,杭州大学出版社,1990年。
⑤ 谭汝谦制作了一份"中译日文书统计表(1660—1978)",其中,1660—1867年有4种日文书被译为汉语,1868—1895年有8种,1896—1911年有958种,1912—1937年有1759种,1938—1945年有140种,1946—1978有2896种,合计5765种。显见从19世纪末到20世纪初是从日本译书的一个高潮(《日本译中国综合目录》,第46页)。
⑥ 康有为:《康南海自编年谱》,第37页,中华书局,1992年。

到,21世纪我们仍然要继续大量"拿来",但必须弄清拿来之后怎么办。换言之,我们坚持"拿来",但是不再满足于"拿来"。因为"拿来"从本质上说仍然是急功近利的,这在科技层和制度层上可以立竿见影,但在文化层和宗教层却冲突迭起,不信可以听听亨廷顿和齐泽克是怎么说的①。我坚持认为,在最初的挪用、套用之后,必须有自己的创造性输出,否则这个民族就会丧失真正的精神生命力②。

我清醒地体认到,思想文化的翻译和输出困难重重。翻译书籍在中国并不是最近才有的事情,中国历史上大抵有四次翻译高潮:第一次是东汉至唐宋的佛经翻译;第二次是明末清初的科技翻译;第三次是鸦片战争至五四运动时期的西学翻译;第四次是新时期八九十年代的对西学的全面翻译。这四次翻译高潮使得中国学术有了新的知识谱系和学术增长点。"如果说前三次翻译高潮,都是外文译入中文为主,那么这一次翻译高潮则正在改变中国在翻译上的'入超'地位,对外介绍中国和外部了解中国的迫切需要,对中译外提出了更高的要求。"③这种"中译外"的气魄应该说与国运紧密相关。从时间上看,20世纪初期和末期是翻译的最为辉煌的时期,中国翻译西学达到了高峰。但是,20世纪中国学者著作翻译成西文的情况不容乐观。因为条件所限,若干统计调查的结论还有待进一步证实。但是有一点是明确的,中西翻译著作出现了巨大的文化逆差,中国翻译西学几乎是西方翻译中国20世纪著作的50至100倍④。从中不难看到西方对现代中国思想忽略的程度。

只要有需要、有欲望、有市场,翻译西书就会日益兴隆。然而,当代世界学术翻译中仍然出现了新的动向:"翻译的跨学科研究使译论家们认识到,当代译论不可能局限于单一学科的发展和研究,必须有一个多学科综合、跨学科相互渗透、不同思潮互补的基础。翻译已从单一的翻译科学论走向了翻译文化论。列费维尔和巴斯奈特甚至认为翻译单位也已开始'从词到文本,从文本到文化迁移'。二十一世纪的议论必然会如斯内尔霍恩比所说'向文化回归'(cultural re-

---

① 斯拉沃热·齐泽克(Slavoj Zizek):《意识形态崇高客体》,中央编译出版社,2002年。
② 事实上,"在人类历史上,那些失败的民族和倒下的国家,有些重新崛起,实现伟大复兴,如欧洲文艺复兴、德国和日本的战后崛起;有些一蹶不振,从此随遇而安,如古埃及、波斯帝国、奥斯曼帝国、古希腊和葡萄牙等,他们昔日的辉煌没有再现"(何传启:《东方复兴:现代化的三条道路》,第6页,商务印书馆,2003年)。
③ 罗进德:《为中国第四次翻译高潮贡献精品》"翻译理论与实务丛书总序",载刘重德《西方译论研究》,第Ⅱ页,中国对外翻译出版公司,2003年。
④ 中西文学作品的翻译,有人认为西翻成中为中翻成西的十倍,其实远远不是这样。仅仅就中国对外翻译出版公司近30年的翻译而言,翻成西方文字的中国著作仅仅33本,而将西方著作翻译成中文的则达到近千本。

turn)。"①这种看法,已经不再停留在是否应该翻译和文词的翻译细节问题上,而是进入了文化翻译底蕴的问题层面,甚至在跨学科中强调翻译文化回归意义,其中所隐含的文化复兴要素不可不察。

在我看来,中国现代文学作品翻译成西文,仅仅依靠马悦然等汉学家的译笔是远远不够的。同时,还应该充分考虑到新一代华人文学问题、中国哲学宗教思想翻译和史学考古思想翻译问题。只有整个民族都重视对等的"文化拿来"和"文化输出",中国文化的复兴和文化生态重建才能够提到议事日程上来。

## 五、发现东方文化精神与中国和平崛起

沙勿略历尽艰难来到澳门外想进却未能如愿,是什么支撑他?他为什么要遭受如此磨难?他是在做文化宗教输出大业!他的逻辑是,如果让中国皇帝以及全体中国国民接受了西方宗教,那么整个汉字文化圈不就全接受了吗?其后的很多传教士学中文,着中国服饰,学中国礼仪,甚至将《圣经》按儒家的词汇进行翻译,目的就是让中国接受他们的思想。不妨问一下,当代中国还有哪个知识分子、哪个博士硕士有这种站在一个国家国门之外要想把中国文化传播输出的愿望和百折不悔的意志?我每次读到那些传教士前赴后继地到中国,为了传教甚至不惧到最穷困危险的地方去,不禁掩卷长叹!也许,今天中国文化人已少有这种自信自强和文化宗教传输的世界性眼光了。

我常常想,明朝虽然比不上汉唐的辉煌气象,却仍是世界上最强盛富庶的国家,但是执著的宗教精神使传教士们不怕旅途的艰险,并未考虑中国是否能够迅速理解和认同他们的信仰②。为什么当代中国不能有意识地将自己的思想文化传播出去?日本在1980年代提出要从一个经济大国变成一个文化输出大国,因为日本人发现西方人将自己看成是"经济动物",加之日本本身的国际形象欠佳,因而开始有目的地全面输出日本哲学、文学、史学和艺术,以求获得他国的文化认同。日本是接受中国文明的滋养长大的,它先中国一步输出文化的结果,就是使日本进一步变成了东方文化的正宗代表。而中国今天是否还有具有忧患意识的知识分子意识到在经济强国中输出文化的重要性呢?无疑这是需要前瞻性意识和精神历险性的!

"文化输出"在某些时候可能是一种策略,但是在相当长的时间之内,它是一种人类文化传承的方式,甚至就是传承方式本身的一种本体存在。如果今天我们这个世界还是由西方人说了算,那这个世界就会变得相当奇怪。因为有个

---

① 廖七一编著:《当代西方翻译理论探索》,第295—296页,译林出版社,2000年。
② 参杜赫德编:《耶稣会士中国书简集》,郑德弟、吕一民、沈坚译,大象出版社,2001年。

根本性的问题：现在已进入了热核兵器时代，美国具有摧毁俄罗斯350次的核武器，俄罗斯的核武器可以摧毁美国135次，全球的核武器可以摧毁人类100次以上，在现代战争当中没有赢家。既然没有赢家，该怎么办呢？坐下来谈，谈什么呢？谈西化吗？谈一种单一的文化吗？谈文化的单边主义吗？不对，应该谈文化的多边主义，文化的多元主义。我们全球的人，把各个民族、各个国家美好的资源、美好的文化都作一番清理，都开始"发现"一下自己。

在我看来，人类发展有两条线，我称之为价值纵横轴。其中一条叫做横轴：过去、现在、未来。换成我们今天的概念叫做前现代、现代、后现代。因此"追新"与"逐后"变成今天每个现代化人的努力方向，所以人们拼命地努力再努力，这叫做超越，包括赶超英美，都是这种思路。但是要注意到人类还有一个纵轴，纵轴的最下端叫做"功利境界"，中间的境界叫做"艺术境界"，最高的境界叫做"天地境界"。如果一个人终其一生只知道是从过去到现在到后现代，那这个人即使走遍了天涯海角，可能他都不知道什么叫幸福，什么叫感动，什么叫心醉。相反，得到一种超越功利境界的艺术境界，超越艺术境界的天地境界，我们就知道今天的"美女作家"没有超过李清照，也没有超过屈原。艺术不是说"新的就是好"，而是"好就是好"。

发现东方与文化输出具有世界主义的文化互动立场，而民族主义具有的则是偏激的排外主义立场，二者不可同日而语。世界主义立场使我更为尊重中国文化的源远流长。每当我在国外看到母语汉字或书法艺术，都会产生一种深沉而持久的激动，难以平抑。这是古老华夏文明给我的精神空气和知识水源，丧失了这一切，作为个体就是无根之人，作为民族就只有短暂的呼吸而走向精神枯萎。我意识到，中国不可能被"他者"正当而平等地发现，我们只能在全球化和后殖民语境中，自己发掘出文化的新精神和新生命，从而使中国文化不在新世纪再次被遮蔽，发现东方古国经过现代化洗礼以后的新形态。说到底，我坚持消除极端民族主义之后的平等对话，任何"中国威胁论"或者"东方威胁论"都是我所不能接受的。我们在文化转型与文化发展中，只能是尽可能多地遵守不断超越的"人类性"的共同价值和认识，遵循一定的国际审美共识，同时加上通过中国知识分子审理过的中国文化的精华部分，才有可能组成为新世纪的中国新文化形态。只有这样的差异性和多元化文化的可持续发展，才能维持东西方文化的生态平衡。

中国的现代性应该向整个人类体现"东方智慧"，人类的未来只能是东西方文化的真诚对话和互动。在科技领域进入现代化的中国，在文化领域应站在更高的角度体现不断创新的东方文化魅力和文化良知。马克思一再强调"人的全面发展"，现代化应该是"以人为目的"。如何让世界重新认识新世纪中国精神？日本20年前从经济大国走向文化输出大国的路径为我们提供了借鉴。中国应在使"西方文化中国化"的同时，也使"中国文化精神世界化"，东西方共同构成人类精神生活中不可或缺的双赢要素。

全球化中信息和经济的一体化，在某种程度上会形成文化互补化，起码在全球化过程中形成中心与边缘、自我与他者之间的错综复杂关系，使得任何国家不可能完全脱离整个世界文化发展的基本格局而封闭发展。在全球化整合中只能不断保持自己民族的根本特性，打破全球格局中的不平等关系，使自身既坚持具有开放胸襟和气象的"拿来主义"，又坚持自我民族的文化根基和内在精神的发扬光大，使不断创新的中国文化精神成为人类精神的重要组成部分。我想说的是：在这个西化了两个世纪的世界，中国的和平崛起需要进一步加大"中国文化形象"重建的力度，让中西在"建设性伙伴关系"的互动中，真正"发现"东方优美的文化精神，体味中国创建人类"和谐社会"的诚意。

（作者：北京大学中文系教授）

# 嫘祖与嫘祖故里

◇马世之

嫘祖也作累祖、傫祖、雷祖,是中华人文始祖黄帝的妻子,即通常所谓的黄帝"正妃",被誉为"人文女祖",祀为"先蚕"和"行神"。嫘祖文化是炎黄文化的重要组成部分,为了继承和弘扬中华民族优秀的传统文化,应当重视嫘祖与嫘祖故里的研究。

## 嫘祖其人

关于嫘祖其人,文献记载一般比较简略。《山海经·海内经》载:"黄帝妻雷祖,生昌意;昌意降处若水,生韩流;韩流擢首、谨耳、人面、豕喙、麟身、豚止,取淖子曰阿女,生帝颛顼。"《史记·五帝本纪》说:"黄帝居轩辕之丘,而娶于西陵之女,是为嫘祖。嫘祖为黄帝正妃,生二子,其后皆有天下。其一曰玄嚣,是为青阳,青阳降居江水。其二曰昌意,降居若水。昌意取蜀山氏女曰昌仆,生高阳,高阳有正德焉。黄帝崩,葬桥山。其孙昌意之子高阳立,是为帝颛顼也。"这里告诉我们,嫘祖为西陵氏之女,是黄帝的正妃,她为黄帝生下两个儿子:一个是玄嚣,即青阳;另一个叫昌意,昌意是高阳的父亲,高阳就是著名的五帝之一颛顼。不过,嫘祖的伟大业绩,除了为黄帝生儿育女、延续香火外,更主要的是发明了养蚕。《隋书·礼仪志》载:"后周制,皇后乘翠辂,率三妃、三嫔、御媛、御婉、三公夫人、三孤内子至蚕所,以一太牢亲祭,进奠先蚕西陵氏神。……"《路史·后纪五》云:"黄帝元妃西陵氏曰傫祖,以其始蚕,故又祀为先蚕。"刘恕《通鉴前编·外纪》谓:"西陵之女嫘祖,为黄帝元妃,治丝、养蚕、供衣服,后世祀为先蚕。"金履祥《通鉴前编·外纪》谓:"西陵氏之女嫘祖为帝妃,始教民育蚕,治丝茧以供衣服,而天下无酸瘃之患,后世祀为先蚕。"林汉达、曹余章《上下五千年》说:"传说黄帝有个妻子名叫嫘祖,亲自参加劳动。本来蚕只有野生的,人们还不知道蚕的用处。嫘祖叫妇女养蚕缫丝、织帛,打那时候起,就有了丝和帛。"台湾著名史学家柏杨指出:"姬轩辕的妻子嫘祖,和姬轩辕的大臣苍颉、隶首、容成,都有同样伟大的贡献:嫘祖发明养蚕抽丝。蚕看起来是一种丑陋的昆虫,经过嫘祖细心的观察,终于发现它们吐出来的东西可以织成绸缎。中国以丝织品独霸世界四千余年,完全是她开创的功绩。"①由此可知,嫘祖是一位伟大的养蚕缫丝发明家,在中国纺织史上写下了极其璀璨的篇章。

关于嫘祖被祀为"行神",北宋人丁度《集韵·平脂》载:"黄帝娶西陵氏女,是为嫘祖。嫘祖好远游,死于道,后人祀以为行神。"《云笈七签》卷一百辑《轩辕本纪》谓:"帝周游行时,元妃嫘祖死于道,帝祭之以为祖神。"《宋书·礼志》注引崔寔《四民月令》:"祖,道神也。黄帝之子曰累祖,好远游,死道路,故祀以为道神,以求道路之福。"清人李元度重修《南岳志》引《湘衡稽古》云:"雷祖从(黄)帝南游,死于衡山,遂葬之。今岣嵝有雷祖峰,上有雷祖之墓,谓之先蚕冢。其峰下曰西陵路,盖西陵氏始蚕,后人祀之为先蚕也。"嫘祖开中国历史上远游之风,被祀为"道神"、"行神"或"祖神",用现代的话来说,就叫做旅游之神。嫘祖喜爱名山大川,到各地去旅行考察,因而除"先蚕"外,"行神"是她头上另一顶桂冠。嫘祖是当之无愧的旅游文化的创始人。

## 说 西 陵

嫘祖又称"西陵氏女"。张守节《史记正义》说:"西陵,国名。"这里所说的"国",系指远古氏族部落而言,或可称之为"方国"与"邦国"。由于历史久远,远古时期的西陵国已经很难寻觅,只能从后世地名中去探索。秦汉三国以来的地名中,有的称"西陵郡",有的叫"西陵乡"、"西陵亭",更多的则是以"西陵县"来命名。西陵的地望有多说:一曰湖北黄冈。黄冈之为西陵,战国已见记载,为楚邑。《史记·楚世家》载:楚顷襄王二十年(前279),"秦将白起拔我西陵"。《集解》引徐广曰:"属江夏。"《正义》引《括地志》云:"西陵故城在黄州黄山西二里。"秦于其地置西陵县,汉因而未改,属江夏郡。《汉书·地理志》"江夏郡西陵县"下,班固原注"有云梦官",可见其地临近古云梦泽,在今黄冈市西北。二曰湖北浠水,在黄冈以东的浠水流域,据《三国志·吴书·甘宁传》载,三国时吴于此地置有西陵郡,甘宁拜"西陵太守"。治所在今湖北浠水县西南。三曰湖北宜昌。三国吴黄武元年(222)以夷陵改置西陵县,西晋太康元年(280)又复名为夷陵县。治所在今宜昌市西陵区。四曰四川茂县。岷江上游的茂县,《汉书·地理志》载为"蚕陵",《水经注·江水》引梁李膺《益州记》称为"西陵县",可能是南北朝时将蚕陵改名为"西陵"的。五曰四川盐亭。相传此地曾出土有《嫘祖故地碑》,有人便推测这里古代也叫西陵②。六曰河南开封。南宋《轩辕黄帝传》云:"帝娶西陵氏于大梁,曰嫘祖,为元妃,生二子:玄嚣、昌意。"大梁即今河南开封。上诉诸说均不足取。因为它们有的方位不合,有的地名晚出,有的于史无

---

① 柏杨:《中国人史纲》上册,第67页,时代文艺出版社,1987年。
② 王德奎、赵均中主编:《嫘祖研究》,成都科技大学出版社,1993年。

征。根据最新考古发现,河南西平古称"西陵"。1959—1981年间,甘肃武威县磨嘴子汉墓先后出土木鸠杖3根,王杖诏令简36枚。所出土的王杖简记载了西汉宣帝、成帝时期的有关诏令。据《武威汉简》载:"河平元年(前28),汝南西陵县昌里,先年七十受王杖,颎部游徼吴赏使从者殴击先,先用诉,地太守上谳。廷尉报:罪名明白,赏当弃市。"又载:"汝南大守谳廷尉,吏有殴辱受王杖主者,罪名明白。制曰:谳何,论应弃市。"[①]先为汝南郡西陵县人,《汉书·地理志》"西陵县"不属汝南而属江夏郡,汝南郡西陵县则是西汉河平以后所改置的,其地在今河南西平。

西平除在西汉时期设"西陵县"外,三国时还置有"西陵乡"。《三国志·魏书·和洽传》载:"和洽字阳士,汝南西平人也。……明帝即位,进封西陵乡侯,邑二百户。"和洽故里在西平县城西和楼村,古西陵乡应在这一带。至迟在北魏时期,西平境内还有地名叫"西陵亭"。《水经注·潕水》云:"[潕水]又东过西平县北。县,故柏国也。《春秋传》所谓江、黄、道、柏,方睦于齐也。汉曰西平。其西吕墟,即西陵亭也。西陵平夷,故曰西平。"西陵亭在今西平县城西27.5公里的吕店乡董桥村南,北距潕水故道10余公里,东距师灵(西陵)古镇3公里,名曰师灵(西陵)岗,是伏牛山余脉的延伸,岗顶平缓,颇具"西陵平夷"的地貌特征。西平一地,先后有"西陵县"、"西陵乡"和"西陵亭"三个以"西陵"相称的地名,可见它同"西陵"的关系绝非一般。根据方志记载,西平县始置于汉高帝四年(前203)。《水经注》说西平县名的由来,是因为"西陵平夷,故曰西平"。显然西陵地名应早于西平。河南西平很可能就是远古西陵国之所在。

## 黄帝所居之轩辕丘

《史记·五帝本纪》载:"黄帝居轩辕之丘,而娶于西陵之女,是为嫘祖。"说明嫘祖出嫁于"黄帝居轩辕之丘"之时,古西陵国不会距轩辕丘太远。

关于轩辕丘,皇甫谧《帝王世纪》载:"新郑,古有熊国,黄帝之所都。受国于有熊,居轩辕之丘,故因以为名,又以为号。"明《广舆记》载:"轩辕丘,新郑古有熊氏之国,黄帝生此,故名。"明人曹学佺《天下名胜志》谓:"新郑县城内有轩辕丘。"《大明一统志》卷二六谓:"轩辕丘,在新郑县境,古有熊氏之国,轩辕黄帝生于此,故名。"《御批王凤洲纲鉴会纂》云:"黄帝母之祈野,见大电绕北斗枢星,感而怀妊,二十四月而生帝于轩辕之丘,因名轩辕。轩辕丘在开封府新郑县。"《御批历代资治通鉴》云:"黄帝母曰附宝,之郊野,见大电绕北斗枢星,感而怀孕,二十四月而生黄帝于轩辕之丘,因名轩辕。轩辕丘在开封府新郑县境。"《大清一

---

[①] 武威县博物馆:《武威新出土王杖诏令册》,载《汉简研究文集》,甘肃人民出版社,1984年;李并成:《武威王杖简与汉代尊老扶弱制度》,《人民政协报》2000年10月23日。

统志》卷五二云:"轩辕丘,在新郑县西北故城。"清顺治十六年(1659)《新郑县志》云:"轩辕丘,在县境,黄帝生于斯。"清乾隆二十九年(1764)新郑县显龙宫《重修大殿碑记》云:"玄帝行在建于邑之北门外。……古传郑邑为轩辕氏旧墟,行在北有轩辕丘遗址,乃当年故址,故行在建于前以为镇。"大量历史文献记载,黄帝故里轩辕丘在今河南新郑,南距西平仅120公里,与嫘祖故里西陵相近,便于两大氏族部落之间通婚。远古时期,交通极不发达,湖北、四川等地同新郑相隔千山万水,在"蜀道难,难于上青天"的情况下,彼此交往极其困难,因而那里的所谓"西陵",实与嫘祖无关。

## 古江水若水在中原

《史记·五帝本纪》载:"嫘祖为黄帝正妃,生二子,其后皆有天下。其一曰玄嚣,是为青阳,青阳降居江水。其二曰昌意,降居若水。"嫘祖所生二子玄嚣与昌意,其居地与西陵国相距也不可能很远。据考证,古江水、若水均在中原地区。

关于江水,《史记正义》引《括地志》云:"安阳故城在豫州新息县西南八十里。应劭云古江国也。《地理志》亦云安阳古江国也。"安阳县,西汉置,治所在今河南正阳县西南,至隋始废,唐代属新息县。新息县即今息县。息县西南40公里的江国故城,在今河南正阳县大林乡涂店东北,江国故城城址平面呈长方形,面积17.5万平方米。涂店又称涂家店或涂店街,附近有安阳堰、涂山堰诸水环绕外,南面还临四渎之一的淮水。淮水古亦称江,《左传·哀公元年》载:"春,楚子围蔡,报柏举也。……蔡人男女以辨,使疆于江、汝之间而还。"杜预注:"楚欲使蔡徙国,在江之北,汝水之南,求田以自安也。"蔡国故地本在淮北的汝水一带,此"江"当指淮水而言。《左传·哀公四年》载:"夏,楚人……乃谋北方。……致蔡于负函,致方城之外于缯关,曰:'吴将溯江入郢,将奔命焉!'为一昔之期,袭梁及霍。"这里"吴将溯江入郢"之"江",应指淮水而言。此外,在古文献中,还常有同一史事在不同的书或同一书的不同版本中,出现了以"江"作"淮",或以"淮"作"江"的情况。如《史记·秦始皇本纪》载:"荆将项燕立昌平君为荆王,反秦于淮南。"裴骃《集解》引徐广曰:"'淮'亦作'江'。"又如《国语·吴语》云:"于是勾践乃命范蠡、舌庸率师,沿海溯淮,以绝吴路。"《吴越春秋》记此事则作"屯海通江,以绝吴路。"再如《晏子春秋·内篇·杂下第六》云:"晏子……对曰:'婴闻之,橘生淮南则为橘,生于淮北则为枳。'"而《淮南子·原道训》则云:"故橘之江北,则化而为枳。"由此可知,古文献中的"江"不是长江的专称,淮水亦可称江[①]。唐代张守节《史记正义》将江水定位于"安阳古江国"之域,显系指

---

[①] 石泉:《古文献中的"江"不是长江的专称》,见《古代荆楚地理新探》,武汉大学出版社,1988年。

淮水而言。黄帝支族之一的玄嚣,最早可能活动在今河南正阳县境的淮水流域地区。

关于若水,过去学者大都认为即是泸水。《水经注·若水》云:"若水出蜀郡旄牛徼外,东南至故关,为若水也……黄帝长子昌意,德务不足绍承大位,降居斯水,为诸侯焉。"《后汉书·西南夷传》注谓:"泸水一名若水,出旄牛徼外。"古代泸水,指今四川省西北部的雅砻江下游和金沙江会合以后的一段。姜亮夫先生据此而论:"[若水]即今鸦砻江,源出巴颜喀拉山东,南流入金沙江。"①不过此说不甚可靠,且有异议。顾颉刚先生根本不赞同这种观点。他认为,"若水"如在四川,那是楚人把他们的"始祖"带进去的:"推原他们所以如此拉拢的缘故,大概因为楚国出于颛顼和祝融,春秋时楚和巴的交往较密,把楚祖传了进去。"②徐中舒先生认为这种说法实不可信:"至于《史记·五帝本纪》说黄帝的儿子昌意,降居若水,娶蜀山氏,后来《华阳国志》和《十三州志》,以为这就是蜀的先代。严格地说,这些传说并出西汉以后,除牵合若水蜀山地名人名一二字外,并无其他史迹可据,其可信的条件并不具备。"③吕思勉先生更指出:"'昌意降居若水',后人以蜀地释之者实误。"④若水既然不是雅砻江,其地不在今四川省境,那么它究竟是何地何水呢?不少学者认为它就是今河南省境内的汝河。田昌五先生说:"若水即河南的汝水。汝、若,音同义通。"⑤孙华先生以古音韵学考释,认为:"昌意和颛顼所居的若水,即为古之汝水。汝、若同属日母,汝属鱼部韵,若属铎部韵,铎为鱼部之入声,鱼铎二部本可对转。《庄子·渔父》'吾语汝',《人间世》又作'吾语若',若汝在上古音俱通,汝水即若水。"⑥由此看来,若水即汝水,应在今河南境内。据《水经注·汝水》:"汝水出河南梁县勉乡西天息山。……又东至原鹿县。……南入于淮。"梁县即今河南汝州市,原鹿县即今安徽阜南县。杨守敬疏曰:"今汝水自嵩县东北流经伊阳县,又东南经汝州宝丰县、郏县、襄城县,至郾城县,皆故道。元末,堨断故汝,令归今沙河,东出合颍河。而《水经注》自郾城县至上蔡县之流遂绝。上蔡以下,犹是故道。《水道提纲》谓之南汝,承遂平县水,东南经汝南县、正阳县、新蔡县、息县,至阜阳县西,入淮。"汝水发源于河南嵩县车村乡龙池曼山西麓天桥沟,东北流又折向东南,经今汝阳、汝州、郏县、襄城、舞阳、郾城、西平、上蔡、汝南、平舆、正阳、新蔡、安徽阜南等县

---

① 姜亮夫:《说高阳》,见《楚辞学论文集》,上海古籍出版社,1984年。
② 顾颉刚:《论巴蜀与中原的关系》第40页,四川人民出版社,1981年。
③ 徐中舒:《论巴蜀文化》,第3页,四川人民出版社,1981年。
④ 吕思勉:《少昊考》,见《读史札记》上册,第51页,上海古籍出版社,1982年。
⑤ 田昌五:《古代社会形态研究》,第152页,四川人民出版社,1980年。
⑥ 孙华:《蜀族起源考》,载《民族论丛》第2辑《先秦民族史论集》,四川民族研究所,1982年。

境,在今河南淮滨县谷堆乡洪河口村东南入淮。元至元三十年(1293),因下游泛滥为害,江北行省平章伯颜下令自郾(今郾城东南干河陈村)以下截流南流。原汝水上游(即今郾城以南)河段则改以原支流氵隐水(即今西平境内小洪河)为源,称南汝。明嘉靖末,氵隐水东注入澺(今洪河),南汝又改以溵水(今沙河)为源,以下至汝口仍为旧道。大体而言,古汝水包括北汝河与南汝河。由此可知,从地理形势来看,以西陵亭为中心,轩辕丘在其北,江水在其南,均相距不远。若水又从附近流过,彼此相距更近。这不仅便于轩辕氏与西陵氏两大氏族部落通婚,其支族——玄嚣与昌意分居于南北两侧,也便于这些具有血缘关系的氏族部落之间的交往。

## 嫘祖故里在西平

西平位于河南省中部,居驻马店地区的最北端。地势西高东低,海拔最高550多米,最低53米,平均59.9米。伏牛山余脉自县西南绵延入境,形成西部山区向平原过渡的浅山丘陵区。东部则为广袤的平原。境内较大的河流有洪河、柳堰河和淤泥河,属淮河流域的洪汝河系。西平地处亚热带向暖温带过渡地带,属东亚大陆性季风型亚湿润气候。西平附近地带全新世中期的原始景观结构,是由众多的低山、丘陵、平原、湖泊等景观镶嵌块和纵横交错的河流、道路、沟谷等景观廊道所构成,具有强烈的空间异质性。其边缘效应首先表现为生物多样性增加、种群密度加大、食物链长、生物"金字塔"基宽等。为早期人类提供了从事经济生产活动的优越条件,既可耕可牧,宜粟宜稻,又利于采集、狩猎和捕捞[1]。这里非常适宜于植桑养蚕,"上古时期的西平,沃野百里,桑树遍地,野蚕吐丝而人不知所用。相传嫘祖从蜘蛛网中受到启发,利用蚕丝织成衣服"[2]。西平境内有一座海拔520.8米的蜘蛛山,就是嫘祖观察蜘蛛织网和发明养蚕缫丝的地方。为纪念嫘祖的丰功伟绩,此山又被尊称为始祖峰。始祖峰上有一座嫘祖庙,原有正殿3间和东西厢房,现仅存石礅、碑座、残碑、砖瓦等遗物。每年农历四月二十三日,当地群众都要举办传统的嫘祖庙会,称为"蚕桑节",追念嫘祖的功德业绩。在西平境内的师灵岗、五沟营镇、专探乡、吕店乡、出山镇和西平县城,分别发现多处嫘祖庙,成为西平县是嫘祖故里的历史见证。

嫘祖文化为炎黄文化的亚文化,从考古发现来看,应属于仰韶文化范畴。以西平所在的驻马店地区而言,已发现仰韶文化遗址20余处。特别值得注意的是西平董桥仰韶文化遗址,位于西平县吕店乡董桥村南,遗址高出周围地面5米

---

[1] 北京大学考古系、驻马店市文物保护管理所:《驻马店杨庄——中全新世淮河上游的文化遗存与环境信息》,第5页,科学出版社,1998年。

[2] 郭超、刘海峰、余全有主编:《驻马店通史》,第24页,中州古籍出版社,2000年。

多,面积约48万平方米,出土有纺轮、碗、钵、罐等陶器及石斧、石铲等石器。董桥遗址所在的师灵岗,正是古西陵亭所在地,表明该遗址同古西陵国之间的密切关系。

西平县西小孟庄村北,原有一处墓地,当地群众叫它嫘坟,其中最高的一座娘娘坟,人们说那就是嫘祖陵。史称"先蚕冢"在湖南衡山雷祖峰上,不过,大凡名人之墓皆不止一处,因而并不能排除西平嫘祖陵的存在。

西平县北邻漯河市,关于漯河名称的由来,据何光岳先生考证,"漯"、"嫘"二字音同义通,漯河实为嫘河,因远古时期嫘祖在这一带活动而得名①。

据湖南岳阳县《方氏族谱》卷首之三《源流通考》所载宋潜溪先生《徽州方山谱序》云:"惟方氏出自方雷氏。方雷者,西陵氏女也,轩辕之正妃,是音雷、嫘祖。"方雷氏分布的地区,"河南嵩县东北的方山,当也为方雷氏所迁居的地方。……河南叶县南四十里有方城山,北魏方城县,位于嵩县方山之南。《左传》僖公四年楚屈完对齐侯曰:楚国方城以为城者即此。亦当于方雷氏分布于此有关"②。西平北有嵩县,南望方城,与方雷氏关系密切,实为嫘祖理想的居地。

综上所述,河南西平古称西陵,因"西陵平夷"而得名,北距黄帝故里轩辕丘仅120公里,以古西陵国为中心,北有嵩县方山,南望方城山,其支族玄嚣与昌意分居于南北两侧,便于远古氏族部落之间的交往。

西平不仅古称西陵县,有西陵乡和西陵亭,并保留有嫘祖峰、嫘坟等遗迹和董桥遗址。自古以来,家家户户植桑养蚕,敬蚕神、祭嫘祖,每年农历四月二十三日,都要举办一年一度的蚕桑节。种种迹象表明,嫘祖故里应在河南西平。

(作者:河南省社会科学院考古所研究员)

---

① 何光岳先生2006年7月15日告知。
② 何光岳:《炎黄源流史》,第534页,江西教育出版社,1992年。

# 黄帝建都涿鹿考辨

◇江达煌

涿鹿县位于河北省的西北部，属张家口市，地处长城以南之桑干河下游，官厅水库正西，东南距首都北京仅40分钟的车程，铁路、公路交通均较便利。这里葡萄遍地，花果满山，堪称北京的后花园。尤其更有许多有关黄帝、炎帝、蚩尤的传说故事及其遗迹，"三祖"文化的积淀极为丰富。

涿鹿是我们伟大中华民族和中华文明的发祥地之一，也是我们中华儿女传承万代永不衰竭的血缘之根。不论从文献的考察，文物考古的探索，以及史学大家的论证，都对涿鹿作出了基本的肯定。全世界的中华儿女，要寻根问祖者，此地是也。鄙人在这方面也作过一些实地考察和典籍的解读，今想略抒浅见，为涿鹿"黄帝城"是"中华第一都"增添一点闪光。

我们说涿鹿"黄帝城"是"中华第一都"，这主要是根据太史公司马迁《史记》的记述。从《史记》第一篇《五帝本纪》我们得知：约五千年前，我们中华民族的"文明始祖"黄帝、炎帝、蚩尤在涿鹿进行了我国上古时期最为著名和最具影响的"阪泉之战"和"涿鹿之战"。"阪泉之战"是黄帝（轩辕）"与炎帝战于阪泉之野。三战；然后得其志"。黄帝打败炎帝，从而建立了炎黄联盟。阪泉在今河北省涿鹿县矾山镇西南之上七旗村。"涿鹿之战"是因"蚩尤作乱，不用帝命"。按我们现今的理解，就是不承认黄帝的权威，不服从黄帝的领导，互争雄长。部落或部落联盟间发生了如此重大的"政治冲突"（其实与炎帝的"阪泉之战"亦是如此），"于是黄帝乃征师诸侯，与蚩尤战于涿鹿之野。遂禽杀蚩尤，而诸侯咸尊轩辕为天子，代神农氏，是为黄帝"。很明显，无论是"阪泉之战"还是"涿鹿之战"，看来都已是真正的战争，起因都是较复杂和深刻的。这是原始社会末期，大的部落或部落联盟间互争雄长、争霸权的必然产物，其中也必然包含有经济利益的冲突，故其规模也是够大、够残酷的，绝非氏族社会的"血族复仇"所能涵盖和解释。经过这两大战役，"诸侯咸尊轩辕为天子"，就是承认其共主的地位与权力，"天下有不顺者，黄帝从而征之"（这里所谓"天子"，实即盟主；所谓"诸侯"，其实就是各氏族部落或部落联盟的首领、酋长之类），最终在涿鹿"合符釜山，而邑于涿鹿之阿"。

所谓"合符釜山"，就是黄帝、炎帝、蚩尤这三人所代表的在血缘、地域、生产生活方式、文化系统和信仰等方面均各有所不同的氏族部落或部落联盟，先后来到涿鹿这片地方(这"涿鹿"即"涿鹿之野",包括涿鹿山周围的广阔之地,应比现今涿鹿县的范围大得多),经过相互接触、交流、摩擦、冲突,甚至多次大规模血与火的残酷战争(尤以"涿鹿之战"为甚)的磨合,终又达成和平与谅解,实现了一种较松散的、多元一体的大联盟、大统一、大融合。在黄帝"北逐荤粥"后,与各氏族部落或部落联盟,在釜山①举行隆重的"合符"仪式,即协调规章大则,统一符契圭瑞,共同结盟。这是一个重大的政治会盟的形式与举措。这一结盟,是在参与结盟的各方都承认并尊奉黄帝的权威这一大原则下建立的。即"诸侯咸尊轩辕为天子",他有权"征师诸侯","天下有不顺者,黄帝从而征之"。他并且"以师兵为营卫",建立自己或更包括整个结盟的武装营卫制度,并设立各种官名官职,"置左右大监监于万国"(这里所谓"国",实即指氏族或部落,或即如苏秉琦先生所谓的"古国"),"举风后、力牧、常先、大鸿以治民",等等。这很明显地已大大突破了原来相对较单纯的氏族部落制的框架,而出现了规模更大、层次更多、结构更复杂的新的框架,俨然一套初期国家的官僚体制。这就从文献的记载上,"说明了我国早在五千年前,已经产生了植基于公社又凌驾于公社之上的高一级的社会组织形式"②。这也就是人们常说的已进入原始社会末期军事民主制的所谓"英雄时代"了。而这种大联盟、大统一、大融合,在地域上已包括了当时黄河中下游及北方长城一带或更稍北的广大地区,甚至已南达长江流域,即所谓"东至于海,登丸山,及岱宗。西至于空桐,登鸡头。南至于江,登熊、湘。北逐荤粥"。这显然是一大了不起的成就。如此广大的地域,也显然绝不是原始氏族公社和氏族部落制社会所能涵盖和包容得了的。故我们认为,这就开创了我国五千年中华文明史,为肇造伟大中华民族奠定了最初的根基和揭开了序幕。我们说"千古文明开涿鹿",这话一点也不为过。随着历史的向前发展,往后(包括进入"文明时代"之后)又不断有新的氏族部落、部落联盟或部族加入进来,出现新的整合与组合或重组,并从而逐渐"融合"与"同化"。这就是我们伟大中华民族的形成过程。也正是这种大联盟、大统一、大融合的强有力的血缘纽带和历史传统,把我们中华各民族越来越紧密地联结和维系在一起,在这五千年的历史长河中,经历了多少次的巨大震荡、冲击与考验,合久复分,分久复合,回旋往复,更迭升华,铸造了一次次的历史辉煌,使得中华文明光芒四射,与日月同辉,并且根基强固,坚如磐石,永不断裂,永不消亡。

所谓"邑于涿鹿之阿",就是在涿鹿始建城邑,作为这个刚刚形成和建立起来的大联盟、大统一、大融合体在政治、军事乃至社会生活、精神文化等方面彼此

---

① 根据史籍和方志的记载,釜山在涿鹿县保岱镇西北之窑子头村北,又名历山,因其形体圆整恰如覆釜,故名釜山或覆釜山。

② 苏秉琦:《中华文明的曙光》,原载《东南文化》1988年第5期,辑入苏秉琦《华人·龙的传人·中国人——考古寻根记》,辽宁大学出版社,1994年。

联系、凝聚和象征性的"中心邑落"。实际上,这就是后来正式跨入"文明"而进入历史时期的"都城"的初胎或雏形了。这同样也是一个重大而又了不起的事件与成就。它与"合符釜山",二者是如此紧密地相连贯和如此明显地昭示:中华始祖在约五千年前,即从所谓"史前"时期进入"文明"初曙,或者叫做"文明的前夜"。这标志着中华大地的原始社会已进入末期,已在不断地叩击"文明"的大门了。这是一个伟大的历史跨越与进步,具有极其深远的社会历史意义。

"邑于涿鹿之阿"中的"涿鹿"指的是涿鹿山,即在涿鹿山旁建"邑"。秦代所置涿鹿县,亦即因有涿鹿山及黄帝等在涿鹿之野的史迹而得名。下面且引已故北京大学教授、博士生导师王北辰先生的一段论述,以帮助我们理解这句话的深刻含义:

> 邑字,按《说文解字注》许云:"邑,国也,从囗";又云:"古国邑通称。"关于囗,段注:"音韦,封域也。"关于国字,许云:"国,邦也。从囗从或。"可见汉以前的邑、国,都是有囗有封域的,也即有城的。依义则"邑于涿鹿之阿"应理解为,选在名为涿鹿的一片高地上兴建起有囗的邑。邑而有囗,应该是有城的。从考古成果方面看,我国考古学界已在北方各地发现了几处属于新石器时代晚期的古城址,它们是山东章丘县的城子崖古城,河南登封县的王城岗古城,河南淮阳县的平粮台古城(皆据《中国大百科全书·考古学》"中国新石器时代考古"条内的建筑技术项)。至于小规模的聚落围墙,在安阳的后冈已发现了一处属于龙山文化的村落围墙,在内蒙包头市的阿善,也发现了一处小聚落的围墙。上列几处城址和围墙址,都属于新石器时代晚期的龙山文化遗存,其时间都相当于夏代之前。既然上记各地有城、有围墙,那么大致同时期内,在一位杰出君主黄帝的设计和指导下,在涿鹿大邑的周围,岂不更有可能、更有条件,利用天然地势建筑起城墙来吗?纵使现存的涿鹿古城并非全系原始遗存,但涿鹿古城始筑于新石器时代晚期却是合乎历史的推断。[①]

对于司马迁所说黄帝"邑于涿鹿之阿",后代学者看来是信服的,且认定此即黄帝之都邑,即秦汉以后的涿鹿县故城。西晋时,皇甫谧撰《帝王世纪》,他明白指出涿鹿城是"黄帝所都",并指出涿鹿县境内"有蚩尤城、阪泉地、黄帝祠"。《后汉书·郡国志》在"上谷郡涿鹿县"条下亦记曰:"黄帝所都,有蚩尤城、阪泉地、黄帝祠。"北魏著名地理学家郦道元在参酌古籍并实地考察了涿鹿的水系与古迹后,在其《水经注》中写道:"涿水出涿鹿山,世谓之张公泉,东北流径涿鹿县故城南,王莽所谓褫陆也。黄帝与蚩尤战于涿鹿之野,而邑于涿鹿之阿,即是处

---

[①] 王北辰:《黄帝史迹涿鹿、阪泉、釜山考》,《北京大学学报》(哲学社会科学版)1994年第1期,辑入王北辰《西北历史地理论文集》,学苑出版社,2000年。

也。"①唐代的大型官修地志《括地志》亦云："……涿鹿故城，在妫州东南五十里，本黄帝所都也。"而张守节在其《史记正义》中写道："广平曰阿。涿鹿，山名，已见上。涿鹿故城在山下，即黄帝所都之邑于山下平地。"以上所谓"涿鹿城"或"涿鹿故城"，即俗所谓"黄帝城"，亦称"轩辕城"，在今涿鹿县城东南30公里矾山镇三堡村北。"黄帝城"坐落在涿鹿山北面之黄土丘陵上，呈不规则方形。南北长510—540米，东西宽450—500米。城垣夯筑，残高3—5米，底宽10米，上宽约3米。东面城墙中段被古城水库淹没，北、西、南三面城墙各有缺口一个，疑为城门遗迹。从城墙夯土包含物及夯筑特点看，为战国以后所筑。城址内现为农田，地面散布着许多陶片及板瓦、筒瓦、兽面瓦当残片以及石器、骨角器、蚌器等等。陶质有夹砂红陶、夹砂灰陶和泥质灰陶几种，陶片除素面外，有饰绳纹、弦纹、附加堆纹的。考古调查采集到鬲足、鼎足、豆的柄和盘、敛口大陶罐的口沿、外饰绳纹内有布纹的板瓦、两枚汉"半两"钱。当地群众曾在城内拾到铁铤铜镞、刀币、铜镜等物。这些器物有小部分属新石器时代，但大多数是属于战国至汉代的。故考古调查和试掘仅确认此"黄帝城"乃秦汉上谷郡涿鹿县故城，而对历代古籍所载"黄帝城"的说法未予确认。也正因为如此，目前在河北省的文物考古学界，至今尚有一部分同志对涿鹿"黄帝城"及涿鹿炎帝、黄帝、蚩尤"三祖文化"抱着深深的怀疑甚至否定态度。

考古学是讲求实际、尊重实在的，只承认实实在在的存在，不轻信传说，这固然也对，但却未必全对。因为我们也不应忘记和忽略以下几点：

（一）对历代所记载的涿鹿"黄帝城"，新中国成立半个多世纪以来，我们对它进行的考古勘察工作还是很少很不够的，仅只作过一些较粗略的地面调查和试掘了三两条探沟（未能发现确凿的黄帝时城墙遗迹，但亦发现城址下叠压有新石器时代晚期文化遗存），没有进行全面普遍的钻探和大面积的发掘。而据此即断然作出"黄帝城"不可信的结论，显然理由不够充足。

（二）司马迁撰写《五帝本纪》的写作态度是相当严谨的，他精研了各种史籍和百家之言；并且亲自"西至空桐，北过涿鹿，东渐于海，南浮江淮矣，至长老皆各往往称黄帝、尧、舜之处"，去作深入细致的考察访问，然后分析综合这些材料，"择其言尤雅者"，"故著为《五帝本纪》"。对这样严肃认真的学术成果，也是一概怀疑，甚至全盘否定，未必就是科学态度，恐怕也并不可取。

（三）涿鹿"黄帝城"虽尚未发现确凿的黄帝时代城墙及大型房基等建筑遗迹，但在其城内和城外附近地区，却出土了一些新石器时代仰韶晚期和大汶口—龙山文化的陶器、陶片，器形有彩陶盆、钵、绳纹陶鬲、陶豆、篮纹罐形器、陶纺轮等。还有制作规整的磨光石器，如石斧、石钺、石锛、石刀、石镞、石磨盘、石磨棒、石纺轮，以及骨角器、蚌器等等。尤其有一件制作精细且两面分别浅浮雕有似

---

① 《水经注·㶟水》，涿水条。

"天鼋"形象之动物花纹或图案装饰的大型磨光石钺（长31、宽11.5、厚6厘米，重约2400克），和另一件精雕磨光环状龙形石钺（通高21、宽23.6、厚2.8、环孔内径8厘米，另并有大小不等的两小钻孔），此二件器物显然绝非实用的农具或工具，也不会是武器，这绝对应属于象征权力、权威和地位的"礼器"的范畴，颇具有所谓"王气"。另外还有几件扁平穿孔或不穿孔的磨光石钺也应是"礼器"。还有一件袋足带提梁红陶鬶，这是山东大汶口文化中、晚期及往后龙山文化常出的一种典型陶器，是举行宴集或祭祀等原始宗教性活动时使用的酒具，也应属于"礼器"。这些器物的年代，多与黄帝时代约略相当。它们虽然大都来自采集，并非发掘所得，缺乏出土地层依据，但它们都出自"黄帝城"内或其周边。这不但表明这里有新石器时代的遗址，而且还在某些方面或某种程度上，为我们隐隐约约透露出了"黄帝城"的一些信息，表明"黄帝城"很可能就是黄帝"邑于涿鹿之阿"之所在。这也表明了"黄帝城"及其附近的新石器时代晚期文化遗存受到的人为和自然破坏之严重，以致其文化层及遗物才能大量暴露出来，这样多年来不知毁灭和散失了到底有多少。

（四）《史记》既述黄帝"合符釜山，而邑于涿鹿之阿"，又说他"迁徙往来无常处"。据后来的一些历史文献记载，黄帝除了都于涿鹿，还曾都于新郑①，即是其例。黄帝崩后，"其孙昌意之子高阳立，是为帝颛顼也"。据《集解》引皇甫谧《帝王世纪》，谓颛顼"都帝丘，今东郡濮阳是也"，可见涿鹿"黄帝所都"时间并不是很长，他的继承者帝颛顼即已迁都河南濮阳。如此看来，涿鹿为"黄帝所都"仅只一代，甚至不足一代（黄帝还曾都于新郑），于今已相隔了约五千年。现在，我们却要求它必须保存有黄帝当时的城墙或大型房基等建筑遗迹，否则纵有历代众多的文献记述及出土文物的佐证，纵有至今仍遍布于涿鹿民间的许多有关"三祖"的传说及"阪泉"（隋唐以后又名"黄帝泉"）、"釜山"、"涿鹿山"、"黄帝祠"、"桥山"、"定车台"、"炎帝营"、"蚩尤城"、"蚩尤寨"、"蚩尤泉"、"蚩尤坟"等等众多相关遗迹的存在，仍然一概不予承认，不但不承认"黄帝城"，甚至连"三祖"的存在及其与涿鹿的关系，以及上面所举那些"三祖"遗迹与传说，均一概以"传说"目之而予以否定或表示鄙夷。请问：这难道就是科学的态度？谈到这里，已故当代考古学泰斗苏秉琦先生对传说中的"五帝"和对涿鹿的态度与看法，我认为很值得我们思索与玩味。苏先生的治学态度是非常严谨的，他在考古学上的成就与贡献可以说既是开拓性的，又是综合与总结性的，并且体大思精，继往开来。在有关我国史前考古和文明的起源问题上，他对我国古史传说的"五帝时代"就没有轻易否定，而恰恰相反，是大大地倾向于肯定。他说："古代

---

① 《续汉书·郡国志》刘昭注在"新郑"下注云："皇甫谧曰：古有郑国，黄帝之所都。"《水经注·洧水》亦云："皇甫士安《帝王世纪》云：或言县故有熊氏之墟，黄帝之所都也。郑氏徙居之，故曰新郑矣。"《太平御览》、《通鉴外纪》等亦有类似记载，兹不备引。

有所谓三皇五帝之说,但具体哪是三皇哪是五帝,则往往有不同的说法。要之三皇或类似三皇的说法应属后人对荒远古代的一种推想,并非真实历史的传说。而五帝则可能实有其人其事,所以司马迁著《史记》时径直从《五帝本纪》开始,而于五帝以前的历史则只字不提。"苏先生还根据我国考古学界几十年来所取得的丰硕成果,进一步将五帝传说与各考古学文化相比照,探讨"五帝时代究竟相当于考古学上的哪个时代",从而判断"五帝的时代上限应不早于仰韶时代后期","……五帝时代的下限就应是龙山时代"①。又说:"考古发现正日渐清晰地揭示出古史传说中'五帝'活动的背景。五帝时代以五千年为界可以分为前后两大阶段,以黄帝为代表的前半段主要活动中心在燕山南北,红山文化的时空框架,可以与之对应。五帝时代后半段的代表是尧舜禹,是洪水与治水。""最近在天津蓟县发现的距今五千年前后的古遗址……这是天津地区古文化古城古国的重要线索,其中有的可能就同周武王封黄帝之后于蓟的'蓟'有关。"且更明确指出:"'五帝时代'可以说是中华民族多支祖先组合与重组的一个十分重要的阶段。"②不仅如此,苏先生更结合我国的历史和国情,以他大学者特有的锐利而深邃的眼光,说出了这样一段话:"要看100年的中国到上海,看1000年的中国到北京,看2000年的中国到西安,看5000年的中国到涿鹿。"③苏先生对涿鹿如此看重,正是因涿鹿与"三祖"有关。试问:如果排除掉了黄帝、炎帝、蚩尤这三个所谓"传说人物"及和他们有关的涿鹿"三祖"文化(其中包括"黄帝城"),"看5000年中国",涿鹿还有什么东西可以提供并值得我们到那里去"看"呢?还能看什么呢?已故我国近代考古学的开山学者、前中央研究院历史语言研究所所长李济先生也很看重"阪泉之战"与"涿鹿之战",将它们与世界古代史上的"特洛伊之战"相比拟,认为这两大战役"是奠定中国文化与民族在华北立足的战争"④。可见李济先生对涿鹿与炎帝、黄帝、蚩尤的关系及其历史"传说",也并未怀疑,更未否定。已故史学大师范文澜先生对我国古代的"五帝"传说也没有持否定态度,并说:"这些传说在仰韶文化遗址中大致有迹象可寻,因之推想仰韶文化当是黄帝族的文化。"范先生对传说的炎帝族与蚩尤族之间的械斗征战,以及他们分别曾与黄帝族在涿鹿的征战等等,也是加以认可的⑤。著名历史学家、古文字学家、国家夏商周断代工程专家组首席科学家李学勤先生也说:"涿

---

① 苏秉琦:《重建中国古史的远古时代》,原载《史学史研究》1991年第3期,辑入苏秉琦《华人·龙的传人·中国人——考古寻根记》。
② 苏秉琦:《中国文明起源新探》,商务印书馆(香港),1997年。
③ 据1997年8月苏秉琦先生就有关涿鹿史迹及我国文化史的一次谈话。
④ 李济:《中国上古史之重建工作及其问题》,载《民主评论》5卷4期,1954年。
⑤ 详范文澜:《中国通史简编》(修订本)第一编第一章。

鹿在古代史中有其显赫的地位。"①这也都是针对黄帝、炎帝、蚩尤这三位"文明始祖"都曾在涿鹿活动过并留下诸多史迹而言的。已故著名历史学兼考古学家徐旭生先生,在半个多世纪以前,专门著书研究"中国古史的传说时代",他对炎帝、黄帝、蚩尤的实际存在和他们之间曾发生"阪泉之战"和"涿鹿之战",也是加以认可的②。已故原北京大学历史系主任、著名历史学家翦伯赞先生在其主编的《中国史纲要》(修订本)中,对炎帝、黄帝、蚩尤在冀州和涿鹿的征战之事,也曾加以引述,并肯定他们所代表的部落"对太古的物质文明、精神文明都有不同的贡献"③。

　　根据以上所述,为了彻底弄清涿鹿"黄帝城"的真假情况,继续对它开展深入细致和全面的考古勘察,实在是很有必要。在没有彻底弄清这个"黄帝城"的真相之前,如果没有发现另外铁定可靠之"黄帝城"足以否定和取代它时,不妨先把它认作真的。因为司马迁早已明明白白地写定:黄帝"邑于涿鹿之阿",后代的史籍又都指认即"涿鹿故城",加上这较多的出土文物(虽然大多系采集)与相关遗迹以及群众中广泛流传的传说等线索的指引和佐证,因此,我们是否可径直认定:涿鹿"黄帝城"乃是我们"中华第一都"呢?我看是可以的。是否恰当,请教高明。

(作者:河北省文物研究所副研究员)

---

① 李学勤:《在"全国首届涿鹿炎帝、黄帝、蚩尤三祖文化学术研讨会"上的讲话》,1995年9月。
② 详徐旭生:《中国古史的传说时代》(增订本)第二章《我国古代部落联盟三集团考》,文物出版社,1985年新一版。
③ 详翦伯赞主编《中国史纲要》(修订本)上册第一章第三节《古文献记载中的中国原始社会》,人民出版社,1995年第二版。

# 炎帝陵的修复与整建

◇曾雨农　曹敬庄

## 一、炎帝陵的修复

炎帝陵位于湖南省株洲市炎陵县（原酃县）鹿原陂，始建于宋代，经过历朝历代的修葺，至新中国成立时，大体保存完好。新中国成立后，湖南省人民政府即将其公布为省级重点文物保护单位。不料1954年除夕，香客失火，烧毁了炎帝陵主殿和行礼亭。至20世纪60年代末期，就只留存了炎帝陵墓冢，地面陵殿建筑群几乎损毁殆尽。党的十一届三中全会以后，广大人民群众强烈呼吁修复炎帝陵。1983年5月，在全国人大六届一次会议上，出席会议的湖南省代表团23位代表向大会提交议案，建议"将炎帝陵列入国家级文物保护单位，并拨款按黄帝陵同等规格进行修复"。

1954年时的炎帝陵

全国人大六届一次会议结束不久，湘潭大学民间文学研究室组织"炎帝陵调查组"，专程赴酃县调查，用大量事实说明修复炎帝陵的必要性和迫切性，提出按原貌修复、搜集散失文物、进行封山育林等建议，并将调查报告呈送国务院、文化部、湖南省人民政府、省文化厅等领导机关。与此同时，酃县塘田、河西、三河、城关、城东等乡镇的农民与县直机关单位的干部职工53人，联名向各级领导机关递交了修复炎帝陵的呼吁书。

在人民群众迫切要求修复炎帝陵的呼声日益高涨之时，全国人大六届二次会议在北京召开，湖南省代表团再次提出修复炎帝陵的议案。1984年9月，中华人民共和国文化部对全国人大六届二次会议2265号、2266号提议案进行答复。答复函件说："……炎帝葬何处，晋以前无所考，晋皇甫谧著《帝王世纪》始载葬长沙。宋罗泌《路史》载：崩葬长沙茶乡之尾，是曰茶陵……有关维修炎帝陵的事宜，已函请湖南省文化厅派人协助作出规划，拨款维修。"

1984年9月，株洲市人民代表大会常务委员会作出决议，成立"株洲市修复炎帝陵筹备委员会"，拉开了修复炎帝陵工作的序幕。

1985年元月，筹委会办公室收到郴州市退休老中医周净慈先生的一封来信和为修复炎帝陵汇来的39元捐款（后增至1000元）。周净慈先生当时已70多岁，他在信中诚挚地写道：修复炎帝陵是全体炎黄子孙的一件大事，炎黄子孙各人节省一点，不愁资金问题。这是炎帝陵修复工程收到的第一笔捐款。

1985年5月20日，酃县人民政府县长发出《为修复炎帝陵致全县人民的一封信》，动员全县人民为修复炎帝陵开展募捐活动。县长的公开信得到了全县17万人民的积极响应，广大工人、农民、干部职工和中小学生纷纷为修复炎帝陵捐款。十都、策源、石洲、龙溪、水口、船形、沔渡等林区乡镇的农民，除积极捐款外，还挑选了最好的木材献给修复工程作梁柱之用。许多海外华侨、港澳台同胞也寄来捐款，表达了炎黄子孙的一片赤诚之心。

对炎帝陵修复工程，党和国家更是十分重视，省市两级人民政府先后拨出修复专款140万元，保证了炎帝陵修复工程的启动和顺利进展。

1986年6月28日，鹿原陂艳阳高照，洣水河笑语欢歌，炎陵山处处披上节日盛装，隆重的炎帝陵修复工程开工典礼在这里举行。出席开工典礼仪式的有中共湖南省委副书记刘正、湖南省人大主任焦林义、中共株洲市委书记曹伯纯等省市党政领导同志，有茶陵、桂东、井冈山市等县市的代表和来自陕西黄帝陵的客人，还有市县机关有关部门的负责同志及各界人民群众共两万余人。典礼结束后，《人民日报（海外版）》、《中国青年报》等十几家报纸和中央人民广播电台、国际广播电台等五家电台、电视台相继作了报道。修复炎帝陵的消息传遍五湖四海，炎黄子孙无不欢欣鼓舞。

炎帝陵修复工程，从设计到施工都是在湖南省文化厅指导下进行的。担负主体工程设计的同志坚持"修旧如旧"的原则，在设计过程中，对现存的清康熙年间、清道光七年、道光十七年、清同治年间及1940年等五次修复形制图进行反复比较研究，最后确定以道光十七年重修炎帝陵殿形制图为参照图，并在原来的基础上进一步扩充完善，形成午门、行礼亭、主殿、墓碑亭、陵寝五进格局，承袭清代建筑风格和特色,使修复后的陵殿规模更加宏伟壮观,内部回旋余地更大,结构也更为合理。

炎帝陵主体修复工程,经两年又四个月的艰苦奋战,于1988年10月胜利竣工。整个建筑占地面积3836平方米,建筑面积903平方米,分为五进:

第一进为午门,高8.67米,宽2.6米,门上嵌有白色大理石正楷书写的"午门"二字门额。左右分列戟门和垂花式掖门,戟门高6米,宽2米。

炎帝陵午门(后面的高大建筑为主殿)

第二进为行礼亭,庑殿式结构,是香客祭祀处所。亭高8.33米,宽14米,深6.67米。亭上悬挂着全国政协副主席周培源手书"民族始祖光照人间"的横匾。行礼亭左右为碑房,硬山卷棚式结构,高6.33米,宽15.33米,深5.67米,内竖历代告祭文碑。

行礼亭

第三进为主殿,重檐歇山式结构,黄色琉璃瓦覆顶。殿高19.33米,宽20.67

米,深 16 米。殿内陈设,一如清式。殿堂正中厝放香樟木雕的炎帝神农氏金身祀像。殿内外竖立着 30 根花岗岩大石柱,支撑高达 19 米的屋顶。殿的正面为木质花格门,其余三面为红色砖墙。斗拱和横梁上绘制着以金龙和玺为主,辅以龙草和玺、龙凤和玺及旋子式、苏式彩画,共绘彩龙一万条。三重飞檐尖端饰以龙凤造型,昂首翘尾,气势磅礴。正殿大门上方正中悬挂着中共中央顾问委员会主任陈云手书"炎黄子孙不忘始祖"匾额。

主殿内供奉的炎帝神农氏金身祀像

第四进为墓碑亭,四角攒尖式结构。亭高 5 米,宽 8 米,深 5 米。中置汉白玉墓碑,碑文"炎帝神农氏之墓"七个大字,系 1986 年 4 月中共中央总书记胡耀邦手书。

第五进为陵墓。

从午门至行礼亭而主殿的三个系列台阶中之御道上方,各设一座龙陛,均为汉白玉雕成。第一座是一条威武雄壮的盘龙,取龙蟠虎踞、江山稳固之意。第二座为双龙戏珠,取盛世丰年、天下太平之意。第三座为一似走非走之卧龙,喻意炎帝至尊至贵。庙内其他建筑与主殿一样,多用和玺彩画,以青、绿、红为底色,衬以金色图案,显得富丽堂皇,雍容华贵。蓝天白云之下,耸立着一座金碧辉煌的巍峨宫殿,十分壮观。

墓碑亭

在修复施工中,根据民间传说,主体建筑和园林景观突出了白鹿和山鹰的艺术造型。有石雕的,也有木刻的。石雕母鹿和山鹰采用的是灰白色花岗岩石料,安放在午门内、行礼亭前左右两边。木雕的母鹿和山鹰,镶嵌在主殿炎帝神农氏祀像神龛两边。

修复炎帝陵工程启动之后,先后收到了胡耀邦、陈云、周谷城、耿飚、严济慈、赵朴初、周谷城、杨静仁、周培源、张爱萍、毛致用、钱伟长、王首道、屈武、王任重、王恩茂、杨汝岱、雷洁琼、李铁映等党和国家领导人的题字、题词。海内外书画名人得知炎帝陵即将修复的消息后,也纷纷向炎帝陵赠送书法、绘画、诗词、楹联作品,至1988年底,共收到各类艺术作品500余件。

1993年9月4日,中华人民共和国主席江泽民为炎帝陵题写了"炎帝陵"陵款。1994年,国务院批准将酃县改名为炎陵县。1996年11月20日,国务院国发[1996]47号文,公布炎帝陵为第四批全国重点文物保护单位。这对于确立炎帝陵的地位,弘扬炎帝精神,加快炎帝陵建设具有重大而深远的意义。

胡耀邦题写的"炎帝神农氏之墓"汉白玉碑

## 二、炎帝陵公祭区的建设

在国家建设部和湖南省人民政府的关怀下,1995年,株洲市编制了《炎帝陵风景名胜区总体规划》。1999年,省市人民政府决定对总体规划进行修编,并实施第一期工程建设——建设炎帝陵公祭区。2000年4月4日,湖南省人民政府批准炎帝陵公祭区规划方案,同意实施建设。5月27日,株洲市人民政府在炎帝陵隆重举行炎帝陵一期工程奠基仪式。10月30日,湖南省计委发出《关于株洲市炎帝陵风景名胜区项目建议书的批复》,同意批准炎帝陵第一期工程正式立项。12月27日,炎帝陵基金会副会长曾雨农和株洲市博物馆馆长曹敬庄受省、市政府和炎帝陵基金会的委托,专程到北京向中共中央政治局委员、中国社科院院长、炎帝陵基金会名誉会长李铁映同志汇报炎帝陵的建设及有关工作情况。李铁映同志对炎帝陵的建设作了重要指示。2001年7月19日,株洲市人民政府在炎帝陵举行一期工程开工仪式。

在建设炎帝陵公祭区的全过程中,根据《炎帝陵风景名胜区总体规划》的要求和有关领导同志的指示精神,自始至终坚持了五个原则:1.充分体现炎帝文化的原则。文化内涵是建筑的灵魂,没有文化内涵的建筑注定是没有特色的建筑,不能令人感悟、令人激动。而炎帝陵有着十分深厚的文化积淀,因此炎帝陵公祭区的建设必须依托炎帝文化,渗透炎帝文化,闪耀炎帝文化的光芒。2.充分体现古典和现代相结合的原则。在建筑外貌上要体现传统的古建筑风貌,古香古色,但在内部设施方面要结合时代要求,有现代化的特色。3.充分注意保护自然生态环境的原则。炎帝陵公祭区的建设要与周边环境和谐、协调,保护好炎帝陵的一草一木,建成园林式,既要使炎帝陵成为人们寻根谒祖的圣地,又要使炎帝陵成为人们旅游观光的胜地。4.充分体现庄严肃穆的陵园特色的原则。炎帝陵公祭区是陵园,是中华民族始祖炎帝神农氏的安寝之所,公祭区建设必须努力营造庄严、肃穆、古朴、雄伟的气势。5.严格区别炎帝陵不同于一般寺庙的原则。炎帝陵是炎黄子孙敬祖、念祖、谒祖、祭祖之所在,它是中华民族的"祖庙",无论是在建筑的形式上还是在建筑的内容上,都不允许有宗教、迷信的色彩。

基于以上五个原则,炎帝陵一期建设工程指挥部提出了公祭区建设的"三个工程",即土建工程、园林工程、文化工程。一般的工程建设多只注重土建工程,最多顾及园林绿化,很少有明确提出"园林工程"的。而炎帝陵公祭区的建设不但明确提出园林工程,而且更加强调"文化工程",足见工程指挥部对炎帝陵建设的高瞻远瞩。

为此,2001年6月,炎帝陵一期建设工程指挥部总顾问曾雨农主持了炎帝陵公祭区建设文化工程座谈会,湖南省文化厅厅长刘健民、湖南省文物局局长谢辟庸及省、市知名专家共同研讨了公祭区建设的文化内涵,提出一系列建设性意见。

　　2002年4月28日,炎帝陵基金会、炎帝陵建设工程指挥部在《人民日报》、《湖南日报》、《株洲日报》同时登出《炎帝陵征联启事》,随后又在《中国楹联报》登出了征联启事。从5月初到7月20日,共收到全国除西藏外30个省市区和澳门特别行政区应征对联48000余副,为炎帝陵公祭区建成后楹联悬挂作了充分的准备。

　　炎帝陵一期建设工程指挥部指挥长、株洲市人民政府副市长张雄亲自抓公祭区建设中的"文化工程",指示指挥部办公室副主任、株洲市博物馆馆长曹敬庄在公祭区建设中负责贯彻落实"文化工程",并亲率省市专家对神农大殿的炎帝石雕像的设计进行审议,大殿墙壁上的石浮雕则委派曹敬庄馆长与省市专家审议,从而保证了"文化工程"的切实贯彻实施。

　　2002年10月,炎帝陵一期工程建设胜利竣工。在南北中轴线上,从南向北依次是圣德广场、朝觐广场、龙珠桥、祭祀广场、神农大殿。连接其间的是306米长、12米宽的祭祀大道。在祭祀大道的两侧,栽植着246株香樟,这是湖南省123个县、市、农场响应省委书记杨正午的号召,每县为老祖宗的寝陵献两株古树而栽植的,它们郁郁葱葱,代表三湘儿女日日夜夜守护着炎帝陵。

　　圣德广场是一个圆形广场,直径64米,面积3200平方米。广场中央高大的"圣德碑"将在二期工程完成,碑正面镌刻取材于汉画像石上的炎帝神农氏手持耒耜的农耕圣像,背面镌刻赞颂炎帝神农氏伟大功绩的文字。

　　循着祭祀大道前行约100米,就到了龙珠山麓。龙珠山在大道东边,咏丰台在大道西边。

咏丰台

咏丰台石碑由一座正方体花岗岩整石制作,碑高 2 米,四边长均为 1 米,重约 5.5 吨。正面镌刻"咏丰台"三个隶书大字,背面镌刻着曹敬庄先生撰写的《咏丰台记》:

咏丰台始建于清道光七年(一八二七)。民国初年倒塌。一九八八年修复炎帝陵时,再建于陵南山左,为亭建筑。二零零二年修建公祭区,改建于此。歌曰:

洣水泱泱兮鹿原苍苍　　吾祖神农兮点亮洪荒
粒我烝民兮兴我族邦　　始奠乾坤兮万古同仰
绳其祖武兮盛德汤汤　　终成大道兮华夏轩昂
天下归心兮帝寝重光　　陟台咏丰兮世代荣昌

公元二零零二年十月吉日

龙珠山顶的圣火台建于 1993 年,是为当年"炎黄杯"世界华人华侨龙舟赛取炎陵圣火的仪式而建造的。从祭祀大道登上 205 个台阶,就到了圣火台,圣火台有 4 条通道,分五层呈梯形框架,最底层为正方形平台,二、三、四层为圆台,象征"天圆地方"。圆台中心是 3.8 米高、体积为 31 立方米的整体点火石。点火石南面镌刻着一米见方的象形"炎"字,赤红如燃烧的火炬。当时,从湖南炎帝陵和陕西黄帝陵分别取了炎陵圣火和黄陵圣火,护送到湖南岳阳汇合,点燃了龙舟赛"炎黄圣火"的熊熊火炬。当年点取炎陵圣火的,就是炎帝神农氏的优秀子孙,杂交水稻之父袁隆平。

循着祭祀大道再前行约 100 米,就到了朝觐广场。朝觐广场是一个正八边形的广场,边长 20 米,中轴距离 48 米,面积 2400 平方米。在广场的八个边按

从朝觐广场仰望神农大殿

"乾、坎、艮、震、巽、离、坤、兑"嵌入了"八卦"图案。这是纪念炎帝神农氏的一大功绩:按有关史籍记载,继伏羲氏创立八卦之后,炎帝神农氏"重八卦为六十四爻",也就是现在人们通常所说的"八八六十四卦"。

朝觐广场北接龙珠桥。龙珠桥由"一主二副"三座拱桥组成,跨度6米,中间的主桥宽6米,两边的副桥各宽3米。桥栏板的两面雕刻有10种古代乐器图案,分别是琴、筝、竽、笙、笛、箫、云板、编钟、月琴和琵琶。这是为了纪念炎帝神农氏"削桐为琴,练丝为弦","作'扶犁'之乐,制丰年之咏"。

从龙珠桥到祭祀广场的祭祀大道长90米。大道的北端是祭祀广场。祭祀广场长59米,宽40米,在两边的山坡上栽植有罗汉松、银杏、古柏、女贞、重阳木等千年古木,它们伟岸挺拔,绿冠如云,浓阴匝地,其中树径最大的达1.6米。

祭祀广场南端的两侧和大殿平台的边上,是双面雕刻着百草图案的花岗岩栏板。在二级平台的正中,有一只高浮雕九龙戏珠的石制圆形香炉,高0.98米,直径1.2米,举行公祭时,主祭人就在这里焚化祭文帛书。在二级平台两边,还有一对整石雕琢的福建青石香炉,高3.9米,直径1.5米,单重24吨。从目前我们所知道的信息,它堪称全国第一,中华之最。北京故宫也有这么高大的石制香炉,但不是整石制作的。在平台的踏步间,是高浮雕的九龙戏珠御路石,长3.2米,宽2.8米,厚0.7米,用福建青石整石制作,重约17吨。

神农大殿

祭祀广场的北面就是庄严雄伟的神农大殿。大殿坐北朝南，俯瞰着祭祀广场、祭祀大道、朝觐广场。大殿为仿清式古典建筑，面宽37米，进深24米，高22.9米，由大殿、东西配殿、连廊和两个四方亭组成，总占地面积3920平方米，总建筑面积1680平方米。大殿正面的外廊上，挺立着10根高浮雕的蟠龙石柱，高5.4米，直径0.8米，为福建花岗岩整石制作。大殿左右外廊及殿后外廊，挺立着20根石柱，高5.4米，直径0.6米，也是福建花岗岩整石制作。大殿匾额"神农大殿"为中国书法家协会主席沈鹏先生题写，匾高3米，宽1.9米，字大约0.5×0.6米。

神农大殿炎帝石雕像

神农大殿内端坐着炎帝神农氏石雕像，他一手拿着谷穗，一手握着耒耜，面容亲切、慈祥。雕像右边立着鹰，左边卧着鹿，它们是炎帝的两位"母亲"。相传当炎帝刚刚生下来不久时，他的母亲要出外采摘食物，就把炎帝放在草地上。太阳晒过来时，雄鹰就飞来用宽大的翅膀为炎帝遮阴；炎帝饿了，母鹿就跑来用甜美的乳汁为炎帝哺乳。炎帝在大自然的怀抱里长大，在风雨中成长为一代伟人。炎帝石雕像身高9.7米，底座长8.9米，宽4.7米，重约390吨，为福建光泽红花岗岩雕琢，整个造型就像一座山。雕像两边竖着两根巨大的整石打制的石柱，石柱上镌刻着株洲籍的当代著名书法家李铎先生书写的对联："到此有怀崇始祖，问谁无愧是龙人。"

大殿的左、右、后三面墙上是大型的广东红砂岩石高浮雕壁画。画高5.2—7.9米，总长53米，总面积391平方米。壁画的内容是歌颂炎帝的八大功绩：始作耒耜，教民耕种，遍尝百草，发明医药；治麻为布，制作衣裳；日中为市，首辟市场；削桐为琴，练丝为弦；弦木为弧，剡木为矢；作陶为器，冶制斤斧；建屋造房，台榭而居。壁画大气、古朴，令人肃然起敬。

炎帝陵一期建设工程共投入资金7000余万元,其中,政府拨款4000万元,炎帝陵基金会募集资金3000万元。1992年,时任中共湖南省委书记的王茂林同志号召全省人民人均捐款1元,建设炎帝陵。株洲市率先响应省委书记的号召,中共株洲市委委托市政协主席曾雨农负责此事,曾雨农同志下工厂,下乡村,广泛发动,层层动员,短短几个月内,全市募集捐款460余万元,超额完成了任务,向民族始祖表达了全市370万人民的崇敬和爱戴。

根据《炎帝陵风景名胜区总体规划》,在完成炎帝陵一期建设工程之后,即将展开二期工程建设,其主要项目一是完善公祭区建设,建设入口广场、阙门、图腾柱、圣德碑、九鼎九簋等"文化工程"项目,二是建设扬钱洲景区和农耕文化园。

## 三、炎帝陵八景

经过修复和整建后的炎帝陵,不但焕发了历史的光彩,而且更具有现代的神韵。在丰厚的文化积淀里,历代的人们总结出独具特色的"炎陵八景",成为炎帝陵不可或缺的组成部分。

**(一)味草凝芳**

此景在炎帝陵西北天池附近。相传炎帝神农氏曾辨药于此,遂建"味草亭"于其上。亭旁有泉水一泓,冬夏不涸,为炎帝洗药之处,故名"洗药池"。池旁植有花木,四时香气袭人,令人心旷神怡。清代酃县儒生蓝蔚华写诗赞曰:

赭鞭千古说农皇,百草依然雨露香。
心与闾阎关痛痒,灵通原庙竞芬芳。
檐边曲绕晴烟碧,槛外平依古石苍。
更喜天池一泓水,清冷先取涤肝肠。

**(二)石龙鼓鬣**

此景俗称龙脑石,在炎帝陵右侧洣水河岸。巨石临江,状若龙首,洣水奔流而下,灌注石罅,宛如巨龙鼓鬣欲飞。传说当年炎帝灵柩用木筏运载至此时,雷电交加,江水翻腾,一阵湍急漩涡将炎帝灵柩卷入石穴,原来是洣水中的一条金龙听说炎帝灵柩路过,遂将炎帝灵柩迎进龙宫安葬。自此金龙化为石龙,永留人间,护卫炎陵。龙头化作了龙脑石,龙爪化作了龙爪石,至今仍兀立江面,雄风犹在。清嘉庆时庠生毛国翰有诗赞曰:

吾闻太初庙,御天驾蜚龙。
帝去龙不飞,攀龙俱莫从。
蜿蜒灵溪侧,化作青青峰。
昂首积铁色,奋努摧古松。
有时露一角,嘘气寒云浓。

翻愁风雨来，变化无遗踪。
不复媚幽姿，太息临飞淙。
阴森峭壁立，草木青蒙茸。
如闻元潭底，时时吟鼓钟。

龙脑石　　　　　　　　　龙爪石

### （三）晓阁烟岚

此为炎帝陵殿晓景。炎帝陵四面环山，古木参天，殿宇寺祠相连。每当东方欲晓，寺内钟声悠扬，山间烟岚飘忽旋绕，若隐若现，乍密乍疏，犹如人间仙境，又像一幅绚丽的图画。清嘉庆酃县教谕毛国与写诗赞曰：

鹿原高对紫巾峰，佳气葱葱万古封。
一自云雾开寝殿，多时神鬼护岩松。
江山旧迹余芳草，雷雨空潭起蛰龙。
粒食敢忘当年力，丰年歌喜听三农。

### （四）云秋雨霁

此景在炎帝陵南面十里许之云秋山。山间常有烟云屯驻，经日不散，黯淡如秋，因此云秋山又叫"紫金岭"，或"金紫峰"。每当云气喷出，惨淡若秋日雨霁，天空宛如图画。明人易羲图赋诗赞曰：

山光向说云秋好，刚我来看烟雨模。
忽喜晴霞照江水，画时犹觉欠功夫。

### （五）龙潭鱼跃

此景在陵前洣水河龙潭。龙潭水深而清，中有游鳞百种。每当波平日暖之时，游鳞出没水中，与水光相上下，蔚为奇观。昔时当地渔民千方百计欲捕潭中游鱼，但均不可得。相传曾有一当地渔民到龙潭捕鱼，突然发现一条大红鲤鱼，便下水察看，见潭底有一石缝，于是钻进石缝，抬头一看，里面却是水下龙宫，宫内张灯结彩，鼓乐齐鸣。另一大厅内，金光四射，炎帝灵柩就挂在四个金钩上。

自龙宫返回后,渔民再去潭中找这水下龙宫,却怎么也找不到了,连潭中石缝也不知什么时候合上了。但潭中游鱼还是很多,也还是捕捞不到。如今龙潭仍在,绿水萦回,夏秋晨昏,波平鱼跃。元代朝廷钦遣炎帝陵御祭官江存礼写诗赞曰:

> 自昔神光耀九垠,何年来葬楚江滨。
> 断碑独载前朝梦,乔木犹含太古春。
> 南极海波同浩渺,苍梧云气共嶙峋。
> 长兹金碧重门启,来酹椒浆日有人。

### (六)芳洲春锦

此景在陵前洣水河对岸扬钱洲。扬钱洲宽广数十亩,春月细草匝地,野花成丛,黄白纷披,红紫烂漫,宛如锦茵。现在扬钱洲已开垦成一片果园,奈李、蜜橘等果树生机勃勃,绿满芳洲。每到收获季节,桃红李绿橘黄,硕果挂满枝头,一派丰收景象。清人有诗赞曰:

> 春洲媚幽渚,初阳丽芳甸。
> 宿草怀新荣,微风美如扇。
> 露重花气清,树暖流莺啭。
> 惆怅薜萝人,含情隔沙堰!

### (七)异树飞香

此景在炎帝陵北,又称"飞香旧迹"。相传宋初一御祭官诣陵致祭,突然一叶飞坠,满殿生香。祭毕即派人寻找那棵生香树木,却无法找到,遂建亭以志,曰"飞香亭"。后人以此作为炎陵一景,曰"异树飞香",又名"飞香旧迹"。清乾隆庠生罗承武曾有诗咏此景曰:

> 鹿原坡上笙烟鬟,一叶飞来古殿闲。
> 应与天香共分馥,肯留根蒂在人间。

### (八)禽鹿和音

此景在炎陵山。炎陵山林木茂盛,山间常有飞禽走兽出没,其中最为常见的有山鹰、白鹭、野鹿。平时,这些飞禽走兽在山中安闲自得,寂然无声。每逢祭祀,便围绕陵殿盘旋奔走,天上地下鸟兽和鸣,犹如笙簧迭奏之音,十分悦耳。清康熙酃县教谕彭之岂写诗赞道:

> 声似箫韶帝里游,好音袅袅杂歌喉。
> 丹山节奏曾谁识,谱入人间巇谷秋。

炎帝陵,中华民族始祖炎帝神农氏就长眠在这里,中华民族的根就在这里。五千年的岁月,湮没了多少英雄豪杰,而只有他,岁月愈是久远,愈是为人景仰。五千年的风雨,剥蚀了多少雕栏玉砌,而只有他的陵寝,风雨愈是吹打,愈是肃穆庄严。

(作者分别是湖南炎帝陵基金会副会长,株洲市博物馆原馆长、副研究员)

# 炎帝、黄帝与中国龙
## ——兼谈建构中国的形象品牌

◇王宇信

炎帝神农氏和黄帝轩辕氏，是我们中华民族的人文始祖。遍布世界各地的中国人，都自认为炎黄世胄，有着血浓于水的无限亲情和认同感。而在炎黄子孙的心目中，有着无限活力的龙，既能升天，又能潜渊。变幻无穷的龙，是智慧、力量、追求、成功的化身，也是幸运、美德、和平、长寿的象征。千百年来，炎黄子孙尊奉龙、崇敬龙。中华民族是龙的子孙、龙的传人，因而龙被世界各国人民誉为中国龙，并成为中国人的象征和吉祥物。

但是，最近有人热衷于"重新建构和向世界展示中国国家形象品牌"，认为中国人民千百年来崇敬和喜爱的龙的形象在西方世界被认为是极具"霸气"和充满攻击性的形象(Dragon)，因而会使对中国历史和文化了解较少的外国人产生不好的联想，会影响中国的国际形象，因而考虑要取消龙作为中国形象代表的历史地位，而要"重新建构"一个国家的"形象品牌"。此项"创新"的计划，引起了广大国人的关注。我们在这里，要向此项"创新"计划的提出者建言，就是在你们要否定传统的华夏民族形象"龙"的时候，要充分注意到中国龙在中国文明史上的作用，并要充分注意到传统中华龙之所以成为中华民族的象征，是中华人文初祖炎、黄二部族融合和中华文化融合的象征。在世界经济一体化的进程中，我们是要取消中国的民族传统龙的形象，还是要在加强宣传、研究，在保持民族特色的基础上，使中国龙走向世界，与世界各国优秀文化和传统交相辉映？

## 一、龙与中国古代文明

龙之所以受到炎黄子孙的尊崇，是因为龙与华夏文明的形成进程有着密切的关系。在文明国家形成的前夜，即我国古史传说的"五帝"时期，那些推动文明因素积聚的英雄们——黄帝、颛顼、帝喾、帝尧、帝舜、帝禹等，无一不与龙有着这样那样的联系。请看下列史料："五帝"之首黄帝，不仅长得"龙颜有圣德"（《易经·系辞下》正义引《帝王世纪》），还"令应龙攻蚩尤"（《史记·五帝本纪》集解引《山海经》），统帅龙在与东夷部族的大战中，实现了东西方部族的第一次大融合。黄帝不仅平时"乘龙扆云"(《大戴礼记·五帝德》),就是在他辞世升天时,也是"有龙垂胡髯而下,迎黄帝"(《太平御览》卷九二九引《帝王世纪》)。"五帝"之二的颛顼,"乘龙而至四海"(《大戴礼记·五帝德》),巡行天下,无比威严。"五帝"之三的帝喾,"春夏乘龙"(《大戴礼记·五帝德》),也是离不开龙的。"五帝"之四的帝尧,其出生与龙有着直接的关系,传说其母庆都"出以观河,遇赤龙",一阵"唵然阴风,而感庆都"(《易经·系辞下》正义引《帝王世纪》)以致孕的。尧在唐地还曾"梦御龙以登天,而有天下"(《路史·后记》引《帝王世纪》),后来尧果真成为华夏部落联盟的第四任盟主。"五帝"之五的帝舜,也是生成一副"龙颜大口"(《太平御览》卷八一引《帝王世纪》)的模样,他对龙十分钟爱,《史记·五帝本纪》记,他曾赐姓善于驯养龙的人为"董氏",专设畜龙之官,并在联盟议事会的"九官"、"十二牧"中封龙为"纳言"之职。

　　进入阶级社会的第一个王朝夏代的奠基者帝禹,则与龙有着更为直接的关系。《山海经·海内经》注引《归藏·开筮》说,禹是其父鲧死后,"三岁不腐,剖之以吴刀,化为黄龙"的。鲧所化之黄龙即是禹。人们所熟知的"大禹治水",也充分利用了龙。《楚辞·天问》王逸注:"有神龙,以尾画地,导水所注,当决者因而注之也。""禹尽力沟洫,导川夷岳,黄龙曳尾于前,玄龟负青泥于后。"禹对龙的脾性十分熟悉,《吕氏春秋·知分》记,有一次"禹南省,济乎江,黄龙负(即顶意)舟。舟中之人,五色无主"。但禹镇定自若,说:"余何忧于龙焉?"结果是"龙俯首低尾而逃"。就是作为"夏民族的祖先大禹的禹字,是一条富有生命力的运动中的蛇"[①]。而蛇正是构成龙的原始素材,也可以说蛇也是龙的一种。

河南濮阳蚌塑龙

---

① 王宇信:《由〈史记〉鲧禹的失统谈鲧禹传说的史影》,载《历史研究》1989年第6期。

这条影响着华夏文明进程的龙,在近年的考古发掘中也时有发现。在中原大地上,1987年于河南濮阳西水坡仰韶文化遗址发现了六千多年前用蚌壳摆成的龙。此龙昂首,曲颈,弓身,长尾,前爪扒,后爪蹬,状似腾飞。在长城以北,1984年于辽宁建平牛河梁遗址出土了五千多年前的红山文化玉猪龙。此龙环首似猪,圆睛皱鼻,造型生动。此前1971年于内蒙古翁牛特旗征集的一件C形碧绿色玉雕,所雕刻动物嘴紧闭,双眼突起,背脊有长鬃,但无足、爪、角、鳞,这件不知名的玉雕也由于受到牛河梁玉猪龙的启示,应是"中华第一玉雕龙"。此后又在该旗出土了另一件C形玉龙。不仅如此,2003年还在赤峰兴隆洼遗址发现了距今八千多年的用石块、陶片摆成的S形龙图案,红山文化的首现地赤峰市也被誉为"龙城"。五千多年前辽河流域历史源头以龙的出现为标志,有学者因此而撰写了以《龙出辽河源》为书名的专著。

辽宁红山玉猪龙

1978—1980年发掘的相当于"五帝"第四帝陶唐氏帝尧时期的山西襄汾陶寺遗址,一座大墓中出土了一件彩绘蟠龙图案的珍贵龙盘。陶寺类型龙山文化遗址发现有内城、外城遗迹,被学者推断为帝尧的"龙都",而襄汾也成为举世闻名的"龙乡"。在夏王朝都城遗

内蒙古翁牛特旗玉雕龙

址河南偃师二里头,也在一件残陶器上发现了巨眼、利爪、周身有鳞的龙纹……自商周阶级社会以后,龙的形象更是屡有出土,不胜枚举了。

## 二、炎黄部落联盟的大融合与龙

虽然龙与传说中推动华夏文明进程的"五帝"英雄们密切相关,但只有推动文明化进程剧烈变革的帝尧、帝禹才是直接遇龙"感生"或"所化"的真正龙子,帝尧、帝禹才是大有作为的"成龙"。那么,考古发掘不断有五千年前的濮阳龙、红山文化玉龙的面世又是为什么呢?

众所周知,"五帝"第一帝的黄帝之前,还有一个在位120年,传位八世,共历530多年的"神农氏世衰"(《史记·五帝本纪》)时期。炎帝神农氏生活在早

于"五帝"时期的"三皇"时期末世。炎帝部族在发展过程中,曾与黄帝部族发生了碰撞、冲突与融合,后来结成了更大的以黄帝为首的炎黄部落联盟。而这位略早于黄帝时代的神农氏,正是其母"游华阳,有神龙首,感生炎帝"(《初学记》卷九引《帝王世纪》)的。炎帝的降生,比黄帝母"感大电"而孕,与龙的关系更直接。而炎帝神农氏长得"弘身而牛颠,龙颜而大唇"(《纬书集成·孝经编·孝经援神契》),也比黄帝"日角龙颜"的形象与龙更为形似些。直到"五帝"时代的后期,诸帝与龙的关系才更为亲近,逐步由前期诸帝"感大电"或"虹"而孕,到后期尧母"遇赤龙"而孕和禹的"化为黄龙"而生,这正是"有神龙首,感生炎帝"的神农氏部族与黄帝部族结成炎黄部落联盟以后,两部族不断互相影响,又互相融合过程的反映。作为龙子的炎帝神农氏,深刻地影响了炎黄部落联盟的文明进程,这与考古发掘中出土的濮阳蚌塑龙和红山文化玉猪龙的时代要早于龙山时代的陶寺龙和夏代的陶器上的龙纹,是相一致的。炎帝和黄帝成为华夏子孙的始祖,而自炎帝开始,一直与古代文明进程相伴的龙,就成了炎黄世胄的象征。早于"五帝"之首黄帝的炎帝神农氏,才是真正的华夏第一龙!

上面所述龙与传说时代"五帝"英雄们的关系愈益密切和直接,应是炎黄部族融合为一后,又进一步实现了与东方夷人部族集团、南方苗蛮部族集团经历了碰撞、交流、冲突、融合、矛盾、联合,逐渐形成早期华夏部落联盟的反映。

在中国古史的传说时代,西方的炎黄部族集团、东方的夷人部族集团、南方的苗蛮部族集团,繁衍、生息在神州大地上。传说中的炎帝神农氏与黄帝轩辕氏,本是一对兄弟。"昔少典娶于有蛴氏,生黄帝、炎帝。黄帝以姬水成,炎帝以姜水成。成而异德,故黄帝为姬,炎帝为姜。二帝用师以相济也,异德之故也"(《国语·晋语四》)。炎帝和黄帝部族集团在沿不同方向向中原发展过程中,在现在的北京以北和长城以南的燕山地区发生了接触和利害冲突,这就是传说时代的著名的阪泉大战。《史记·五帝本纪》载:"炎帝欲侵陵诸侯,诸侯咸归轩辕。轩辕乃修德振兵,治五气,艺五种,抚万民,度四方,教熊罴貔貅貙虎,以与炎帝战于阪泉之野。三战,然后得其志。"

炎、黄部族集团经阪泉之战以后,实现了两个有着一定血缘关系的更大地域的炎黄部落联盟。而在炎、黄两部族"三战"的过程中,黄帝动用的"熊罴貔貅貙虎"等以凶猛动物为名的部族,应就是早已融入黄帝部族的军事部族的图腾符号。炎黄部落联盟又与东方夷族部族集团的"最为暴"的蚩尤部落联盟在从东向西发展的过程中发生了接触和冲突。这就是《史记·五帝本纪》等古籍所载"蚩尤作乱,不用帝命。于是黄帝乃征师诸侯,与蚩尤战于涿鹿之野,遂禽杀蚩尤"。经过一场打得"九隅无遗"的惨烈战斗后,"乃命少昊清司马鸟师,以正五帝之官,故名曰质。天用大成,至于今不乱"(《逸周书·尝麦》)。从此以后,不仅以蚩尤为首的八十一个军事部落融入了炎黄部落联盟,甚至整个东夷族团也与炎黄部落联盟结成了更大的超血缘、跨地域的更大部落联盟。黄帝"置左右大监,监于万国。万国和,而鬼神山川封禅与为多焉"(《史记·五帝本纪》),为早期华夏族的形成奠定了基础。

其后,炎黄早期华夏部落联盟经过颛顼、帝喾时期的发展以后,到了帝尧时期,又与南方苗蛮集团发生了利害冲突。尧时"三苗在江淮、荆州数为乱"(《史记·五帝本纪》)。舜以后,《左传》昭公元年又记有"舜有三苗"。禹时又发生了"以征有苗"的长期战争。《墨子·非攻下》:"昔者三苗大乱,天命殛之。""高阳乃命玄宫,禹亲把天之瑞令,以征有苗,四电诱祗。有神人面鸟身,若瑾以侍,搤矢有苗之祥(将)。苗师大乱,后乃遂几,禹既已有三苗。"从此以后,中国古史进入了"夏传子,家天下"的文明时代。

我们可以看到,自"神农氏世衰"的炎帝及其后"五帝"时期的中华民族文明化的进程,是和炎黄部族、东夷部族、苗蛮部族大融合为早期华夏族的进程相一致的。而在融汇为华夏民族的进程中,炎帝族的龙图腾对以黄帝为首的华夏部落联盟影响愈来愈明晰,并进一步与东夷族团、苗蛮族团的崇拜信仰相互借鉴和融汇、丰富,龙的形象也进一步文明化和完善起来,这就是为我们大家所熟知的中国龙的形象:"角似鹿,头似驼,眼似兔,项似蛇,腹似蜃,鳞似鱼,爪似鹰,掌似虎,耳似牛。"①因此我们说,中国龙形象的完成,不仅与中国古代文明进程有着密切的联系,而且是上古先民,即炎黄、东夷、苗蛮部族集团大融合的产物和大融合的象征。

## 三、世界经济一体化与弘扬民族传统文化——龙

当前,我国与世界各国的政治、经济、文化的联系与交流愈益频繁。特别是我国加入 WTO 以后,与世界各国的经济贸易往来更为密切了。可以说,我国已进入了经济全球化的时代。与此同时,世界各国的科学技术和各种社会思潮也涌入中国,并对中国传统文化产生着影响和冲击。中国传统的龙,自然也在其中。因此,我们的传统文化又面临一次考验。我们应该如何对待我们的传统文化,特别是千百年来为中国人民所尊崇和喜爱的龙?是取消龙,人为地制造出一个新的"形象品牌"以适应"一体化",还是要进一步继承并弘扬龙的形象、精神和传统,使龙腾飞在全世界?这是值得我们认真思考的。

作为一个学术工作者,前辈国学大师王国维、郭沫若等对西方文化思潮与中国传统文化的态度值得我们借鉴。1840 年以后,当各种西方社会学说大量涌入中国,"在中华学术周遭冲击,文化基脉遇空前挑战"②的时候,中国有一批博学宏儒处变不惊,他们清醒地知道中国传统学术"既包含有时代局限性的内容,也

---

① (宋)罗愿:《尔雅翼》。
② 钱宏:《重写近代诸子春秋》,《王国维评传》,百花文艺出版社,1996 年。

包含时代恒久性的内容。既有陈腐的偏见,也有明锐的睿智。既有过时的糟粕,也有深湛的精华"①,作出了创造性的反应,并开时代之先,完成了中国传统学术向近现代学术的转型,这就是"近代以来,西学东渐,对于中国学人影响渐深。深识之士,莫不资西学以立论,初期止于浅尝,渐进乃达于深解。同时这些学者又具有深厚的旧学功底,有较高的鉴别能力,故能在传统学术基础之上汲取西方的智慧,从而达到较高的成就"②。

当然,21世纪的中国早已是"换了人间"。中国传统文化正以她的无比精深和博大吸引着愈来愈多的外国朋友的兴趣和注意,愈益显示出其在世界文化之林的无比活力。这表明,随着中国国力的强大,中国传统文化在世界文明进程中的作用日益被各国人民重视和承认。因此,19世纪中期以后,在中国积贫积弱的情况下,在中华传统学术面临巨大冲击的情况下,我们的前辈大师尚能处变不惊,成功地实现了维护传统并向近现代学术转型的成功,是我们应该学习的榜样。

世界经济一体化,并不是使民族性和民族传统文化走向消亡。恰恰相反,世界各民族的特性和民族传统文化更应得到尊重。只有民族的,才是世界的。这是因为各民族传统文化都是在历史进程中形成的,并都对世界文明进程起到了推动作用。我们既不能盲目排外、故步自封,而是要与时俱进,不断学习、吸收世界各国先进文化和文明成果,以丰富我们的传统文化;我们也不能"数典忘祖",为了适应经济全球化而放弃中国的优秀文化传统,诸如取消中华民族的形象龙,以"适应"和屈从外国人的需要。而是恰恰相反,我们应进一步研究龙文化的精髓,向世界人民宣传和弘扬龙文化的底蕴。

龙,中华民族腾飞的龙,喜庆吉祥的龙,生生不息的龙,中华民族文明进程中形成并象征民族融合、团结、和谐的龙,作为中国国家形象品牌的龙,绝不是某些人闭门造车,"重新建构"出来的所谓"品牌"所能取代的!

(作者:中国社会科学院历史研究所研究员,
中国殷商学会会长,甲骨文专家)

---

① 张岱年:《国学通览序》,群众出版社,1996年。
② 张岱年:《国学大师丛书总序》,百花文艺出版社,1995年。

# 炎黄二帝——中华姓氏之根

◇张海瀛

在中华民族发展史上,中华儿女都以炎黄子孙自称,都把炎黄二帝视为自己的祖先。因为追根溯源,炎黄二帝就是中华姓氏之根。这个发端于炎黄二帝,绵延五千多年的中华姓氏,就是把炎黄二帝与每一个中华儿女联系起来的桥梁和纽带,而这个桥梁和纽带的核心,就是枝相连、气相投、一脉相承的血缘关系。中华民族巨大的向心力、凝聚力和稳定性,就是建立在这个基础之上的,因而是坚不可摧的,是忘不掉、批不倒、割不断的。

相传炎帝号神农氏,是我国上古时代农业的发明者、创立者,是姜姓部落的始祖,生于姜水、长于姜水,故以"姜"为姓。《新唐书·宰相世系表》云:"姜姓本炎帝,生于姜水,因以为姓。其后子孙变易他姓。"姜姓是我国最古老的姓氏之一,相传少典娶有蹻氏女,游华阳,感生炎帝。《帝王世纪》云:"神农氏,姜姓也。母曰任姒,有蹻氏女,登为少典妃,游华阳,有神龙首,感生炎帝。人身牛首,长于姜水。有圣德,以火德王,故号炎帝。""人身牛首"表明,炎帝所在的姜姓部落是以牛为图腾的。而牛又与农耕紧密相连,这与炎帝教民耕作是完全一致的。相传炎帝族的一支名曰烈山氏,就在今湖北随州一带种植谷物和蔬菜。然而,在姓氏发展演变的历史长河中,由于种种原因,炎帝的子孙许多都改变成了其他姓氏。因此,所有出自姜姓的其他姓氏,全都是炎帝的后裔。

《世本·氏姓篇》曰:"炎帝,姜姓。许、州、向、申,姜姓也,炎帝后。"许、州、向、申,是西周初年周武王分封的四个姜姓侯国。

**许姓** 出自姜姓,以国为氏,为炎帝后裔。《新唐书·宰相世系表》载:"许氏出自姜姓。炎帝裔孙伯夷之后,周武王封其裔孙文叔于许,后以为太狱之嗣,至元公结为楚所灭,迁于容城,子孙分散,以国为氏。"许氏乃是尧舜时分掌四岳之首领的后裔。周武王将四岳后裔文叔封于许地(今河南许昌),建立许国,为侯爵,世称许侯。春秋时为郑、楚等国所逼,公元前576年,许灵公被迫南迁叶地(今河南叶县西南),成为楚国的附庸;前533年,许悼公又被迫迁到城父(今安徽亳州东南);前524年,再迁于白羽(今河南西峡);前506年,再迁至容城(今河南鲁山东南)。春秋战国之际,许国终于被楚国所灭。原许国君臣后裔,迁居各地,以原国名为姓,是为许氏。

**州姓** 出自姜姓。据史游《急就篇》、邓名世《古今姓氏书辨证》记载,周武王分邦建国时,将州邑(故址在今山东安丘东北之淳于城)封给淳于公,建一小国,称州国。《世本》载"州国,姜姓"。其后州国子孙以国为氏,是为州姓。

**向姓** 出自姜姓。据史游《急就篇》记载,春秋时,姜姓裔孙建有向国,故址在今山东莒县南。向国灭亡后,王宫贵族及其族人以国为姓,是为向姓。

**申姓** 出自姜姓,其始祖为炎帝后裔伯夷。伯夷曾佐尧掌礼,又佐禹治水有功,其子孙被封于申,建立申国,封为伯爵,史称申伯。《通志·氏族略》云:"姜姓,炎帝之裔,申伯以周宣王舅受封于谢。"又曰:"申,伯爵,姜姓,炎帝四岳之后,封于申,号申伯,周宣王元舅也。"申伯因是周宣王的元舅而被视为股肱之臣,宣王为了加强对南方的控制,特将古谢国地封给申伯,并派召公到谢地为申伯营建新都,还赏赐申伯车马、圭璧、朝板等象征身份地位的器物,周宣王亲自到离都城五六十里以外的眉(今陕西眉县)为他送行,宰辅大臣尹吉甫为此特作《崧高》一首,后被收入《诗经·大雅》中。从此,徙居新都的申伯,就成了周王朝统率南方诸国的方伯大员和捍卫王室的屏障。不仅如此,申伯还嫁女于宣王之子幽王,生有太子宜臼。后来,幽王改立宠妃褒姒之子伯盘为太子,宜臼被废,遂投奔舅父申侯求救。申侯联合缯侯、犬戎,攻入京城,杀幽王于骊山之下,拥立宜臼登基,是为平王,并迁都洛邑,史称东周。申侯以拥戴之功,受到平王奖赏,国势达于鼎盛。其后,楚国兴起,申国被楚国所灭。原申国臣民以国为姓,是为申姓。

除以上许、州、向、申四个封国外,出自姜姓的姓氏还有很多,诸如:

**吕氏** 出自姜姓,其始祖与申姓一样,也是炎帝后裔伯夷。伯夷被封于吕,建立吕国,称为吕侯。《新唐书·宰相世系表》云:"吕者,膂也,谓能为股肱心膂也。"膂,脊梁骨;股,大腿;肱,手臂。股肱,比喻辅佐的大臣,有赞誉褒奖之意。吕国历夏、商,世有其国,至周穆王时,吕侯入为司寇。周宣王时所说的"甫",指的就是"吕",或曰宣王称"吕"曰"甫"。《元和姓纂》注"吕"为"今南阳宛县西吕亭",即古"吕"所在地,春秋初,被楚国所灭。《古今姓氏书辨证》注"吕"地为"蔡州新蔡",据学者考证,周代确实有一个吕国,就在今河南新蔡,是南阳吕国分出的一支,史称东吕,春秋初为宋国所并(又说被蔡国所并),其地后来为蔡平侯所居。《史记·齐太公世家》云:"太公望吕尚者,东海上人,其先祖尝为四岳,佐禹平水土甚有功。虞夏之际封于吕,或封于申,姓姜氏。夏商之时,申、吕或封枝庶子孙,或为庶人,尚其后苗裔也。本姓姜氏,从其封姓,故曰吕尚。"吕尚,亦说字子牙,因周文王得之渭滨,云"吾先君太公望子久矣",故号太公望。盖牙是字,尚是其名,后被封于齐,为齐国始祖。齐国第二代国君是吕尚之子吕伋,以后世代相传,至 19 世康公贷,于公元前 391 年被田和迁于海上,姜姓齐国被田氏所取代。原南阳吕国、新蔡吕国相继灭亡后,子孙以国为氏,成为吕姓的两大来源,再加上姜姓齐国灭亡后吕尚后裔中以吕为姓的一支,这样就构成了吕姓的三大来源。南阳吕国灭亡后,部分遗民被迁至今湖北蕲春;新蔡吕国亡国后,遗民主要分布于今河南南部及安徽北部;齐国吕氏在康公失国前已散居韩、魏、齐、鲁之间（今河南、山东境）。齐康公七世孙吕礼,于秦昭襄王十九年（前288）自齐奔秦,任柱国、少宰,封北平侯,其子孙主要分布在今陕西、甘肃境内。两汉时期,吕氏族人已遍布今河北、山西、内蒙古各地。

**齐姓**　《新唐书·宰相世系表》载:"齐氏出自姜姓。炎帝裔孙吕尚后封于齐,因以为氏。"吕尚本姓姜,因封于齐,是为齐国始祖,子孙以国为姓,是为齐姓。

**甫姓**　《国语·郑语》载,周宣王改"吕邑"为"甫邑",建立甫国,为侯爵,伯夷之后,遂称甫侯。春秋时,甫国为楚国所灭,子孙后代以国为姓,是为甫姓。

**卢姓**　出自姜姓,炎帝后裔。春秋初期,齐太公之后,齐文公之子名高,高之孙傒任齐国正卿,因迎立齐桓公有功,被封于卢地（今山东长清县西南）,子孙以邑为氏,是为卢氏。《新唐书·宰相世系表》载:"卢氏出自姜姓。齐文公子高,高孙傒为齐正卿,谥曰敬宗,食采于卢,济北卢县是也,其后因以为氏。"此时齐国任用管仲进行改革,国力富强,成为霸主,疆土扩张到今山东东部。春秋末年,君权逐渐为大臣田氏所夺。卢氏后裔遂逃离齐国,散居于燕、秦之间,主要是今陕西、河北、山西等省境内。秦代有博士卢敖,其子孙家于涿水之上,遂为范阳涿人。范阳卢氏裔孙卢植,东汉时历任九江太守、庐江太守、北中郎将、尚书。其子卢毓,三国时任魏司空,封容城侯。另据《通志·氏族略》记载,以"卢蒲"为姓的一支,亦出自姜姓。传自"九合诸侯,一匡天下"的齐桓公时,改为单字卢姓,居住在今河北大兴一带,后来发展为扬名天下的范阳卢氏。

**崔姓**　出自西周时姜姓齐国。齐国是周武王分封的重要诸侯国之一,建都于营丘,开国君主是吕尚。吕尚的儿子吕伋是齐国的第二代国君,周成王时为朝廷重臣,康王时为顾命大臣,死后谥曰丁公。丁公的嫡子叫季子,本应继承君位,但却让位给弟弟叔乙,而自己则食采于崔邑（今山东章丘县西北）,后以邑为氏,是为崔氏。《新唐书·宰相世系表》云:"崔氏出自姜姓。齐丁公伋嫡子季子让国叔乙,食采于崔,遂为崔氏。济南东朝阳县西北有崔氏城是也。"季子的后代一直是齐国的卿大夫,其九世孙崔杼,为齐正卿,一度执掌国政。其后,崔氏在争权斗争中失利,崔杼幼子崔子明逃奔鲁国,生子曰良。十五世孙崔意如,为秦朝大夫,封东莱侯,有二子:伯基、仲牟,此后分支繁衍,人丁兴旺。崔氏自汉至宋,官宦不绝。崔伯基为西汉东莱侯,居清河东武城（今河北清河县东北）,其八世孙崔殷有七子:长子崔双,为东祖;次子崔邯,为西祖;三子崔寓,为南祖,亦号中祖。崔寓四世孙崔林,官魏司空、安阳孝侯。曾孙崔悦,前赵司徒、左长史、关内侯。有三子:浑、潜、湛。崔湛子凯,后魏平东府咨议参军,生蔚,自宋奔后魏,居荥阳（今属河南）,号郑州崔氏。崔伯基的后代还有鄢陵（今属河南）、南祖、清河大房、清河小房、清河青州房等支派;崔意如次子崔仲牟,居博陵安平（今属河北）,其后代又分为博陵安平房、博陵大房、博陵第二房、博陵第三房。魏晋至唐初,按士族门第排姓氏,或称"崔、卢、王、谢"或称"崔、卢、李、郑",均把崔氏列为一等大姓。《唐贞观八年条举氏族事件》称,贝州清河郡七姓之首为崔氏;《新集天下姓望氏族谱》称,定州博陵郡五姓之首为崔氏。所以,宋代的《广韵》说崔氏"出清河、博陵二望"。此外,东汉末年,战乱不止,平州刺史崔毖率族人千余避乱入朝鲜,后发展成为朝鲜族大姓;西晋至唐代,崔氏遍及今江西、浙江、江苏、广西、安徽、陕西、甘肃等地。宋代以后,特别是明清时期,崔氏族人不断移居海外及东南亚一些国家。

**丁姓** 出自姜姓,是以谥号为姓的姓氏。齐国的开国君主吕尚的儿子吕伋死后谥号丁公,子孙以谥号为氏,是为丁氏,这支丁氏被奉为丁氏正宗。

此外,还有雷、方、井、山、丘等许多姓氏,也都出自姜姓,此不赘述。凡是出自姜姓的姓氏,都是炎帝的后裔。

在绵延数千年的中华姓氏中,除出自炎帝的姓氏外,其余的姓氏主要出自黄帝。我国的史学名著《史记》就是以黄帝开篇写起的,司马迁的这种谋篇布局充分说明黄帝在中华文明史上的重要地位,姓氏文化也不例外。据《史记·五帝本纪》记载,黄帝,少典之子,生于寿丘,长于姬水,因以为姓,是为姬姓。黄帝居轩辕之丘,因以为名,又以为号。国于有熊(今河南新郑),故亦称有熊氏。相传黄帝曾在阪泉打败炎帝,又在涿鹿之野击杀蚩尤,得到各部落的拥戴,由部落首领而成为部落联盟首领,被诸侯尊为天子,以代神农氏,因有土德之瑞,土色黄,故称黄帝。相传黄帝时,发明舟车衣服,建筑宫室房屋,制造弓矢杵臼,用玉(硬石)做兵器,嫘祖(黄帝之妻)养蚕,仓颉造字,等等。就是说,黄帝在农业发展的基础上发明创造或制造了人们生活所必需的房屋、衣服、食物、舟车、各种器物、用具以及文字等,极大地改善了人们的生存条件和生活条件,促进了人类的文明和进步。所以,轩辕黄帝被尊为文明始祖。不仅如此,轩辕黄帝时期随着氏族制度的瓦解,"胙土命氏"现象日益频繁,因而涌现出了大批的"氏"。《国语·晋语》云:"黄帝之子二十五宗,其得姓者十四人,为十二姓,姬、酉、祁、己、滕、箴、任、荀、僖、姞、儇、依是也。"黄帝这十四个得姓之子,又直接或间接地衍生出许许多多的姓氏。据《大戴礼记·帝系》、《世本·氏姓篇》、《史记·五帝本纪》记载,不论是尧、舜、禹,还是夏、商、周,都是黄帝的后裔,而尧、舜、禹以及夏、商、周又都分别派生出许多个姓氏。这样,出自黄帝的姓氏犹如滚雪球一样,越滚越大,越来越多。与此相反,在原先出自姜姓的许多姓氏中,又先后出现了非姜姓的支派。诸如,据《急就篇注》记载,许姓中还有一支是许由之后,上古尧时有贤人许由隐居于沛泽之中,尧曾欲以天下让给许由,许由不就,隐退于中岳颍水之阳,许由之后,以许为氏;据《风俗通》记载,州姓中还有以邑为氏的一支,周邑后属晋,食采于此邑者,因以为氏,是为州氏;据《古今姓氏书辨证》记载,申姓中也有以邑为氏的一支,春秋时楚国有一大夫食采于申邑,其后子孙以邑为氏,是为申氏;据《元和姓纂》记载,向姓中还有出自子姓的一支,春秋时宋桓公之后,公子朒,字向父,其孙以王父字为氏,是为向氏,宋桓公是子姓后裔,所以这支向姓出自子姓。如此等等,不一而足。这样一来,就极大地冲淡了炎帝与出自姜姓的许多姓氏的关系。一方面是出自黄帝的姓氏越来越多,而另一方面是炎帝与许多出自姜姓的姓氏关系越来越淡薄,所以到了明代就出现了天下姓氏出黄帝之说。

需要说明的是,从炎黄二帝到夏、商、周三代,"姓"与"氏"是有严格区别的。"姓"产生于母系氏族社会,是同一个老祖母传下来的有共同血缘关系的族群之称号,同族则同姓,在同族中还没有世系绵延观念;而"氏"则产生于父系氏族社会,是由姓派生出来的分支,这些分支的特点就是肯定了父亲在生殖繁衍过程中的重要作用,并进而确立了以父系为主线的世系传承关系,从而形成了父系宗族制度。从炎黄二帝到夏、商、周三代,他们都是以父系为主线计算世系传承关系的。他们都各有自己的姓,后来又从各自的姓中分出若干分支散居各地,这样就又形成了许多新的氏。比如,炎帝为姜姓,黄帝为姬姓,后来炎帝的姜姓和黄帝的姬姓又都派生出许许多多的氏。清代学者袁枚撰《随园随笔》云:"礼疏云:天子赐姓赐氏,诸侯赐氏不赐姓。贵有氏,贱无氏;男称氏,女称姓。姓者,所以统系百世而不变也;氏者,所以别子孙所自出,一传而变也。"《通鉴外纪》亦云:"姓者,统其祖考之所出;氏者,别其子孙之所自分。"姓为氏之本,氏由姓所出;姓代表血缘,氏代表权力。姓用以别婚姻,故有同姓、异姓、庶姓之说;氏则用以别贵贱,贵者有氏,贫贱者有名而无氏。氏同而姓不同,婚姻可通;姓同而氏不同,婚姻不可通。随着历史的发展与嬗变,至春秋战国时期,则血缘与权力业已完全归属于父系,所以姓与氏已无实质性的差别,仅只所指范围大小不同而已。到了西汉时期,姓与氏的区别更是微乎其微,所以司马迁作《史记》时,干脆就把姓与氏混而为一。正如清初学者顾炎武在《日知录》所说:"姓氏之称自太史公始混而为一。"从此"姓"与"氏"完全合而为一,"姓"与"姓氏"成为同一个概念,即统一指姓。

自曹魏黄初元年(220)颁行九品中正制度后,"姓"又与九品中正制结合起来,形成了等级森严的门阀士族,出现了"上品无寒门,下品无士族"的现象。其时的族谱,全都是按照门第等级编写的,是姓氏郡望的等级记录。诸如,晋贾弼撰《十八州百一十六郡谱》、南朝宋刘湛撰《百家谱》、南朝齐贾希鉴撰《氏族要状》等等,都是这种族谱。这种族谱就是当时政府选官、士族婚姻的凭据。郑樵《通志·氏族略》指出:"自隋唐而上,官有簿状,家有谱系。官之选举,必由于簿状;家之婚姻,必由于谱系。历代并有图谱局,置郎、令史以掌之,仍用博通古今之儒,知撰谱事。凡百官族姓之有家状者,则上之官,为考定详实,藏于秘阁,副在左户;若私书有滥,则纠之以官籍,官籍不及,则稽之以私书。此近古之制,以绳天下,使贵有常尊,贱有等威者也。所以人尚谱系之学,家藏谱系之书。"由此可见,记载姓氏郡望等级的《百家谱》,在九品中正制度下就是政府选官和士族婚姻的凭据。只要是士族门阀的子弟,不论其才华如何,他们都可以通过选举做官,他们就有政治地位和社会地位;如果不是士族门阀的子弟,即使再有才华,亦被拒之门外。在这里,世代相传的血缘关系起着决定性的作用。到了隋唐时期,随着科举制度的确立与推行,情况发生了重大变化,破天荒地出现了"朝为田舍郎,暮登天子堂"的现象,从而引起政府官员结构的深刻变化,而且随着时间的推移,这种变化日趋剧烈。到了宋代,科举取仕成为政府选用官员的主要途径,即便是士族门阀的子弟,不通过科举考试,也不得入仕做官。这样就从根本上改变了"士庶之际,实自天隔"、"有司选举,必稽谱牒"的格局,在这样的历史条件下,《百家谱》也就失去了划分政治地位和社会地位的作用。在宋代,由于切断了血缘关系与政治地位和社会地位的必然联系,从而清除了笼罩在血缘宗族关系上的政治阴影,这样就唤醒了人所固有的骨肉之情。因此,宋代兴起的新型的血缘宗族,特别重视血缘亲情,也可以说,宋代的新型的血缘宗族完全是建立在血缘亲情基础之上的。因而"尊祖收族"也就成了他们联系宗支和族人的主要形式。所以,作为宗族记录的族谱,便广泛流行开来。早在北宋,政府就撤消了主管修谱的谱局,每个宗族都可自行修谱,政府不加干涉。许多文人学士也亲自修谱,如欧阳修撰有《欧阳氏谱图》,苏洵撰有《苏氏族谱》,曾肇撰有《曾氏谱图》,等等,其中欧阳修和苏洵所创立的谱例,对后世影响很大,并称为"欧苏谱例"。欧苏谱例重在图表之创新,都是五世则迁的小宗谱法:每图只谱五世,即上自高祖,下至玄孙。五世以后,格尽另起。在形式上,欧体是横行的,每图五栏;苏体是上下直行的,每图列五世。其实都是由《史记·三代世表》演化而成的。即便是宋代,许多族谱的编修也都突破了这种五世一图的格式。到了明代,欧苏谱例得到进一步的扩展,明代编修的族谱很多都是大宗谱。而且随着修谱规模的扩大和宗族人口的繁衍,这种大宗谱越编规模越大,涵盖的范围越广。至明中叶,"会千万人于一家,统千百世于一人"的统谱逐渐流行起来。

统谱,全称为统宗世谱,亦称会通宗谱,或通谱,或统宗正脉等。统谱是打破地域界限而把分布于各地的同族各宗支统贯于一的宗谱,故名统宗世谱。例如,弘治十四年(1501)编修的《新安黄氏统谱》,以东晋时黄元集出任新安太守定居新安为始迁祖记起,记载了由新安支出的25个支派,即石岑支派,芝黄支派,祁门左田支派,石山支派,休宁西涌支派,凤阳盱眙支派,婺源、横槎支派,浮梁勒功支派,德兴茗园支派,乐平兰溪支派,乐平鸣琴里支派,鄱阳庐山支派,休宁五城颈支派,休宁溪口支派,休宁岑南支派,休宁里洲支派,休宁龙湾支派,休宁北郭支派,浮梁石斛支派,休宁商山支派,绩溪鄾岭支派,休宁汊口支派,休宁潜川支派,休宁陈村支派,休宁闵口支派。将20多个支派总归于一,真可谓是"会千万人于一家,统千百世于一人"了。正如该谱谱例所说:"会通之要,所以审迁派,究源流,归万殊于一本也。"

明代中叶以后,这种统宗世谱越编时间跨度越大,涉及范围越广。明廷下诏准许一般民户独立建造家庙后,又极大地推动了这一趋势的迅猛发展。按明制,一般民户包括官僚士大夫在内,只能在居室内祭祀祖先,不准在居室之外独立建造家庙。成化十一年(1475),国子监祭酒周洪谟上疏请求准许一品至九品的官员,各立一庙祭祀祖先。虽然得到了宪宗的允准,但并未实行。嘉靖十五年(1536)礼部尚书夏言的《令臣民得祭始祖立家庙疏》再次得到世宗允准后,才真正付诸实施。所以嘉靖十五年后,家庙的建造日益兴盛,而家庙的独立建造就为祭祀活动提供了广阔的场所。随着家庙的建立与祭祀场所的扩大,祭祀规模也日益扩大。与此相适应,统宗世谱的编修规模便越来越大,涉及范围越来越广。例如,嘉靖十六年(1537)张宪、张阳辉主修的《张氏统宗世谱》从时间跨度来说,由黄帝之子少昊青阳氏第五子挥公记起,一直记到嘉靖年间,上下长达五千年,在"内纪"部分,记载了源于黄帝之孙挥公的张氏衍派达 117 个之多。从记载范围来说,《张氏统宗世谱》几乎遍及明代全国各地,在该谱中还绘制有《张氏古今迁居地舆图》,在这个迁居地舆图中张氏的居民点遍及全国 15 个省,达 1470 个之多,范围之广,实属罕见。

随着统谱的广泛流行和不断发展,万历年间汇总统谱的统谱也问世了,这就是凌迪知撰修的《古今万姓统谱》。明万历工部员外郎凌迪知在万历七年(1579)的自序中写道:

　　余读眉山苏氏族谱引,感而辑姓谱云。……苏氏自谓观谱者,油然而生孝弟之心焉。夫天下,家积也。谱可联家矣,则联天下为一家者,盖以天下之姓谱。

　　……岂知万千一本,万派一源也。考之《世谱》曰,五帝三王,无非出于黄帝之后,黄帝二十五子,而得姓者十四,德同者姓同,德异者姓异。则知凡有生者,皆一人之身所分也。……知此,则联天下为一家反掌耳。故观吾之姓谱者,孝弟之心或亦可以油然而生矣,此余辑谱意也。

由上引自序可知,凌氏是读苏洵的谱引而产生辑天下姓谱之念头的。天下是由家集而成的,谱可以联家,亦可以联天下;考之《世谱》,五帝三王乃至天下万姓,皆黄帝一人之身所分也,故联天下为一家,易如反掌。"故观吾之姓谱者,孝弟之心或亦可以油然而生矣",此即作谱之意也。

明万历嘉议大夫前都察院右副都御史、著名学者王世贞,对《古今万姓统谱》十分推崇,进一步扩大了该谱的影响。随着《古今万姓统谱》之刊行,古今万姓皆出自黄帝一人之身的观点遍及千家万户,几乎无人不知,无人不晓。这样,黄帝就成了中华万姓之始祖。

综上所述,中华儿女的姓氏,追根溯源,全部出自炎黄二帝,炎黄二帝就是中华姓氏之根。中华儿女寻根问祖的历史特别悠久,早在西周时代,它就伴随着宗法制度的盛行而成为定制。我国谱牒的开山之作——《世本》,就记录了上自黄帝下迄春秋之帝王公侯卿大夫的世系,成为寻根问祖的第一部名著。其后,各类谱牒著作、史籍文献以及宋以来编修的大量族谱,又为寻根问祖提供了极为丰富的资料和十分可靠的依据,使寻根问祖成为世代相传的中华民族的优良传统。实际上,寻根问祖的过程,就是增强民族向心力和凝聚力的过程。而这个过程完全是自觉自愿、潜移默化、入情入理的,是最深层次的,可以说是润物无声、渗物无痕、耳濡目染、不知不觉的,因而是最具有感染力的。世代相传的寻根问祖活动,用姓氏把炎黄二帝与遍布海内外的中华儿女联系起来,大家就成了同祖同根的一家人,就成了亲如手足的兄弟姐妹。这样就能逾越各种障碍,相互沟通,团结合作,求同存异,就能粉碎任何分裂祖国、分裂民族的图谋,在炎黄二帝的旗帜下,共同为中华民族的伟大复兴而奋斗!

(作者:山西省社会科学院研究员、原副院长,<br>中国谱牒学研究会首届副会长兼秘书长)

# 秦汉魏晋南北朝时期的黄帝祭祀及其演变

◇何炳武

秦汉魏晋南北朝时期延续了先秦时期对黄帝的祭祀,并将其不断发展和完善。

## 一

秦始皇统一六国后,沿袭了秦国对白、青、黄、赤四帝的祭祀。秦代统治者对天帝祭祀很大的原因仍然是出于政治目的。典型的如秦始皇在统一全国后不久就去泰山举行封禅大典,祭祀至高无上的天。这时秦的疆域包括原山东六国与秦本土广大地区,需要一个统一的至上的神灵,作为人们精神世界的主宰,而原来四帝仅为地方性神灵,故在沿袭旧制的基础上,秦代又增加了对后世影响深远的封禅大典。需要说明的是,此时秦祭祀的天帝虽然有至高无上的地位,但他的权威性和统一性却被芸芸众神削弱分割,与周人的上帝神相比,其能量、威力和在人们心目中的形象都显得苍白、单薄,然而秦祭祀的自然神却种类繁多(秦祭祀对象庞杂,自然神在其中占很大比例,有山川河流、日月星辰、动植物等无生命的与有生命的自然物。以《日书》为例,秦人祭祀的自然神有:天,二十八宿,土神——其中包括三土皇、地衡、地杓神、田毫主、杜主、田大人等,动物神有马、牛、羊、猪、犬、鸡、蚕、"神狗"、"女鼠"、"会虫"、"发蛰"、"鸟兽",还有"天火"、"雷"、"云气"、"票[飘]风"、"水"等,不一而足),形象生动,颇具特色①。

"汉承秦制",汉代祭祀制度与秦祭祀制度有着千丝万缕的联系,是对秦祭祀制度的发展和完备。秦之祭祀对象和礼仪,大部分被汉继承下来,比如《史记·封禅书》载高祖时"叔孙通因秦乐人而制宗庙乐,因其故礼仪",完全继承了宗庙祭祀制度。但是对黄帝的祭祀,在汉代受到了特别重视。因为按照五德终始说,秦为水德,土克水,所以有汉为土德之说,而黄帝亦为土德,因此,当刘邦在沛举兵时,就有"祠黄帝"②之举,表示要建设一种具有黄帝时代政治特征的新秩序。

---

① 李晓东、黄晓芬:《从〈日书〉看秦人鬼神观及秦文化特征》,《历史研究》1987年第4期。
② 《汉书·高帝纪》。

汉初将黄老思想作为治国的指导思想，而黄学是黄老之学不可分割的组成部分，由此可见黄帝在汉初时人心目中的重要地位。西汉开国之初，历经长年战乱，已是满目疮痍，社会经济遭到严重破坏。《汉书·食货志》曾形象地描述了这一时期的经济窘境："天下既定，民无盖藏，自天子不能具醇驷，而将相或乘牛车。"上自皇帝下至于平民，都欲"休息乎无为"。在汉初皇帝中，信奉黄学最有力的是汉文帝和汉景帝。《风俗通义·正失》中有明确记载："文帝本修黄老之言，不甚好儒术，其治尚清静无为。"而《史记》、《汉书》中记载的汉文帝实行轻徭薄赋、与民休息、除谤诽去肉刑的政策，提倡亲躬藉田，崇尚俭朴的生活作风，则都与古佚书所阐述的黄学思想是一致的。汉景帝继承了文帝的政策，也崇尚黄学，而宫闱中信奉黄学的有窦太后，她是执行汉初黄老政策强有力的人物之一。据《史记·外戚世家》载："窦太后好黄帝、老子之言，（景）帝及太子、诸窦不得不读黄帝、老子，尊其术。"位至将相而崇尚黄学的有曹参、陈平等人，曹参拜胶西黄学权威盖公为师，后来继萧何为汉丞相。陈平自少年时代起就"治黄帝、老子之术"①，他是继曹参、王陵之后的汉丞相。其他位列名臣而崇信黄学的还有汲黯、郑当时等。历史事实证明，黄老政治的实行取得了极为明显的社会效果。刘邦末年，"天下大安"，惠帝、吕后时，"民务稼穑，衣食滋殖"②。中经文景之治，到汉武帝初年，"国家无事，非遇水旱则民人给家足，都鄙廪庾尽满而府库余财。京师之钱累百巨万，贯朽而不可校。太仓之粟，陈陈相因，充溢露积于外，腐败不可食。众庶街巷有马，阡陌之间成群"③。社会上还出现了许多富商，"若至力农畜工虞商贾，为权利以成富，大者倾郡，中者倾县，下者倾乡里，不可胜数"④。经济的恢复和发展可谓大见成效，而黄学对西汉盛世局面的形成功不可没。

在这种大背景下，汉王朝制礼作乐，加强文治，自然非常重视对黄帝的祭祀。刘邦入关在秦地见到四帝时，又加设了黑帝颛顼之时，并颁布诏书说，要按照秦的惯例对五帝加以祭祀。《史记·封禅书》中对此有详细记载："高祖曰：'吾闻天有五帝，而四，何也？'莫知其说。于是高祖曰：'吾知之矣，乃待我而具五也。'乃立黑帝祠，名曰北畤。有司进祠，上不亲往。悉召故秦祀官，复置太祝、太宰，如其故仪礼。"此后汉代许多皇帝都曾去雍郊见五畤，如文献记载，文帝曾"至雍见五畤"，行亲郊之礼⑤。景帝也曾至雍行亲郊之礼。据统计，西汉一代，皇帝去雍郊祠五畤共21次，其中汉武帝就有8次之多⑥。这种五帝之祀一直延续到汉

---

① 《汉书·陈平传》。
② 《史记·吕太后本纪》。
③ 《汉书·食货志》。
④ 《史记·货殖列传》。
⑤ 《汉书·郊祀志》。
⑥ 方光华：《俎豆馨香——中国祭祀礼俗探索》，陕西人民教育出版社，2000年。

成帝之时。但在汉武帝时也稍有变化,除承袭以往五畤祭祀外,汉武帝采纳了亳人谬忌"天神贵者泰一"的主张,以泰一神为最高神,在甘泉筑泰一坛,祭昊天上帝泰一,五帝降为泰一之佐。并规定三年一郊之礼,即第一年祭天、第二年祭地、第三年祭五畤,每三年轮一遍。汉成帝于建始元年(前32)废止雍五畤和甘泉泰一祠,在长安建南郊,南郊祭坛除昊天上帝坛外,还有五帝坛。东汉时,光武帝建武二年(26)在洛阳城南建圜丘,为圆坛,八陛,合祀天地,其外坛上为五帝位,黄帝位于丁未之地。这次光武帝所确立的郊天大典有两个特点:一是天地合祭,二是神位众多,"凡千五百一十四神"①,它把当时人们对于天文地理的所有认识对象都纳入到祭典中来。在纷繁的诸神祭祀中,对黄帝的祭祀自然削弱了许多。

在东汉时还出现了专门的"黄郊",即在季夏之日,专门祭祀黄帝以迎季气,也就是五帝四时迎气礼之一。封建国家四时迎气礼的第一次实践是在东汉永平年间(58—75)。在此之前五帝多在雍五畤或郊天礼中得到祭祀,虽被当作昊天上帝的辅佐,但真正按季节举行常规祭祀的还没有。永平中,"以《礼谶》及《月令》有五郊迎气服色,因采元始中故事,兆五郊于洛阳四方。中兆在未,坛皆三尺,阶无等"②。五帝四时迎气显然是五德终始、五行观念与季气交互混合的结果。其主要原因是秦汉逐渐确立了五帝祭祀制度,当分裂的昊天上帝重新统一五帝范畴,在国家礼典中出现了对昊天上帝的专门祭典时,五帝就只好退居次席,成为昊天上帝的辅佐,而最适宜的就是把五帝当作四时的象征,使其具体执行昊天上帝的运行规则。《孔子家语·五帝篇》中记载,季康子曾经询问孔子何谓五帝,孔子说:"昔丘也闻诸老聃曰:天有五行,水火金木土,分时化育,以成万物,其神谓之五帝。古之王者,易代而改号,取法五行,五行更王,终始相生,亦象其义。故其为明王者,死而配五行,是以太皞配木、炎帝配火、黄帝配土、少皞配金、颛顼配水。"季康子又问:为什么五帝单指太皞、炎帝、黄帝、少皞、颛顼,而陶唐、有虞、夏后、殷、周独不得配五帝?孔子回答说:这主要是因为少皞等五帝的功勋最大,具有充分的象征意义。有人怀疑上述对话是东汉人的伪造,不可能是孔子的思想,但这段话反映了五帝四时迎气礼产生的基本过程:先有五行相生相克观念,然后有五帝之祀,五帝之祀使历史上有重要影响的五位部族首领上升为天道运行过程的代表,然后有四时迎气之礼。

总结汉代对作为天帝之一的黄帝的祭祀,我们仍能看出政治色彩在祭祀中不断被加强的特点。祭祀为国家政权服务,成为维系封建统治的重要工具。比如上述在汉武帝时出现了一个统一的神"泰一神",而将黄帝等降为泰一之佐。这种祭祀方法的出现与当时的政治需要、社会思想相符合。汉初经过七十年的休养生息,社会经济有了新的发展,无为而治的黄老思想已不能适应当时社会的

---

① 《后汉书·祭祀志上》。
② 《后汉书·祭祀志中》。

发展,主张加强君主集权、实现大一统的儒家思想便起而代之。于是,汉武帝接受董仲舒的建议,"罢黜百家,独尊儒术",并将其主要思想——大一统,作为加强中央统一集权制的理论根据。在这样的政治背景下,统一的神"泰一神"的出现也就不足为奇了。

在对天神黄帝进行祭祀的汉代,对人文黄帝的祭祀也"不绝如缕"。西汉中期,对于人文始祖黄帝的认识又有一些新变化。随着儒学在汉代被定为一尊,成为官方意识形态,黄学的政治色彩逐渐淡化,其养生之术却得到了发展。黄帝被方术之士打扮为懂得飞升之术的祖宗,以致汉武帝在听到群臣议论黄帝升天之事时,便一心想学黄帝成仙升天。据《史记·封禅书》载,汉武帝元封元年(前110),"冬,上议曰:'古者先振兵泽旅,然后封禅。'乃遂北巡朔方,勒兵十余万。还祭黄帝冢桥山,释兵须如。上曰:'吾闻黄帝不死,今有冢,何也?'或对曰:'黄帝已仙上天,群臣葬其衣冠。'"汉武帝听后感慨万千,于是下令在黄帝陵前筑台祭告,祈求自己也能像黄帝一样成仙上天。而黄帝因封禅而不死的说法,更使这位梦想长生的皇帝向往备至,表示"吾诚得如黄帝,吾视去妻子如脱履耳"。在方士怂恿下,汉武帝于当年举行了首次封禅大典,改年号为元封。后来他又多次封禅,成为行封禅礼最勤的帝王。在不断求仙而空无所获,"怠厌方士之怪迂语"的情况下,汉武帝仍是"羁縻不绝,冀遇其真"。

汉代也有将黄帝作为始祖来祭祀的情况。典型的如西汉末年代汉的王莽就追溯黄帝为始祖,对之隆重祭祀。据《汉书·元后传》所记,王莽自谓黄帝之后,经虞舜、陈胡公、田敬、仲完(陈完)传至齐王田建,为秦所灭;后项羽起,封田建之孙田安为济北王;至汉兴,田安失国,齐人谓之王家,因以为氏。文帝、景帝间,王安孙王遂居济南东平陵,王遂子王贺徙居魏郡元城,王贺生王禁,王禁生元后及王莽父王曼,王曼早死,追封为新都侯。故王莽代汉后以始祖之礼祭祀黄帝。《汉书·王莽传》中亦载有王莽自述其世系:"予以不德,托于皇初祖考黄帝之后,皇始祖考虞帝之苗裔。"流传后世的新莽量器铭中亦云:"黄帝初祖,德帀于虞;虞帝始祖,德帀于新。"[①]先不论王莽与黄帝是否真有如王莽所述的血缘关系,但史料中明确记载王莽确实对黄帝进行过虔诚的祭祀。《汉书·王莽传》载,王莽于始建国元年(9),"遣骑都尉嚣等分治黄帝园位于上都桥畤……使者四时致祠。其庙当作者,以天下初定,且祫祭于明堂太庙"。《汉书·王莽传》又载王莽言:"予伏念皇初祖考黄帝、皇始祖考虞帝,以宗祀于明堂,宜序于祖宗之亲庙。其立祖庙五、亲庙四,后夫人皆配食。郊祀黄帝以配天,黄后以配地。"并且他还下诏修建方40丈、高17丈的黄帝庙,并广征通晓祭典礼制的人,筹办祭祀黄帝的典礼。

---

① 王国维:《古史新证——王国维最后的讲义》,第74页,清华大学出版社,1994年。

## 二

魏晋南北朝时期对黄帝的祭祀主要有三种情况：一是按照汉代形成的惯例，在南郊祭天的同时设五帝神位，加以祭祀，有时还专门举行"黄郊"以迎季夏之气。祭天礼是天子权力的象征，而这一时期国家分裂，各个分立政权的统治者争夺正统地位，都要行郊天大典，同时祭祀黄帝。据《文献通考·郊社三》，魏晋南北朝时期举行过郊天大典的帝王有魏文帝、魏明帝、吴大帝孙权、晋武帝、晋元帝、晋成帝、晋康帝、晋安帝、宋武帝、宋孝武帝、齐高祖、梁武帝、陈武帝、北魏道武帝、北魏明元帝、北魏献文帝、北魏孝武帝、北齐高祖神武帝、北周武帝等。举行过"黄郊"迎气之典的帝王有北魏明元帝、北齐诸帝、北周诸帝等。如北魏明元帝泰常三年（418）立五精帝兆于四郊，远近仿五行数，各为方坛。祭黄帝常以立秋前十八日。

第二种情形是在明堂中祭祀五帝，如晋武帝曾于明堂立五帝位，傅玄还撰有祠天地五郊夕牲歌、祠天地五郊送神歌、享天地五郊歌。宋孝武帝在明堂中也曾设五帝位。齐高祖祭五帝之神于明堂，以有功德之君配祀。梁武帝也祀五帝于明堂，服大裘冕以祭，沈约撰有五帝歌各一首。这时的明堂就是太庙，帝王在太庙里面祭祀黄帝，表明当时人们仍然以黄帝为始祖。这一做法继承和深化了秦汉时期祭祀五帝的传统。

第三，有的帝王到传说有黄帝遗迹的地方进行祭祀。北魏皇帝借东巡的机会，曾经在今河北涿鹿的桥山数次拜祭黄帝。《魏书·太祖纪》记载：魏太祖道武帝拓跋珪天兴三年（400）"车驾东巡，遂幸涿鹿，遣使者以太牢祠帝尧、帝舜庙"。《魏书·太宗纪》记载：太宗明元帝在神瑞二年（415）和泰常七年（422）两次驾幸桥山，使使者以太牢祠黄帝庙。《魏书·世祖纪》记载：北魏太武帝拓跋焘神䴥元年（428），"八月，东幸广宁，临观温泉，以太牢祭黄帝"。《魏书·礼志》记载，北魏文成帝拓跋濬和平元年（460），"帝东巡，历桥山，祀黄帝"。

魏晋时期，因袭了黄帝作为天神享祀的传统，对黄帝的祀典主要表现为祭天随祀、明堂拜祀和迎气之祀，各朝取舍又有不同。曹魏祭祀缺乏连续性，其"郊祀天地明堂，是时魏都洛京，而神祇兆域明堂灵台，皆因汉旧事"①。晋初"郊祀权用魏礼"，但不久又不采汉郑玄的"六天说"，认为"五帝，即天也，五气时异，故殊其号。虽名有五，其实一神。明堂南郊，宜除五帝之坐。五郊改五精之号，皆同称昊天上帝，各设一坐而已"。《通志》亦载"泰始二年诏定郊祀南郊宜除五帝坐"②，太康十年（289），又因"往者从议除明堂五帝位，考之礼文正经不通"，"宜

---

① 《宋书·礼志三》。
② 《通志》卷四二《礼一》。

帝以神武创业，即已配天，复以先帝配天，于义亦不安，于是又复明堂及南郊五帝位"。晋惠帝时也一度"明堂除五帝之坐"，但不久又更诏"明堂及郊祀五帝如旧仪"①。

在西晋五十年间，曾两次废止祭天时黄帝作为五帝之一随祀，但由于后世祭祀多习用旧典，黄帝享祀日久，从而出现时废时举的现象。这反映出在魏晋时期，对五帝的理解已出现分歧，郑玄的"六天说"与王肃"五帝不得为天"的分歧影响到西晋及以后的祭典，西晋王朝在两说之间摇摆不定。

南北朝时期，祀典中明确出现了"五人帝"的提法，黄帝一方面以五方上帝之一享祀，另一方面又以五人帝之一身份配祭，可谓是王学与郑学折中的反映。这一时期，黄帝作为五方上帝之一随祀，亦曾出现反复。梁朝因五精上帝俱是天帝，"于坛则尊，于下则卑。且南郊所祭天皇，其五帝别有明堂之祀"，又除南郊五帝祀，加十二辰座。陈代梁后，又"除十二辰座，加五帝座，其余准梁之旧"。南北朝时，黄帝作为五人帝之一配祭表现在郊迎制度上，五郊分迎五精上帝，黄帝同时又作为人帝配祭，并以五官、三辰、七宿从祀②。

总的来说，魏晋南北朝时期的黄帝祭祀逐渐走向了衰落。这个时期战乱不断，政权更迭频繁，人民生活痛苦，为东汉以来传入的佛教提供了成长的土壤。再加之各族统治者为了巩固统治和获得精神安慰，也对佛教有意识地加以提倡，于是佛教在中国大地上很快发展起来。这使得历来与道家和道教渊源甚深的黄帝信仰变得淡漠。虽然如上所述各统治者为争夺正统地位，都要行郊天大典，同时祭祀黄帝，但已没有前一时期那么兴盛。五帝的祭祀要么被废除，要么下诏恢复却未及实行。比如《三国志》中不见关于黄帝祭祀的记载。晋初曾撤除明堂及南郊的五帝之位，只祀天神；晋武帝太康十年虽曾下诏恢复明堂及郊祀五帝的仪式，却没来得及实行。但是从另一个角度来说，黄帝信仰又有着扩展的趋势，比如本是鲜卑族的北魏政权也曾多次祭祀黄帝，甚至追源黄帝为其最初的祖先。《魏书》卷一《序纪》载："昔黄帝有子二十五人，或内列诸华，或外分荒服，昌意之子，受封北土，国有大鲜卑山，因以为号。……黄帝以土德王，北俗谓土为托，谓后为跋，故以为氏。"这里明确记载了黄帝是托跋氏（拓跋氏）的始祖，很显然是一种附会。但在鲜卑族统治者的宣传下，北魏的许多人都尊称黄帝为自己的祖先。如《魏书》卷二三载："魏桓帝崩，卫操立碑于大邗城南，以颂功德。碑云：'魏，轩辕之苗裔'。"此碑后来在北魏献文帝皇兴年间（467—471）由雍州别驾段荣发掘出土，是关于拓跋鲜卑自称为黄帝后裔的最早史料。我们见到的魏墓志铭中也有类似的记载，如《北魏大妃李妃墓志铭》就写大妃李氏"鸿肇其于轩辕，宝胄启于伯阳"，《魏故持节左将军唐耀使君墓志铭》也说墓主为"轩辕伊裔，陶唐

---

① 《晋书·礼志上》。
② 参见李桂民硕士论文《黄帝的史实及黄帝崇拜观念的演变》，西北大学，2000年。

厥遗"。细究北魏统治者的这种做法,可能最大的原因仍是出于政治上的需要。北魏王朝是一个以拓跋鲜卑为主体、对中华民族的历史融合有着重大贡献的封建王朝。拓跋鲜卑原生活在大兴安岭南麓,"畜牧迁徙,射猎为业"①。东汉时期,在推寅任部落首领时,拓跋鲜卑举族南迁,到达呼伦湖一带。百年之后,部落首领诘汾再次率部南迁,进入阴山一带地区。到三国时期,力微任部落首领时,又迁于定襄之盛乐(今内蒙古和林格尔北),力量开始强盛,并逐渐接触了汉族文明。后来内部分裂,拓跋鲜卑部落联盟一分为三,其中一支由猗㐌所领,猗㐌被后来北魏王朝追谥为桓帝。猗㐌时开始任用汉族士人为谋士,以壮大自己的力量。为了增强拓跋鲜卑的民族自豪感,以便与西晋王朝以及匈奴、羯等少数民族势力进行政治角逐,拓跋鲜卑上层统治集团便开始宣称拓跋鲜卑乃黄帝后裔。在这种思想的指导下,北魏王朝在统一北方后,更加重视对黄帝的祭祀,如前所述,北魏皇帝四人(道武帝、明元帝、太武帝、文成帝)五次亲祭黄帝。客观地评价北魏重视黄帝祭祀这一现象,应该说它是一种值得肯定的行为,这种行为的最大益处,就是有利于少数民族提高民族自信心和便于得到汉人的承认,便于少数民族在感情上与汉族人沟通,同时也对民族融合有一定的促进作用。

(作者:陕西省社会科学院研究员)

---

① 《魏书·序纪》。

# 清代孔庙祭孔仪制

◇邱雪静

清代以少数民族入主中原,在武力统一全国后,力争正统,大兴文治。文治的原则性内容,便是儒教所谓的礼乐政刑。孔子是儒家教义的创立者,其删述六经,垂宪万世,在文化融合中,俨然已成为正统文化的象征。是以有清一代极力推崇孔子,最终把祭孔仪制提升到大祀,将孔子的地位推向历史的最高峰。清代作为中国最后一个封建王朝,距今未远,今日祭孔仪制多为之所定。随着近日国学复兴,祭孔活动再起,然观已发表孔庙祭祀文章,陪祀人员一般只开列姓名,不考入祀时间,祭孔礼仪也大多为科普性介绍,参考文献多引用台湾省孔庙管理委员会出版之《至圣先师孔子释奠解说》。其实,祭孔仪制的记述,在清代史册中昭然荦荦,本文以有清一代为时间断限,考述清代孔庙庙制及祭孔礼仪的变迁,意欲益于学人深入研究。

## 一、文庙庙制

"文庙"指供奉先师孔子的殿阁。初文庙建筑规格,并无定制,明洪武三十年(1397),明太祖命工部扩建文庙,并亲自定划:"大成殿门各六楹,棂星门三楹,东西庑七十六楹,神厨库八楹,宰牲所六楹"[1],此后相沿成制。清顺治十四年(1657),世祖因北京孔庙年久倾圮,"若不作速整理,后渐颓坏,葺治愈难",谕工部重修文庙。然而清入关之初,致力于消灭大顺、大西农民政权及黄河、淮河以南的明朝残余力量,连年兵火,财政紧张,工部以"钱粮匮乏,所需工料,未能措办"上禀,顺治帝筹措再三,发内帑银三万两,"特加修葺",并发下谕旨,"诸王、贝勒、大臣及在京满汉官员,愿捐资者许令协助"[2]。历经三年,清代第一次大规模修葺孔庙告竣,但规制并未更改,仍与明太祖规划同[3]。

雍正二年(1724),阙里(按:《史记正义·孔子世家》载:"历代帝王之庭曰帝立阙,曰金阙,曰玉阙",孔子殁后,鲁哀公尊为素王,因此,"阙里者,素王之庭

---

[1] (清)张廷玉等撰:《明史》卷五十《礼四》。
[2] 《清世祖实录》卷一一二,顺治十四年十月丁亥。
[3] 《清世祖实录》卷一三一,顺治十七年正月庚辰。

除也")文庙被灾,胤禛遣官祭慰的同时,敕谕重建阙里文庙,八年庙成,以"黄瓦画栋"①,此时各地其他文庙皆被绿瓦。乾隆二年(1737),高宗认为"皇考世宗宪皇帝,尊师重道,礼敬尤隆,阙里文庙特命易盖黄瓦,鸿仪炳焕,超越前模",又"思国子监为首善观瞻之地,辟雍规制,宜加崇饰"②,特命北京孔庙的大成门、大成殿着用黄瓦,以昭展敬至意。乾隆三年,北京孔庙着用黄瓦工程告竣,乾隆帝亲诣孔庙行礼祭先师孔子③。

光绪三十四年(1908)五月,山东巡抚袁树勋以祭祀先师孔子既升为大祀,"文庙体制,自应展拓"④上奏。九月,估修文庙工程大臣协办大学士荣庆等奏,文庙工程"拟采九楹三阶五陛之制,以期备礼",帝从之⑤,并颁旨,各省文庙规制并视太学。至此,孔庙建筑规格尊崇至极盛,并一直延续到今。

文庙大成殿内,"正位"为孔子神位,其全称是"至圣先师孔子之位",在正中,南向。至圣先师孔子谥号世有更定,初"鲁哀公诔文曰尼父,未尝加一字之褒。汉平帝元始元年,始加谥曰宣尼父。后魏太和十六年,乃改谥文圣尼父。唐太宗贞观十一年,尊为宣圣尼父。明皇开元二十一年,始进谥文宣王。元武宗至大元年,加谥大成至圣文宣王。明初因之。嘉靖九年,尊改为至圣先师孔子神位"⑥。清初承明制,孔子神位上书"至圣先师孔子之位"。清顺治二年国子监祭酒李若琳奏请更孔子神牌为"大成至圣文宣先师孔子",世祖从之⑦。十四年二月吏科给事中张文光认为,孔子生不为王,殁而王之,于理未妥,宜仍改为"至圣先师孔子之位"。李若琳奏称:"曰至圣,则无所不该;曰先师,则名正而实称,不可易矣。……追王固属诬圣,即加大成文宣四字,亦岂足以尽孔子哉!唐臣柳宗元有言,赞孔子之圣譬如颂天地之大,谀日月之明,非愚则惑。"⑧是时,顺治帝事事稽古,议礼制度考之于文,务求至当,因而从其请,复"至圣先师孔子之位"旧称⑨,颁诏天下,悉为更改。

文庙大成殿内,"配位"为"四圣"神位:复圣颜子、述圣子思子位,在殿东,西向;宗圣曾子、亚圣孟子位,在殿西,东向。配位两边为"从位",清初只置"十哲":先贤闵子损、冉子雍、端木子赐、仲子由、卜子商,在殿内东序,面向西;先贤

---

① 《清史稿校注》卷八四,《礼三·先师孔子》,台湾商务印书馆,1987年。
② 《清高宗实录》卷五十,乾隆二年九月丙申。
③ 《清高宗实录》卷六二,乾隆三年二月丁亥。
④ 《清德宗实录》卷五九一,光绪三十四年五月甲午。
⑤ 《清德宗实录》卷五九六,光绪三十四年九月庚戌。
⑥ 《清世祖实录》卷一〇七,顺治十四年二月己丑。
⑦ 《(光绪)钦定大清会典事例》卷四三六,《礼部·中祀四·先师庙制》。
⑧ 《清世祖实录》卷一〇七,顺治十四年二月己丑。
⑨ 《清世祖实录》卷一〇八,顺治十四年三月丙辰。《(光绪)钦定大清会典事例》卷四三六,《礼部·中祀四·先师庙制》。

冉子耕、宰子予、冉子求、言子偃、颛孙子师,位殿内西序,面向东①。康熙五十一年(1712),以"朱子昌明圣学,升跻十哲,位次卜子商"②。乾隆三年,又升有子若为十二哲,位次卜子商,移朱子次颛孙子师③。自此四圣十二哲从祀沿袭至今。

大成殿东、西两庑为文庙从祀的先贤、先儒。清初只有先贤六十九人、先儒二十八人从祀。康熙中后期,有军事实力的反清势力已经被次第荡平,清统治者开始大兴文治,努力成为继明之后的正统王朝。为了争取新一代汉族士大夫、士人的认同,康熙帝力推崇儒重道,其手段之一便是增加文庙祔飨的先贤、先儒。康熙五十四年,圣祖特命宋儒范仲淹从祀文庙,位列东庑唐儒韩愈之后④,开追认先贤、先儒之滥觞。雍正二年五月,世宗命廷臣考议祔飨文庙诸贤,有"先罢宜复,或旧阙宜增"者具奏,八月复议:"复祀者六人:曰林放、蘧瑗、秦冉、颜何、郑康成、范宁;增祀者二十人:曰孔子弟子县亶、牧皮,孟子弟子乐正子、公都子、万章、公孙丑,汉诸葛亮,宋尹焞、魏了翁、黄干、陈淳、何基、王柏、赵复,元金履祥、许谦、陈澔,明罗钦顺、蔡清,国朝陆陇其。"⑤世宗从众议,陆陇其成为清朝祔飨文庙第一人。本次追认先贤、先儒,是有清一代历史上规模最大的一次。此后祔飨文庙先贤、先儒时有加增,列表如下:

| 时间 | 增加祔飨文庙人员 | 增加祔飨文庙人员位次 | 资料来源 |
| --- | --- | --- | --- |
| 乾隆二年 | 元儒吴澄 | 列东庑元儒赵复之次 | 《清高宗实录》卷五四,乾隆二年十月乙酉 |
| 道光二年 | 明臣刘宗周 | 列西庑明儒蔡清之次 | 《清宣宗实录》卷三二,道光二年闰三月庚寅 |
| 道光三年 | 先儒汤斌 | 列东庑明儒罗钦顺之次 | 《清宣宗实录》卷四九,道光三年二月辛亥 |
| 道光五年 | 明臣黄道周 | 列东庑明儒罗钦顺之次 | 《清宣宗实录》卷七八,道光五年正月乙卯 |
| 道光六年 | 明臣吕坤 | 列西庑明儒蔡清之次 | 《(光绪)大清会典事例》卷四三六,《礼部·中祀四·先师庙制》 |
| 道光六年 | 唐臣陆贽 | 列东庑隋儒王通之次 | 《清宣宗实录》卷九六,道光六年三月戊申 |

---

① 《清史稿校注》卷八四,《吉礼三·先师孔子》。
② 《清圣祖实录》卷二四九,康熙五十一年二月丁巳。
③ 《清史稿校注》卷八四,《吉礼三·先师孔子》。
④ 《清圣祖实录》卷二六六,康熙五十四年十一月辛丑。
⑤ 《清世宗实录》卷二三,雍正二年八月甲午。

续表

| 时间 | 增加祔飨文庙人员 | 增加祔飨文庙人员位次 | 资料来源 |
|---|---|---|---|
| 道光八年 | 明儒孙奇逢 | 列西庑明儒吕坤之次 | 《清宣宗实录》卷一三三,道光八年二月丙申 |
| 道光二十三年 | 宋臣文天祥 | 列东庑宋儒何基之次 | 《(光绪)大清会典事例》卷四三六,《礼部·中祀四·先师庙制》 |
| 道光二十九年 | 宋儒谢良佐 | 列东庑宋儒杨时之次 | 《清宣宗实录》卷四六九,道光二十九年六月壬午 |
| 咸丰元年 | 宋臣李纲 | 列西庑宋儒胡安国之次 | 《清文宗实录》卷二九,咸丰元年三月上辛丑 |
| 咸丰二年 | 宋臣韩琦 | 列东庑唐儒陆贽之次 | 《清文宗实录》卷五六,咸丰二年三月戊辰 |
| 咸丰三年 | 先贤公明仪 | 列东庑先贤县亶之次 | 《(光绪)大清会典事例》卷四三六,《礼部·中祀四·先师庙制》 |
| 咸丰七年 | 先贤公孙侨 | 列西庑先贤林放之上 | 《清文宗实录》卷二一九,咸丰七年二月丁亥 |
| 咸丰九年 | 宋臣陆秀夫 | 列西庑宋儒文天祥之次 | 《清文宗实录》卷二七一,咸丰八年十二月丁未 |
| 咸丰十年 | 明儒曹端 | 列东庑明儒胡居仁之上 | 《清文宗实录》卷三一五,咸丰十年四月丙寅 |
| 同治二年 | 鲁人毛亨 | 列东庑汉儒伏胜之次 | 《清穆宗实录》卷六一,同治二年三月乙丑 |
| 同治二年 | 明臣吕柟 | 列西庑明儒蔡清之次 | 同上 |
| 同治二年 | 明儒方孝孺 | 列西庑宋儒陈澔之次 | 《清穆宗实录》卷六八,同治二年五月丁卯 |
| 同治二年 | | 以公孙侨年先于蘧瑗,移东庑第一位。蘧瑗移西庑第一位。林放既与蘧瑗并称,移东庑第二位。而移澹台灭明于西庑第二位 | 《(光绪)大清会典事例》卷四三六,《礼部·中祀四·先师庙制》 |

续表

| 时间 | 增加祔飨文庙人员 | 增加祔飨文庙人员位次 | 资料来源 |
|---|---|---|---|
| 同治七年 | 宋臣袁燮 | 列西庑宋儒吕祖谦之次 | 《清穆宗实录》卷二三九,同治七年七月庚子 |
| 同治十年 | 先儒张履祥 | 列东庑明儒孙奇逢之次 | 《清穆宗实录》卷三二六,同治十年十二月壬申 |
| 光绪元年 | 先儒陆世仪 | 列西庑明儒黄道周之次 | 《(光绪)大清会典事例》卷四三六,《礼部·中祀四·先师庙制》 |
| 光绪二年 | 汉儒许慎 | 列东庑汉儒后苍之次 | 同上 |
| 光绪三年 | 汉河间献王刘德 | 列西庑汉儒董仲舒之次 | 同上 |
| 光绪四年 | 先儒张伯行 | 列东庑先儒陆陇其之次 | 《清德宗实录》卷三五,光绪二年六月下丙辰 |
| 光绪五年 | 宋儒辅广 | 列西庑宋儒黄干之次 | 《(光绪)大清会典事例》卷四三六,《礼部·中祀四·先师庙制》 |
| 光绪十八年 | 宋儒游酢 | 列西庑宋儒杨时之次 | 《清德宗实录》卷三一六,光绪十八年九月甲午 |
| 光绪二十一年 | 宋儒吕大临 | 列东庑宋儒谢良佐之次 | 《清德宗实录》,光绪二十一年七月己酉 |
| 宣统三年 | 汉儒赵岐 | | 《清德宗实录(附)宣统政纪》卷五一,宣统三年三月癸亥 |
| 宣统三年 | 元儒刘因 | | 同上 |

至是,文庙从祀侑飨先贤、先儒人员:东庑先贤四十位、先儒三十五位,均西向;西庑先贤三十九位、先儒三十五位,均东向。共一百四十九人。

## 二、祭祀先师礼仪变迁

明成化、弘治间,祭奠先师孔子的礼仪已改用"八佾"①。《周礼》对古代中国的祭祀规格作了如下描述:"天子八佾,诸侯六,大夫四,士二。""佾"指古代乐

---

① 《明史》卷五十,《志·礼四·先师孔子》。

舞的行列。八佾就是八行八列六十四人，六佾即六行六列三十六人，依此类推。"八佾"已然成为大祀规格，是以明成化、弘治间，祭孔仪制已有升为大祀的趋势。但到嘉靖九年，世宗采纳张璁建议，又将祭孔仪制厘为中祀①，并沿袭至明末。

  清军入关之初，李自成虽然率大顺军退出北京，但仍拥有数十万众；张献忠领导的另一支大西农民军也拥众数十万；明朝在黄河、淮河以南的力量并未遭受损失，明军各镇集兵亦达数十万之众，且明藩王宗室多人尚在，南明弘光政权已经在南京酝酿建立。这种情况下，清朝统治者将主要精力贯注于荡平中原上。然而《礼记·乐记》云"五帝殊时，不相沿乐；二王异世，不相袭礼"②，这种王者事定功成、制礼作乐的思想，致使清朝统治者在全国统治稳定后开始对祭孔礼仪不断加以损益。至光绪三十二年冬十二月，慈禧皇太后以"孔子德配天地，万世师表"，升释奠礼为大祀③，在京孔庙祭祀孔子，均"乐用八佾，增武舞，释奠躬诣，有事遣亲王代。分献四配用大学士，十二哲两庑用尚书。祀日入大成左门，升阶入殿左门，行三跪九拜礼。上香，奠帛爵俱跪，三献俱亲行。出亦如之。遣代则四配用尚书，余用侍郎，出入自右门"④。在此之前，国家大祀特指祭天地、祭太庙、祭社稷。把祭孔与祭天地、太庙、社稷等同，清朝对孔子的推崇可谓达到了登峰造极的境地。清代把祭孔规格提升到大祀，并非一蹴而就，而有其循序渐进的过程。

  早在清入关前，沈阳文庙建成时，太宗即遣内秘书院大学士范文程，致祭于至圣先师孔子神位前，"并从唐制，定春秋二仲上丁行释奠礼"⑤，但此时祭祀礼制已无可考。"春秋二仲上丁行释奠"指每年春秋二季的第二个月（即二月、八月）的第一个丁日举行祭祀孔子的典礼，又称"丁祭"。清入主中原后，于顺治二年重申："每年春秋仲月上丁日，祭先师孔子。……如遇有事，改次丁或下丁。"⑥自此，有清一代丁祭礼一直实行。

  顺治二年八月以前的丁祭礼，查诸实录仅记之为"遣官祭先师孔子"，并不著录主祭官员。由此可知，最早派遣主持丁祭的官员，职勋并不确定。顺治二年有谕，丁祭时遣大学士一人行礼，翰林官二人分献。国子监祭酒，祭启圣公于启圣祠⑦。顺治二年八月丁亥，《清世祖实录》开始明确记载"遣大学士李建泰祭先

---

① 《明史》卷五十，《志·礼四·先师孔子》。
② 陈戍国：《礼记校注》，长沙岳麓书社，2004年。
③ 《清德宗实录》卷五六六，光绪三十二年十一月戊甲。
④ 《清史稿校注》卷八四，《礼三·吉礼·先师孔子》。
⑤ 《清太宗实录》卷三十，崇德元年六月丁丑。
⑥ 《（光绪）钦定大清会典事例》卷四三六，《礼部·中祀四·上丁释奠于先师孔子》。
⑦ 《清史稿校注》卷八四，《礼三·吉礼·先师孔子》。

师孔子",大学士主持释奠礼于是成为定制。至雍正三年二月丁丑,出现了"遣果郡王允礼祭先师孔子"①的记载,大学士主持丁祭的仪制被打破,这是提高春秋仲月上丁释奠规格的一个信号。至雍正四年八月仲丁,清帝首次亲诣释奠,祭祀仪制与"临雍释奠"同②。自此,如有清帝亲诣文庙行丁祭礼,其仪制皆与"临雍释奠"同。

"临雍释奠"特指皇帝亲诣国子监(或太学)讲学之前祭祀孔子的礼仪。皇帝亲自到国子监讲学之礼,始于汉明帝,唐以后始设讲榻。明代设御座于彝伦堂,清沿明制,顺、康、雍三朝,清帝均曾诣国子监释奠孔子,并至彝伦堂讲书,称"视学之礼",此时祭奠孔子的礼仪称为"视学释奠"。乾隆四十九年,于国子监集贤门内建成"辟雍"③,以后皇帝亲诣国子监讲学均在辟雍,"视学之礼"改称为"临雍之礼","视学释奠"亦随之改称"临雍释奠"。

顺治九年,清帝首次行"临雍释奠"礼。"临雍释奠"前一日,皇帝致斋,司设监(官署名,明洪武十七年始设,为宦官二十四衙门之一。清顺治十年置十三衙门,司设监亦为其中之一。十八年重立内务府,遂裁。此后设更衣御幄事务归工部)设更衣御幄于大成门东,南向。至日,不陪祀固山贝子以下、辅国公以上及各官俱于金水桥南候跪送驾。其陪祀和硕亲王以下、多罗贝勒以上俱赴午门内候随驾。在部院各衙门满洲、蒙古汉军,侍郎以上、八旗固山额真精奇尼哈番以上、文官三品以上、武官二品以上及翰林院七品以上官,俱先诣孔庙,东西相向序立。司设监设拜位于孔子神位前。卯刻,皇帝御驾从长安左门出,诸王贝勒随行。至成贤街,国子监满汉祭酒、司业均着朝服,率学官诸生,于成贤街左跪迎。圣驾至棂星门外降辇。皇帝至大成门入御幄更衣后,由大成门中门入大成殿④。

"临雍释奠"礼分为迎神、释奠、送神三个部分。皇帝至拜位,诸王贝勒在台上,分献陪祀官在台下,亦各就拜位。赞引官高声赞"迎神",迎神乐起。乐止后,赞引官赞皇帝行两跪六叩头礼,通赞诸王贝勒及分献陪祀官行礼。同叩头毕,赞引官高声赞"行释奠礼",此时乐声响起。献帛官跪于皇帝右侧进帛,皇帝站立接收帛献后,复交给献帛官,献帛官将之献于神位前,随后退下。献爵官跪于皇帝右进爵,皇帝立受爵献毕,复授献爵官奠于神位前。分献官按照次序到神位前奠爵完毕,仍以次序退就原拜位,乐止。赞引官高声赞"送神",送神乐响起,赞引官赞皇帝行两跪六叩头礼,通赞诸王贝勒及分献陪祀官行礼。同叩头毕,献帛官到先师神位前捧帛,由中门出。赞引官赞礼毕,导皇帝出庙门,乐止。

---

① 《清世宗实录》卷二九,雍正三年二月丁丑。
② 《清世宗实录》卷四七,雍正四年八月丁卯。
③ 《清高宗实录》卷一二一二,乾隆四十九年八月甲申朔。
④ 《清世祖实录》卷六八,顺治九年九月辛卯。

诸王贝勒出大成门,陪祀各官、衍圣公、五经博士等皆出圣庙至彝伦堂,听皇帝讲学①。

康熙二十年,圣祖因滇南荡平,遣官致祭阙里孔庙。遣派人员除承祭官外,"委礼部、太常寺笔帖式各一人,典守祭文香帛。遣行之日,给伞仗牌旗"②,基本与遣祭帝王陵寝规制相同。二十三年圣祖东巡,经过曲阜,致祭阙里孔庙。礼部制定仪制与顺治九年视学释奠之礼相同。圣祖却坚持尊礼先师,行三跪九拜礼,并御制祝文③。天子亲祭,行三跪九叩头礼,俨然已经将祭孔当作大祀。

雍正二年,世宗认为"帝王视学大典,所以尊师重道,为教化之本。朕览史册所载,多称幸学。而近日奏章仪注,相沿未改。此臣下尊君之词,朕心有所未安。今释奠伊迩,朕将亲诣行礼"④。嗣后,清代奏章仪注,均将"幸"文庙字改为"诣"字,以申对先师孔子的崇敬。同年,雍正帝诣文庙"临雍释奠",典礼与顺治九年同⑤。

乾隆元年,清高宗认为圣庙脯醢宜更为丰富,议准"鹿脯鹿醢加增鹿二,正位及四配,崇圣祠正位,仍用兔醢。十一哲两庑,崇圣祠配位两庑,易兔醢为醓醢,加增豕二"⑥。

三年,高宗视学释奠,以"既行亲祭,仍当从三献之仪"。自此,初献、亚献、三献之爵,皇帝均躬献⑦。并颁敕谕一道:"四配、十二哲后裔,及元圣周公裔东野氏等(来观礼)三十一人,均送监读书。"⑧

十八年仲秋上丁,高宗亲诣文庙致祭先师孔子,定"大成殿内十二哲,东西各豕首一,每位豕肉一盘。……十二哲东西各少牢一案,两庑各少牢三案"。又因"两庑位次皆东西向,先贤先儒南北分列。向于中间墙壁空处设案,案上供豕首六,皆倚于壁,前设香帛案。分献官各一人,皆向墙壁空处奠献,于礼未协。应照帝王庙分献之例,两庑各用分献官二人,各增香帛一案,俾得就位行礼,以严昭假。再十二哲两庑,向皆于各位前豫奠一爵,其分献官行三献礼,则统奠三爵于香案,以太常寺执事人不充数故也。嗣后丁祭十二哲两庑三献,均令肄业诸生奉爵,令东西分献翰林官,各奠三爵。其两庑分献国子监官四人,一如帝王庙之例,各统奠三爵"⑨。这样,祭孔规制又向大祀迈进了一步。

---

① 《清世祖实录》卷六八,顺治九年九月辛卯。
② 《(光绪)钦定大清会典事例》卷四三七,《中祀五·阙里祀典》。
③ 《清圣祖实录》卷一一七,康熙二十三年十一月己卯。
④ 《清世宗实录》卷一六,雍正二年二月辛酉。
⑤ 《(光绪)钦定大清会典事例》卷三〇九,《礼部·视学典礼》。
⑥ 《(光绪)钦定大清会典事例》卷四三六,《礼部·中祀四·上丁释奠于先师孔子》。
⑦ 《清高宗实录》卷六二,乾隆三年二月乙酉。
⑧ 《清高宗实录》卷六四,乾隆三年三月甲寅。
⑨ 《(光绪)钦定大清会典事例》卷四三六,《礼部·中祀四·上丁释奠于先师孔子》。

五十年,高宗以辟雍落成,亲诣释奠。此次释奠恰逢春雨,乾隆帝深为欣喜,念及随从执事诸臣及观礼人员衣履均湿,下令"所有执事扈从的王公大臣、衍圣公并文武官员俱纪录一次。其观礼诸生及圣贤各氏后裔,分别查明赏赉",加赏圣贤各氏后裔五丝缎一百二十二卷,朝鲜国使臣大缎二匹、八丝缎四匹,观礼诸生䌷三千八十八匹①。并奏准:"至圣后裔,以往陪祀五人都为曲阜籍,由衍圣公带领,此次衢州孔氏南宗五经博士,亦带领二人。嗣后定制为:曲阜五人,衢州二人;元圣裔,原陪祀二人,为山东省东野氏,今陕西姬氏,添设五经博士,定为东野氏二人,姬氏二人;有子裔,陪祀二人,由山东肥城有氏五经博士带领;朱子裔,向例陪祀二人,今安徽婺源、福建建安,各有额设五经博士,嗣后将原定二人,于安徽、福建二处分派,定为婺源一人,建安一人。"②此后,凡临雍释奠前,先差人传旨,诏谕衍圣公、五经博士,至圣裔五人,元圣周公裔、四配十二哲裔各二人,乘传赴京。及各氏子孙列官在朝之人,各官学师生,直省在京需次之进士、举人、贡、监生,咸与观礼,成为定例。自此,凡皇帝亲到文庙释奠,礼仪皆与乾隆五十年同,当日如果遇雨,均照乾隆五十年例加赏。

　　乾隆五十五年后,清高宗以"年寿渐高,恐精力或有不逮",传谕内外,"所有中祀之礼,不再亲行"③。然而乾隆六十年二月,清高宗却亲诣文庙行上丁释奠礼,以昭崇儒重道之诚④,这是祭孔仪制已经超越中祀的又一例证。

　　综上所述,清代昭宣文治,通过不断提高祭祀孔子的仪节定制,来表达大清王朝"崇儒重道"的价值观念。其中圣祖释奠阙里,三跪九拜;雍正帝临雍,只称诣学,奠帛献爵均跪立;乾隆帝释奠,谕令黄瓦饰文庙,躬行三献礼,以之为常例,为清代祭祀孔子的仪制抬升为大祀奠定了重要基础。

（作者：中央民族大学历史系博士研究生）

---

① 《清高宗实录》卷一二二四,乾隆五十年二月丁亥。
② 《(光绪)钦定大清会典事例》卷三〇九,《礼部·临雍》。
③ 《清高宗实录》卷一四六八,乾隆六十年正月辛卯。
④ 《(光绪)钦定大清会典事例》卷四三六,《礼部·中祀四·上丁释奠于先师孔子》。

# 论"浙学"

◇吴 光

"浙学"作为中华文化的重要分支,作为富有活力的地域文化形态之一,从南宋成型以来已历经700余年。它在历史上曾经起过重要作用,而在当代,随着浙江经济的迅猛发展和学术文化的日益繁荣,人们对隐藏在浙江经济发展背后的文化动力日益关注并加以深入探讨。本文拟作为区域文化研究的课题,探讨反映浙江文化传统与人文精神的"浙学"的来龙去脉、理论内涵、思想特色、基本精神及其当代价值。

## 一、"浙学"的渊源、成型与演变

从地域文化的形成历史与特点看,浙江在古代属于吴越文化地区。吴越地区,包括现在的苏南、上海和浙江全境,自古以来就有着密不可分的文化联系。据历史文献记载,"吴"、"越"的称谓始于殷周之际。据《史记·吴太伯世家》和《越绝书》、《吴越春秋》等书记载,大约3100多年前,周太王古公亶父的长子太伯、次子仲雍,为了避让王位而东奔"荆蛮","自号勾吴","荆蛮义之,从而好之者千余家,立为吴太伯"。后来,周武王伐纣胜利后,"追封太伯于吴"。到吴王阖庐时,国势强盛。其子夫差,一度称霸于诸侯,国土及于今之江、浙、鲁、皖数省,后被越王勾践所灭,其地为越吞并。至于"越"之缘起,据史书所载,是因夏禹死后葬于会稽①,夏后帝少康封其庶子于此,传二十余世而至允常、勾践父子,自立为越王,号"於越"②。其时吴越争霸,先是吴胜越败,后来越强灭吴,勾践称霸,再传六世而为楚所灭。

然而,作为诸侯国的吴、越虽然灭亡,但其所开辟的疆土名称及其文化习俗

---

① 相传夏朝始祖大禹卒后葬于会稽山麓,今浙江绍兴东南郊的会稽山麓有"大禹陵"建筑群,由禹陵、禹祠、禹庙三大建筑组成。大禹陵始建于明嘉靖年间,清康熙年间重修。20世纪90年代又经绍兴市政府整修,今被列为全国重点文物保护单位。自1995年以来,当地政府每年都要举行公祭大会祭奠大禹。

② "於"读作"乌",有专家认为是越人方言的语气词,也有专家认为"於"同"乌",同"鸟",是古越族以"鸟"为族徽或图腾的证明。

却一直传承并不断丰富发展以至于今。如吴县、吴郡、吴中、吴山、三吴、吴语等等,皆承"勾吴"而来;如越郡、越都、吴越国、越中、越族、越语、越剧等等,皆承"於越"而来。从历史地理而言,吴、越分属两地却有许多重叠:如"吴会",或指会稽一郡,又指吴与会稽二郡;如"三吴",既含吴地,又含越地,跨越今之江、浙二省;如"吴山",却不在吴都(今属苏州)而在越地(今属杭州)。正如《越绝书·纪策考》所记伍子胥之言道:"吴越为邻,同俗并土;西州大江,东绝大海。"以及同书《范伯》篇所记范蠡之言说:"吴越二邦,同气共俗。地户之位,非吴则越。"这里所谓两个"邻邦"的"同俗并土"或"同气共俗",都说明吴越地区的文化联系历来非常密切,其文化风格与习俗也颇多一致或相当接近。这也是人们经常合称"吴越文化"的历史原因。

但严格地说,"吴越文化"是有吴文化与越文化的各自传承与特色的。"吴文化"主要指苏南、上海地区的文化传承,"越文化"则主要是指浙江地区的文化传承。考古发掘的材料已经确证:大约10万年前,已有人类在今浙江建德一带居住(被称为"建德人")。而距今8000年以上的跨湖桥文化(在今浙江杭州市萧山区境内)、距今7000年的河姆渡文化(在今浙江余姚市境内)及稍后兴起的距今约4000—6000年的马家浜文化(在今浙江嘉兴境内)和良渚文化(在今浙江余杭境内),以其在当时绝对先进的制陶、制玉工艺,打制、磨制、编制的石器、骨器、木器、竹器等生产工具、生活用具以及干栏式建筑模式,向全世界宣告了中华民族起源的多元性,宣告了长江三角洲地区特别是浙江地区史前文明历史的悠久与发达。而在上古文明史上,浙江以其古越国、汉会稽郡、五代吴越国的辉煌历史著称于世。这一切,为浙江人文精神传统的形成及代表这个传统的"浙学"的形成提供了丰富多彩的历史依据。例如,河姆渡文化遗址出土的"双鸟异日"象牙雕刻与良渚文化遗址出土的羽冠、人面、兽身三位一体的玉制神徽,象征着浙江先民崇尚"天人合一"、"万物一体"的整体和谐精神与开放创新精神;春秋战国时期的越王勾践"卧薪尝胆"、兴越灭吴故事所代表的是一种百折不挠、艰苦创业的精神;汉代会稽郡已经是文化发达之邦,她哺育了像王充那样的

象征"天人合一"的河姆渡文化遗址"双鸟异日"象牙雕刻图

伟大哲学家与吴君高、赵晔那样杰出的史学家,为后人留下了《论衡》、《越绝书》、《吴越春秋》等传世名著;吴越国立国虽然只有53年(907—960),却创造了经济文化和谐发展的奇迹,为后人留下了像雷峰塔、保俶塔之类佛教文物奇葩。

然而,从学术发展的脉络而言,作为一种形成地域文化特色的"浙学"的理论源头,大概只能从东汉的王充算起,因为王充是浙江思想文化史上第一个建立了系统的哲学理论、形成了思想体系的学者,他的

象征"万物一体"的良渚文化遗址人、兽、鸟合体玉制神徽图

"实事疾妄"学术宗旨代表了一种求真务实、批判创新的精神,而这正是后起的宋元明清乃至近现代各派"浙学"学者所一脉相承的基本精神。

但王充时代并没有形成风起云涌的思潮和人才济济的学派。"浙学"的成型还是在永嘉、永康之学异军突起的南宋。到明代中后期,阳明学派风靡全国,明清之际,刘蕺山慎独之学独树一帜,黄宗羲接踵而起,开创了具有民主启蒙性质、强烈经世意识和实学特征的浙东经史学派,从而使"浙学"升华到足以主导中国思想潮流的地位,成为推动近代思想解放和民主革命运动的思想大旗。而自南宋至明清,在"浙学"内部可谓学派林立,宗旨各异,但其主流,则是以"求实、批判、兼容、创新"为根本精神的两浙经史之学。

这便是"浙学"从孕育到成型及其发展演变的大致情形。

## 二、"浙学"概念的由来与演变

过去,在论及浙江学术文化时,学者们谈得较多的是"浙东学派"与"浙东学术"的概念,而忽略起源更早的"浙学"之说。究其原委,大概是由于清代浙东史学家章学诚写了一篇题名《浙东学术》的文章;近代学术大师梁启超在20世纪初撰著了《清代学术概论》与《中国近三百年学术史》这两部学术名著,在书中极力推崇"浙东学派";史学家何炳松、陈训慈等又在30年代初发表了《浙东学派溯源》、《清代浙东之史学》等论著,从而造成了较大影响。

然而,"浙学"概念实际上比"浙东学派"的概念要早出现400多年。据我所知,"浙学"概念最早是由南宋大儒朱熹提出的,而"浙东学派"的概念则始见于清初大儒黄宗羲的著作。

朱熹在评论浙东学者吕祖谦、陈傅良、叶适、陈亮的学术时,首次将"永嘉、

永康之说"称为"浙学",并严加批评。他认为"永嘉、永康之说,大不成学问",又说:"江西之学(指陆氏心学)只是禅,浙学(指永嘉、永康之说)却专言功利。……若功利,则学者习之便可见效,此意甚可忧。"①可见,朱熹是将"浙学"视为"专言功利"、误导学者的"异端"加以批判的。尽管朱熹的批评不一定对,但他最早提出"浙学"概念之功却不能抹煞。

明代中期以后,阳明学风靡两浙,故有学者从学术传播的师承、地域上突破南宋以来以浙东永嘉、永康、金华之学为"浙学"的视野,而从两浙地区的大视野讨论"浙学"。如浙西学者蔡汝楠(湖州德清人)在其书函《致张按察使浮峰先生》中,将明代两浙地区的阳明心学列为"浙学"传承脉络。又有曾任浙江提学副使的福建籍学者刘鳞长,编纂了一部《浙学宗传》,将宋明时代包括浙东、浙西在内的整个浙江地区的"心学"流派归入"浙学"传统②。

明清之际的黄宗羲,虽然在《移史馆论不宜立理学传书》一文中首次使用了"浙东学派"一词,批评当时明史馆负责制定《修史条例》的人"其言浙东学派最多流弊"。但黄宗羲所谓"浙东学派",指的是浙东地区学术发展的主要脉络,即浙东学统,而非现代意义的学派,如其文将姚江(王阳明)之学和蕺山(刘宗周)之学一起归入同一学脉,并称"向无姚江,则学脉中绝;向无蕺山,则流弊充塞。凡海内之知学者,要皆东浙之所衣被也"③。黄氏还于崇祯年间汇编了一部集数十名浙东学者著作于一编的《东浙文统》④,也可证明黄氏所谓"浙东学派"与今人所谓"浙东学派"的含义是有所不同的。

黄宗羲之后,自视"梨洲私淑"的清代大儒全祖望遂对"浙学"概念作了比较明确的界定,并给予肯定性评价。全祖望所撰《宋元学案叙录》曾多次使用"浙学"一词概括浙江的学术源流、特色和风格,如《士刘诸儒学案叙录》称"庆历之际,学统四起……浙东则有明州杨、杜五子,永嘉之儒志、经行二子,浙西则有杭之吴存仁,皆与安定(胡瑗)湖学相应",在《周许诸儒学案叙录》称"浙学之盛,实始于此(指永嘉九先生)",在《北山四先生学案叙录》称赞金华北山四先生(何基、王柏、金履祥、许谦)为"浙学之中兴",在《东发学案叙录》将四明朱学传人黄震归入"浙学"之列,赞其"足以报先正拳拳浙学之意"⑤。全祖望的"叙录"说明了三点:第一,他所说的"浙学"主要是指"浙东之学",但也包括了"浙西之

---

① 引文分见于《朱子语类》卷一二二《吕伯恭》、卷一二三《陈君举》。
② 有关蔡汝楠、刘鳞长论"浙学"的内容,参见钱明:《"浙学"涵义的历史衍变》,《浙江社会科学》2006年第2期。
③ 见沈善洪主编、吴光执行主编:《黄宗羲全集》增订版第10册,第221页,浙江古籍出版社,2005年。
④ 参见拙著《黄宗羲著作汇考》,第244页,台湾学生书局,1990年。
⑤ 本段引文,分见于《黄宗羲全集》增订版第3册316页,第4册第405页,第6册第214、394页。

学"(如杭之吴存仁),其内部各派的学术渊源和为学宗旨不尽一致,但有共同特色;第二,他认为"浙东之学"与"浙西之学"的学术渊源,都与宋初大儒胡安定(瑗)在湖州(地属浙西)讲学时形成的"湖学"相呼应,显然,在全祖望看来,安定"湖学"也属于"浙学"范围;第三,"浙学"在当时的地位,堪与齐鲁之学、江右之学、闽学、关学、蜀学相媲美、相呼应,蔚为一大学统,对于宋元学风有开创、启迪之功。

继全祖望之后,乾嘉时代的浙东学者章学诚在《文史通义·浙东学术》中虽然没有"浙学"或"浙东学派"的称谓,但却首次论述了"浙东之学"与"浙西之学"的异同,并分析了各自的学术渊源。他说:

> 浙东之学,虽出婺源,然自三袁之流,多宗江西陆氏,而通经服古,绝不空言德性,故不悖于朱子之教。至阳明王子揭孟子之良知,复与朱子抵牾;蕺山刘氏本良知而发明慎独,与朱子不合,亦不相诋也;梨洲黄氏出蕺山刘氏之门,而开万氏弟兄经史之学,以至全氏祖望辈尚存其意,宗陆而不悖于朱者也。惟西河毛氏,发明良知之学颇有所得,而门户之见,不免攻之太过,虽浙东人亦不甚以为然也。
>
> 世推顾亭林氏为开国儒宗,然自是浙西之学;不知同时有黄梨洲氏出于浙东,虽与顾氏并峙,而上宗王、刘,下开二万,较之顾氏,源远而流长矣。顾氏宗朱而黄氏宗陆,盖非讲学专家、各持门户之见者,故互相推服,而不相非诋。学者不可无宗主,而必不可有门户!故浙东、浙西,道并行而不悖也。浙东贵专家,浙西尚博雅,各因其习而习也。①

在章学诚看来,"浙东之学"与"浙西之学"的学术渊源及其学风虽然不同,但都是儒家之学,其根本之道是可以并行不悖、互相兼容的。而从章氏所述浙东之学的源流与特色来看,浙东学术的主流是从南宋四明学派,中经明代姚江学派(即阳明学派)到明清之际的蕺山—梨洲学派,其特色是"宗陆(王)而不悖于朱"。

至于近现代乃至当代学者,虽都在使用"浙学"、"浙东学派"的概念,但侧重点及所论内涵不尽相同,甚至有对立之说。其中较多使用"浙东学派"概念者有梁启超、何炳松、陈训慈、杜维运诸子,限制性使用"浙东学派"而较多使用"浙学"概念者有钱穆、金毓黻、余英时等。其间种种主张与分歧意见,董平近撰《浙东学派之名义及其内涵》一文已作大致梳理,在此不拟繁引②。

---

① 章学诚:《文史通义》内篇卷二《浙东学术》,第51—52页,中华书局,1956年。
② 董文发表于南京大学《思想家》第2辑,江苏教育出版社,2002年4月;另参蔡克骄:《20世纪关于"浙东史学"研究的几个问题》,《浙江社会科学》2003年第1期。

## 三、"浙学"内涵的当代定位

那么,在对"浙学"、"浙东学术"和"浙东学派"等概念众说纷纭的情况下如何求得一个理论认知上的"最大公约数"？如何在当代浙江新的历史条件下重新审视"浙学"的内涵并由此提炼或解读当代浙江精神？对此,笔者十余年前发表的《试论"浙学"的基本精神——兼谈"浙学"与"浙东学派"的研究现状》[①]一文中,曾对"浙学"的内涵作了初步的概括。拙文指出:

> 所谓"浙学",即发轫于北宋、形成于南宋而兴盛于明清的浙东经史之学。它并非单一的学术思潮,也没有形成一个统一的学术流派,而是内含多种学术思想、多个学术派别的多元并存的学术群体——在"浙学"内部,既有宗奉程朱的理学派,也有宗奉陆王的心学派,还有独立于理学、心学之外的事功学派。然而,这个学术群体内部的各家各派,在相互关系上并不是绝对排他、唯我独尊的,而是具有兼容并蓄、和齐同光的风格,从而体现了某种共同的文化精神——浙学精神。

现在检讨起来,我的这个概括突出了"浙学"的主流——浙东学派与浙东学术的发展演变及其特色,大体上是可以成立的,但这个"浙学"概念仍然是中义的"浙东之学"而非广义的"大浙学"概念,仍然忽略了"浙西之学"在"浙学"中应占有的地位。

我们应当看到,历史是不断发展进步的,学术史及其学术概念的内涵也是与时俱进、不断充实进适应时代要求的新内容的。今日的浙江在行政区划与地理版图上已非昔日划分浙东、浙西两道两路时的旧貌[②],今日的两浙文化尽管仍然打着历史的烙印,但已基本上融合为一个具有浙江特色的文化共同体,"浙东"、"浙西"的文化界限不再像清代以前那样壁垒分明了。既然如此,人们对"浙学"概念的认识与解读也理应与时俱进。

实际上,从南宋到当代,学者们有关"浙学"内涵的解读也确实是与时俱进的。如果说,宋元学者眼中的"浙学"仅限于金华、温州地区的"婺学"与"永嘉、永康之学"的话,那么明末清初的黄宗羲、全祖望已经将"浙学"的领域延伸到宁波、绍兴等大浙东地区,甚至包括了部分浙西地区(如杭州),而且所包含的学术流派也不限于"婺学"与"永嘉、永康之学",还包括了"庆历五先生"、"甬上四先

---

① 本文系笔者 1993 年 9 月在台湾中研院中国文哲研究所的讲演稿,发表于 1993 年 12 月出版的《中国文哲研究通讯》第 3 卷第 4 期,同时收入赵敏、胡国钧主编的《陈亮研究论文集》(杭州大学出版社,1994 年)。

② 例如,苏州府、松江府和太仓州旧属浙西,早已划出浙江。今日的杭州地区所属市县在历史上有的属于浙东,如淳安、建德;有的属于浙西,如余杭、萧山。

生"(即所谓"四明学派"或"明州学派")以及姚江学派与蕺山学派了。及至清代乾嘉时期的章学诚,则在区分"浙西之学"与"浙东之学"并强调"浙东、浙西,道并行而不悖"的同时,已经蕴涵着"大浙学"的观念了。

自章学诚以后,近现代以至当代的许多学者,从章炳麟、梁启超、钱穆、何炳松、姚名达、陈训慈到陈荣捷、金毓黻、杜维运、余英时以及当代浙江籍的学者如谭其骧等,都发表过有影响的学术论著,从各个角度研讨、评论"浙学"或"浙东学派"、"浙东学术"的理论内涵、历史沿革、学派脉络、精神特质、研究成果等问题,从而把对"浙学"的研究推向了新阶段。

在此,笔者不拟一一罗列各家论"浙学"的观点与成就,而试图站在当今时代背景下对"浙学"的内涵作一重新审视,并申明笔者的基本观点。

我认为,关于"浙学"的内涵,应该作狭义、中义与广义的区分。狭义的"浙学"(或称"小浙学")概念是指发端于北宋,形成于南宋永嘉、永康地区的以陈傅良、叶适、陈亮为代表的浙东事功之学;中义的"浙学"概念是指渊源于东汉、酝酿形成于两宋、转型于明代、发扬光大于清代的浙东经史之学,包括东汉会稽王充的"实事疾妄"之学,两宋金华之学、永嘉之学、永康之学、四明之学以及明代王阳明心学、刘蕺山慎独之学和清代以黄宗羲、万斯同、全祖望为代表的浙东经史之学;广义的"浙学"概念即"大浙学"概念,指的是渊源于古越、兴盛于宋元明清而绵延于当代的浙江学术思想传统与人文精神传统。这个"大浙学",是狭义"浙学"与中义"浙学"概念的外延,既包括浙东之学,也包括浙西之学;既包括浙江的儒学与经学传统,也包括浙江的佛学、道学、文学、史学、方志学等人文社会科学传统,甚至在一定意义上涵盖了有浙江特色的自然科学传统。当然,"大浙学"的主流,仍然是南宋以来的浙东经史之学。我们从总结浙江学术思想发展史的角度而言,自然应当对狭义、中义与广义的"浙学"分别加以系统的研究与整理,但站在当今建设浙江文化大省的立场上,则我们应取广义的"浙学"概念,对两浙之学作系统的全方位的研究,而不应仅仅局限于"浙东学派"或"浙东学术"的视野。

如果从广义的"大浙学"视野观察与反思浙江的学术文化传统,那么显而易见的是,无论是"浙学"还是"浙东学派",都不是一个单一学派的连续性发展,而是多个学派"和齐斟酌,多元共存,互相融通"而形成的一种学术格局与学术传统,这个学术格局虽然异见纷呈,但也培养了某种共同的文化精神。

事实上,浙江这块土地,虽然有浙东、浙西之分,但仅仅一江之隔,是不可能从人文地理上将其截然分开或将两者对立起来的。在浙江学术史上,浙东、浙西往往是你中有我、我中有你、关系密切、互相影响的。例如,明末的蕺山学派当然属于"浙东学派"之一,但刘蕺山的弟子中却有好几位浙西籍学者,其中著名者如陈确(杭州府海宁县人)倾向浙东王学,而张履祥、吕留良(均为嘉兴府桐乡县人)则属于浙西朱学。在近现代,浙东、浙西之学更有相互融通之势,尤其是在省会杭州更是如此。如出身浙西杭州府的龚自珍、章太炎,其实堪称浙东学风的继承者与弘扬者。对此,当代浙西籍历史地理学家谭其骧早有所见。他在《近代杭州的学风》①一文中指出:"杭州于浙西已属边缘地带,隔钱塘江与浙东学术中心的宁绍相接,故其学风虽以浙西为素地,同时又深受浙东的影响,实际上可说是两浙学术的一个混合体。由混合而融化,迨其融化而后,遂自成一型,既非浙东,亦非浙西。"这是颇为中肯的意见,对我们在当代坚持"广义浙学"的研究方向也是一个很好的启示。

## 四、"浙学"的基本精神及其当代价值

在历经千百年的学术磨合过程中,"浙学"各派逐渐形成了以"实事疾妄、崇义谋利、经世致用、兼容并蓄"为特色的浙江人文精神。这种人文精神是从王充到陈亮、叶适、王阳明、黄宗羲、陈确、吕留良,到全祖望、章学诚以至近现代的龚自珍、章太炎、鲁迅、蔡元培、马一浮等著名浙江思想家都一致认同并且以不同语言予以阐扬的浙江文化精神。

那么,浙江学者所倡导和积累起来的共同文化精神——"浙学"的基本精神是什么呢?我在前述《试论"浙学"的基本精神》一文中将它概括为"求实精神、批判精神、兼容精神、创新精神",又在《论浙江的人文精神传统及其现代化中的作用》一文中从五个方面概述了浙学人文精神的主要内容:"一、'天人合一,万物一体'的整体和谐精神;二、'实事求是,破除迷信'的批判求实精神;三、'经世致用'的实学精神;四、'工商皆本'的人文精神;五、'教育优先,人才第一'的文化精神。"②

温家宝同志论黄宗羲思想的亲笔信

只要稍微具体地翻阅一下浙江思想文化史,我们就可以找出许多例证来证明上述浙学人文精神的真实性与普遍性。在此,我不想旁征博引,而仅仅列举浙江思想家中最有代表性的几句名言,期与读者共同体悟"浙学"的根本精神。

一是王充的"实事疾妄"精神。我们知道,"实事求是"这句经典名言,最早

---

① 此文发表于《浙大校刊》1947 年 4 月 5 日。
② 此文发表于《杭州师范学院学报》(社会科学版)2001 年第 2 期。

出自于班固手笔①。其实在班固之前的王充,已经在《论衡》的众多篇章中表达了这一思想,特别是在《论衡·对作篇》中强调自己的写作宗旨是:"《论衡》实事疾妄,无诽谤之辞"。所谓"实事疾妄",就是实事求是、批判虚妄,所体现的正是一种求实的、批判的精神。这种精神,在后来的浙江思想家如陈亮、叶适、黄宗羲、龚自珍、章太炎、鲁迅身上,表现得尤其突出。

二是叶适的"崇义养利"思想。义利关系问题是历代思想家都要讨论的课题。自从孟子对梁惠王讲了句"王何必曰利?亦有仁义而已矣",董仲舒又说了一句"正其义不谋其利,明其道不计其功"之后,许多人以为儒家是"重义轻利"之徒。其实不然。孟子是以行仁义为大利,故不必言利;而董仲舒之说则确有轻视功利之弊,所以遭到叶适的批评,称之为"疏阔"之语,指出"既无功利,则道义者乃无用之虚语尔"②。叶适义利观的根本思想是"崇义以养利"③,是反对"以义抑利"而主张"以利和义"的④,实质上是一种"崇义谋利"的思想主张。这种敢言功利的思想成了浙江人文精神的一大资源,并成为浙江经济发展的持久动力。

三是黄宗羲的"经世应务"思想。中国知识分子历来有"以天下为己任"的政治参与意识,这在浙江思想传统中表现尤其突出,而黄宗羲所谓"学必原本于经术而后不为蹈虚,必证明于史籍而后足以应务"⑤、"经术所以经世"⑥,正是浙学"经世致用"传统精神的典型体现。

四是蔡元培的"兼容并包"思想。在浙学传统中,历来有一种兼容并蓄、和齐同光的精神,如黄宗羲强调治学要善于做到"会众合一"⑦,章学诚倡导"道并行而不悖",都是这种精神的体现。到近代教育家蔡元培,更是一再强调学术上要坚持"兼容并包"、"思想自由"的方针。这不仅是继承与发扬了"浙学"传统,而且成了北京大学的优良校风与学风。

虽然,能够体现浙学精神的不止上述数言,但仅此数言,即足以反映出浙江文化底蕴的深厚,足以代表浙江的人文精神传统。这种人文精神传统落实到社会实践中,就转化为改天换地、建功立业的巨大物质力量,从而开创了富有特色

---

① 《汉书·河间献王传》称河间献王刘德"修学好古,实事求是"(《汉书》第8册,第1410页,中华书局,1962年)。
② 叶适:《习学记言序目》卷二三。
③ 叶适:《叶适集·水心别集》卷三《士学上》,第673页,中华书局,1961年。
④ 叶适:《习学记言序目》卷二七。
⑤ 全祖望:《甬上证人书院记》,载黄云眉:《鲒埼亭文集选注》,第347页,齐鲁书社,1982年。
⑥ 全祖望:《梨洲先生神道碑文》转引,《黄宗羲全集》增订版第12册,第8页,浙江古籍出版社,2005年。
⑦ 《万充宗墓志铭》,《黄宗羲全集》增订版第10册,第417页。

的浙江文明史,将浙江建设成为令人称羡的人间天堂。尤其是从上世纪80年代改革开放以来的20多年中,浙江人民在现代化建设实践中敢为天下先,大力发扬了"以人为本,诚信和谐,务实创新,开放图强"的人文精神与创业精神,创造了像温州模式、义乌小商品城、宁波服装业等等名震全球的业绩与经验,创造了浙江经济发展的奇迹,使浙江这块资源贫乏的土地成为富甲中国的省份①。而当人们从深层次探讨浙江经济发展的动力时,不难发现浙江经济奇迹的出现并非偶然,她是与隐藏在经济发展背后的文化传统与人文精神分不开的,这个传统与精神,就是"浙学"的传统与浙江人文精神。例如,由温州模式所体现的是一种追求功利、讲究实效的重商精神与求实精神,这正是南宋以来浙东学派"崇义养利"、"义利双行"精神的发扬光大,也体现了"浙学"传统的求实精神与经世意识;义乌小商品城、宁波服装业之所以能保持久盛不衰的势头,也正体现了浙江文化传统中自强自立、开放创新、务实守信的创业精神;而杭州市成功地举办了多次的"西湖博览会"和"休闲博览会"之所以能赢得愈益众多的游客并带动旅游经济的发展,所体现的正是"浙学"传统的"以人为本、兼容和谐"的人文精神。

综上所述,"浙学"作为一种富有特色、充满活力的地域文化形态,是构成中华文化大厦的一个重要组成部分,她不但在历史上促进了浙江与中国的文明进步,而且在当代中国现代化的实践中,仍然具有强大的精神感召力。她已经或正在成为中国走向世界并在21世纪实现和平崛起的重要文化资源之一。

(作者:浙江省社会科学院哲学研究所研究员)

---

① 据载,浙江在2004年的国民生产总值已越过万亿元(人民币)大关,城镇居民人均可支配收入达14546元,农村居民人均纯收入达6096元(连续20年保持全国各省区第一),农村全面小康社会实现程度也位居全国省区之首。浙江在瑞士洛桑国际管理学院的2005年全球竞争力报告中,被评为"效力提升最快的地区之一"。参见中共浙江省委宣传部编:《与时俱进的浙江精神》卷首习近平序,浙江人民出版社,2005年。

# 湖湘学术传统的近代转型
## ——中国近代化进程中的文化传承与创新问题管窥

◇朱汉民

湖湘地区的学术传统奠基于南宋时期。南宋时期以胡安国、胡宏、张栻为代表的湖湘学派,就鲜明地提出"圣人之功,无非实理"、"得其体必得其用"的实体达用思想,构成湖湘实学传统的源头。

南宋时期奠基的湖湘实学传统,到了明清时期得到进一步发展,并转型为一种实学化的近代文化形态。本文试图通过对湖湘实学文化的近代化转型的个案分析,对中国乃至东亚近代文化形态及历史特征作一浅析的分析与述评。

## 一、明清时期的湖湘实学

南宋奠基的湖湘实学传统,到了明清时期得到更大的发展并走向高潮。特别是到了清嘉道以后,湖湘之地更成为全国文化思潮方面最显生气的地域之一。无论是古文经学、今文经学、宋学,还是兼综三派的不同学人,均在学术文化方面有重要的建树与成就,并在当时与后世产生了深远的影响。

值得注意的是,明清时期这一批批有影响的学人,均继承和发展了南宋时期"明体达用"的湖湘实学传统,鲜明地表现出湖湘学术文化的实学精神与地域特色。

明清之际的王夫之是中国古代最伟大的思想家之一,而其思想的重要闪光点即在于"明体达用"的实学思想。王夫之的实体论主张是使道归之于器、使理归之于气,将那个从形而下世界分离、抽象出来的形而上之道重新回归到实有的现实世界,使"道"转化为实有的存在。

王夫之在"道"与"器"的关系问题上,使"道"回归于"器"。他说:"天下惟器而已矣,道者器之道,器者不可谓之道之器也。无其道则无其器,人类能言之,虽然,苟有其器矣,岂患无道哉?"[①]同时,在"理"、"气"问题上,使"理"归之于

---

① 王夫之:《周易外传》卷五。

"气"。他认为气是宇宙的唯一本原:"天人之蕴,一气而已。"①而所谓"理",则不过是气的内在规律与本质,它就存在于气之中。

在宇宙本体论上,王夫之强调了"气"、"器"的本原性,这是否会淡化或消解那作为中国文化精神依托的"道"呢?他通过"道器一体"、"理气一体"的命题,尤其是通过"道器交与为体"、"理与气相互为体"的论证,使"道"成为宇宙中客观存在的法则,从而使中国文化之道奠定在客观的、现实的气化世界的基础之上。王夫之认为,道并不是器(或气)之中附属的、第二性的存在,它本身就是客观事物的法则,故而"道"与"器"均可谓之为"体",它们是一种"交与为体"的关系,王夫之说:"道以阴阳为体,阴阳以道为体,交与为体。"②可见,"道"可以以"阴阳"为体,同样,"阴阳"亦可以"道"为体,两者可以"交与为体"。那么,宇宙的终极存在,其实就是"道"与"器"两者的统一体,即如他所说的:"理与气互相为体,而气外无理,理外也不能成气。善言理气者,必不判然离析之。"③

王夫之不仅强调"道"与"器"、"理"与"气"是一个统一体,更进一步揭示了两者统一的基础——诚。无论是"道",还是"器",尽管它们因或隐或显而有差别,但是它们有一个统一的根据,那就是"实"、"实有",这也就是"诚","至诚者,以其表里皆实言也"④。所以,一方面,器或气是实有的,他所说的"阴阳有实之谓诚",就是讲阴阳之气的"诚",因为阴阳之气是"实"、"实有"的存在;另一方面,"道"、"理"也是"实有"的,故而诚就是天道,"人受此理于天,天固有其道矣,诚者,则天之道也"⑤。可见,"道"与"器"均为"实有",即都是客观实在的统一体。

王夫之的实学思想不仅体现在实体论上,也体现在达用观上。他继承胡宏"得其体必得其用"的湖湘实学精神。一方面,他出入于宋代性理哲学的庞大思想体系,继续热心探讨天命、理气、道器、心性、理欲、格物致知、性情、知行等理学范畴,把天、道、心、性奠定在气物、情、欲等感性存在的基础之上,从而批判了理学走向空疏、虚诞的严重弊端;另一方面,为推动实学思潮的发展,他的学术宗旨、思想倾向又鲜明地体现了明清实学思潮中经世致用的精神。王夫之学术的这一特色,固然与时代的需要有关,但也同他深受湖湘学风的影响有关。如湖湘学者因"感激时事"而研究学术,把抗金救国、挽救时艰、治国安邦等主张与研治理学结合起来。胡安国于南宋初年在碧泉书堂倡《春秋》之学,大讲"华夷之辨"、"尊王攘夷",正是为了将《春秋》大义与抗金救国的经世之需结合起来。数

---

① 王夫之:《读四书大全说》卷十。
② 王夫之:《周易外传》卷三。
③ 王夫之:《思问录·内篇》。
④ 王夫之:《读四书大全说》卷三。
⑤ 王夫之:《四书训义》卷三。

百年后的王夫之也十分重视研治《春秋》。明朝灭亡后的顺治十一年(1654),王夫之在逃避清兵追捕的途中,还于湖南常宁、郴州一带大讲《春秋》之学,利用《春秋》的"华夷之辨"以宣传抗清复明的经世思想,和南宋湖湘学者如出一辙。

清道光年间著名学者魏源也是一位具有实学精神的湖湘学人,在中国近代思想文化史上影响甚大。他彻底否定了"治经之儒与明道之儒、政事之儒,又泮然三途"的局面,将学术界已分裂为三的道、学、治重新统一起来,从而继承和弘扬了湘学重实体达用的实学传统。

作为晚清时期开新风人物,魏源曾努力将"道"与"学"的统一作为自己的学术追求。魏源充满着对"道"的关怀和执著,但是,他坚信"道"是通过儒家经典、历史文献方得以一代代传递下来的,那么,学者的使命就是要以"学"为本,在那些经典、文献中探寻"微言大义"。他所要探索、阐发的"大义",包括了"天人性命之理"、"进修聚辨之方"、"无咎寡过之要"的"大道",并在"体用显微"的儒家经典中有全面的体现。他认为,后人学习儒家经典,就是要探明其"大义",也就是探明"圣人之道"。他在为《论语孟子类编》作序时亦强调:"夫圣人之道,大而能博,贤人学之,各得其性所近。故圣人之言必引而就卑,不如此则人不亲;贤人之言或亢而自高,不如此则道不尊。且教法因人、因时,原无定适。"①这一切,均表明他对价值关怀、人文信仰的"道"的强烈关注。

魏源不仅要在经学中求"道"(大义),而且更加强调此"道"与"治事"活动保持有内在联系,所谓"以其笔之方策,俾天下后世得以求道而制事,谓之经"。"经"不仅是天下后世得以"求道"的文本,尤其是要能获"制事"的功效。而且,在"道"与"治"的关系上,他强调"治"的外在功用与"道"的价值信仰的统一,标榜出他的实学精神的追求。

魏源曾痛心于有位者之治和有德者之道的分裂,他倡导通经致用,就是力图将"治"与"道"统一起来,使"治经"与"明道"、"政事"合为一途。由于魏源将"道"的关怀落实为"治"的实事,而且"治事"还成为决定、衡量、考察其是否合乎"王道"、"圣人之道"的标准,这样,治事、经世反而获得了更为根本的地位。尤其值得指出的是,由于治事、经世的目标总是以社会功用来体现的,故而进一步强化了经学在社会功利性方面的作用,魏源所强调的是所谓"以《周易》决疑,以《洪范》占变,以《春秋》断事"等,使那些社会政治功利得到进一步强化。这样,经学之道、圣人之道中社会功利性的侧面得到了更多的肯定。可见,魏源所言的道不像宋儒片面理解为纲常伦理,而是包含着更多的社会功利的内容和特征。

曾国藩是晚清学术界、思想界的一个重要人物,他在晚清儒林中执著地追溯、探求儒学的根本精神——道,他非常真诚地相信:"闻道者必真知而笃信之。

---

① 魏源:《论语孟子类编序》,《魏源集》,第146页,中华书局,1976年。

吾辈自己先不能自信,心中已无把握,焉能闻道?"①他既有"闻道"的自信,又有"卫道"的坚勇,故不能容忍任何人动摇儒家之道的信仰。当太平天国领袖洪秀全著有《原道救世歌》、《原道醒世训》、《原道觉世训》等,利用天主教教义来传播自己的政治理想时,曾国藩亦写了著名的《讨粤匪檄》,表达出他的卫道思想。他指斥一旦崇天主教,则"士不能诵孔子之经,而别有所谓耶稣之说、《新约》之书。举中国数千年礼义人伦、诗书典则,一旦扫地荡尽。此岂独我大清之变,乃开辟以来名教之奇变,我孔子、孟子之所痛哭于九泉"。所以他召唤一切"抱道君子,痛天主教之横行中原,赫然奋努,以卫吾道"②。他将湘军与太平军的战争提升为一切民族文化之道的保卫战,使他所率领的湘军集团的政治、军事斗争,获得了文化上"卫道"的圣战意义。

  曾国藩不仅仅强调道的重要,更强调了道与治的统一,要求将此"道"落实于治国安邦、经世济民之中。因此,他并不热衷于理气有无的抽象思辨,而是力图将儒家之道的价值信仰落实于治国、治军、洋务等现实的经世活动之中,并以卓越的政治事功而名于当世。在政治理念方面,他坚持以儒家人文之道的仁与礼作为治世的根本。具体来说,"仁"就是要在内心中保持诚心和恕道,这样才能使在下位的人心悦而诚服。他认为湘军在军事上、政治上的成功,就依赖于这一"诚心"。他说:"吾乡数君子所以鼓舞群伦,历九载而勘大乱,非拙且诚之效与?"③另外,他很强调"恕"。恕道本为孔子提出的"为仁之方",具体内容是"己所不欲,勿施于人"。曾国藩也将恕道作为修身为仁的根本之道。他相信,"恕"不仅是"立德之基",也是"临时应事之道"④;不仅是修养之道的"性功",也是经世之道的"事功"。他坚持认为:"圣门教人,不外'敬、恕'二字,天德王道,彻始彻终,性功事功,俱可包括。"⑤因此,他在经世活动中,能坚持以恕道处理各种社会政治关系,使自己在复杂、险恶的政治处境中能够立于不败之地。另一方面,曾国藩亦很重视"礼",将礼作为经世之术,以使儒家之道通过"礼"而落实于经邦治国的活动之中。他强调"礼"的经世功能:"古之学者,无所谓经世之术也,学礼焉而已。"这样,"礼"使价值信仰、形上本体的"一理"、"天道"转化为社会规范、政治技艺的"经世之术"。他在治学时十分重视《仪礼》、《通典》等书,就是为了从中"周览经世大法"⑥。尤为重要的是,他在治军、治世时一以贯之地贯彻他的"以礼治人"的主张。譬如他倡导以礼治人的带兵法。曾国藩所统领的

---

① 曾国藩:《书信(十)》,《曾国藩全集》,第6936页,岳麓书社,1994年。
② 曾国藩:《诗文》,《曾国藩全集》,第233页。
③ 曾国藩:《王船山遗书序》,《曾国藩全集》,第277页。
④ 曾国藩:《书牍(一)》,《曾国藩全集》,第727页。
⑤ 曾国藩:《家书(一)》,《曾国藩全集》,第392页。
⑥ 曾国藩:《诗文》,《曾国藩全集》,第250页。

湘军在当时因纪律严明、英勇善战而闻名于世,确与他将仁、礼的儒家之道贯彻于治军用兵之中有关。总之,曾国藩作为一个封疆大吏而取得巨大的政治事功,确是与他贯彻以礼为经世之术的思想有关。

郭嵩焘也是晚清一位著名的学者和政治家,他的思想同样鲜明地体现出"明体达用"的湖湘实学传统。郭嵩焘不仅仅是一个兼综汉宋的儒家学者,更是一位倡导实学的政治家、外交家。他的学术是他的经世实践的指导,而他的经世实践又是他的学术的拓展和实现。

毫无疑问,郭嵩焘像许多理学家一样,认为道、理是宇宙的根本法则,是人们必须追求的人文理想。他说:"古之君子求尽乎道者,尽乎理之宜焉而已。宜于己,弗宜于人,非道也。"①"君子尝达观远识,远天下古今于一心,而衡之以理。"②而且,他在论述"道"、"理"时,也异常突出地强调了"诚"的重要性,从而鲜明地表达出实体论的思想。所谓"诚",在王船山那里,曾被阐释为实、实有:"'诚'也者,实也。实有之,固有之也。"③郭嵩焘受此影响,也是以"实"释"诚",他常说:"人须是有实际,至诚所动,金石为之开。"④他所谓的"至诚",也就是"有实际",质而言之,就是务实。要如何才是务实呢?他主张通经致用。所谓通经,当然首先要通过训诂考据的手段,掌握经典中的性理天道。但由于这种性理天道实存于社会生活的日用之常、国家政治的治乱兴衰之中,故应在社会政治的致用中得到落实。所以,郭嵩焘的实学就是一种实体达用之学。他认为先王所遗留的经典就包含着体用合一的原则:"三代典章制度散佚无征,犹得存其遗文,以知质文升降之数,因革损益之宜,因家所以治乱兴衰,既得备知其故,而又以窥理道之精,达人事之变,进退揖让之节,莫不备于其中。"⑤从儒经中既能"窥理道之精",又应落实于社会的"人事之变,进退揖让之节"。可见,实体达用是郭嵩焘研经考史的目的。

## 二、晚清湖湘实学的近代化转型

中国传统实学与西方近代化思潮是两种不同类型、不同时代、不同特质的思想文化观念。"实学"是中国或东亚一种以实体达用为宗旨的传统学术观念,而西学则是近代西方学术文化。但饶有趣味的是,在中国近代化进程中,实学成为中国近代引进西学、实现中国学术文化近代化转型的历史的、逻辑的依据,从而

---

① 郭嵩焘:《郭嵩焘诗文集》,第277页,岳麓书社,1984年。
② 郭嵩焘:《郭嵩焘日记》第1卷,第506页,湖南人民出版社,1981年。
③ 王夫之:《尚书引义》卷四。
④ 郭嵩焘:《郭嵩焘日记》第1卷,第526页。
⑤ 郭嵩焘:《郭嵩焘诗文集》,第526页。

导致中国晚清实学的近代化转型,使其演变成为一种具有近代西学内容与特征的实学。

清嘉道以后,湖湘实学的主要代表人物如魏源、曾国藩、郭嵩焘等人的"明体达用"之学,在"以实事程实功,以实功程实事"的实学观念指导下,开始引进西学、推动近代化文化转型。

魏源生活在西学东渐的晚清时代,西方的坚船利炮给了中国士大夫们惨痛的教训,他很快就成为中国近代第一批放眼看世界、倡导对外开放的先进人物之一。由于他坚持验之实事的思维方式、重视功效的价值标准,很快便接受了西艺、西学,并率先将其引进到中国来。

魏源对"器"、"技"等西方近代的科学技术作了充分的肯定,并大力倡导学习、引进这些代表西方科学技术的"器"、"技"。为了让中国能够更多地了解世界、更新观念,魏源曾编有著名的《海国图志》一书,他在《叙》中说:

是书何以作?曰:为以夷攻夷而作,为以夷款夷而作,为师夷长技以制夷而作。

在这里,他明确提出了"师夷长技"的思想,率先倡导学习近代西方文化。当然,这里所言的西方文化主要还只是"夷之长技",而所谓"长技"又是指军事工业技术方面,即如他所说的:"一战船,二火器,三养兵练兵之法。"但是,这一点对于闭关锁国的清皇朝来说,仍是十分激进的主张,对以后的洋务运动、维新运动均起到了重要的推动作用。而这一"师夷长技"主张的思想基础,仍是魏源那重"治事"的经世致用观念,尤其是重功效的价值标准、验之实事的思维取向。

魏源以"师夷长技"为突破口,不仅仅主张学习西方的军事工业技术,而且开始广泛学习、引进西方的科学思想、经济思想和政治思想。

首先是科学方面的思想文化。魏源所编的《海国图志》有《地球天文合论》五卷,介绍西方近代自然科学的思想,主要系统介绍了地球形状、运行规律、哥白尼的太阳中心论、日月食理论、彗星理论、空气论、地震论等。这些新颖的科学理论,有的才是刚刚介绍进来。如哥白尼的太阳中心说就是如此。明清之际虽有天主教传教士曾向中国引进了一些西方近代天文学的学说和仪器,哥白尼的名字也被少数中国人知晓,但是哥白尼的日心学说一直没有被传播。而《海国图志》首次将哥白尼的太阳中心论作为自然科学理论系统地介绍给中国。这一系列自然科学思想,在当时的思想文化界产生很大的影响。另外,它们对魏源本人的思想也产生了重要影响,他开始将天地世界理解为一部巨大的"机器",这有点接近西方近代机械论的观点,反映了西方近代自然科学在中国近代思想文化方面的影响。

其次,在经济方面,魏源亦从功利的价值标准出发,主张大力发展中国的近代民族工业。他意识到中国传统"重农抑商"不利于经济发展,故而提出"缓本急标"的主张,将发展商品经济作为急务的国策。魏源还是最早倡议兴办中国近代工业的人之一,从"师夷长技以制夷"的观念出发,他主张在广东虎门外的沙角、大角二处创办造船厂、火器局。这些军事工业的设备和技术不仅可以造军舰、炮械,还可以生产民用产品,这样,它们既是军工厂,也是民用工厂。魏源还主张发展民营资本主义企业,让商民自办工厂。这种主张也有益于中国近代工商业的兴起和发展。总之,这些经济方面的思想,应是他以社会功利审视西学、学习西学的结果。

其三,在政治思想方面也是如此。从经世致用、社会功利出发,魏源亦深刻地认识到晚清社会政治的各种弊端,故而积极倡导改革变法。他认为:"天下无数百年不弊之法,无穷极不变之法,无不除弊而能兴利之法,无不易简而能变通之法。"①所以,他极力主张变革,"小变则小革,大变则大革;小革则小治,大革则大治"②。倡言变革是中国数千年重经世致用的士大夫的普遍主张。然而,魏源的独特之处在于,他考察了西方社会的政治制度,并在《海国图志》中作了多方面的介绍,包括民主选择国家总统,废除世袭制,政事决定权在公民,采取少数服从多数的原则,等等。魏源在考察、介绍了西方的政体形式后,亦表达了自己非常倾慕的心情和态度,他在《海国图志·后叙》中说:"欧罗巴洲总论上下二篇,尤为雄伟,直可扩万古之心胸。至墨利加北洲(即北美洲——笔者注)以部落代君长,其章程可垂奕世而无弊。"

宋学派曾国藩不仅是"师夷长技"的倡导者,更是一个兴办洋务的实践者。曾国藩在晚清时期一项名声卓著的经世事业,就是推动洋务运动的开展。中国近代化运动始于引进西方科技教育、军工制造的洋务运动,而曾国藩本人则是洋务运动的倡导人和领导者。他最初在自己统领的内军械所引进西方的机械化生产,不仅制造出了"洋枪洋炮",同时还成功制造了中国的第一台蒸汽机、第一艘轮船。这些举动,导致中国近代洋务运动的开始。此后,以曾国藩为首的洋务派大量引进西方近代工业的机器设备,在中国开办了不少近代化工业的军工厂、船厂等,引进、翻译了许多自然科技方面的书籍,创办了讲习西方近代科技的新式学堂,同时向西方发达国家派遣了大量留学生。总之,洋务运动推动了中国的近代化发展,曾国藩也因此而创建了更大的政治事功。

洋务派郭嵩焘对西学更是采取开放、兼容的方针,他的近代化主张亦来源于"积诚"、"研几"以掌握天下大势的思想方法和"实事求是之效"的社会功利态度。正由于观察到"天人之变"与理势之然,他坚决主张从各个方面学习西学、西艺乃至西政。

首先,郭嵩焘主张学习西方的科学技术并将其纳入中国的实学。他在出使英、法时,经常将西方的科学技术称为"实学",甚至将"实学"与西语的"科学"

---

① 魏源:《筹鹾篇》,《魏源集》,第432页。
② 魏源:《圣武记》卷七。

等同起来,提出"实学,洋语曰赛英斯(science)"①。他认为西方的科学技术完全合乎中国实学所要求的实事求是:"西人格致之学,所以牢笼天地,驱役万物,皆实事求是之效也。"他积极倡导教育改革,使西方科技补充到中国的文化教育中来。比如,他通过创办思贤讲舍和恢复湘水校经堂,将西方的算学、天文、制造等科技内容纳入课程之中;他还主张留学生要以学习西方的科学技术为根本,提出"嵩焘欲令丹崖携带出洋之官学改习相度煤铁及炼冶诸法,及兴修铁路及电学,以求实用"②。这些主张,表达出他对西学中科技知识的兼容。

其次,郭嵩焘又主张学习西方以通商为本的经济制度。他在和西方国家交往中,发现西方人以工商为本的经济制度与中国以农为本的经济制度反差十分强烈,并认识到商品经济的发达会带来国家的富强。他说:"西洋以行商为制国之本,其经理商政,整齐严密,条理秩然。"③正因如此,西洋才能富强起来。他相信"所以能制富强,非无本也"④。他在比较中、西经济制度的不同时说:"窃观西洋为商贾为本计,通国无一闲;中国重士而轻视农工商三者,乃至一家一邑之中,有职业者不逮百分之一。"⑤尤其值得注意的是,郭嵩焘与那些仅仅注重发展官办工商业的洋务派不同,而是同时积极倡导发展民营资本主义企业。他曾提出:"窃谓造船、制器当师洋人之所利以利民,其法在令沿海商人广开机器局。"⑥他相信只有通过民族资本主义企业的发展,才能全面推动中国的近代化进程。

其三,郭嵩焘还进一步提出要在政治体制方面向西方学习。他认为西方社会发达的原因不仅是因为科技、商贾,还在于朝廷政教:"嵩焘窃谓西洋立国有本有末,其本在朝廷政教,其末在商贾、造船、制器,相辅以益强,又末中之一节也。故欲先通商贾之气以立循用西法之基,所谓其本末遑而姑务其末者。"⑦具体而言,他主张学习西方,改良政治体制。他在出使英、法时考察了西方的政治制度,对西方的民主、法治的制度作了充分的肯定,认为"西洋民气之通,下情无不上达者"⑧。他还指出西洋"各国士民皆得与议其得失,此风最为可尚"⑨。当然,他并不主张全面学习西方,而是希望在保持中国传统君主制的前提下作一些政治上的改良,包括"正朝廷以正百官,大小之吏择人而任之",其目标是实现"君与民交相维系"。

---

① 郭嵩焘:《郭嵩焘日记》第3卷,第173页。
② 郭嵩焘:《郭嵩焘诗文集》,第191页。
③ 郭嵩焘:《郭嵩焘日记》第3卷,第79页。
④ 郭嵩焘:《郭嵩焘日记》第3卷,第120页。
⑤ 郭嵩焘:《郭嵩焘日记》第4卷,第320页。
⑥ 郭嵩焘:《郭嵩焘奏稿》,第341页,岳麓书社,1983年。
⑦ 郭嵩焘:《郭嵩焘奏稿》,第345页。
⑧ 郭嵩焘:《郭嵩焘日记》第3卷,第620页。
⑨ 郭嵩焘:《郭嵩焘日记》第3卷,第680页。

## 三、实学背景下的近代湖湘文化

在晚清中国的近代化转型进程中,湖湘文化表现得富有生气、朝气蓬勃,传统的实学精神因其思想的内在理路而成为近代文化转型逻辑的、历史的依据与起点。然而,正由于这个原因,湖湘文化在近代转型进程中始终不离其深厚的实学背景,从而使得湖湘文化发展成为一种实学型的近代湖湘文化。

所谓实学型的近代文化,是指那些源于西方文化背景的近代科学技术、经济体制、政体形式及相关的思想学术均被纳入实学体系,成为一种经世的实学、强国的治术,从而使得近代文化乃至启蒙思潮实学化了。

首先,关于近代科学技术的实学化。湖湘学者魏源很早就呼唤"师夷长技",他是引进西学的代表人物,但他所说的西学主要是西方的军工技术。魏源是以功利主义治术观为基点去引进西方的科学,所关注的是火器、轮船、洋炮、水雷等方面的技术工艺,其目的是用这些"西夷"的富强之术以实现强国的目的。后来实践"师夷长技"的洋务派人士曾国藩、左宗棠在引进、学习西方的科学技术方面,均十分热衷于那些能够直接产生社会功用的应用技术,特别是军工技术。以后,随着西学引进的深入,人们逐渐认识制造技术是以科学原理与科学思想为基础的,开始大力倡导格致之学,但是,这种科学原理和应用技术一样,都被看作富国强兵的治术。郭嵩焘称之为"征实致用之学",以其作为具有"实用"的治术。"科学"成为一种治术,成为民富国强的手段,这和科学本有的那种对自然秩序的惊慌、探寻科学真理的精神,其旨趣是大不相同的。就是到了五四新文化运动的"科学"启蒙,也在一定程度上被当作"救亡"的政治手段,即一种以社会政治功利来衡量的治术思想。

其次,是近代工商业经济的推动亦受到实学传统的影响。近代工商业的资本主义经济起源于西欧,西欧的资本主义工商业发展是一个自然发生的过程,其发生、发展均是其生产方式的矛盾运动的结果。但是,中国近代资本主义工商业的发生、发展却被湖湘学人赋予了一种独特的政治含义,纳入实学的传统即功利主义的治术之中。本来,在传统中国,所谓的治术或实学总是包括一切有关国计民生的农工商经济活动在内。近代中国因经济落后而受到列强的侵略,救亡图存的迫切政治需要使得一些开明的士大夫探索资本主义工商业的富强之路。魏源最早倡导"师夷长技",但他知道,学习西方还必须发展近代工商业、促进民族资本主义发展。郭嵩焘亦主张"行商为制国之本",将发展近代工商业作为经世治国的手段。总之,晚清湖湘学人关于发展民族工商业的理由和条件,均是从治国方略、富强之术的角度提出,同时它们的真正运作与实施,也必须依赖于皇朝的权力。魏源等湖湘学人从实学精神尤其是功利主义治术观出发倡导民族工商经济发展的思想,一直影响到以后。20世纪初出现的实业救国思潮,亦是那种功利主义治术观的体现。

其三,关于实学型的近代文化,还表现在对西方民主政治的引进。本来,近代西方的民主政治是建立在个人主义价值观念之上,民主政体及法律制度的目的是保护个人的权利不受侵害。但是,中国近代史上对民主政体的学习和吸收,则是建立在国家富强、民族自强的基础之上,并在一定程度上实学化为一种功利主义的治术。在中国近代史上,民主被看作实现国家富强的政治手段。从魏源介绍西方的政体形式,到维新运动、辛亥革命从政治制度层面全面引进西方议会、宪政、选举等等,许多湖湘学人更注重从政体形式方面引进西学、西政。可以发现,近代中西民主政治进程有一个异常鲜明的差异:西欧近代民主政治的进程,首先经历了个性解放、自由平等的思想启蒙,然后才提出建立议会制度、民主政体;而中国近代民主政治的进程中,则是先提出开设议院等具体政体形式,然后在此基础上提出自由、平等、天赋人权的民主思想。这个差异反映了一个事实,即近代中国民主政治进程受到实学观念的影响。在许多倡导者那里,议会制度等政体形式主要是一种治术手段,它们具有促使上下一致、消除弊端、增强国力的功效,而并不是首先将议会等政体形式看作维护个人自由、平等、权利的手段。那么,这种民主形式也就治术化为一种强国的手段。

由此可见,尽管近代湖湘学人主张引进近代意义的西艺、西学、西政,但它已不是原来意义上的西艺、西学、西政了,而是在特定的文化环境和历史条件下演变成一种实学化的近代化文化。

## 四、对中国实学型近代文化的审思

晚清湖湘实学的近代化转型反映了一种这样的思想文化现象,即在中国的近代化进程中,源远流长的"实学"背景导致了一种实学型近代化思潮的出现。但是,究竟应该如何理解与评价这一独特的思想文化现象呢?

我们认为,这种实学型近代文化可能是正面意义和负面意义并存。

首先我们应该充分注意到,这种实学型的近代化及启蒙运动一旦被纳入传统的实学体系与外王治术,有可能会限制近代化进程及启蒙运动顺利发展。因为将近代化及启蒙运动实学化后,科学技术、市场经济均被纳入面临解体的政治系统的经世之术、强国之策之中,可能会使近代化及启蒙运动成为依附旧的社会体制及文化结构的外在因素,这就不仅会限制近代化及启蒙运动的深入开展,使得近代化必需的科学理性精神、商品经济制度、现代民主文明存在许多缺陷和不足,甚至可能严重阻碍近代化及启蒙运动的历史进程。

但另一方面,晚清以来这种实学型近代文化有可能朝着走向启蒙、超越启蒙的方向发展。近代化已经成为一种普世化的社会进程与文化运动,因为它确实能够给一个国家带来繁荣富强,给人民带来高品质的生活享受,故而应该全面学习、引进西方启蒙运动所尊崇的科学理性、工商经济、民主政治。但是,我们也应该深刻地认识到,近代化进程及相关的启蒙运动亦是需要深刻反省的,譬如它总是以个人主义、消费主义作为社会历史发展的动力与目标,引发出了许多根深蒂固的严重弊病,即我们经常说到的现代资本主义文明的深刻问题与弊端,故而,它是一个应该超越的历史阶段和文化运动。从湖湘实学传统的近代化进程来看,"实学"不仅成为近代中国引进西学、推动启蒙运动与近代化思潮的思想基础与内在机制,而且,实学型的近代文化使得中国传统文化得以走出一条现代化的独特道路。由于这种"实学化"的启蒙运动、近代化思潮总是将科学技术、商品经济、民主宪政纳入经世大法、强国之术,坚持将它们理解为一种"实用"的工具而不是最高的目的,那么,这种独特的实学型近代文化就有可能实现对近代化及启蒙运动的超越,从而真正达到完成启蒙、超越启蒙的更高目标。当然,超越启蒙应该寻找、建构一个更高的文化理念。这种文化理念在哪里?这也是中华民族必须要面对并解决的重大课题。或许,综合中西、融通古今的文化创新,才是建构这一文化理念的根本道路。

(作者:湖南大学岳麓书院教授)

# 晚清湖湘理学群体与湖湘文化

◇张晨怡

在我们通常的理解中,理学家主要致力于"内圣之学",对实际政治似乎抱着一种可即可离的态度。一个完全相反的例证就是,清咸同年间的湖湘理学群体不但是文化主体,而且也是一定程度上的政治主体。他们在思想上虽然难以称得上推陈出新,但在政治上却形成了一股举足轻重的力量,并且涌现出了许多对中国近代化进程有着重要影响的著名人物。通过政治实践,他们在政治、军事、文化、社会等各个方面都产生了不容低估的影响。正如钱基博所评价的:"人限于湖南,而纵横九万里之纷纭,导演于若而人之手。其人为天下士,为事亦天下事。"[1]那么,为什么晚清湖湘理学群体能够发展出这种以重建社会政治秩序为己任的心态?为什么是他们,而不是其他知识群体,在清帝国内外交困的咸同年间崛起,并且通过政治军事实践将自己的理想与观念落于实处,开创了一个号称"中兴"的业绩?原因当然是复杂多样的,我们可以从相互关联和相互作用的多个方面来加以阐释。不过,晚清湖湘理学群体作为某一特定区域的知识群体,区域文化传统的影响无疑是考察这一群体时一个不可忽视的因素。这里,我们主要从湖南区域文化的特性入手,来探讨这一特定区域文化传统对晚清湖湘理学群体的思想观念和社会行为的影响。

## 一

在文化研究中,传统意味着一代一代向下传递的知识或习俗。在崇拜过去的地方,传统会被看作是一种合法性和价值的根源;而在革命的形势下,传统会被轻视,会被看作是一种前进的阻碍。显然,在晚清湖湘理学群体(而不是他们的后代)成长的历史时段里,传统作为年代和一个民族文化根深蒂固的属性的标志,往往被积极地看待,而加以充分利用。

湖南的文化传统可以追溯得相当久远。湖南位于中国的南部中央,是中国江南古陆的一部分。考古证明,在距今15万—20万年前的旧石器时代,这一地

---

[1] 钱基博、李肖聃:《近百年湖南学风·湘学略》,第104页,岳麓书社,1985年。

区就已经有古人类生存。距今大约四五千年前,在洞庭湖、鄱阳湖之间和江汉平原曾经出现了一个名为"三苗"的氏族部落集团。在与北方华夏部落集团长期激烈的战争中,三苗集团的势力日益削弱,他们中间的一部分退避山林溪峒,成为以后湖南境内和西南地区苗、瑶、侗诸少数民族的先民,还有一部分衍化成为古越民族集团中的一支。古越,是商周时期分布于江南的一个庞大的古民族集团,由于所处位置不同,又分为扬越、于越、闽越等,统称为"百越"。由三苗集团发展衍化而来的湖南境内的古越人属于扬越的一支,处于新石器时代末期。春秋时期,以郢(今湖北江陵县西北)为国都的楚国国力迅速强盛,并开始致力于经营南方,于春秋晚期逐渐抵达湖南地区。战国时期,"吴起相(楚)悼王,南并蛮越,遂有洞庭苍梧"①,其后又吞并了沅、澧流域,最终拥有了湖南全境。于是,这里原有的越文化被融合了北方华夏文化与南方蛮夷文化的楚文化所取代。在楚人入湘之前,湖南地区的土著民尚未掌握文字,楚文化大规模入湘后,湖南先民才开始较为普遍地使用楚文字。文字是文明的要素和标志之一,因此可以说,楚文化是湖南地区历史文化发展的第一大高峰。

楚文化的一个显著特点是富于积极浪漫主义精神,其代表人物是流寓湖南的浪漫主义诗人屈原。屈原表面上是楚国的一个弃臣,被放逐于蛮荒的湖南,实际上他是一个真正的"王",是政治角逐失败后的精神的"王"。因此,他那漫游在诗与美的心灵深处始终难掩汹涌澎湃的振兴邦国、统一天下的政治意向。屈原创作的《楚辞》,文采绚丽,在恢弘磅礴的悲剧氛围中始终洋溢着努力抗争的飞翔态势,充分体现了当时楚文化的特点。

此后,随着楚国逐鹿中原的失败,秦帝国定都关中一统天下,中国政治与文化重心基本固定在北方。秦汉之际,由于楚人的胜利,汉初文化在诸多方面再现了楚文化的风神。但是,随着西汉中期统治者迫于政治形势的压力,调整汉初的文化政策以加强中央集权,楚文化也日益融入中原文化,成为水平比它们更高、范围比它们更广的汉文化的组成部分。而此时的湖南由于山川阻隔、四民杂处等地理人文因素的制约,受中原文化的影响微乎其微。正如钱基博所描述的那样:"湖南之为省,北阻大江,南薄五岭,西接黔蜀,群苗所萃,盖四塞之国。其地水少而山多,重山叠岭,滩河峻激,而舟车不易为交通。顽石赭土,地质刚坚,而民性多流于倔强。以故风气锢塞,常不为中原人文所沾被。抑亦风气自创,能别于中原人物以独立。"②由于"湖南三面环山,近代以前,交通极为不便,欲去广东必须翻越骑田岭;欲至江西,则山路崎岖不平;西部丛山峻岭,倍加困难"③,只有

---

① 范晔:《后汉书》卷一一六《南蛮西夷传》,第289页,上海古籍出版社,上海书店,1986年。
② 钱基博、李肖聃:《近百年湖南学风·湘学略》,第1页。
③ 张朋园:《近代湖南人性格试释》,《中央研究院近代史研究所集刊》(台北)第6期(1977年6月),第149页。

北部可以凭借洞庭湖对外联络,然而每到洪水季节,湖南的对外交通就会呈现隔绝状态。再加上湖南地区五分之四为山区,就更造成了隔绝中的隔绝。因为湖南地区的隔绝状态,具有原始生命力和地方色彩的楚文化侥幸未被古典理性主义所全部肢解,而是渗透到朴野的湖南人的心灵深处,积淀为影响更为深远的民风习尚。

关于湖南民性风俗的最早记录可以上溯至《史记》。《史记·货殖列传》说湖南人十分慓悍,"其俗剽轻,易发怒"①。《隋书·地理志》则称"其人率多劲悍决烈","诸郡多杂蛮"②。唐杜佑《通典》也说湖湘之地"杂以蛮獠,率多劲悍","称兵跋扈,无代不有"③。这一民性风俗在湖南地区绵延千余年而没有变易,有很强的连续性。据隆庆《岳州府志》记载,湖南"人性悍直,士尚义,居山野者为耕桑,近水滨者业网罟,俗尚淳朴,不事华靡"④。嘉靖《衡州府志》也说湖南人"淳朴近古",又说衡山地区"信巫鬼,重淫祀,人多劲悍",安仁地区"自昔风俗简古,人多质实……妇人纺绩,男子不事商贩"⑤。直到民国期间清华大学考察团到湖南时,仍可以得到这种印象。该考察团在报告中指出:"一入长沙,即深觉湖南之团结力特别坚强……吵嘴打架,殆属常事,民风慓悍殆即以此。"⑥总之是说湖南人崇勇尚武,性格刚直决烈,又有比较原始的淳朴近野之风。

湖南慓悍民性的形成当然与隔绝的地理状态有关,正如刘师培在《南北学派不同论·南北诸子学不同论》中所指出的:"山国之地,地土硗瘠,阻于交通,故民之生其间者崇尚实际,修身力行,有坚忍不拔之风。泽国之地,土壤膏腴,便于交通,故民之生其间者,崇尚虚无,活泼进取,有遗世特立之风。"⑦但是地理因素显然并非唯一因素,从历史的发展来看,经济因素以及抗拒外来压力也与湖南民性的形成有相当关系。湖南自古以来就是一个移民区,如前所述,湖南原为苗人的居住地,春秋战国时期楚人开始迁入。两汉之际,中原大乱,避居湖南者开始增多。虽然此时的湖南地广人稀,可占有的土地尚多,但是土地有肥瘠之分,移民和土著民之间的冲突在所难免。此后,移民更是成倍地增长。特别是明清两代,中国人口压力上升,大量其他地区的居民迁移到湖南。晚清湖湘理学群体中的曾国藩、刘蓉、胡林翼、江忠源、罗泽南、左宗棠、王鑫、郭嵩焘等人的先祖就是从江西迁到湖南的移民。由于移民增多,原来湖南地区每家可以拥有五十至

---

① 司马迁:《史记》卷一二九《货殖列传》,第356页,上海古籍出版社,上海书店,1986年。
② 魏徵等:《隋书·地理志下》,第114页,上海古籍出版社,上海书店,1986年。
③ 杜佑:《通典》卷一八三,州郡十三,第976页,中华书局,1984年。
④ 钟崇文:《岳州府志》卷七《职方考》,第92页,上海古籍书店,1963年。
⑤ 杨佩修、刘黻纂:《衡州府志》卷一《风俗》,第8页,上海古籍书店,1963年。
⑥ 陈增敏、刘海晏:《湘鄂旅行见闻录》,《地学杂志》民国22年(1933)第2期。
⑦ 刘师培:《南北学派不同论·南北诸子学不同论》,《刘申叔遗书》,第549页,江苏古籍出版社,1997年。

百亩土地，18世纪末已经减少到十数亩。为了争夺土地，械斗之风盛行于湖南各州县。湖南人长期处于这种争斗的环境中，民风强悍，人们普遍具有坚强的战斗意志是自然的。这种强悍的性格，消极的一面是容易打架生事，而积极的一面则与强烈的责任感与高度的成就需要紧密相连。因此"遇有触发事件，即可使其得到'自我的实现'（self-realization），有一领袖指出其导向（direction），即可使其性格充分发挥。湘军抗拒太平军就是一个自我实现的契机，曾国藩、胡林翼等以传统的伦理作为导向，湖南人的性格发挥到了顶点"①。

伴随着移民的迁入，特别是知识移民的增加，中原文化对湖南地区的影响也在逐渐地加大。东晋以后，由于北方一些游牧民族的不断骚扰，中原地区战火不断，迫使中原地区文人士子纷纷南下，中原大地方兴未艾的理学思潮也随之在两宋之时渗透到"常不为中原人文所沾被"的湖南。湖南地区历史文化发展的第二大高峰——湖湘文化的奠基者湖湘学派，它的主要代表人物胡安国、胡宏、胡寅、张栻等就不是湖南的土著民，而是后迁到湖南来的移民。

湖湘学派形成和发展的历史时期是理学兴起并走向鼎盛的宋代，这一时期理学派别林立，为什么独有胡、张的湖湘学被湖南人所接受，并在此基础上形成了绵延至明清而不绝的湖湘文化？这当然可以从多个方面分析，但是湖湘学派"务实"的学术风格与湖南人崇尚实际的民性之契合无疑是一个重要因素。

理学形成的一个重要使命是回应佛家文化生命信仰的挑战，因此理学的一个主要特点是把一切外部事务的解决都放在内在的生命和心性上，即都化约为内在的生命问题与心性问题来解决。也正因为此，一些理学家往往忽视实际问题，简单地认为只要内在的生命问题与心性问题得到了解决，外在的社会政治问题就会自然而然地得到解决。一些走向极端者更是抛弃了儒学的经世传统，日益萎缩在生命与心性的领域内优游涵泳，潜沉玩索。湖湘学派虽然也是一个理学学派，但是，他们没有因为热心讨论"性与天道"而流于空谈，没有因为追求"内圣"而忽视"外王"，而是注重"体用合一"②，力求保持内圣与外王、道德与政治的统一，使得他们能在派别林立的理学学派群中，显示出经世致用的特色。

以湖湘学派的特征为基本风格，经过数百年的发展、演化，湖湘文化形成了一个相对稳定的结构，"与湖外风气若不相涉"③。与楚文化相比，湖湘文化中的浪漫色彩大为减弱，而那种以天下为己任的政治意识却得到了更大的发展，并与理学结合在一起，形成了自宋以后绵延至晚清而不绝的理学经世传统。时至清代，当乾嘉汉学风行天下时，"湖湘尤依先正传述，以义理、经济为精闳，见有言

---

① 张朋园：《近代湖南人性格试释》，《中央研究院近代史研究所集刊》（台北）第6期（1977年6月），第151页。
② 胡宏：《与原仲兄书二首》，《胡宏集》，第122页，中华书局，1987年。
③ 湖南省文献委员会编：《湖南文献汇编》第2辑，第111页，湖南省文献委员会，1949年。

字体音义者,恒戒以为逐末遗本,传教生徒,辄屏去汉、唐诸儒书,务以程、朱为宗"①。因此说,传统不是等待着人们去发现和继承的东西,而是被建构的,在建构和重构的过程中,有些东西被包容进来,而另外的一些内容则被排除出去。理学发展到后来,往往由于过分注重理气的哲学思辨和心性的伦理体悟出现弊端,但是在湖南,由于独特的文化传统,研治理学者多注意把理学与经世之学、把心性修养与躬行实践结合起来,所以少有空疏之弊。晚清湖湘理学群体之所以能够以理学家而从政从军,正是湖湘文化这一特色的体现。

## 二

在晚清湖湘理学群体成长的年代,湖湘学派早已消逝近千年。晚清湖湘理学群体之所以能够和南宋湖湘学派的学者们保留着许多相同的特征,并将个性化的经验呈现为一种群体的意义模式(patterns of meaning),从而将湖湘学统转化为可以利用的资源,在很大程度上得益于湖湘学派留下的庞大书院群。

两宋之际,金兵南掠,战火连年,湖南原有书院多随战争灰飞烟灭,化为废墟。1130年(南宋建炎四年),胡安国从荆门避居湖南,于衡山之麓(今属湘潭)建立碧泉讲堂,后来又在南岳建立文定书堂。其季子胡宏继承胡安国的遗志,曾上书权相秦桧请求恢复岳麓书院,并自荐为山长,但是没有得到秦桧的响应。于是胡宏将碧泉讲堂扩建为碧泉书院,收徒讲学,以倡其说。胡宏弟子张栻学成之后也相继讲学于城南、道山等书院,倡导师说,将湖湘之学发扬光大于胡氏身后。1165年(南宋乾道元年),潭州知州兼湖南安抚使刘珙重建岳麓书院,聘请张栻主持教事。张栻为重修书院撰写了《岳麓书院记》,提出要培养"得时行道,事业满天下"②的济世人才,吸引了很多士人,使湖湘学派最终得以奠定规模于岳麓书院。张栻之后,其弟子胡大时、彭龟年、游九言、游九功等人继续传播湖湘学,又创建了多所书院,湖南因此学术大兴,人才蔚起。其时,以碧泉、文定、岳麓、城南为代表的书院群已经成为湖南地区的理学大本营,并形成了一个学术思想自成体系的强大的人才群体。

1167年(南宋乾道三年),理学家朱熹听闻张栻阐扬湖湘学于岳麓,不远千里前来访学,更证明了湖湘学派创建兴复的书院影响之大。朱张会讲,以岳麓书院为中心,并往来于善化(今长沙)城南、衡山南轩二书院,以"中和"为主题,涉及太极、乾坤、心性、察识持善之序等理学普遍关注的问题,讲论两月有余,听者云集。这次学术活动,首开书院会讲、自由讲学之风,是湖南学术、书院发展史上

---

① 罗汝怀:《绿漪草堂文集》卷首,清光绪九年(1883)刊本,第5页。
② 张栻:《潭州重建岳麓书院记》,《张南轩先生文集》卷四,第70页,商务印书馆,民国26年(1937)。

具有里程碑意义的大事。从学术流派来说,这是闽学与湖湘学的交流。由于胡宏、张栻的湖湘学和朱熹的闽学同源于二程,具有许多相同之处,因而自乾道会讲以来,湖湘学者即视朱张为一体,闽湘二派由此日渐交汇而成朱张学统,得以流行于三湘四水之间。

此后,湖湘学派随着南宋的灭亡宣告终结,不过,他们留下的湖湘书院却得到了兴复。湖南最著名的岳麓书院于1276年(元至元十三年)被毁以后,1286年(元至元二十三年)在潭州学正郡人刘必大的主持下得以重建。1314年(元延祐元年)郡别驾刘安仁又重修了岳麓书院房舍。此次重修,工程浩大,修复后的书院规制宏整,保持了岳麓书院的旧有规制。更重要的是,刘安仁重修书院时,请其好友吴澄撰写了《岳麓书院重修记》。吴澄在文中较为系统地回顾了岳麓书院的历史,总结了岳麓办学的优良传统,称:"开宝之肇创也,盖惟五代乱离之余,学政不修,而湖南遐远之郡,儒风未振,故俾学者于是焉而读书。乾道之重兴也,盖惟州县庠序之教,沉迷俗学,而科举利诱之习,蛊惑人心,故俾学者于是焉而讲道。……至元之复修也,岂不以先正经始之功不可以废而莫之举也乎?岂不可以真儒过化之乡不可以绝而莫之续也乎?"①

吴澄将岳麓书院创建以后的历史划分为读书、讲道、举废续绝三个时期。这一总结是颇有见地的。唐、五代之时,湖南被视为贬谪之地,文化教育事业较为落后。976年(北宋开宝九年),潭州太守朱洞创建岳麓书院,主要就是为了集结士人读书,改变文化落后的面貌。因此,这一时期的岳麓书院虽然是北宋最著名的书院之一,但是并没有形成自己的教育特色,创办和主持书院者也都没有提出独立于官学之外的独特教育宗旨。1165年(南宋乾道元年)岳麓书院重建以后,张栻主持教事,朱熹讲学其中,自此进入讲道时期。在吴澄看来,元修复书院后的举废续绝时期就是要恢复讲道时期的朱张学统。可见,重建后的岳麓书院并非简单地继承了原来的名字,更重要的是继承了原有的学统。

此后,岳麓书院虽然在易代之际屡遭兵毁,但是在重建之时皆能注意继承朱张学统。因此,岳麓书院历代崇祀的主体精神偶像多集中于朱熹、张栻两位理学大师。可以说,书院祭祀象征着一个书院的精神血脉,表明书院的学术渊源、风尚与特色,是学术传统的具体化。那么,对朱熹、张栻的偶像崇祀就成为对朱张学统继承的一个主要途径。所以历代岳麓书院修缮者往往通过不断维修和增设祭祀建置来强化朱张会讲的意义,诸如崇圣祠、崇道祠、六君子堂等专祠的设立,均可以看作是强化朱张会讲的附属品。这样,通过一整套的仪式程序,湖湘士人将朱熹、张栻的个人经验放入成为对社会系统具有强大干预与渗透性的群体经验。通过仪式仪轨,湖湘士人最终使个人经验演变为一种可以控制他人或社会

---

① 吴澄:《岳麓书院重修记》,见陈谷嘉、邓洪波编:《中国书院史资料》上册,第321—322页,浙江教育出版社,1998年。

的强势意识形态,从而泛化成一种布迪厄(Pierre Boredieu)所说的"象征权力"(symbolic power)。

这里值得一提的是,在朱张会讲之时,闽学与湖湘学都是作为私学流派存在的,甚至朱熹的闽学还屡次遭到官方的黜禁。因此朱张会讲最初带有强烈的私人切磋性质,岳麓书院所宣扬的朱张学统也并不具备凝聚为区域文化霸权的条件。因为凝聚为文化霸权的象征物必须具备官私混合型偶像的特征,而朱张会讲最初并不具备这一条件。不过,随着朱学由私学流派日益转化为官学正统,朱张会讲就必然不能再作为一种私学讲论符号而存在,而成为一个官学和私学互动交叉的象征符号。在朱张学统中,朱学作为官学起着左右湖湘学基本走向的作用,而湖湘学作为私学流派在与作为官学的朱学的交融中不断趋于正宗化,同时又借助官学的名义将自身的独特风格保持下来,从而形成了官学与私学的良好互动。强调朱张学统,使岳麓书院既具有私学的原初学术特征,又能在精神感召方面突破区域的限制,与官学思维相互呼应融合,从而与官学体系奉侍的正统观念保持适合的张力关系。

不仅岳麓书院标榜朱张学统,湖南其他书院也自觉地以岳麓书院为榜样,把兴复书院和继承朱张学统统一起来。由于岳麓模式的放大,朱张学统已经进一步扩展为具有地域性质的湖湘学统。对于湘人来说,朱张学统绝不仅仅是纯粹"道德偶像"的象征,而是湘人获取权力的先贤形象资本。在湘人手中,朱张学统完全是作为文化与符号资本而被使用着的。它既能以书院为核心将士子们归属于朱张精神感召的范围之内,又能以符号隐喻的形式建立起强大的精神权威,以排斥对异端偶像的崇拜和异端思想的传播。所以,湖湘士人往往不喜欢从学理上深究与其他学派在学术研究方面的思想差异,而是将朱、张之学乐观地视为天经地义的真理,以朱、张之学的既定原则作为衡量对方学术思想优劣的尺度。这就使得其他学术思想很难进入湖湘士人的视野之内,即使被部分认同,也往往不脱朱、张之旨。正是这些因素的综合作用大大加强了湖湘士人在意识形态控制方面的威慑力量,而不会使湖湘书院成为各种学术流派的聚散之地。

不过,朱张学统虽然被后世湖湘士人视为一体,但是,如果细加辨析,我们可以发现,湖湘学作为私学流派,虽然已经日渐无力与作为官学的朱学抗争,但是湖湘学并未完全被朱学所吞噬。在朱张学统中,作为私学流派的湖湘学在与作为官学的朱学的不断交融中虽然日益趋于正宗化,但是同时也借助官学的名义将自身的独特风格保持下来。

当朱张会讲之时,湖湘学和朱学的分歧已经显现出来。张栻、朱熹虽然都是二程的四传弟子,具有共同的学统渊源,但各自又有不同的授受系统:"二程之学,龟山(杨时)得之而南,传之豫章罗氏(罗从彦),罗氏传之延平李氏(李侗),李氏传之考亭朱氏(朱熹),此一派也。上蔡(谢良佐)传之武夷胡氏(胡安国),

· 111 ·

胡氏传其子五峰（胡宏），五峰传之南轩张氏（张栻），此又一派也。"①所以张栻与朱熹在很多问题上都曾经有过论辩。

湖湘学与朱学的分歧从大的方面看主要有以下二端：一是心性论的分歧，胡宏主张以"性"为"立天下之大本"，而朱熹主张反归于"理"，以"理"统摄万物；二是工夫论的分歧，胡宏主张于已发处做工夫，将已发作为做工夫的下手要处，而杨时、罗从彦、李侗主张体验于喜怒哀乐未发之际。经过一系列论辩，张栻在心性论上放弃了原有的观点，接受了朱熹的说法，但是在"先察识，后持养"的工夫论层面上却始终坚守师说，并且一度使朱熹在这一问题上接受了湖湘学派的观点。

湖湘学派的工夫论重视"察识"的作用，主张"先察识，后持养"，把道德修养的重点放在喜怒哀乐已发之后"处事应物"的生活实践中。朱熹的工夫论则继承了杨时、罗从彦、李侗一派的观点。朱熹曾说："李先生教人，大抵令于静中体认大本未发时气象分明，即处事应物，自然中节，此乃龟山门下相传指诀。"②所以朱熹在受业李侗门下时就接受了杨、罗、李所传的"默坐澄心，体认天理"的修养方法。这种修养方法重持养，与湖湘学派重察识显然不同。随着朱熹与湖湘学派学术交往的日益密切，特别是1167年（南宋乾道三年）朱张会讲之后，朱熹一度接受了湖湘学派在日用生活中察识的观点。他在一封信中承认："某去冬走湖湘，讲论之益不少。然此事须是自做工夫于日用间行住坐行卧处方自有见处。"③可见，朱熹已经放弃了"龟山门下相传指诀"。但是，到了1169年（南宋乾道五年），朱熹重新确立了"中和"观点，提出了"心统性情"的心性论和"主敬致知"的工夫论。对于朱熹的心性论，张栻表示接受，但是在工夫论上仍然坚持胡宏的观点。朱熹在《答林择之》一信中说："近得南轩书，诸说皆相然诺。但先察识后涵养之论执之尚坚，未发已发条理亦未甚明。"④于是朱熹不断论证湖湘学派工夫论之非，但是以张栻为代表的湖湘学者却始终坚持"先察识"之说，并以儒家经典来论证自己的观点。如湖湘学者以《大学》中格物、致知、正心、诚意之序，来论证致知先于持养，由《论语》中"观过知仁"论证"先察识"。显然，坚持"先察识"，要求首先在日用生活中察识本心，这正是湖湘学派重践履在工夫论上的表现。

可见，从张栻开始，湖湘学者已经无意在理气论、心性论上与朱学争锋，而随着朱学由私学流派日益转化为官学正统，湖湘学在此方面更是日益同化于朱学，但是在工夫论上，湖湘士人则始终带有胡、张之学重践履的特征。表现在书院祭

---

① 真德秀:《真文忠公读书记》甲集卷三一，清同治二年(1863)重刊本。
② 朱熹:《答何叔京》,《朱熹集》卷四十，第1841—1842页，四川教育出版社,1996年。
③ 朱熹:《答程允夫》,《朱熹集》卷四一，第1920—1921页。
④ 朱熹:《答林择之》,《朱熹集》卷四三，第2028页。

祀上,就是在崇祀朱、张的同时,强调胡、张传承。表现在书院教学上,湖湘士人则强调"体用结合"、"政学相贯",不鼓励进行脱离实际的纯学术研究。因此,可以说,湖湘士人关注于日用伦常的取向实际上起着简化官学思维,化解朱学玄妙之理及其相关律条的作用,从而使之日趋世俗化,演变为具有相当可操作性的世俗道德律令。也正因为此,深受湖湘学重践履思维熏陶的湖湘士人,与正统思维虽然并非格格不入,但是与悬为科举功令的朱学正统模式还是多有区别,所以往往不可能从跻身科举仕途入手凝聚权力,而只能在书院中磨砺自己的治世之剑。如果在承平年代,湖湘士人很容易隐于历史的幕后而湮没无闻。皮锡瑞说:"湖南人物,罕见史传,三国时如蒋琬者只一二人。唐开科二百年,长沙刘蜕始举进士,时谓之'破天荒',至元欧阳厚功(欧阳会),明刘三吾(刘如孙)、李东阳、杨嗣宗诸人,骎骎始盛。"①康熙时,两湖合闱乡试,湖南中额不及四分之一。与湖北分闱乡试后,湖南科举依然不盛。据王闿运说:"湖南自分闱科举二百年中,殿试一甲才有五人。"②而晚清内忧外患局势的加剧,却为重践履的湖湘士人提供了绝好的外部条件。张集馨曾云:"楚省风气,近年极旺,自曾涤生领师后,概用楚勇,遍用楚人。各省共总督八缺,湖南已居其五:直隶刘长佑、两江曾国藩、云贵劳崇光、闽浙左宗棠、陕甘杨载福是也。巡抚曾国荃、刘蓉、郭松[嵩]焘,皆楚人也,可谓盛矣。至提镇两司,湖南北者,更不可盛数。曾涤生胞兄弟两人,各得五等之爵,亦二百余年中所未见。"③这些执掌军政大权的湘人,多数并非出自科举正途,而是随着湘军兵威之盛而日跻高位。但是他们又非目不识丁的武夫,而是多出自岳麓、城南诸湖南书院的读书人。他们地位的升显,也使得湖湘书院凝聚权力的象征意义进一步凸现出来。

## 三

晚清湖湘理学群体的崛起与太平天国起义有着密切的关系。正是太平军兵锋逼近湖南,给晚清湖湘理学士人集结成团提供了一个机会。然而不可否认的是,太平天国起义波及地区甚广,"两广两湖及苏、浙、皖、赣同被兵劫,起而与太平军抵抗者,官兵之外,即为各地绅士","各地绅士遭遇相同环境,而在此环境中奋斗以出,独创一种军制风格及重要之军系集团者,只有湘军"④。所以说,时势环境固然重要,作为实践主体的湖湘理学士人的思维特色与行动风格更为

---

① 皮锡瑞:《师复堂未刊日记》,《湖南历史资料》1959 年第 1 期。
② 王闿运:《郭新楷传》,《湘绮楼文集》卷五,清庚子丞阳刊本,第 29 页。
③ 张集馨:《道咸宦海见闻录》,第 377 页,中华书局,1981 年。
④ 王尔敏:《湘军军系的形成及其维系》,《中央研究院近代史研究所集刊》(台北)第 8 期(1979 年 10 月),第 1 页。

重要。

儒学本身是一种实践，但是理学似乎更注重道德实践。道德实践的最高目的是求得一己人格的圆满而成为圣人。而在饱受湖湘文化重践履思想影响的晚清湖湘理学士人看来，理学从来不是纯思辨的产物，只有放置在社会实践的历史脉络之中，它的意义才能够全部展现出来。外王为内圣之必然延伸，作为儒家精神的继承者，既然身在秩序之中，便有使此秩序越来越合理的责任，而不可能止于"内圣"。所以只要致力于圣学，必及于政治。这是晚清湖湘理学士人的群体立场。

在出山之前，重建传统的社会秩序已经存在于晚清湖湘理学士人的思想之中。在平时，他们的着眼点就是在本乡以"礼"化"俗"，也就是在理学不能行之天下时，先行之于一乡。其中，一个最主要的途径就是讲学。因此，对于罗泽南、左宗棠、郭嵩焘、王鑫、杨昌浚等人设馆授徒，我们不能仅仅将其理解为一种谋生的手段，还要从秩序重建的角度观察他们讲学施教的特色。大略言之，他们施教的直接对象首先是少数有志于"明道"、"救世"的"士"，也就是他们的门人弟子。他们希望在这批士人中，扩大理学的影响。对此，陆宝千曾用"佛家唯识之理"来加以阐释，他说："今有人于此，受'重德'观念之暗示，从事理学之研究，躬行实践，是为种子起现行。此人以其学问精醇，行止端严，或复讲学于乡。有群众慕而化之，感而信之；虽未必遂解程朱陆王之道，而于'重德'之念，固已沦肌浃髓矣；是为现生种。群众复以重德之观念暗示其若子若孙，绳绳相继，是为种生种。他日复有一人受此暗示而从事理学之研究与实践者，于是再演为种生现。"①这段话道出了晚清湖湘理学士人讲学施教的目的，即在更多的人心中贯注"士志于道"的意识，重建一个合乎"道"的秩序。他们能做到这一点，当然与湖南的理学传统有关。"理学者，决定行为方向之学也。"②即使实践者本人尚未臻于此境，其方向也早就已经决定。因此，虽然说晚清湖湘理学士人只是汤因比(Arnold J. Toynbee)所说的"创造少数"(creative minority)，但是他们并不孤芳自赏，而是植根于丰厚的理学土壤中不断繁衍，以实现改变现状以重建人间秩序的重大任务。所以，这与现代观念所说的"精英论"(elitism)多少有些不同。

除了讲学施教以外，晚清湖湘理学群体对建立"乡约"也十分重视。"乡约"始于宋代，原是乡民自订的互劝互助的行为规条，具有以"礼"化"俗"的功能。重视"乡约"，表示他们明确地认识到，重建社会秩序必须从建立稳定的地方制度开始。事实上，儒学在中国社会上所产生的实际影响，主要是通过"在下位则

---

① 陆宝千：《论罗泽南的经世思想》，《中央研究院近代史研究所集刊》(台北)第15期下册(1986年12月)，第78页。

② 陆宝千：《刘蓉论——清代理学家经世之实例》，《中央研究院近代史研究所集刊》(台北)第3期下册(1972年12月)，第412页。

美俗"这条路。湖南的理学士人多年来更是沉潜于"内圣外王之道",以"礼"化"俗",为秩序重建做更长远的准备。晚清湖湘理学群体中的很多人,都曾利用"乡约"来维持地方的稳定。比如在道光末年,吏治紊乱,湘乡县的一些胥役往往诬陷良民为盗,"俾倾其资以昭雪冤诬",以致民不聊生。罗泽南认为自己有责任维护乡里百姓的利益,"乃为乡约,痛除诬陷之弊,乡俗以安"①。

不过,在出山之前,晚清湖湘理学士人虽然一直在坚持不懈地实践平生所信仰的基本价值,但是他们所追求的"秩序重建"最多只能行之一乡。如要行之全国,扩展规模,显然离不开权力的运用。那么晚清湖湘理学士人又如何能够得到这样的机会呢?

清咸同年间,晚清湖湘理学群体特别活跃于权力世界,使儒家的政治理想在特定的历史条件下得到了有限的落实。那么,究竟权力世界中发生了什么变化使他们的活跃成为可能?概而言之,是因为这个时期的社会出现了全面的危机。一般来说,在比较稳定的时期,维持现状的势力必然大于变革的要求。但是,当太平天国起义的烈火迅速从广西燃向全国时,预示着社会的危机再也遮掩不住。补偏救弊已经无济于事,时势的发展要求全面重建政治、文化秩序。旧的政治军事力量作为一个整体已经不堪依靠,清廷为避免自己的政权被颠覆,在这种形势下,只能求助于具有深厚社会土壤的士绅集团的积极合作。于是,久无用武之地但仍然具有绵延不绝经世传统的湖湘理学士人脱颖而出。而清廷为了顺应民心,重建文治秩序,也不得不乞援于他们。"同治"的年号,有同治天下的意思。也许最初制定此年号的时候,是两宫皇太后与恭亲王奕䜣同治的意思,但是后来却隐隐有着满人与汉人同治、中央与地方同治的意味。事实上,清代皇帝虽然尊奉程朱理学为科举功令,但是对于理学压抑君权的那一面一向非常警惕。乾隆帝就曾经驳斥北宋理学家程颐"天下之治乱系宰相"的论点说:"此只可就彼时朝政阘冗者而言,若以国家治乱专倚宰相,则为之君者,不几如木偶旒缀乎?且用宰相者,非人君,其谁为之?使为人君者,深居高处,以天下之治乱付之宰相,大不可也;使为宰相者,居然以天下之治乱为己任,目无其君,此尤大不可也。"②对宰辅大臣的态度尚且如此,当然更无论普通士人了。但是,晚清统治者对于这些以天下为己任的湖湘理学士人就只能表现出容忍的雅量。湘军的兴起,正代表着国家的一些重要权力逐渐移向地方,转入汉人手中。对此,晚清统治者当然并不情愿,但在生死攸关之际,且认识到八旗与绿营已经腐败到不堪重用,虽然明知道汉人握有兵权可能给其统治带来潜在威胁,却仍然不得不做此痛苦的抉择。

清统治者被迫放权的过程是痛苦的,而晚清湖湘理学群体努力使自己权力

---

① 《罗忠节公年谱》卷上,清同治二年(1863)长沙刊本,第11页。
② 《清高宗实录》卷一一二九,乾隆四十六年四月辛酉,第86页,中华书局,1986年。

合法化的历程也是艰难的。在这一过程中，湖湘理学群体尽管在"义理"问题上持论极严，但在政治问题上却有"从权"的一面。也就是说，为了实现理想，他们很可能采取道德上成问题的手段。这当然是一种政治策略，为的是化解目标与手段的紧张。但是，政治与文化二元角色统系于一身的结果，使晚清湖湘理学群体在与权力网络发生交互作用的过程中，难免发生异化与演变。于是，在争取权力实现理想的过程中，他们既需要与权力世界作斗争，更需要时刻保持内心的戒慎恐惧。因此，"本可移入霸术一路"①的胡林翼，虽然以善弄权术在官场上游刃有余，但在一般情况下，却是"有权术而不屑用，有才智而不自用"②，并时刻以"岁寒后凋，晚节自厉"③勉励自己。由于目标与手段的紧张，他们的内心世界自然难以平静。有人说曾国藩出办湘军之后，内心"时见和谐清明之象，时有矛盾挣扎之迹；时而刚毅坚忍，时而消沉颓唐；时而旷达恬淡，时而急功好名"④，这一评价移用于晚清湖湘理学群体的每一个成员恐怕都是十分贴切的。

于是，在晚清湖湘理学群体、清廷以及各种错综复杂因素的交互作用下，在晚清社会形成了一种内轻外重的格局。然而这种局面，却并不像晚清湖湘理学群体最初所设想的那样易于实现理想。自出山之日起，他们就开始了大规模的重建秩序的实践。然而由于受到现实的重重限制，秩序重建的实效好像不是十分显著。仅以他们用力最著的吏治改革为例，胡林翼抚鄂七年，经过一番大刀阔斧的改革，使湖北吏治得到了一定程度的改善。曾国藩赞扬胡林翼说："阁下数年来，屡定大难，将天下第一破烂之鄂，变成天下第一富强之省。"⑤胡林翼亦曾自诩："鄙人在楚，官吏尚不至十分贪诈。"⑥然而，他们却不能不看到，单靠整顿一省吏治不可能扭转全国的吏治残局，更不可能根本改变清王朝江河日下之势。所以胡林翼在自诩之余也不禁悲叹："天下事，成败利钝，早已了解于中矣⋯⋯有一二几希之望，仍不如尽力干去。譬之大海遭风，已知万无可救，然苦无岛屿可望，行固不得活，不行亦必不得活也。"⑦因此也只能抱着一种知其不可为而为之的坚忍精神。清王朝平定太平天国起义之后，一时间出现了令时人所欢欣鼓舞的"中兴"气象，"擒渠斩馘，区宇荡平，神州再造，较之《大雅》所称'筑齐城而

---

① 曾国藩：《致李续宾李续宜》（咸丰八年七月十五日），《曾国藩全集·书信》（一），第664页，岳麓书社，1994年。
② 曾国藩：《加李续宜片》（咸丰八年八月十六日），《曾国藩全集·书信》（一），第673页。
③ 胡林翼：《复阎敬铭》（咸丰十年十二月十一日），《胡林翼集》（二），第787页，岳麓书社，1999年。
④ 王聿均：《从日记书札中探讨曾国藩之内心世界和自强思想》，《清季自强运动研讨会论文集》下册，第925页，台北中央研究院近代史研究所，1988年。
⑤ 曾国藩：《复胡林翼》（咸丰十年三月二十二日），《曾国藩全集·书信》（二），第1298页。
⑥ 胡林翼：《复武茨孙》（咸丰九年三月十三日），《胡林翼集》（二），第281页。
⑦ 胡林翼：《致李元度》（咸丰九年正月二十五日），《胡林翼集》（二），第229页。

征徐国'，区区平淮溃一隅之乱者，其规模之广狭又不可以同日论。侧席求贤，豪俊辈出，中兴事业，甄殷陶周，盛矣哉！"①朝野上下人人为此兴奋不已，晚清湖湘理学群体似乎也在为争取到了一个更好的实现理想的环境而颇为振奋。然而左宗棠在闽浙总督任内就发现："闽事败坏至极。所忧者不仅军政之不修、武事之不竞，而在民风之不正、吏治之日偷。自入闽以来，所见所闻无非八九年前各省泄沓颓败气象，纵此时无巨股阑入，亦必趋于危亡。盖人心日弛，人才日敝，浸浸乎纲隳纽散之虞，非一时所能整顿也。"②担任陕甘总督时，左宗棠也说："臣自度陇以来，目睹地方凋劫，兵事、吏事颓靡不振，阘茸混迹，庸妄接踵，心以为忧。"③清王朝的一切，已是积重难返，单以吏治而言，晚清湖湘理学群体也已经回天乏力了。所以说，晚清湖湘理学群体虽然成功地阻止了太平天国问鼎中原，使清廷又维持了数十年的统治，然而他们既然无法在清政权的统治下成功重建一个更完美的政治秩序，也就不可能根本改变清王朝覆灭的定局。1867年（清同治六年）夏，曾国藩在一次闲谈中对幕僚赵烈文说："都中来信云，都门气象甚恶。明火执仗之案时出，而市肆乞丐成群，甚至妇女亦裸身无裤。民穷财尽，恐有异变，奈何？"赵烈文说："天下治安一统久矣，势必驯至分剖。然主威素重，风气未开，若非抽心一烂，则土崩瓦解之局不成。以烈度之，异日之祸必先根本颠仆，而后方州无主，人自为政，殆不出五十年矣。"曾"蹙额良久"说："然则当南迁乎？"赵说："恐遂陆沉，未必能效晋、宋也。"曾说："本朝君德正，或不至此。"赵说："君德正矣！而国势之隆，食报已不为不厚。国朝创业太易，诛戮太重，所以有天下者太巧。天道难知，善恶不相掩，后君之德泽未足恃也。"曾说："吾日夜望死，忧见宗祏之陨，吾辈得毋以为戏论？"赵说："如师身份，虽善谑，何至以此为戏！"④势运难回，曾国藩固然为此痛不欲生，然而恐怕他最不想承认的是，这种即将出现的"人自为政"的局面，也未尝不与晚清湖湘理学群体开始的内轻外重的政治格局相关。晚清湖湘理学群体虽然并不弄权，却为以后割据开启了方便之门，所以割据成了后来最突出的政治现象之一。清王朝的覆灭还导致了为帝制做辩护的儒学的衰落。当真是成也萧何，败也萧何。"中兴"与灭亡，就在一线之间。

（作者：中央民族大学历史系教师、历史学博士后）

---

① 陈弢：《同治中兴京外奏议约编·叙》，清光绪元年（1875）刊本。
② 左宗棠：《与孝威》（同治四年），《左宗棠全集·诗文·家书》，第94页，岳麓书社，1987年。
③ 左宗棠：《奏调吕耀斗吴大徵等来营片》（光绪三年十一月初五日），《左宗棠全集·奏稿》（六），第191页，岳麓书社，1992年。
④ 赵烈文：《能静居日记》，同治六年六月二十日，台湾学生书局，1964年。

# 中国古代"天人合一"思想与当代生态文化建设

◇曾繁仁

## 一

在我国大踏步地走向现代化之际,文化建设的重要性在不知不觉中突现了出来。很明显,没有具有特色的现代中国文化建设,我国的现代化是不可能成功的。而由于全世界生态环境恶化的日益加剧,在我国又由其特定原因,生态环境恶化的问题更加严重。在这种情况下,现代生态文化建设成为至关重要的任务。但如何建设有中国特色的现代生态文化呢?在学术界,看法出现了严重分歧,而其关键集中在对中国古代"天人合一"思想的评价之上。

众所周知,"天人合一"思想可以说是中国古代最具代表性的思想观念,它几乎统领了中国古代儒、释、道各家。但最近学术界对其却有着截然相反的两种评价。季羡林认为,中国古代"天人合一"思想是当代生态文化建设的基础。他说:"具体来说,东方哲学中的'天人合一',就是以综合思维为基础的。西方则是征服自然,对大自然穷追猛打。表面看来,他们在一段时间内是成功的,大自然被迫满足了他们的物质生活需求,日子越过越红火。但久而久之却产生了以上种种危及人类生存的弊端。这是因为大自然既非人格也非神格,但却是能惩罚、善报复的,诸弊端就是报复与惩罚的结果。"[1]蒙培元也认为,中国古代"天人合一"思想所表现出来的有机整体观对于现代生态文化建设有着特殊的重要意义。他说:"应当说,中国哲学的基本问题即'天人合一'问题在《易传》中表现得最为突出,中国哲学思维的有机整体特征在《易传》中表现得也最为明显。人们把这种有机整体观说成人与自然的和谐统一,但这种和谐统一是建立在《易传》的生命哲学之上的,这种生命哲学有其特殊意义,生态问题就是其中的一个重要方面。"[2]汤一介也认为"'天人合一'观念无疑将会对世界人类未来求生存与发展有着极为重要的意义"[3]。与此相对,有些学者则对中国古代"天人合一"思想

---

[1] 季羡林:《谈东学西渐与"东化"》,《光明日报》2004年12月24日。
[2] 蒙培元:《人与自然》,第110页,人民出版社,2004年。
[3] 汤一介:《在经济全球化形势下中华文化的定位》,《中国文化研究》2004年第4期。

持基本否定态度。众所周知,著名物理学家杨振宁在 2004 年北京文化高峰论坛上认为,中国古代易学中的"天人合一"思想只有归纳,没有演绎,缺乏科学精神,因而阻碍了中国科技的发展①。徐友渔认为,中国古代"天人合一"思想实际上是一种神学目的论,而不是生态伦理。他说:"其实,把'天人合一'说成是生态伦理或自然保护哲学是曲意解释。这个观点最早出现时,天是一种人格神,在汉朝董仲舒那里天是百神中之大君,天人合一论是一种神学目的论。只有在庄子那里,才勉强符合上述解释,但它从未起到保护自然环境和生态的作用。"②

由于"天人合一"是中国传统文化的核心思想,因此对它的评价就涉及到以下两个方面的问题:

其一,对"天人合一"思想本身的理解与评价。我们并不完全否认上述对"天人合一"思想持基本否定态度的学者的评价的局部正确性。"天人合一"的确具有某种神学目的论色彩,东汉以后更加明显,而它也的确缺乏近代西方哲学的演绎内涵。但从总体上来说,"天人合一"作为一种中国古代特有的哲学理念与思想智慧,以"位育中和"为其核心内涵,深刻包含了我国古代有关"天地人"三者关系的极富哲理的特定把握,对于当代生态文化建设具有极为重要的参考价值。其所包含的"天命观",实际上是人类早期的一种"自然神论",还不能算作宗教哲学的范围,与西方宗教之神学目的论不能完全混同;而其虽然没有包含近代演绎法,但却包含古代"象数"这样的古典形态的推算演绎。它与西方以"和谐"为代表的哲学理念有着十分重要的区别。因为,"中和"是一种宏观的"天人之际",而"和谐"则是微观的物质对称比例。因此,从总体上对于"天人合一"思想给予应有的肯定是一种科学客观的态度。同样,对其进行必要的批判分析也是客观必要的。

第二个问题就涉及到中国当代文化建设,包括当代生态文化建设的路径问题。因为,我国在文化建设问题上从五四运动以来一直存在着"中西体用之争"。但总结一百多年的经验,特别是在当代经济全球化的背景之下,当代中国文化建设要从中国自己的传统出发而不能完全从西方文化出发应该是不争的事实。当然,我这里所说的"中国自己的传统"既包括中国古代的传统,也包括中国现代的传统,而且现代传统应该占据重要位置,但也不能忽视古代传统,特别是对于中国古代具有明显民族性并包含有价值内涵的哲学与文化精神,更应加以重视与继承发扬。这里就包括中国古代"天人合一"这样的思想观念。应该讲它是中国古代文化精华之所在,渗透于中华民族文化与生活的方方面面,成为中国文化的标志,特别是其所包含的生态智慧,具有极为重要的当代价值,理应引起我们的高度重视与正确评价。这样做在一定程度上是在全球化语境下的一种中华民族文化身份的

---

① 杨振宁:《〈易经〉对中华文化的影响》,《北京科技报》2004 年 9 月 22 日。
② 徐友渔:《90 年代社会思潮》,《天涯》1997 年第 2 期,第 137—143 页。

认同。如果我们连"天人合一"这样最重要的民族文化精华都加以放弃,那中华民族的文化身份将会模糊,中国人将难以找到自己的精神家园和心理归宿。

## 二

我们已经说过,我国古代的"天人合一"思想是以"位育中和"为核心内涵的,而"位育中和"在我国古代文化之中有其特殊重要的地位。正如《礼记·中庸》所说:"喜怒哀乐之未发,谓之中;发而皆中节,谓之和。中也者,天下之大本也;和也者,天下之达道也。致中和,天地位焉,万物育焉。"① 在此首先讲的是君子的道德修养达到"中和"的境界,就能使得天地有位、万物化育。这就将君子之修养与天地万物之化育有序联系在一起,从而成为"天人合一"之核心内涵。由此可见,在中国古代"天人合一"与"中和论"思想中,的确包含有浓郁的生态意识。这正如费孝通教授所说:"刻写在山东孔庙大成殿上的'位育中和'四个字,可以说代表了儒家文化的精髓。"② 由此,我们应该回过头来更深入地探讨"位育中和"思想的起源及其更深的内涵。这就要更深入地探寻与之有关的儒、道等各家的学术思想,特别是《周易》的有关思想。因为,众多国学家都公认《周易》是我国文化的源头,"天人合一"与"中和论"思想的起源就在《周易》之中。

"太极化生"之古代生态存在论思想  《周易》整个讲的是宇宙人类化生、生存、发展与变化的道理。《易传·系辞上》第四章指出:"易与天地准,故能弥纶天地之道。"③因此,《周易》的内容不是讲人对于世界的认识,它不是一种认识论哲学,而是讲宇宙人类的生存发展,是一种古代存在论哲学。在宇宙人类万物生成的基本观念上,《周易》提出"太极化生"的重要观点。《易传·系辞上》第十一章指出:"是故易有太极,是生两仪,两仪生四象,四象生八卦,八卦定吉凶,吉凶生大业。"这里所谓的"太极"就是对宇宙形成之初混沌状态的一种描述,表示天地混沌未分之时阴阳二气环抱之状,一动一静,自相交感,交合施受,出两仪,生天地,化万物。《易传·乾·彖》中指出:"大哉乾元,万物资始,乃统天。"将"太极"之乾,作为万物之"元"、之"始",也就是回到万物宇宙之起点。《易传·系辞下》第五章还对这种"混沌"和"起点"的现象进行了具体描绘:"天地氤氲,万物化醇;男女构精,万物化生。"也就是说,宇宙万物形成之时的情形犹如各种气体的渗透弥漫,男女交感受精,万物像酒一般地被酿制出来,像十月怀胎一样

---

① 杨天宇:《礼记译注》,上海古籍出版社,1997年。下引《礼记》均出自此书。
② 费孝通:《经济全球化和中国"三级两跳"中的文化思考》,《光明日报》2000年11月7日。
③ 朱熹:《周易本义》,朱一忻点校,九州出版社,2004年。下引《周易》均出自此书。

地被孕育出来。在这里,《周易》提出了"元"和"始"的问题,也就是哲学中一再讨论的回到事物原初之"在"(Being)。《周易》的回答是:事物原初之"在"既非物质,也非精神,而是阴阳交混的"太极"。这个"太极"就是老子所说的"道",所谓"道生一,一生二,二生三,三生万物。万物负阴抱阳冲气以和"①。这实际上是一种古典形态的存在论哲学观念,"太极"与"混沌"就是作为万物之源的"在"。人与万物都是"太极"与"混沌"所生,它们在这一点上是平等的。因此庄子提出"天地与我并生,而万物与我为一"的"万物齐一"论②。"太极化生"论还给"中和论"以具体的阐释,告诉我们中国古代的"中和"不是简单的物物相加,而是天人、阴阳交互混合,发展变化,构成整体。从这个意义上说,中国古代的"中和论"就是"整体论"。著名的《中国古代科技史》的著者李约瑟将之称为"有机的自然主义"。他说:"对中国人来说,自然界并不是某种应该被意志和柔力所征服的具有敌意和邪恶的东西,而更像一切生命中最伟大的物体。"③而就《周易》本身来说,这种"整体观"是非常复杂的,而且是纯粹东方式的。它是一幅丰富复杂的"周易八卦图",包含着天、地、人、万物、阴阳、刚柔、仁义、发展、变化、往复、相生、相克等内涵,实际上是一个更为宏阔的宇宙、社会与人生之环链。正如《易传·系辞下》第二章所说:"古者,包羲氏之王天下也,仰则观象于天,俯则观法于地,观鸟兽之文与地之宜,近取诸身,远取诸物,于是始作八卦,以通神明之德,以类万物之情。"这也就是《易传·系辞上》第十二章所言"乾坤成列,而易立乎其中矣"。"太极八卦"中由象、卦、辞构成的"乾坤成立"的系统与环链实际上反映了天地人文万物交互联系之内在规律,是更为宏阔的古典形态的生态环链模拟,其后庄子据此提出更为具体的"天倪论"生物环链思想。《论语·述而》中也有对于生态平衡的具体表述,所谓"钓而不纲,弋不射宿"④。也就是说,要求人们钓鱼不用细密的网,以便留下小的鱼繁殖生长,而射鸟时不要射过夜的鸟,以免射杀过多。这些思想观念对于当代人类思考在宇宙万物生态环链中的生存有着极大的启发价值。《周易》"太极化生"中所包含的"中和论"思想,实际上渗透于几千年来中华民族日常生活的各个方面。从身的方面来说,著名的《黄帝内经》就以"太极阴阳"、"整体施治"作为其健身疗病之根据,力主"人生有形,不离阴阳"、"天地合气,命之曰人"⑤。这些都是有别于西医"对症治疗"原理的,并被事实证明有其独特的价值。在精神生活方面,我国古代儒家思想历来主张君子应该在"天人合一"思想指导下,"修仁义之德"、"养浩然之气",以

---

① 陈鼓应:《老子注译及评介》,中华书局,1984年。下引《老子》均自此书。
② 陈鼓应:《庄子今译今注》,中华书局,1983年。下引《庄子》均自此书。
③ 李约瑟:《李约瑟文集》,第338页,辽宁科学技术出版社,1986年。
④ 杨伯峻:《论语译注》,中华书局,1980年。下引《论语》均自此书。
⑤ 周凤梧:《黄帝内经素问语释》,第270、269页,山东科技出版社,1985年。

便做到"奉天承命","治国平天下"。在政治伦理道德领域,儒家主张"礼之用,和为贵"、"仁者爱人"、"己所不欲,勿施于人"等等。最近,许多学术界人士倡导"和合精神",就是试图结合当前现实生活,继承发扬这种"天人合一"、"太极化生"、"位育中和"的传统文化思想。

**"生生为易"之古代生态思维** 《周易》的"太极化生"不仅是一种东方式的古典形态的存在论哲学,而且是一种古典形态的生态思维。这是一种以"天人之和"为基点,以生命运动为特征,以"易变"为表征,包含卦、象、数、辞、乐等丰富内容的生命有机论思维方式。《易传·系辞上》第十二章指出:"圣人立象以尽意,设卦以尽情伪,系辞焉以尽其言,变而通之以尽利,鼓之舞之以尽神。"这里基本上将"易变"思维的基本特点讲清楚了。所谓"卦"、"象"即指六十四卦,成为天地之象的象征,表达了"天人相和"之意,既是某种原始的具象思维,也包含着高度的归纳。所谓"辞"即是圣人对于"卦象"的阐释,是圣人之言。所谓"变通"即是"易变"思维的最重要特点,是一种"变"与"通"的结合,以发挥其特殊的沟通天人的作用,当然这里面还有"象数"推算的活动,这也是一种古典形态的演绎。而所谓"鼓之舞之以尽神"是指"易变"思维包含某种巫术思维的色彩,凭借"占卦以卜吉凶",而且伴随着某种歌舞祭祀的原始祈祷活动。这种"易变"思维首先是一种整体思维,是从"太极"、"阴阳"之"道"出发的一种思维。《易传·系辞上》:"易与天地准,故能弥纶天地之道。"也就是说,在"易变"思维看来,"易"与天地宇宙是一致的,它是从天地宇宙这个整体出发来进行思维的。它还认为,"易"与万物之源的"乾"、"坤"紧密相连,是以乾坤阴阳刚柔之变化莫测的关系为其基本内涵的。《易传·系辞上》第十二章指出:"乾坤其易之蕴邪?乾坤成列,而易立乎其中矣;乾坤毁则无以见易;易不可见,则乾坤或几乎息矣。"并在第二章指出"刚柔相推而生变化"。由此可见乾坤阴阳刚柔与"易变"之紧密关系。正因此,"易变"思维包含着乾坤阴阳刚柔相交相应的重要内涵。所谓易者变也,爻者交也。既然有"交",那就有相生与相克之分。阴阳相应,和谐协调,即为吉,否则即为凶。《易传·泰·彖》曰:"'泰,小往大来,吉亨。'则是天地交而万物通也;上下交而其志同也。内阳而外阴,内健而外顺,内君子而外小人。君子道长,小人道消也。"又在《易传·泰·象》中指出:"天地交,泰;后以财成天地之道,辅相天地之宜,以左右民。"而与此相反的"否卦"则为:"天地不交而万物不通也,上下不交而天下无邦也。……小人道长,君子道消也。"而泰与否、福与祸又都是相对的、可以互相转化的,所谓"否极泰来"、"祸兮福所倚"即此之谓也。这就说明,人与自然关系的泰与否是相对的、可以转化的,只有"顺应天时"才能转否为泰,风调雨顺,而违背天时却要遭到"天谴",甚至有可能陷入"天难"。"易变"思维重要的内涵是将世界上的一切矛盾问题加以简化。正如《易传·系辞上》第一章所说:"易则易知,简则易从。易知则有亲,易从则有功。"又说:"易简,而天下之理得矣;天下之理得,而成位乎其中矣。"也就是说,所谓"易"就是容易和简化,只有容易才能被很多人接受,而只有简化才能做到有效率。很明显,《易经》将宇宙万物、人类社会那么复杂多变的事物与现象简化为"太极"、"天人"、"阴阳"与"八卦"。这么高度的简化实际上是一种极其哲理化的"回到原初"的把握事物的方法,也就是古典形态的现象学。这是一种从"乾坤混沌"、"太极化生"的原初的视角对人与自然关系一体性的把握,即为中国古代有关"天人之际"的重要观念,今天仍有其极为重要的价值。"易变"思维的最重要内涵为将宇宙万物、天地人事均视为具有生命的活力。正如《易传·系辞上》第五章所说:"生生之谓易,成象之谓乾,效法之谓坤;极数知来之谓占,通变之谓事,阴阳不测之谓神。"也就是说,"易变"之理在于以"生生"即生命的生长演变为基础,然后才有占、变、神与阴阳等等"易理"。因此,生命是最根本的易变之理。正如《易传·系辞下》第一章所言:"天生大德曰生。""生"成为天地人间最高的准则。因此,从某种意义上也可以说《易经》的根本是"生生",而"易变"的核心则是"生命的生长演变"。正是从这个角度,我们说中国古代文化是一种生命的、生态的文化。

**"天人合德"之古代生态人文主义** 人文主义有狭义与广义之别。狭义的人文主义特指西方文艺复兴时期以对抗神道为核心内涵的对人的本性欲望的张扬。而广义的人文主义则是自有人类以来就存在的对于人的生存命运的重视与关怀。正是从广义的人文主义的角度,我们认为我国古代的人文主义精神是一种包含着浓烈的生态意识的生态人文主义精神。这种生态人文主义精神集中地表现于以《周易》为代表的先秦时期的典籍之中。《周易》中的"天人合德"思想就是这种中国古代生态人文主义精神的重要体现。《易传·乾·文言》指出:"夫'大人'者,与天地合其德,与日月合其明,与四时合其序,与鬼神合其吉凶。先天而天弗违,后天而奉天时。天且弗违,而况于人乎?况于鬼神乎?"在这里,提出了一个"与天地合其德"的重要问题,其内容为"天弗违"、"奉天时",这样才能做到"而况于人乎"。也就是说,只有这样人才能有一个较好的生存状态。这就是一种将"天时"与人的生存相结合的古典形态的生态人文主义。之所以在我国古代能够提出如此深刻的问题,与我国作为农业古国长期饱受自然之患有很大的关系。著名的"大禹治水"传说与《山海经》中许多神话故事都说明了这一点。可以说是深刻的历史教训和忧患意识使得我国在先民时期就具有了较为明确的生态人文主义思想。《易传·系辞下》第七章指出:"《易》之兴也,其于中古乎?作'易'者,其有忧患乎?是故,'履',德之基也;'谦',德之柄也;'复',德之本也;恒,德之固也。"这就充分说明,《易经》的写作与当时先民的忧患意识是有着密切的关系的。这种忧患除了战争之外,最重要的就是自然灾难,特别是水患,因此,顺应天时、掌握自然规律就成为人类安居乐业之本,成为有利于人的"大德"。这就是当时包含生态规律的人文主义产生的重要原因。由此,《周易》明确提出"天文"与"人文"的统一。《易传·贲·象》曰:"贲,亨,柔来而文刚,故亨;分刚上而文柔,故'小利而攸往'。刚柔交错,天文也;文明以止,人文也。观乎天文,以察时变;观乎人文,以化成天下。"对于"天文"与"人文"的统一,我们进一步以《易经》之第二十二卦"贲卦"为例加以说明。"贲",艮上而离下,即坤上而乾下,柔上而刚下,这是一种有小利而无大疚的卦象,属于"天文"的范围。人们根据这种天象规范自己的行为,使人类的行为以此为准,那就成了"人文"。观天文可以观察宇宙万物的变化,而观人文则可以规范天下人的行为。这就是一种天文与人文的统一,是"天人合德"的具体内涵。《周易》还更具体地阐述了天地人"三才"的理论。《易传·说卦传》第二章指出:"昔者,圣人之作《易》也,将以顺性命之理。是以,立天之道,曰阴与阳;立地之道,曰柔与刚;立人之道,曰仁与义。兼三才而两之,故《易》六划而成卦。"这就是说,古代圣人根据天地人本真性命之道,通过卦象将天道阴阳、地道刚柔、人道仁义联系在一起。因而,易卦就是一种包含着天地人三个维度的古代人文主义,即古代中国的生态人文主义。当然,"易"是由圣人发现并作"卦与辞"的,只有圣人能够体现这种包含生态内涵的与天地相应的仁义之理。《易传·系辞上》第十一章指出:"是故天生神物,圣人则之。天地变化,圣人效之。天垂象,见吉凶,圣人象之。河出图,洛出书,圣人则之。"这就是所谓的"知天命"。即孔子所说的"五十而知天命"。而一般的君子亦可以通过道德的修养达到"至诚"的高度,从而掌握这种包含生态维度的仁义精神。《礼记·中庸》说道:"唯天下至诚,为能尽其性;能尽其性,则能尽人之性;能尽人之性,则能尽物之性;能尽物之性,则可以赞天地之化育;可以赞天地之化育,则可以与天地参矣。"也就是说,只有达到至诚才能顺应天性与物性,并尽到人性,从而可以与天地相和。在这里,强调了一种人应与天地参,即向天地看齐的观念。《易传·乾·象》中提出"天行健,君子以自强不息",而在"坤卦"中则提出"厚德载物"的思想,都是因效法天地而培养的包含生态内涵的"仁义之理"。同时,中国古代还将这种"天人之和"的思想扩大到人与万物的"共生"。还是《礼记·中庸》所说:"万物并育而不相害,道并行而不相悖"。这就是一种古典形态的"共生"思想。《易传·乾·文言》提出:"君子体仁足以长人,嘉会足以合礼,利物足以和义,贞固足以干事。君子行此四德者,故曰:'乾:元、亨、利、贞。'"这里的"体仁"、"嘉会"、"利物"与"贞固"都是"共生"思想的体现。《论语·子路》云:"君子和而不同,小人同而不和。"这里,所谓"和而不同"是各种事物相杂而生,而"同而不和"则是只允许一种事物独自存在而不允许不同的事物存在。只有这种"和而不同"才有利于万物的生长。《左传》则说"和实生物,同则不继"。这正是生态规律的反映,是一种生态的人义主义。

**"厚德载物"之古代大地伦理观念**　　《周易》通篇充满了对于天地的敬畏与歌颂,特别是它对于大地的敬畏与歌颂,可以说就是古典形态的大地伦理观念。这里,我们引用《易经》中的几段文字加以说明。《易传·坤·彖》云:"至哉'坤元',万物资生,乃顺承天。坤厚载物,德合无疆。含弘光大,品物咸'亨'。'牝马'地类,行地无疆,柔顺利贞。"《易传·坤·文言》则云:"坤至柔而动也刚,至静而德方。'后得主'而有常,含万物而化光。坤道其顺乎,承天而时行。"又说:"阴虽有美,'含'之以'从王事',弗敢成也。地道也,妻道也,臣道也。地道'无成',而代有终。"这可以说是对我国古代大地伦理观念的全面阐发,从大地的地位、作用、特性与人类对大地应有的态度等多个方面阐发论证了古代大地伦理观念。从大地的地位来说,"至哉'坤元',万物资生"、"德合无疆"、"含弘光大"等等,将大地的地位提到至高无上、诞育万物、功德无量的人类母亲的高度。从大地的作用来说,"坤厚载物"、"品物咸'亨'"、"地道'无成',而代有终"等等,对于大地的承载万物,使之繁茂发育,乘续后代等等重要作用进行了深入的阐释。在大地的特性方面,《周易》进行了形象而深刻的描述,用了"坤至柔而动也刚"、"至静而德方"、"阴虽有美,'含'之以'从王事'"等等,充分表现了大地"内柔外刚"、"内静外方"、"含蓄之美"等等美好的母性品格。在人类对于大地应有态度上,《周易》首先对于大地母亲进行了充分的歌颂,使用了"至哉"、"无疆"、"光大"等等高尚而美好的语言。更重要的是《周易》表现了人类应该学习大地,秉承大地优秀品格的意愿。它说"地势坤,君子以厚德载物",又说"地道也,妻道也,臣道也"。也就是说,它认为人类应该像大地那样宽容厚道,容纳万物,而且应该像大地那样学习其"含弘光大"的"地道",尽到做人的责任。在《易传·说卦传》第五章中更明确地告诉我们:"坤也者,地也,万物皆致养焉,故曰致役乎坤。"这就是歌颂了大地养育和服务于万物与人类的奉献精神。这样的古代大地伦理观念尽管其时代局限性非常明显,但其所包含的对于大地地位、作用、特性及人类对大地应有态度的阐述,对于我们思考人类与大地的关系还是很有启发作用的。

**"大乐同和"之古代生态审美观** 在我国古代,生产劳动与诗乐舞巫的结合可以说就是一种最基本的生存方式,《周易》中专门描写过占卜过程中"鼓之舞之"也就是载歌载舞的情状。特别是乐,在我国古代更有其特殊的地位,是达到天地人三才相和的重要途径。《礼记·乐记》指出:"大乐与天地同和,大礼与天地同节。和故万物不失,节故祀天祭地。"又说:"夫歌者,直己而陈德也。动己而在天地应焉,四时和焉,星辰理焉,万物育焉。"而《尚书·虞典》则云:"八音克谐,无相夺伦,神人以和。"[①]也就是说在我国古代音乐具有非常高的本体的地位,成为达到"天人之和"的重要渠道。《乐记》认为:"是故情见而义立,乐终而德尊。君子以好善,小人以听过。故曰:生民之道,乐为大焉。"将乐与"德尊"、"好善"相联系,提到"生民之道,乐为大焉",即人们生活中最高的地位。这就是中国古代的"乐本论",将乐作为人的基本生存方式。《乐记》对此具体描述道:

---

① 王世舜:《尚书译注》,四川人民出版社,1982年。

"是故乐在宗庙之中,君臣上下同听之则莫不和敬;在族长乡里之中,长幼同听之则莫不和顺;在闺门之内,父子兄弟同听之则莫不和亲。故乐者,审一以定和,比物以饰节,节奏合以成文。所以合和父子君臣、附亲万民也,是君王立乐之方也。"在这里,乐已经深入宗庙、乡里、家庭等社会生活的各个方面,成为古代我国人民基本的生活方式。这是一种通过"乐"来和敬天地、乡里、家庭的审美的生活方式,是古典的生态审美形态。

## 三

现在我们再回过头来探寻上述我国古代"天人合一"思想在现代生态文化建设中的重要作用。众所周知,在当今21世纪开始之际,人类历经了现代工业革命给我们带来的文明发展,同时也切身地感受到现代工业革命给我们带来的一系列负面影响。特别是生态的急剧恶化和环境的严重破坏给我们带来的深重灾难,水俣病、癌症、艾滋病、非典、禽流感等等,都在威胁着我们,夺走千千万万人宝贵的生命,并给我们的未来和后代带来浓重的生活阴影。因此,应当改变我们的生存方式,从现代的工业文明迅速过渡到后工业的生态文明已经成为全世界绝大多数人的共识。而要实现这种文明形态的过渡,最重要的是要改变我们的文化观念,迅速地从工业文明的人类中心主义、唯科技主义、工具理性与主客二分的思维模式转变到有机整体的生态思维观念之上。这样的转变当然应主要立足于当代,并从各国的实际情况出发,但借鉴古代的生态智慧却是十分必要的。我国古代"天人合一"思想中所包含的生态智慧无疑有着不可避免的历史与时代的局限,特别是因其产生在前现代的远古的背景之上,因而免不了有许多反科学的甚至是迷信的色彩。因此,对于"天人合一"之中的生态思想,我们不能完全接受,也不能任意拔高。但这一思想智慧之中的许多思想资源的确是极其宝贵的。特别重要的是,对于我们当前急需建设的当代生态人文主义,中国古代生态智慧具有较大的借鉴意义。在当代,人与自然、生态观与人文观能否真正实现统一,从而建设当代形态的生态人文主义呢?这是至关重要的理论问题,也是十分紧迫的现实问题。有人说,人与自然、生态与人文是天生对立的,不可能统一。这是一种悲观主义的态度,这种态度还是建立在传统的唯科技主义认识论思维基础之上的。从传统认识论出发,当然会得出生态与人文必然对立的结论。但当前最为重要的则是需要从传统认识论转到现代存在论哲学与思维模式之上,从人与自然的必然对立转到在存在论基础之上的两者走向统一。从我国古代"天人合一"思想之"易变"思维来看,对其两者的关系应该从"简"、"变"、"合德"、"共生"、古代大地伦理与"大乐同和"等特殊视角去把握。所谓"简"就是应该将人与自然的复杂关系简化,回到事物产生之初的"太极"与"混沌"状态,就会清楚地看到人与自然所由产生的同一根源,说明其间必然存在的统一的原初性根由。而从"变"的角度，就是以"易变"的观念，充分认识人与自然之间的相生与相克及其变化，只要注重天时地利人和，创造必要的条件，就能由其相克转化到相生。而从"合德"的视角，人类不仅应该改造自然，而且还应尊重自然，自然尽管不是神秘的，但其秘密也不是人类能够穷尽的。因此在人与自然的关系上，人类更应主动地遵循自然规律，与自然"合德"，这才是天文与人文统一的前提，是建设当代生态人文主义的首要条件。而我国古代的"共生"哲学，力主"和而不同"、"生生为易"与"和实相生，同则不继"，这实际上是一种特别有价值的生态哲学，值得我们借鉴。而从我国古代大地伦理的角度，我国《易经》之中对于"厚德载物"的大地母亲的敬畏与歌颂值得我们深思，它不仅揭示了大地哺育人类的真理，而且体现了人类感恩大地的情怀。而"大乐同和"则是一种古典形态的生态审美观，揭示了我国古代先民在如歌、如乐、如舞中实现人与天地万物和谐美好生存的审美意境，值得我们在确立当代"诗意的栖居"的生态审美态度时从中获得诗意的启发。

而在我国当前提出科学发展观和确立建设和谐社会目标之时，古代"天人合一"思想中所包含的生态智慧更有其特殊价值。因为我国现代化建设已进入关键时期，许多矛盾暴露出来，其中非常突出的就是发展与环境资源的矛盾，在我国显得更加突出。因此，人与自然环境资源的和谐协调成为科学发展观与和谐社会建设的非常重要的内容。而我国要真正做到两者之间的和谐协调，除了发展模式要从中国实际出发，同样重要的是对于生态与环境的理念也要从我国的实际出发，建设具有中国特色的、易为广大人民接受的生态与环境理念。这就要借鉴我国古代文化资源，从中吸取营养，建设广大人民喜闻乐见的当代中国生态理论，以期对科学发展观与和谐社会建设作出应有贡献。

当然，我国古代"天人合一"思想中的生态智慧早就引起国际哲学界与生态学界的重视。美国研究环境问题的世界观察研究所所长布朗指出："我们只应当追求维持生活的最低限度的财富，我们的主要目标应当是精神文化的。如果我们把追求物质财富作为我们的最高目标，那就会导致灾难。老子提倡无私和博爱，并认为这是人类事业中取得幸福和成功的关键。"布达佩斯俱乐部中国分部对此评价道："这恰与老子几千年前所提'无欲'、'天人合一'相对应，这正是人类正'道'的基本前提。并且老子的思想提供的价值观念真正切中了以西方文化为主体的现代文明异化的种种问题与要害，正是医治现代文明病的良方。"[①]当然，还有包括海德格尔等许多已经为大家熟悉的理论家都从我国"天人合一"思想中吸取过诸多精华，说明我国古代这一理论所具有的当代普世价值，值得我们重视并加以研究。

(作者：山东大学教授)

---

① 引自布达佩斯俱乐部中国分部论坛：www.bdpsclub.org\bbs\index.asp。

# 儒家文明在世界文明对话中的地位和价值
◇张立文

在世界政治、经济、宗教、文化多元的情境下,文明也是多元的。多元而和生和处、和立和达,抑或冲突对抗、你死我活,这是人类在21世纪所必须作出的抉择。对此抉择应取何态度?依何原则?我觉得中华儒家思想可以为我们提供一种解决冲突和危机的方法与答案。

## 一、文明的现代诠释

文明的多元存在,这是千百年的事实,谁都不可改变,直至当代仍然如此。我们的态度是:主张多元文明和生和处的对话,拒绝你死我活的对抗。对话就是互动地交流,罗素曾说:"不同文明之间的交流过去已经多次证明是人类文明发展的里程碑。"[1]对抗就是交流的梗阻,它是文明的悲哀,它可导致文明的毁灭。

什么是文明?日本著名启蒙思想家福泽谕吉(1834—1901)在《文明论概略》中说:"'文明论'是探讨人类精神发展的理论。其目的不在于讨论个人的精神发展,而是讨论广大群众的总的精神发展。所以,文明论也可称为群众精神发展论。"[2]他把文明作广义和狭义两方面解释:就狭义而言,是单纯地以人力增加人类的物质需要或增多衣食住的外表装饰;就广义来说,那就不仅在于追求衣食住的享受,而且要砺智修德,把人类提高到高尚的境界[3]。

"文明"一词在中国出现很早,在甲骨文、金文中已有此两字。《说文解字》:"文,错画也。"徐灏注笺:"文象分理交错之形。""明,照也。"日月相合,分理光照。文明便蕴涵着文章而光明之义。《尚书·舜典》:"睿哲文明。"孔氏传说:"舜有深智文明温恭之德。"《周易·乾·文言》:"天下文明。"孔颖达疏:"天下有文章而光明也。"意谓美好而光明。《周易·同人·象传》:"文明以健。"王弼

---

[1] 罗素:《中西文明比较》,《一个自由人的崇拜》,第8页,胡品清译,北京,时代文艺出版社,1988年。

[2] 福泽谕吉:《文明论概略·序言》,第1页,北京编译社译,北京,商务印书馆,1995年。

[3] 同上书,第30页。

注:"行健不以武,而以文明用之;相应不以邪,而以中正应之。"这里文明是指道德高尚,行为中正,礼仪文明,不以武邪。《周易·革·彖传》:"文明以说。"是指能思文明之德以愉悦于人。《周易·贲·彖传》:"文明以止,人文也。"意谓文德教化,通过德智教育,使人各得其分,遵照道德规范,以达文明境界。

在中国古人的视阈里,文明是指人们道德理智的思想、中正而不武邪的礼仪行为、文德教化的人文关怀、典章制度的文明行健等。"文明"一词之所以在先秦时期被人们所普遍地使用和注意,是与当时人们对于"人之所以为人"的追究,以及"人道"的觉醒相联系的。当自然人转变为社会人,即当本能的人或野蛮的人从自然中分离出来,人意识到自己是人的时候,便有了人的自觉,而追究"人之所以为人"的本质。荀子说:"火水有气而无生,草木有生而无知,禽兽有知而无义。人有气、有生、有知亦且有义,故最为天下贵也。"(《荀子·王制》)明确地陈述了这个追究的历程,以及人逐渐脱离火水、草木、禽兽等阶段的进程,这种脱离是一种飞跃和转生。人不仅有气、有生、有知,而且有义。义是高明于动植物的人的特征,也是由自然人而转生为社会人后具有的特性,这个特性相对于动植物的物性来说,就是人性。荀子这里所说的"义",就是道德理性,是人性的道德理性内涵。王夫之说:"人之所以异于禽兽者,其本在性……故恻隐、羞恶、恭敬、是非,惟人有之,而禽兽所无也。人之形色足以率其仁义礼智之性者,亦惟人则然,而禽兽不然也。"[1]把人性归结为人的道德理性,虽有些简单化,但抓住了人性的主旨。人只有究明"人之所以为人",才能成为创造文明的主体;人只有具有道德理性,才能脱离野蛮而创造文明。福泽谕吉说:"文明就是人类智德进步的状态。那么,假若这里有一个智德兼备的人,可否把他叫做文明人呢?是的,可以叫做文明人。"[2]具有智慧和道德的文明人是创造文明的前提和基础,换言之,文明国家为文明人所创造,但文明人所在国家不一定为文明国家。这就需要把个体文明人转变为绝大多数文明人,也就是使文明人成为"类"的人,这样才能使国家成为文明国家、文明社会。

如果说中国古代以"义"作为"人之所以为人"的标志,那么,西方便以"智慧"作为"人之所以为人"的理性自觉。《圣经·创世记》记载:神(上帝)用地上泥土创造人,是为亚当,又用亚当的一条肋骨塑造了夏娃。然后上帝在东方伊甸建了一个园子让他们看管,园中有一棵生命树,吃此树的果子可长生不死;另一棵是智慧树,吃此树果子能知善知恶,但上帝禁止他们吃。在蛇的引诱下,他们吃了智慧树的果子,于是被上帝逐出伊甸园,人便有了"原罪"。人放弃了在伊甸园的不死、无忧无虑、无痛苦,而选择了智慧及随之而来的死亡、原罪和痛苦。有智慧的人依靠自己的智慧创造了文明。

---

[1] 王夫之:《孟子·告子上篇》,《读四书大全说》卷十,第680页,中华书局,1975年。
[2] 福泽谕吉:《文明论概略》,第42页。

文明从人类精神层面而言,是指道德的情操、智慧的思考、艺术的精神、敬畏的信仰、和谐的社会、合理的制度等的和合。在西方,"文明"这个词拉丁语作Cvilidas,英语作 Civilization,原意是公民的、有组织的,即国家的意思。若以文字的发明和火的应用作为文明的最初标志,那么,河南舞阳发现的距今8000年左右的带孔龟甲上便有原始文字,这相当于裴李岗文化时期,比安阳殷墟甲骨文早4000年,也比古埃及纸草文书要早,但契刻文字的出现与文字符号称谓的约定俗成,需要一段时期。文字作为构成文明的要素,它是一种语言符号,是人际间交往活动和信息交流的需要。交往和交流要有一种形式或方式,语言符号交往是社会交往的主要形式。人是作为社会的存在或文明的存在,如果把人退回到自然人,与动物一起生活,便不是社会的、文明的存在,犹如荀子所说"禽兽有知而无义"。1988年,在中国辽宁一个偏僻山区发现了一个十岁的女性"猪孩"。因父母离婚,无人看管,且家里的几头猪常在屋里喂养,女孩从会爬开始就与猪为伴,一块玩耍,并吃猪奶充饥,夜里常同猪睡,她没有人的语言,不分大小、方圆、高低,不识颜色,具有猪的习性①。这说明文明是具有智德的文明人的创造。

"人是会自我创造的和合存在。"②现代电脑语言符号、网络语言符号铺天盖地地通过数字化的方式为人类提供了一个虚拟空间,虚拟作为中介系统,是超越语言文字符号的中介系统。语言文字符号限于指称意义对象的关系,它是对现实关系的表述,数字化方式则是超越现实关系的。语言文字符号虽创造了人的思维空间、符号空间,对世界文明产生了巨大影响,然而虚拟却在思维空间、符号空间中创造出虚拟空间、数字空间、视听空间和网络世界。这样,卡西尔(Ernst Cassirer,1874—1945)以"命题语言与情感语言之间的区别"作为"人类世界和动物世界的真正分界线",就显得不妥帖了;他认为"应当把人定义为符号的动物(animal symbolicum)来取代把人定义为理性的动物"③,也由于电脑、网络语言符号的发展而显现其过时。所以我们应当把人定义为"会自我创造的和合存在",以取代把人定义为符号的动物。这个定义体现了人的又一次觉醒和作为智德的文明人的又一次提升,这次觉醒和提升比先前都要深刻,它是主体人的情感性、能动性、创造性的充分体现,也是合理性、多元性、适宜性的完满表述。人作为"会自我创造的和合存在",是创造文明的原动力和原载体。

---

① 《狼孩与猪孩》,载《光明日报》1988年4月10日。参见拙著《传统学引论》,第257页,中国人民大学出版社,1989年。
② 见拙著《新人学导论》,职工教育出版社1989年版,广东人民出版社2000年修订版,第30—38页。
③ 卡西尔:《人论》,第44、第34页,甘阳译,上海译文出版社,1985年。

## 二、儒家文明概要

儒家文明创始人是孔子,他是人道的启迪者,他以人文的关怀而挺立于宇宙天地之间,他是影响中国礼乐文明、政治文明、制度文明、伦理道德、思维方式、价值观念、风俗习惯最大、最久、最深的思想家、政治家、教育家。他的思想至广大而尽精微,极高明而道中庸,既有形而上崇高的价值理想,又有形而下切实的百姓日用,是中国古代思维精华的结晶。

儒家文明,孔子的思想,一言以蔽之,是以治平为本,以仁为核,以和为贵。他的思想是中华民族精神的源头活水之一,是礼乐文明的重要根据,是价值观念的是非标准,是伦理道德的规范所依,构成了中华民族的基本精神价值。任何民族都需要有民族精神,失去了民族精神就会失去民族的自主性,失去民族独立生存和发展的权利,就要走向灭亡。中华民族精神的重要源泉是儒家文明。儒家文明在其长期演变中,孕育着中华民族精神的成长和完善,担当着建构民族主体精神的重任,以自身的生命智慧维护着中华民族精神生命的独立绵延和发展,这是世界其他三大文明古国的精神生命所不能比拟的。

**一是以治平为本**。修身、齐家、治国、平天下是儒家文明的精华,也是其价值目标。如何实现修齐治平?儒家认为,在国家的治理上要实行德治,即实行文明政治,而不实行暴力政治。孔子说:"道之以政,齐之以刑,民免而无耻;道之以德,齐之以礼,有耻且格。"(《论语·为政》)引导和注重道德教化和礼仪规范,能使百姓对非道德的行为有羞耻之心;而如果仅注重政令刑罚,只能使百姓不敢犯罪,但没有羞耻之心。政令法律固然重要,是治国安邦的极重要的手段,但不能使百姓成为有智德的文明人,因为他没有道德的自觉和遵守法律的自觉;注重道德教化和礼仪规范,人们便会自觉遵守法律政令而不犯罪,并知礼义廉耻。法律与道德犹如车之两轮、鸟之双翼。法律是外在的他律,道德是内在的自律;法律的刑罚是对犯法行为结果的处理,道德的教化则是对行为动机的制约。两者不可或缺。儒家主张德治,其首要的是官德和政德,即为官以德,为政以德。孔子认为,君应有君德,官应有官德,当政者应以自己的道德榜样力量教化百姓,"政者,正也"(《论语·颜渊》),政就是端正的意思。当政者自己端正,谁敢不端正?"苟正其身矣,于从政乎何有?不能正其身,如正人何?"(《论语·子路》)当政者本身行为端正,治国就没有困难,反之,如何去端正别人?如何治理国家?当政者的行为就是一种无形的力量,行为正当,以德教人,不令而行,否则,纵是三令五申,也行不通。朱熹说:"德修于己而人自感化","如必自尽其孝,而后可以教民孝"(《朱子语类》卷二三)。要以自己的孝道,去教育、感化别人。所以儒家主张从国君到庶人都要以修身为本,自己修身,便可以影响家庭以至国家。福泽谕吉说:"道德是人的品质,它的作用首先影响一家。主人的品质正直,这一家人就自然趋向正直;父母温和,子女的性情也自然温和。"①由己及家、及人、及国,而及天下,这是儒家的政治道德价值理想。如此,"为政以德,譬如北辰,居其所而众星共之"(《论语·为政》)。以德治国,就会使百姓像众星环绕着北极星旋转那样,听从国家的政令,这是国家社会治平的根本。

治平要求在经济上从"小康"到"大同"。《礼记·礼运》篇对"小康"社会和"大同"社会作了描绘。儒家"祖述尧、舜,宪章文、武",以尧、舜为"大同"社会,以文、武为"小康"社会。确定和划分"小康"和"大同"的标尺有二:从政治和社会关系来说,"大同"是"天下为公",不独亲其亲,子其子,选贤与能,是一个和谐至善完美的社会;"小康"是以"天下为家",各亲其亲,子其子,是讲信、义、仁、让,有礼、有秩序、治平和睦的社会。从经济生活关系来看,"使老有所终,壮有所用,幼有所长,矜、寡、孤、独、废疾者皆有所养。男有分,女有归。货恶其弃于地也,不必藏于己。力恶其不出于身也,不必为己。是故谋闭而不兴,盗窃乱贼而不作,故外户而不闭,是谓大同"(《礼记·礼运》)。郑玄注:"大同"之同,"犹和也"。所以,大同世界即大和世界,这种和美的经济生存环境和人文生态环境,蕴涵着道家的自爱、儒家的仁爱和墨家的兼爱之义,和爱是大同世界的底蕴。孟子说"五亩之宅,树之以桑,五十者可以衣帛矣。鸡豚狗彘之畜,无失其时,七十者可以食肉矣。百亩之田,勿夺其时,数口之家可以无饥矣。谨庠序之教,申之以孝悌之义,颁白者不负戴于道路矣。七十者衣帛食肉,黎民不饥不寒,然而不王者,未之有也"(《孟子·梁惠王上》)。这是在"仁政"治理下的"小康"社会的经济文化和教育生活状况,"小康"首先是温饱,然后是教育。把教育作为"小康"社会的指标,这是中国先贤的高明之处。"小康"和"大同"是社会治平的价值目标和基础。

治平在伦理道德上要求重视伦理关系和道德修养。孔子说:"德之不修,学之不讲,闻义不能徙,不善不能改,是吾忧也。"(《论语·述而》)他忧患的是德、学、义、不善的不修、不讲、不徙、不改。每一个人作为社会的存在都应该努力提升自己的伦理道德素养,遵守孝悌、忠恕、诚信、恭敬、智勇的道德。孝悌不仅是为人之本,而且使人不会犯上作乱;忠恕是仁之本,以仁爱为基石;言而有信,诚实无欺,恭敬涵养,修德进业;智者利仁,勇不违仁。儒家文明注重自己的修养,把修己作为安人和安百姓的首务。"修己以敬","修己以安人","修己以安百姓"。福泽谕吉认为,道德素质的培育除教化外,主要在于自己内心的努力:"道德是不能用有形的事物传授的,能否学得,在于学者内心的努力如何。"他举例说,如孔子"克己复礼"四字,必须讲明克己就是克制自己的私欲,复礼就是恢复本性、认识自己本分的意思,教师传道的方法就是仔细反复说明这个道理,以后

---

① 福泽谕吉:《文明论概略》,第79页。

就在于各人自己的修养。这就是所谓"以心传心,即所谓道德的教化"①。通过修己,使每个人的行为都符合伦理道德规范,这是社会治平的保证。

治平在教育上要求开放。儒家孔子主张"有教无类",这是教育从公学向私学转变的体现。这种教育打破了等级制度和贵贱的限制,不分高低、贵贱、贫富,只要交少量的学费就可接受教育。这种开放式教育,在2500多年前是一种教育制度的改革和创新,并为春秋战国的社会转型培养了人才,为中华学术薪火承传造就了智者。这种"无类"的受教育权利的平等,机会的均等,对提高人的知识、文化、道德素质有着积极的作用和影响,是改造社会、移风易俗的动力,这是社会治平的支撑。

**二是以仁为核**。社会治平和谐需要上述根本、目标、基础、保证和支撑,各层面的融突,还需要深层的思想灵魂的造就。儒家文明以"仁"是人的人性的本质特性,其核心内涵是"爱人","仁者,爱人"。虽然当时儒家讲的"爱人"本质上仍有亲疏差等之别,而受到墨家的批评,但儒家提倡"泛爱众,而亲仁",仍有极高的价值。"爱人"蕴有三方面的含义:"己所不欲,勿施于人";"博施于民而能济众";"己欲立而立人,己欲达而达人"。儒家所体现的这种爱的人道精神是无私的、博大的、为人的。《吕氏春秋·不二篇》说:"孔子贵仁。"这种爱的人道精神就是贵仁的精神。

儒家文明以仁为核心辐射到各个层面,并贯彻到各个领域,如社会典章制度、尊卑长幼之序、亲疏远近之别,这便是礼的层面。"丘闻之,民之所由生,礼为大"(《礼记·哀公问》)。无礼,社会就会无序;无礼,伦理关系就会错位;无礼,亲疏关系就会不辨;无礼,天地神祇就无法礼敬。仁作为礼的内在精神,使礼具有爱人的人道主义的意蕴,使礼的各种关系能保持一种理解的、容忍的、关怀的、和谐的张力。所以孔子说:"人而不仁,如礼何?人而不仁,如乐何?"(《论语·八佾》)不仁的人是说不上礼和乐的,没有仁作为内涵的礼和乐,光有玉帛、钟鼓等礼的形式,是不能称作礼乐的。但礼是仁的外在的表现或形式,没有表现或形式,仁的内在精神也得不到体现。

仁在道德人格和文化素养的培养上,具有核心地位。儒家认为,"博学而笃志,切问而近思,仁在其中矣"(《论语·子张》)。学、志、问、思之中都体现了仁的精神境界。对于读书的士子,要求"士不可以不弘毅,任重而道远。仁以为己任,不亦重乎?死而后已,不亦远乎?"(《论语·泰伯》)士以实现仁行天下为自己的任务,任重道远,应志向强毅。仁要求君子应有道德、有修养:"君子义以为质,礼以行之,孙(逊)以出之,信以成之,君子哉!"(《论语·卫灵公》)君子应以道义为原则,行为合乎礼节,说话要谦逊,完成任务讲诚信。仁要求"志士仁人,无求生以害仁,有杀身以成仁"(同上)。不为求生而损害仁,只有勇于牺牲来成

---

① 同上书,第82页。

全仁义。孟子说:"生亦我所欲也,义亦我所欲也,二者不可得兼,舍生而取义者也。"(《孟子·告子上》)"杀身成仁"和"舍生取义",体现了儒家为实现崇高的道德价值理想而舍生的精神。仁要求做工者要"工欲善其事,必先利其器。居是邦也,事其大夫之贤者,友其士之仁者"(《论语·卫灵公》)。要勤恳地做好工作,要选择贤人敬奉,与仁人交朋友。仁对于读书的士、君子、志士仁人、做工者的不同要求,是依于当时社会的实际,以及各种人的社会地位、身份、作用、影响等而作出的,这种不同的具体要求具有可操作性,易于实行。从这个意义看,仁不是空疏,而是实在。这样,仁的生命智慧和道德精神的源头活水便不断流淌出来。

仁从对社会不同人的要求,提升到对道、学、政的要求。儒家认为,道为仁道,为道为仁。孔子说:"朝闻道,夕死可矣。"(《论语·里仁》)人生以求道为标的,人一生要奉行的,就是"己所不欲,勿施于人"(《论语·卫灵公》)的恕道即人道精神,"乐以忘忧"的乐观精神,"杀身成仁"的奉献精神,这是获得终极价值理想与精神家园的生命动力。道是一种形而上的追求,"形而上者谓之道"。朱熹则认为道就是理,理是所以然者,是一种"退藏于密"的隐然的存在。

学的终极追求亦是道。学既包括自我仁道的修养,亦包括对知识的学习,以及学与思、学与习、言与行的融合。《论语》开章便说:"学而时习之,不亦说乎?"(《论语·学而》)学了要温习、实习,"学而不思则罔,思而不学则殆"(《论语·为政》)。读书学习而不思考,就会迷惘;只思考而不去读书学习,就会疑惑。读书学习与思考互补、结合,才会避免罔或殆。"古者言之不出,耻躬之不逮也"(《论语·里仁》)。慎言是怕实行不到位,或"耻其言而过其行"(《论语·宪问》),君子以说多做少为耻,而求言行一致。儒家之学"游文于六经之中",其主旨是"留意于仁义之际"。

政的价值理想是尧舜禅让的政治文明,就当时现实而言是有道之邦,这是孔子所向往的。"邦有道,则仕;邦无道,则可卷而怀之"(《论语·卫灵公》)。卫国大夫史鱼在临死时嘱咐其子不要"治丧正室",即以"尸谏"劝告卫灵公斥退弥子瑕,起用蘧伯玉。在孔子看来,蘧伯玉是一个政治清明就出来做官,政治黑暗就把自己的本领收藏起来的人。他的这种态度是对于邦有道的期望,也表现了孔子对邦有道与无道的态度。孔子在评价宁武子时亦体现了这种价值判断:"宁武子邦有道则知,邦无道则愚。"(《论语·公冶长》)宁武子是卫国的大夫,他对邦有道与无道的聪明与装傻的态度,表现了他对政治文明与不文明的合作与不合作、赞成与不赞成的态度。士君子可以自由地选择其服务对象,对无道之邦可拒绝或变着法逃避为其服务。为有道之邦服务,利国利民,为无道之邦服务便是"助纣为虐"。有道之邦就是"为政以德"的仁政之邦。

**三是以和为贵**。治平之本,仁爱之核,必须通过"和"来理顺各种关系,处理各种冲突,而达融突和合之境。儒家倡导"礼之用,和为贵。先王之道,斯为美;

小大由之。有所不行,知和而和,不以礼节之,亦不可行也"(《论语·学而》)。礼的作用,以和最珍贵,这是先王治理国家的最宝贵的地方。《左传》与《国语》曾记载晏婴与齐景公、史伯与郑桓公关于"和同之辩"的对话。晏婴说:"和如羹焉,水、火、醯、醢、盐、梅,以烹鱼肉,燀之以薪,宰夫和之,齐之以味,济其不及,以泄其过。君子食之,以平其心。"(《左传》昭公二十年)"和"是各种不同的原料、调料,即各种相对的要素,经过主体人对各种相对要素的济不及、泄其过的加工融合,即烹之、燀之、和之、齐之,而成鲜美的食品。"同"是"以水济水,谁能食之"(同上)。以水济水仍是水,没有产生新的和合体、新事物。晏婴认为,和的功能和作用是,食用和羹"以平其心",听和声"以平其心,心平、德和"(同上)、"民无争心"。和能得到心理上的平衡,使人精神获得享受和愉悦,培养主体道德行为的和谐,取得政治平和安定,人民没有争夺之心。史伯说:"商契能和合五教,以保于百姓者也。""五教"是父义、母慈、兄友、弟恭、子孝,他们之间的和合,便能保养百姓。这是从伦理道德层面讲和合。从世界万物的化生层面讲,"夫和实生物,同则不继。以他平他谓之和,故能丰长而物生之。若以同裨同,尽乃弃矣。故先王以土与金木水火杂以成百物"(《国语·郑语》)。韦昭注:"杂,合也。""和"怎样"生物"? 并非有一个唯一的、全知全能的上帝创造万物,而是由多样的、相对相关的"五行"冲突、融合而和合成万物,这是"和实生物"的"和生";非"一生"、"独生",而是"以他平他"的和生。由"一生"开出非此即彼、你死我活的对立斗争思维,由"和生"而开出多元多样、互补双赢的和合生生思维。这是因为"声一无听,物一无文,味一无果,物一不讲,王将弃是类而与刬同"(同上)。韦昭注:"类犹和也。""一"便是弃"和"而"刬同","同"是不能持续生物的;"和"既是万物化生的根据和源泉,亦是万物存在的一种状态,以及大本达道的原则。由"和合"而保证治平之本、仁爱之核的贯彻和实现。

由社会的"和为贵"的礼仪之用,而推及天地万物的"和生"。孔子再把"和同之辩"运用到君子与小人关系上,并将其作为区别君子与小人的一种标志:"君子和而不同,小人同而不和。"(《论语·子路》)何晏《论语集解》解释说:"君子心和,然其所见各异,故曰不同。小人所嗜好者则同,然各争利,故曰不和。"朱熹《论语集注》说:"和者无乖戾之心,同者有阿比之意。"以义利、心意辨君子与小人的和与同,体现了不同时代的诠释者对经典的不同诠释。"和同之辩"在君臣关系的运用:"君所谓可而有否焉,臣献其否以成其可;君所谓否而有可焉,臣献其可以去其否。是以政平而不干,民无争心。故《诗》曰:'亦有和羹,既戒既平。'"(《左传》昭公二十年)君臣作为融突关系,不能以君认为行的,臣也认为行;君认为不行的,臣也认为不行。这是"以水济水"的"同",是"同而不和"。应该是君认为可的而其中有不行的,臣下指出它不行的部分而使行的部分更加完备;君认为不行而其中有行的,臣下指出它行的部分而去掉它不行的部分。只有将不同、冲突的意见加以融合,成为新的完善的方案,这才是和。在这里,

"和"体现了政治的文明和创新。"和"犹如新的信息量,为正数;"同"的信息在信息量上为零。

儒家文明以治平为本,以仁为核,以和为贵,在中国古代政治、经济、文化建设中发挥了不可或缺的作用,在价值观念、伦理道德、思维方法、风俗习惯的培育演化中具有首要的意义。儒家文明在"与时偕行"中而日新日日新地生生不息。

## 三、文明对话的态度和原理

现代社会,经济全球化,科技一体化,互联网普及化,把世界连成一片。这不一定就会消除不同国家、民族、宗教以及种族之间的冲突,有时还可能使不同文明传统的国家在某些方面冲突加剧,譬如说,市场配额不均等,利润瓜分不公平,生息领地有争议,宗教信仰有分歧,这一切价值冲突都根源于势不两立的选择。因此,文明冲突与文明融突成为世界范围内所关注的课题。1993年亨廷顿提出"文明冲突"论,1998年第53届联合国大会通过决议,以2001年为"联合国不同文明对话年"。从文明冲突到文明对话,表现了世界人民祈求和平发展的意愿。

"以他平他谓之和"。从文明冲突到对话,这是一次价值观念、思维方式、观照视角的转换。对话就必须承认相异者的存在,即允许"他者"的存在。既承认"他者"的存在,主体与"他者"的关系就是互相平等的,而不是"猫与老鼠"的关系。主体不能以自我为中心,一切以我是从;从"他者"看,要互为主体,互相观照;对话就是面对"他者",需要互相理解、谅解。在互为"他者"的情境下,要互相理解其文化背景,理解其民族风俗及宗教信仰等。互相理解、谅解才能相互尊重,相互礼让,才能达成有限度的共识。对话的基础需要一定程度的诚信,诚信使对话蕴涵着诚意,诚意使对话通向顺利,甚至成功。若无诚信,对话便会流于谎言或一纸空文。对话既然是承认"他者"的存在,在与"他者"的交往中就不能唯我独尊,不能非此即彼,你死我活,消灭"他者"、对话者。这样看似简单、痛快,实是搬起石头砸自己的脚,后患无穷。特别是文明间的冲突,采取你死我活二元对立思维方式是不可能消灭"他者"的。21世纪主要存在四大文明:基督教文明(即欧美文明)、儒教文明(即东亚文明)、佛教文明(即南亚文明)、伊斯兰文明(中东北非文明),另外拉丁美洲文明、非洲文明,其影响力较小。无论如何,这四大文明仍会作为"他者"而存在着,强势文明想消灭弱势文明是不可能的,征服者也只能是改变异己文明的某一国家的统治者而已,而不能改变其文明。因此,当今世界的最佳选择是对话,由对话而导向和合。

其实,21世纪人类所共同面临的冲突,不仅仅是文明的冲突,主要还有以下冲突:人与自然的冲突,造成了生态危机,人类以自我中心主义去征服自然,破坏了自然生态的平衡,自然不堪人类的蹂躏而报复人类,人类所酿成的苦酒最终都要由人类自己来喝掉;人与社会的冲突,现代国际社会南北贫富不均,东西发达与不发达失衡,地区性的战争和冲突不断,恐怖活动猖獗,直接威胁人民生命财产的安全和社会发展;人与人的冲突,人情淡薄,道德失落,行为失范,只讲私利,尔虞我诈,坑蒙拐骗,人与人关系紧张,道德危机深重;人的心灵的冲突,现代人际疏离,老小失养,孤寡无依,加之竞争激烈,生活紧迫,人际关系紧张,人的精神世界极度空虚和孤独,心灵的苦闷、痛苦、烦恼、焦虑、冤屈等等无穷无尽,造成心理障碍、精神失常、自我了结等精神危机。人类面对这人与自然、社会、人际、心灵、文明五大冲突和危机,如何化解? 这是各国关心人类命运的学者、政治家、经济学家、社会学家的首务。

在化解这五大冲突和危机中,需要的是对话。我根据数十年来对于儒家思想的研究,综合、梳理出中国哲学思想中的"和合"之精髓,提出了"和合学"的理论体系。和合学是中华文化的儒、道、墨、阴阳、法各家及佛教思想的凝聚。根据和合学的理解,这种对话是和合学的"融突论"中的一种形式。和合学提出了化解21世纪人类所面临的五大冲突和危机的五大原理,即和生、和处、和立、和达、和爱。所以,可以说儒家文明在化解人类文明所面临的五大冲突和危机中具有重要的地位与价值。对于此五大化解冲突和危机之原理,在此兹作一些简单的陈述。

一是和生原理。《国语·郑语》说"和实生物",《周易·系辞传》:"天地之大德曰生。"这便是和生。宋明新儒家把孔子的"仁"诠释为生命之源,如"桃仁"、"杏仁"之"仁",是桃树、杏树发芽、生长的源泉,所以周敦颐说:"生,仁也。"(《通书·顺化》)以仁育万物。胡宏说:"仁者,道之生也。"(《知言·修身》)朱熹讲:"仁也者,天地所以生物之心。"(《克斋记》)王守仁说:"仁是造化生生不息之理。"(《传习录上》)天地万物都是生命体,自然、社会、人己、心灵、各文明都是生命体。既然都是生命体,就要互相尊重其生命的存在,相互共生,而不能一方消灭、征服"他方"。共生需要互相平衡、协调、和谐,以此为基础才能获得共生,所以称"和生"。和生并不否定现实的竞争、斗争、冲突,但不是将其导向消灭和死亡,而是导向融突而和合,在新生命的基础上和生和荣。

二是和处原理。孔子说:"君子和而不同"。在自然、社会、人己、心灵、各文明都是生命体的情境下,它们之间如何相处? 是天天斗争、战争、恐怖、紧张,还是"己所不欲,勿施于人"地和谐相处? 宋明新儒家认为,人与天地万物本为一体,在实践中应落实"天人合一"的理念,天人和处;在人与人、人与社会、国家与国家、民族与民族、文明与文明之间"和而不同"地相处,和谐共处,不同而不相害。各个社会、国家、民族宗教、文明不同,这是历史的、现实的存在。再经历几个世纪,也不可能消除这种不同,所以要坚持"和而不同"地和处,这是"己所不欲,勿施于人"指导下的和处。

三是和立原理。孔子说:"己欲立而立人"。己立而立人,由己及人。立是"三十而立"的立。《说文解字》:"立,住也。"《文源》:"象人正立地上形。"有站

· 137 ·

立、成就、建树等义。无论是各国家、各民族,还是各种族、各宗教,自己要站立,也要使他者站立。自然、社会、人己、各文明都有自己站立、独立的生存的自由和发展的道路,别人不得干涉,不得唯我独优,强加于人,以自己的站立得住,不允许别人站立得住,应该己立人,多元共立和立。和立使人人能安身立命,立人亦即"为生民立命"。

四是和达原理。孔子说:"己欲达而达人"。达有通达、显达、发达之义。己达人,与他者共同通达、发达。自然、社会、人己、心灵、文明既自己通达、发展,亦使他者通达、发达。不要以己达而压制、制裁人达。当今世界无论是自然、社会、人己,还是心灵、文明等,都存在通达与不通达、发达与不发达的差别,这种差距的壮大必然造成各个层面的失衡,使生态危机、社会危机、道德危机、精神危机、价值危机加剧,造成社会动乱,不能持续发达。己达而达人,共同发达、共同繁荣,人类才能在和谐的、平衡的发达中,享受和达的幸福生活。

五是和爱原理。和生需要和处,使生命得以生存下去;和处需要和立,和立使和生、和处获得保障;和立需要和达,和达使和生、和处、和立的关系得以通达,并获得发达。和爱是和生、和处、和立、和达的核心内容,也是其出发点和归宿点。孔子讲"泛爱众",墨子讲"兼相爱",《礼记·礼运》讲"人不独亲其亲,不独子其子"。张载讲"民吾同胞,物吾与也"(《张载集·乾称篇》),只有这种儒家的"仁民爱物"的精神,才会对自然、社会、他人、他心灵、他文明赋以爱心,才会使和生、和处、和立、和达在爱心的指导下得以落实和施行。

世界不同文明之间,尽管有价值观念、宗教信仰、文化背景、思维方式、伦理道德、风俗习惯等种种的差别,但人类所面临的冲突和危机是共同的,没有国界、民族、种族的区分,沙尘暴可以跨洋过海,温室效应使气候变暖,其影响都是全球性的,人人均不可逃,这就是不同文明对话的共同基础。有了这共同的基础,不同文明间可以在相同、相似目标的追求中,获得一些最低限度的共识。尽管各方对获得的共识可能各有自己的解释,但为化解人类所共同面临的五大冲突和危机所提出的五大原理有其合理之处,可以为文明对话提供一种理念,提供一种选择。

(作者:中国人民大学孔子研究院院长、教授)

# 老子学说的精华及其现代性

◇侯　才

　　老子学说不仅在古代产生过重要的影响，而且在当代也依然显示出其强烈的现实性。老子学说的魅力及其秘密，归根到底要从老子学说自身中寻求。但是，对于老子学说的精华尚需人们下大气力去进一步挖掘和作出应有的当代阐释。这里，笔者想着重提出和强调下述五个方面。

## 一、尊道

　　道可以说是中国传统哲学最重要的概念。《说文解字》："道，所行道也。从走从首，一达谓之道。"段玉裁注："首走，所行达也。"可见，道原意为路，引申为本原、规律、原则等。在甲骨文中"道"字已出现。据竹简本，老子自己说："未知其名，字之曰道。吾强为之名曰大。"由此可知，在老子之前，"道"的概念已被在本体论意义上使用，老子学说的产生不是偶然的，应是集以前相关思想之大成。

　　老子用道来描述和表征世界的始源、根本、本质、规律和最高的统一性，人和自然、人和人相统一的终极基础。

　　在《老子》通行本中，有73次使用道的概念。其中论及本体论意义上的道主要有：

　　第一章："无，名万物之始；有，名万物之母。"第四十章："天下万物生于有，有生于无。"这里表述出：作为宇宙本原，道即"无"。

　　第六章："玄牝之门，是谓天地根。"第二十五章："有物混成，先天地生，寂兮廖兮，独立而不改，周行而不殆，可以为天地母。"（竹简本为："有物混成，先天地生，夺穆独立不改，可以为天下母。"）这里，老子明确地把道视为万事万物的根源。

　　第四章："道冲而用之或不盈。渊兮，似万物之宗……湛兮，似或存。吾不知谁之子，像帝之先。"任继愈认为，这句话表明，在老子那里，道作为宇宙本原，高于天帝。

　　第四十二章："道生一，一生二，二生三，三生万物，万物负阴而抱阳，冲气以为和。"在这里，道相当于无极，"一"应是指太极，"二"应是指阴阳两气，"三"应是指冲和之气即阴阳二气的相互作用和统一。

· 139 ·

第二十八章:"朴散则为器",是说道是"大朴",具有最原始、最朴素的本性,而万物都是道的化生、分形。

鉴于"道生之,德蓄之,物形之,势成之",老子提出"是以万物莫不尊道贵德"(《老子》第五十一章)。

由于道被作为世界最高本原的概念,后世道家以及其他诸家都对老子的道有所解释和发挥。《韩非子·解老篇》:"道者,万物之所然也,万理之所稽也。"《庄子·大宗师》:"夫道有情有信,无为无形,可传而不可受,可得而不可见,自本自根,未有天地,自古以固存,神鬼神帝,生天生地。在太极之先而不为高,在六极之下而不为深。先天地生而不为久,长于上古而不老。"《淮南子·原道训》:"夫道者,覆天载地;廓四方,析八极。高不可际,深不可测。包裹天地,禀受无形。"

有理由认为,老子的道论也对孔子产生了重要的影响,而道在孔子的思想中也具有最高的地位。传统的主流看法认为,孔子学说中的核心和最高概念是"仁"。实际上,孔子虽然形式上强调仁较多,但这并不等于他把仁视为核心和最高等级的概念,相反,道在孔子心目中才是居于核心和最高地位的。这里有一个需要澄清的问题:为何孔子讲仁、义、礼等很多? 事实是,在孔子时代,孔子清醒地意识到,由于社会风气衰败,大道久废,已不能继续直接袭用较为抽象的道来作为政治伦理规范要求和约束大多数人,而只能退而求其次,采用"救败"之法,转而诉诸仁,诉诸"修道以仁"、"克己复礼"。所以,《礼记·礼运》中说:"大道既隐,礼义以为纪。"孔子用"仁义"、"复礼"来挽回风气,其目的当然仍是要回归于道,达到"立道"的至高目的。由于迷惑于形式,很多人都误解了孔子的思想。实际上孔子始终"志于道",把道置于至高无上的地位,这与老子是完全一致的。

老子对道的另一个不同说法是"玄"。例如讲"有"与"无"是"同出而异名,同谓之玄。玄之又玄,众妙之门"。例如讲"玄同",即达到人与道相统一的境界。魏晋玄学则将此思想发挥为玄学。玄,《黄帝内经》:"夫变化之为用也,在天为玄,在人为道,在地为化,化生五味,道生智,玄生神。"扬雄《太玄图》:"夫玄也者,天道也,地道也,人道也,兼三道而天名之。"东晋葛洪《抱朴子·内篇》:"玄者,自然之始祖,而万殊之大宗也。"据我理解,所谓玄即高度超验、高度形而上之义。

"无"也是老子对道的称谓。明确讲"有"、"无"这一对范畴,把"无"与"有"作为一对范畴对立起来使用(张岱年的说法叫做"有无并举")并将其提升到本体论的高度,最早还是要追溯到老子的《道德经》。比如,《道德经》第二章讲到"有无相生",另外第四十章讲"天下万物生于有,有生于无"。这是从宇宙发生论的角度讲宇宙的起源、演化,但应该说也包含逻辑在先的意义。就是说,历史和逻辑两者在这里是统一的。后来墨子也讲过"无不必待有"(《墨经·经下》)。据我理解,他是在强调"有"和"无"的各自相对独立性,是说"无"可以与"有"发生必然联系,但也可以与"有"不发生必然联系。没有"有"的时候,"无"也可以存在,而"无"的存在不一定非得以"有"为前提。这实际上也是讲"无"在逻辑和历史意义上均先于"有"。

道作为万物的始源而存在。但这种存在又无形无名,不可言说,是一种纯粹无规定性的存在或"有"。因而,这种纯粹无规定性的存在或"有"毋宁称之为"无"。万物作为道的产物而存在,这也是一种"有"。但这种"有"是那种直接的有规定性的"有",是有形有名、可以指谓的"有",即黑格尔所称谓的那种"限有"或"此在"(Dasein)。所以,"天下万物生于有,有生于无"可以理解为:天下万物都可以归结为"有",而这个"有"源自于道。可见,老子这句话既表达了逻辑的起点即人类认识的起点,又表述了现实的起点即发生学意义上的历史的起点。

对于这一"有无之辨",后来的魏晋玄学讲得比较充分。这就是何晏、王弼同裴頠、郭象之间的"贵无论"和"崇有论"的争论。后来张载提出"气",实际上直接针对的是魏晋玄学。他企图用"气"来综合魏晋"崇有"、"贵无"这两家,所以强调"太虚无形,气之本体。"

上海博物馆收藏的楚简中的《恒先》一文,把道表述为"恒",表述为"或"。这是现存文献中前所未见的。关于"恒",文中解释说:"恒先无有,质静虚。质,大质;静,大静;虚,大虚。"这是讲"恒"的存在和性质。文中又说:"举天下之作也,莫不得其恒而果遂。"这是讲"恒"的功用。《说文解字》:"恒,常也。"用"恒"来表述道,突出了道的恒常不变的本性。关于"或",文中解释说:"或,恒焉,生或者同焉。昏昏不宁,求其所生。"意思是说,其实"或"就是"恒",它是"恒"的混沌的、演变和展开过程中的一种状态。据我理解,可以把"或"看成"恒"的潜在和演化的表现,是一种潜能或潜势。文中还把"恒"与"气"连接起来,提出"恒气"这一概念:"气是自生,恒莫生气。……恒气之生,不独有与也。"文中所提出的宇宙演化图示是:恒—或—气—有—始(开端)—往(过程)。其表述如下:"恒先无有,质静虚。……自厌不自忍,或作。有或焉有气,有气焉有有,有有焉有始,有始焉有往者。"这一描述,把"有"存在之前的状态具体化了。

老子还把道称为"大":"有物混成,先天地生,寂兮廖兮,独立而不改,周行而不殆,可以为天地母。吾不知其名,字之曰道,强为之名曰大。"

老子探究和意欲言说的对象是世界万物的始源。无论是"道",是"玄",是"无",还是"大",都是标示、指谓这一始源的符号,是引导我们走近始源的线索和门径。在此意义上,它们同"逻各斯"、"上帝"、"绝对观念"、"此在"等等的作用完全是一样的。始源作为形上学本体是无限性。而任何陈述、言说都是有限的。把形上学本体形下化,对不可言说之物进行言说,只能诉诸比喻等一套特殊的语词方式和表达方式。"道"、"玄"、"无"、"大"是一种比喻,"先后"亦是一种比喻,都是为了说明上的方便。譬如,道之先于天地万物,与其说是一种时空上的在先,毋宁借用黑格尔的话来说是一种"概念上的在先"(《小逻辑》第163节),借以强调道对于天地万物的优先地位。因为始源作为一种永恒存在,在时空上不仅无起点,而且也不会有终点。始源统摄了万事万物,统摄了一切时空,因而也统摄了现实界与非现实界。这样,当我们一旦指向始源,就已由现实接近非现实,由此岸接近彼岸,由哲学接近宗教。所以,物质与精神的对立,以及由此而产生的唯物主义与唯心主义的分野,在这里所能言指的已经十分有限了。这也就是在老子思想的诠释方面存在的"唯物主义说"与"唯心主义说"两个派别虽争论已久却难决雌雄的原因。

老子的道的学说的当代意义何在?老子的道是对存在的"始源"问题的一种中国式的表述;它的基本精神和最主要的意义就在于,它是在人类开始背离和疏远自己所由产生的始源的情况下(春秋末期中国社会正面临大转变、大分化,人和自然的原始和谐已被撕裂),对始源问题的一种提示和强调,它要求人们不要遗忘、淡漠和疏远始源,更不要违逆始源而为,而要努力接近始源,趋同于始源,从始源和根基上实现人与自然、人与人的和谐统一。因此,不难看出,老子的尊道思想对于我们今天正确地处理人与自然、人与人的关系具有重要的借鉴意义。

## 二、贵德

"德",古字从直从行,或从直从心。直,正也。直正二字在上古汉语中音义相通。因此,心正为德。《说文解字》:"德,升也。"《玉篇》:"德,福也。"又把德引申为一种升华和福分。

老子把道德问题置于自己学说的核心和基础性的地位。他主张"性"即德,认为"含德之厚者,比喻赤子"(竹简甲),肯定人性与道的原始统一性。他把"重积德"作为人与道合一的根本途径:"治人事天莫若啬。夫唯啬,是以早服。是以早服,是谓重积德。重积德则无不克,无不克则莫知其极。"他还把修身、修家、修乡、修邦、修天下联结与融合起来:"修之身,其德乃真。修之家,其德有余。修之乡,其德乃长。修之邦,其德乃丰。修治天下,其德乃博。"(竹简乙)所有这些,都使老子的学说显示出强烈的道德本体论的色彩,洋溢着浓郁的伦理精神,成为东方传统伦理文化的一种表征。

老子强调"重积德",鲜明地表达了以德为本的思想。这与孔子讲"据于德"(《论语·述而》)和"修齐治平"(《大学》)、与释迦牟尼讲"无量福德"(《金刚经》)皆同一。"重积德"体现了与道合一的实质,也体现了中国传统文化的魂灵。中国传统哲学的本体论、认识论、人生论等等,在本质上,均可归结到"德"字,即归结到伦理哲学、道德哲学。因此,亦可相应地名之为伦理本体论、伦理认识论、伦理人生论等等。它们都是一种特殊的伦理文化的结晶。这种古典的东方伦理文化与西方近现代的科学文化大异其趣,所以,也就内含了一种互补与综合的必然性。

老子以婴儿喻德厚者,其隐含前提是"性"即德,故不失本性即葆有其德。可见老子主张一种性善说。《文子》卷九引:"老子曰:……以道本人之性,无衮秽。久湛于物,即忘其本。忘其本,即合于若性。"又引:"即民性善,民性善,即天地阴阳从而包之。"可以作为参照。人性论作为有关人自身本质的认识的理论,是中国传统哲学最核心、最重要的组成部分。在历史上,以孟子为代表的"性善论"、以荀子为代表的"性恶论"、以告子为代表的"性无善恶论"以及以世硕为代表的"性有善恶论",大体上表达了人性问题上几种可能的、有代表性的观点,各有其地位和意义。它们各自所强调的重心不同,其政治功用也有明显差异。譬如,孟子言性善是为施行"仁政"提供理论根据,而荀子言性恶则是为其法治主张进行论证。这一情形可以与钱钟书在《管锥编》中描述的西方的情况相参照:西方古人言性恶则为政主专制保守,言性善则为政主自由进步;言性恶则乞灵于神明,言性善则自立于人定。黑格尔在其《法哲学原理》中认为,性恶论比性善论说出了更伟大得多的思想。其实,这一论断也只是在一定意义上才是合理的,即恶作为否定性,构成了事物发展的一个内在的、必要的环节。在另一种意义上,则毋宁说性善论比性恶论更深刻:它表述和肯定了人与"始源"的同一性。正是这种同一性,构成了"天人合一"的根据。顺便指出,孔子征引《康诰》中"如保赤子"之语(《大学》),又提出"率性之谓道"(《中庸》),这与老子态度一致,可见孔子实际上也是主张人性善的。孟子的性善说,不过是对老子和孔子相关思想的一种较为彻底的发挥。

在当代,老子的"贵德"思想对于人类伦理和道德的塑造,对于中国现阶段"诚信友爱"之"和谐社会"的构建,无疑具有很强的现实意义。

## 三、无为

在老子看来,"道法自然","道之尊,德之贵,夫莫之命而常自然"(《老子》第五十一章)。所以,老子提出:"道恒亡为也(据竹简甲。通行本:"道恒无名"),侯王能守之,而万物将自化。""为亡为,事亡事,味亡味。""为之者败之,执之者失之。"(竹简甲)"亡为而亡不为。"(竹简乙)

老子提出的"为"与"无为"是两种对立的实践方式、活动方式和存在方式,它反映了对待必然与自由关系上的两种态度。一般而论,人是一种主体性的存在,其存在方式就是活动、实践,即"为"。但老子这里讲的"为"显然不是指这种作为人的普遍存在方式的、一般意义上的"为",而只是特指违逆自然、违逆道而肆意造作的"妄为"。例如,这可以从老子下文讲的圣人"能辅万物之自然,而不能为"这句话中看出。同样,老子这里讲的"无为",也不是放弃主观意志和要求、放弃主体能动性和创造性而消极放任、无所事事,甚至任凭客观必然性的摆弄,而只是不违逆自然、不违逆道而为。因此,老子提倡"无为",反对"为",实际上不啻于主张从道即必然性中去赢取自由,反对违背道即必然性的主观任性。在此意义上,所谓"无为而无不为",不过是说要顺道而为,并通过顺道而为达到无所不为。也就是说,老子"无为"主张的主旨是"无不为"。其意为:不妄自造为就能顺道而为,顺道而为就能无所不为。所以,难以断言老子的"无为"主张是消极主义和宿命论的,或者说,是反主体性、否定主体性的(如某些学者所主张);毋宁说,它反对和否定的是主体性原则的绝对化和主体性的恶性膨胀。也恰恰是在这里,老子哲学显示出它的巨大的当代意义和现代性。

万物通过丰富多彩的形式处于矛盾之网中,它们既相互关联、相互依存、相互补充、相互辅助,又相互排斥、相互克制、相互磨损、相互制约,如此相成相克、相辅而行。而正因为如此,道就像一只"看不见的手"在背后起作用,无须亲自假手其中,无须"有为"就可以实现自身。这也就是老子说的圣人何以"居亡为之事,行不言之教"的根据。这颇似黑格尔在《历史哲学讲演录》中所描述的那种主宰历史过程的"理性的狡计":那个普通的观念并不卷入对峙和斗争当中,它始终留在后方、在背景里,不受骚扰,也不受侵犯。它驱使热情去为它自己工作,热情从这种推动里发展了它的存在,因而热情受了损失,遭到祸殃。但是观念自己不受生灭无常的惩罚,而由各个人的热情来受这种惩罚。

## 四、寡欲

老子提出寡欲的主张:"见素保朴,少私寡欲"(竹简本甲,下同),"罪莫厚乎甚欲,咎莫憯乎欲得,祸莫大乎不知足","圣人欲不欲","知足不辱,知止不殆";"知足以静,万物将自定"(竹简甲)。这里老子专门论及人之"欲",其主旨与《黄帝内经》"以不足为有余"之论如出一辙。"欲"乃人性之自然,亦为历史前进之动力。但"欲"不仅有公欲、私欲之分,而且有其特定的范围和合理的限度。老子在这里所强调的是对私欲的"度"的把握。在此方面,他反对"甚欲"、纵欲,反对对个人私利的无止境的追求。他把"甚欲"看作罪责、过失和灾祸的渊源,而提倡一种以"知足"为足的"恒足"。这固然是一种在自然经济、自然社会的状况下产生的欲利观,但也正因为如此,它也就具有当代社会所缺失的那种朴素、纯真、本然和恬淡的特点,其中充溢着对健康、完满的人性的希冀和热望,同时也流露出对因古风衰败而导致的人性畸变的痛心和忧患。

老子认为,防止欲望过甚、至极的最高艺术是"守中",即"知足"、"知止"。但是,人似乎难以成为自己欲望的主人,以致人欲的膨胀与个体生命的时限成反比而却与历史的发展成正比。欲望的狡黠在于:它推动着人类的前进,从而也

· 144 ·

加速着人类的死亡。它通过推动人类前进而加速人类灭亡。

为了对欲望进行有效的节制，老子提出："闭其门，塞其兑，终身不务"（据竹简本）。人欲是人性之自然。人有六根，于是六根各有所悦，于是有七情六欲。对人欲强行闭塞、禁绝，不符合老子倡导的道的精神，亦不符合老子强调的"欲不欲"即"欲不违逆自然之欲"的原则。故老子在这里讲的"闭其门，塞其兑"，仍是讲节欲而非禁欲、绝欲。从老子"见素保朴，少私寡欲"、"罪莫厚乎甚欲，咎莫憯乎欲得"等论述中可以清楚地看出，老子的真实意图，在于主张"寡欲"，反对"甚欲"。而老子之所以反对"甚欲"，仍只是因为"甚欲"违背人之自然，违背道。

有关人欲牵涉到的最大问题似乎是：人能否成为自身欲望的主人？然而对这一问题的回答，又以另一个问题为前提：人如何才能成为自身欲望的主人？老子对此的回答是以道镇欲："化而欲作，将镇之以无名之朴。"人如果能做到以道镇欲，人也就自然成为自身欲望的主人了。无独有偶，荀子也讲到"以道制欲"，与老子的以道镇欲的主张相契合："君子乐得其道，小人乐得其欲。以道制欲，则乐而不乱；以欲忘道，则惑而不乐。"（《荀子·乐论》）

今天，在现代化的历史背景下，人们再次面临这样的历史抉择：或"以道制欲"，或"以欲忘道"。《醒世恒言》中载有一则寓言，颇令人回味和警醒。文云：薛录事（官名）于高烧昏迷中化为鲤鱼，跃入湖中，恰遇渔夫垂钓，明知饵在钩上，吞之必祸身，但耐不住饵香扑鼻，张口咬之，终被钓去。作者点评曰："眼里识得破，肚里忍不过。"由此观之，"以道制欲"并非坦途。

## 五、玄览

老子的"玄览"（马王堆帛书为"玄鉴"，"鉴"通"览"）典型地表征了东方的思维方式。他说："涤除玄览，能无疵乎？"（《老子》第十章）

对于老子的这句话，学者们有不同的理解和解说。传统或主流的解释是：摒除各种欲望而后进行玄览，就能发现事物的瑕疵。但是，这种解释已经篡改了句中所指谓的"涤除"的对象。所以，我对老子这句话的理解是：所谓"玄览"，是指从最超验的高度、从道的高度来对对象进行审视、观察和领悟；而所谓"涤除玄览，能无疵乎"，意思则是说，摒除"玄览"这种思维方法，就要出现纰漏和毛病了。"玄览"实际上是对中国乃至东方之独特思维方式的一种表述。如果说西方的思维方式在整体上具有理性主义的特点，那么则可以说，中国乃至东方的思维方式更具有"悟性主义"的特色。老子的"玄览"恰恰典型地表征了这种悟性思维。

在老子那里，"玄览"与"玄同"相联系，是达到"玄同"的一种思维路径和认识方法。"玄同"描述的是一种天人合一的状态，也可以把它看成是认识的一种最高境界。到了魏晋玄学，主要讲"玄"，有一种说法是"参玄"，后来佛教也借用道家的这种说法讲"参"。曹雪芹在《红楼梦》中作过一个概括，说儒家讲"格物"，佛家讲"悟道"，道家讲"参玄"。所以，除了"玄览"的概念，也可以把道家的思维方式概括为"参玄"。"参"的含义很复杂，它在古代的基本含义就是"三"。"三"就是强调对立面的统一，实际上就是黑格尔讲的正反合的合题，经过肯定、否定，达到否定之否定。"三"从这个意义上才引申出参与其中，实际上讲的是怎么样去与认识对象、与道合而为一。所以中国古代人还强调"参验"，此概念庄子在《天下》篇里面就提出来了："以参为验"。《楚辞》里面也有"参验"这个词，叫"参验考实"（《楚辞·九章》）。"玄览"有一些前提条件。老子讲得较多的是"至虚守静"（《老子》第十六章："至虚极，守静笃"），要求把身心调节到极为虚净的状态，以便达到与道的统一。此外，老子也讲"日损"和"绝弃"："为学日益，为道日损。损之又损，以至于无为"（《老子》第四十八章）；"绝智弃辩"、"绝巧弃利"、"绝伪弃虑"（《老子》第十九章，据竹简本）。老子还强调"专气致柔"："营魄抱一，能无离乎？专气致柔，能婴儿乎？"（《老子》第十章）

后来庄子对"玄览"作了一些发挥。《庄子·天下》除了讲"参验"，还讲"坐忘"。所谓坐忘，是说通过"离形"（"堕肢体"）、"去知"（"黜聪明"），达到"同于大道"。中间要经过"忘礼乐"、"忘仁义"等过程（《大宗师》）。郭象注说："夫坐忘者，奚所不忘哉？既忘其迹（仁义礼乐），又忘其所以迹者（心智和形体），内不觉其一身，外不识有天地，然后旷然与变化为体而无不通也。"庄子还以祭祀之斋戒相喻，提出"心斋"，要求从破除主观入手，达到心气合一，心道合一。他在《人间世》中讲："惟道集虚。虚者，心斋也。"郭象注曰："虚其心则至道集于怀也。"意思是说"心斋"的实质是虚心。"心斋"的一个重要方法是："无听之以耳而听之以心，无听之以心而听之以气。"（《人间世》）庄子还讲过"见独"，即通过"外天下"、"外物"、"外生"（成玄英曰："外，遗忘也。"），进入"朝彻"（宣颖云："朝彻，如平旦之清明。"）状态，从而达到"见独"（王先谦云："见一而已。"）也就是说，通过忘掉天下、忘掉万物、忘掉生存，达到一种清明、一种顿悟的状态。庄子讲若做到"见独"，然后则"无古今"，"入于不死不生"（《大宗师》）。庄子还讲"天照"。《齐物论》中说："物无非彼，物无非是。自彼则不见，自是则见之。故曰彼出于是，是亦因彼，彼是方生之说也。虽然，方生方死，方死方生；方可方不可，方不可方可。因是因非，因非因是。是以圣人不由，而照之于天，亦因是也。"意思是说，是与非等都是相对的，而标准就是"照之于天"。这就提出了"天照"的概念。"天"在此即道。庄子还讲"以明"。他说："欲是其所非而非其所是，则莫若以明。""彼是莫得其偶，谓之道枢。枢始得其环中，以应无穷。是亦一无穷，非亦一无穷，故曰莫若以明。"所谓"以明"，庄子的解释是："为是不用而寓诸庸，此之谓以明。"王先谦解释说："莫若以明者，言莫若以本然之明照之。"（《庄子集释》）关于"明"，老子就已讲过。《老子》第十六章："知常曰明"。第五十二章:"见小曰明"。此外,老子还讲过"袭明"(《老子》第二十七章)、"微明"(《老子》第三十六章)。庄子的"以明",也是对老子思想的一种发挥。

老子提出的"玄览"与孔子提出的"格物"、禅宗宣扬的"了悟"一起成为中国哲学乃至东方哲学的"悟性主义"思维方式的典型表征。

康德曾把人类的认知结构划分为感性(Sinnlichkeit)、知性(Verstand)和理性(Vernunft)三个层次。在康德看来,感性是接受印象的能力,知性是规则的能力,理性是原理的能力,它们一起构成人类认识的完整结构。康德的这一见解,是一种不仅被黑格尔认可,而且亦被马克思主义哲学经典作家认可的普适性的权威定论。但是,尽管康德的这一理论作为定论长期以来未受到任何质疑,然而,究其实质,它不过是对西方哲学的主流传统和思维方式所作的哲学诠释。它至多对于西方文化及其哲学的主流传统才是适用的,包容不了西方文化及其哲学的整体传统,更容纳不下老子等人所代表的中国传统哲学及其所体现的东方的思维方式。就其总体而言,西方的哲学思维方式本质上是理性主义的,德国古典哲学堪称其范本。而中国传统哲学的思维方式却与其迥然而异:它无疑也含有理性主义的因素,但并不归结为理性主义;它较注重和强调悟性、直觉和体验,但又不归结为非理性主义和直觉主义。毋宁说,它在本质上更具有"悟性"的色彩,是"悟性主义"的。这种东方的悟性主义与西方的理性主义大异其趣,却又相映生辉。

总之,如果说,从康德到黑格尔的德国古典哲学代表了西方的理性主义的思维方式,老子则代表了中国乃至东方的"悟性主义"的思维方式。由此提出的任务是,应该发扬这两种思维方式各自的长处,同时在这两种思维方式之间建立起一座由此及彼、由彼及此的桥梁。此外,在认识论方面,有必要重建更具有文化包容性和世界性的人类认知结构。与康德所主张的"感性、知性、理性"的认知模式不同,笔者更倾向于把人类的认知结构表述为"感性、理性、悟性"(悟性兼具感性与理性的特点,体现感性与理性的统一)。而正是在此方面,老子的"玄览"观能够给我们提供有益的启示。

(作者:中共中央党校哲学教研部教授)

思潮与学派

# 康有为《孟子微》发微
## ——兼论以西学补充印证经学

◇汪学群

以西学补充印证经学是康有为思想的主要特征,前辈学者多有揭橥,而最精准的莫过于萧公权先生。他说:"盖康氏自幼深受孔学熏陶,先入为主。朱九江(朱次琦——引者)汉宋兼融之家法,遂成为其全部思想之主干。其后旁览西书,虽多掇采,不过资以补充印证其所建造之孔学系统,非果舍己从人,欲逃儒以归于西学。"①这一思想特征在学界研究其《春秋》公羊学中已大体达成共识,相比较而言,对其孟学研究却涉猎不多②。康有为孟学代表作是《孟子微》,此书成于光绪二十七年(1901)。戊戌变法失败后,康有为逃往日本,先后游历了日本、印度、加拿大、英国等,在印度期间撰写《孟子微》。此时正值西方列强全面侵吞中国,民族危机愈加严重之际,康有为将《孟子》七篇内容打散,重新作编排,释孟子时广征西学加以补充印证,在使西学服务其经学的同时,也使孟学微言大义现代化。本文以《孟子微》为例,对康氏以西学补充印证经学再作些推进。

康有为对《孟子》一书情有独钟,是因为孟子最得孔子之义。他说:"孔子不可知,欲知孔子者,莫若假途于孟子。"孟子言孔子之道,如导水有支派脉络,伐树有干枝叶卉,本末至明,条理至详。通晓孟子,于孔子之道可得门而入,次第升堂而入室。"吾以信孟子者知孔子,惜乎数千年注者虽多,未有以发明之,不揣愚谬,探原分条,引而伸之,表其微言大义。"③康有为突显孟子的地位,在于他承续孔子之道,"孟子乎真孔门之龙树、保罗乎!"④可见其服膺之至。孟子之所以有如此殊荣,是因为他"传孔子《春秋》之奥说,明太平大同之微言,发平等同民

---

① 萧公权:《中国政治思想史》,《中国现代学术经典·萧公权卷》,第579—580页,河北教育出版社,1999年。
② 黄俊杰《中国孟学诠释史论》(社会科学文献出版社,2004年)中有关康有为《孟子微》的部分是这方面为数不多的论述。
③ 《孟子微》卷首《自序一》,中华书局1987年标点本。以下只注著作与篇名。
④ 《孟子微》卷首《自序一》。

之公理,著隶天独立之伟义,以拯普天生民于卑下钳制之中"①。康氏所谓的"明太平大同之微言,发平等同民之公理,著隶天独立之伟义",抓住了近代西方民主平等思想的要义,并与中国古代天下大同思想结合起来,体现了中西补充、相互印证的思想特征。

## 一、从不忍人之心到不忍人之政

康有为释《孟子》的逻辑从不忍人之心开始,并由此导出不忍人之政。他释《公孙丑上》"人皆有不忍人之心"节写道:

> 不忍人之心,仁也,电也,以太也,人人皆有之,故谓人性皆善。既有此不忍人之心,发之于外即为不忍人之政。若使人无此不忍人之心,圣人亦无此种,即无从生一切仁政。故知一切仁政皆从不忍之心生,为万化之海,为一切根,为一切源。一核而成参天之树,一滴而成大海之水。人道之仁爱,人道之文明,人道之进化,至于太平大同,皆从此出。②

在这里,不忍人之心即善心或性善,不忍人之政即仁政,由不忍人之心导出不忍人之政,也即由善心或性善推出仁政,这是从心术进到政术。不仅如此,所谓的人类进化、天下太平大同等观念皆由此引出。本此,康氏分别讨论性善和仁政两个问题。

不忍人之心即仁,之所以有仁是因为人有善心、人性善,康有为肯定人性本善。他论性说:"性者,宜知名矣,无所待而起,生而所自有也。善而所自有,则教诲已非性也。"③性是"无所待而起,生而所自有",即与生俱来的,善与性一样,即"善而所自有",非教诲的产物。那么人之性善如何体现呢?他释《公孙丑上》"人之有是四端也"节认为,人之性善,"于其有恻隐、羞恶、辞让、是非之心见之。人性兼有仁义礼智之四端,故独贵于万物而参于化育。大人小人之异,视其扩充与否耳。孟子直截责人自贼,专意教人扩充"④。人性善是通过"恻隐、羞恶、辞让、是非之心"体现的,但性善又是潜在的(从生理角度应如此),因此称此四者为"仁义礼智之四端"。要想达成或实现性善还需要"扩充",即后天的努力。康氏把孟子的这一主张与西学的平等自由等观念联系在一起。所讲性善是与生俱来的,这对任何人来说都是一样的,在这一点上人人平等自立,同时又是潜在的,使其变为现实则要靠后天的努力与进取,这催促人进取向上。在他看来,不能达成性善,则是弃天与之资,卸其自然之任,甘心堕于恶下,是自贼己性。

---

① 《孟子微》卷首《自序二》。
② 《孟子微》卷一《总论第一》。
③ 《孟子微》卷二《性命第二》。
④ 《孟子微》卷一《总论第一》。

在人性上，康有为认为，既然人人皆性善，人人皆平等，那么圣人与人也是一样的。他举尧、舜、文王写道："人人性善，尧、舜亦不过性善，故尧、舜与人人平等相同。此乃孟子明人人当自立，人人皆平等，乃太平大同世之极。而人益不可暴弃自贼，失其尧、舜之资格矣。此乃孟子特义。"又说道："人人性善，文王亦不过性善，故文王与人平等相同。文王能自立为圣人，凡人亦可自立为圣人。而文王不可时时现世，而人当时时自立，不必有所待也。此乃升平世之法，人益不可暴弃自贼，失豪杰之资格矣。此孟子鼓舞激厉、进化自任之特义。盖自立进取乃人生第一义，万不可自弃者也。"①尧、舜、文王虽然是圣人，但作为人，他们俱备性善，在人性上与一般人一样是平等的，这便是孟子所倡导的人人自立，同时要努力进取，切不可暴自弃，自贼其性。康氏谈人性紧扣两大主题，一是平等，一是进取。平等则由人性平等推出人格平等、人类平等，进取则强调人性上的自立、努力、自由之度，此与西学的人格平等、天赋人权、进化思想相契合。

从人性善出发，他又具体提出求仁之路，说："至于推行为太平道，则推己及人莫如强恕，则人己不隔，万物一体，慈悯生心，即为求仁之近路。曾子言孔子之道，忠恕而已；仲弓问仁，孔子告以己所不欲，勿施于人；子贡问终身行，孔子告以恕。故子贡明太平之道曰：我不欲人加诸我，吾亦欲无加诸人。"②在这里，"忠恕"为求仁之近路，即"己所不欲，勿施于人"，"我不欲人加诸我，吾亦欲无加诸人"，人与人之间彼此相互尊重，不相侵犯，交相亲爱，保持人格上的自主、独立、平等，这是人类之公理，也是由进化达到太平的途径。

不忍人之政即仁政，康有为认为圣贤施仁政一以贯之。他释《离娄下》"舜生于诸冯"节说："舜为太平民主之圣，文王为拨乱世君主之圣，皆推不忍之性以为仁政，得人道之至以为人矩者。孔子祖述宪章，以为后世法程。其生自东西夷，不必其为中国也；其相去千余岁，不必同时也。虽迹不同，而与民同乐之意则同。孟子所称仁心仁政，皆法舜、文王，故此总称之。"③他认为美国总统华盛顿虽然不生于中国，但所行之仁心仁政，与古代的舜、文王诸圣贤倡导的仁政是相通的。施仁政在于与民同乐。他释《梁惠王下》"与民同乐"节说："独乐不如与人乐，少乐不若众乐，实是人情，故非地球太平大同，人人独立平等，民智大开，尽除人患，而致人乐，不能致众乐也。孟子一通仁说，推波助澜，逢源左右，触处融碎。"④在他看来，当今西方茶会动至数千人，赛会燃灯至数百万人，其余各种聚会千数百人，皆得众乐之义。孟子为平等大同之学，人己平等，各得其乐，因此反对暴君民贼凌虐天下，养一己之体，纵一人之欲，当然也不赞同佛氏绝欲，墨子尚

---

① 《孟子微》卷一《总论第一》。
② 《孟子微》卷一《总论第一》。
③ 《孟子微》卷一《总论第一》。
④ 《孟子微》卷四《同民第十》。

俭。康有为主张应聚民所欲，他释《离娄上》"桀纣之失天下也，失其民也"节说："凡一切便民者皆聚之，故博物院草木禽鱼之囿，赛珍之会，凡远方万国之物、古今快意奇异之事，皆置之于都邑以乐之。民乐则推张与之，民欲自由则与之。"①对于一切束缚压制之具、重税严刑之举、宫室道路之卑污隘塞，凡民所恶者皆去之，民安得不归？仁政不必泥古，也不限于一端，主要在于能聚民所欲，去民所恶。

在德力、王霸之辨上，康有为主张："盖天下归往谓之王，今天下所归往者莫如孔子。佛称法王，耶称天王，盖教主皆为人王也，天下同之。天下不往墨子，故不得为王。既天下归往孔子，安得不为天乎？此道德之王，王有万世。若当世人主，以力服人，只可称为霸。"②他心向王者，反对霸主，强调以德服人，反对以力服人。他举中外历史上诸帝王，如秦始皇、汉高祖、明太祖、亚历山大、成吉思汗、拿破仑皆为以力服人，而不可称为王。不以称谓而以德力辨王霸，这与他倡导的仁政是一致的。

康有为倡导仁政，反对不仁之政，在释《公孙丑上》"仁则荣，不仁则辱"至"自作孽不可活"节时，对现政提出批评："此明仁不仁之荣辱。人道竞争，天之理也。不仁而般乐怠敖，人将侮之。顷者万国交逼，而我犹移海军铁路之费以筑颐和园，则台湾、旅顺先失矣。日本之小，改纪其政，则大国畏之。有天命而不力配之，有多福而不求之，驯至分危，是自作孽不可活也。"③他自谓十年前上书，言及后来的变法，是想未雨绸缪，而变法失败，政治危机加剧，最终酿成大祸，是自食其果。以历史为例，若汉桓帝、灵帝提早戒备，何至有黄巾之乱？宋徽宗、钦宗提早预防，何至有金人之祸？历史在今日上演，皆为自作孽之祸。这些都是不仁之政所造成的，可见施仁政对摆脱当下的政治、民族危机是十分重要的。

康有为把由仁心引出仁政称为由内圣开出外王之道。

## 二、仁政的方案及实施

康有为不仅倡导仁政，而且还提出了一套施仁政的方案，主要借鉴近代西方的政治、法律、经济等学说来补充印证孟子思想。

在政治上，君民是国家政权的基本构成。关于君民关系，《孟子》一书早有深刻的讨论。康有为服膺孟子的观点，他释《万章上》"天与贤，则与贤，天与子，则与子"节提出"三世立主"的国体观。所谓"三世立主"，指君主、君民共主、民主。君主并非独裁，而是民思贤主，则立其子，如法国再立拿破仑第三。君主、君

---

① 《孟子微》卷三《仁不仁第七》。
② 《孟子微》卷一《总论第一》。
③ 《孟子微》卷三《仁不仁第七》。

民共主、民主虽然有所不同,但其立足点都是国民,为国民服务,国民有权根据自己的愿望选择其中哪种形式,而不是主观臆断地强求。他把这三种形式与据乱世、升平世、太平世结合起来,说:"大约据乱世尚君主,升平世尚君民共主,太平世尚民主矣。此孟子遍论三世立主之义。"①认为"三世立主"是当今世界国家政权存在的三种基本形式。作为立宪派的代表人物,他青睐的是君民共主式的体制,在吸取了近代西方的宪政学说基础上,对宪政条件下的君民共主体制作了详尽的阐释,如释《尽心下》"民为贵,社稷次之,君为轻"节写道:

> 此孟子立民主之制、太平法也。盖国之为国,聚民而成之,天生民而利乐之。民聚则谋公共安全之事,故一切礼乐政法皆以为民也。但民事众多,不能人人自为公共之事,必公举人任之。所谓君者,代众民任此公共保全安乐之事。为众民之所公举,即为众民之所公用。民者如店肆之东人,君者乃聘雇之司理人耳。民为主而君为客,民为主而君为仆,故民贵而君贱易明也。众民所归,乃举为民主。②

一国之中君民平等,皆为国家的主人,都为国家做事,他们之间没有等级的差别,有的只是分工的不同。他不仅继承了孟子所谓的"民贵君轻",而且也发挥了黄宗羲"民为主君为客"的思想,又举美国、法国、瑞士及南美各国的近况加以解释,其目的在于以近代西方的民主思想,与孟子儒家所说的"天下为公,选贤与能"相补充印证。他把君民关系作如下比喻:国家为人民公共的财产,如同一公司有公共股份,君为一司理之人。公司有倾败,责任在司理,人民有饥寒,说明作为国家司理的人君经营不善,难辞其咎。此乃平世之公理③。对于窃国大盗,他给予严厉的抨击,释《梁惠王下》"残贼之人,谓之一夫"节说:"君者,国民之代理人也。代理人以仁养民,以义护民,众人归心,乃谓之君。所谓天下归往,谓之王则可。常为司理,如有侵吞,已当斥逐,况于残虐为民贼乎?亿兆怒之,无助之者,是谓一夫。孟子正其名曰贼,去其所有曰一夫。"④又举例如英国杀查理一世,法国杀路易十六、驱逐拿破仑,奥国驱逐费迪南等,诸国之君皆为独夫民贼,以此来印证孟子所说的"残贼之人,谓之一夫"之义。

既然推崇君民共主体制,那么他在政体上相应地就主张立宪体。他释《梁惠王下》"所谓故国者,非谓有乔木之谓也"节说:"此孟子特明升平授民权、开议院之制,盖今之立宪体,君民共主法也。"⑤可以说立宪制从法律上保障了君民共主的实际运行。在他看来,当今英、德、奥、意、日、葡、比、荷等国皆行此法。实行

---

① 《孟子微》卷四《同民第十》。
② 《孟子微》卷一《总论第一》。
③ 参见《孟子微》卷四《仁政第九》。
④ 《孟子微》卷四《同民第十》。
⑤ 《孟子微》卷一《总论第一》。

议院制度可以使国民共同参与政治,这体现了国为一国人所有,国为国人公共之物,当与民公任的理念。宪政体制虽然在中国古代没有此称谓,但其君民共主的思想,孔子、孟子早有论述。

康有为在制度层面上主张君民共主制,以及立宪体,但在价值层面上向往的仍然是民主。他释《万章上》"尧以天下与舜"节说:"此明民主之义。民主不能以国授人,当听人之公举。《礼记·礼运》所谓大道之行,天下为公,选贤与能也。"①这种民主体现在公举上,公举在古代中国早有,孟子在思想上加以完善,美国建国伊始的总统选举也充分体现了这一点,选举则为太平世永久之法。

在法律上,康有为主张司法独立。他释《尽心上》"桃应问曰:舜为天子,皋陶为士,瞽瞍杀人,则如之何?孟子曰:执之而已矣"节说:"此明司法官之独立,而法律各有权限,不得避贵也。各国律皆有议贵之条,此据乱世法也。若平世法,则犯罪皆同。美国总统有罪,亦可告法司而拘之,义同于此,近升平法矣。孟子发平世义,故明法司可执天子父,而天子不能禁也。拘父犹不能乱法,况其他乎?此章专明司法独立之权,而行政不得乱法,托舜发之。窃负而逃,乃极言孝子之意,明终不能恃天子之势,而行压制,乱法律。不必泥也。"②司法独立是近代西方三权分立制度的核心内容,司法独立于行政之外,行政不得干预司法,这样就保证了司法的公正性、权威性,以及人与人之间在法律面前的平等。王子犯法与庶民同罪是孟子儒家固有理念,现今西方的司法独立与孟子此节相契合。

康有为释《离娄下》"君子平其政"节说:"孟子明平政之义。天生人本平等,故孔子患不均。《大学》言平天下,不言治天下,《春秋》孟子言平世,不言治世,盖以平为第一义耳。平政者,行人人平等之政,如井田,其一端也。孔子、孟子欲天下之人无一夫失所,仅济一人,非所尚也,故借子产而明之。"③在政治上倡导平政,天下人平等,除了政体、法律做保证以外,还要有经济为后盾,也就是在经济上主张平均,这是由政治上的平等引出经济上的平均。他论平均写道:

> 愚谓生人皆同胞同与,只有均爱,本无厚薄,爱之之法,道在平均。虽天之生人,智愚强弱之殊,质类不齐,竞争自出,强胜弱败,物争而天自择之,安能得平?然不平天造之,平均者圣人调之,故凡百制度礼义,皆以趋于平而后止。④

人性虽然是平等的,但人生存不见得都是平等的,因为人们的生理资质不同,依据达尔文的物竞天择之理,这会导致人类弱肉强食的局面。为了避免这个局面的发生,统治者必须采取措施加以调解,以经济手段即以平均来缩小贫富之间的

---

① 《孟子微》卷四《同民第十》。
② 《孟子微》卷四《同民第十》。
③ 《孟子微》卷五《战第十三》。
④ 《孟子微》卷一《总论第一》。

差别。具体措施主要包括以下两方面。

首先是平均。他说:"英人傅氏言资生学者,亦有均民授田之议。傅氏欲千人分十里地以生殖,千人中士农工商之业通力合作,各食其禄。此则孔子分建之法,但小之耳,终不能外孔子之意矣。盖均无贫、安无倾,近美国大倡均贫富产业之说,百年后必行孔子均义,此为太平之基哉! 但据乱世人少,专于农田;升平世人繁,兼于工商,然均平之义,则无论农工商而必行者也。"①古代以农业立国,专言农事,现代增加工商,以农工商以及机器制造来扩大收入,增加社会总量,这是社会平均的基础,从农业到工商业都倡导平均,这里引用英国空想社会主义者傅立叶资生学和美国均贫富产业之说,认为西方近代平均诸说皆与孔孟平均之说相通。

其次是薄税。他释《尽心上》"易其田畴,薄其税敛"节说:"易田畴,薄税敛,食时用礼,此古者以农立国之法,今则兼工贾百技,要其大旨,不外富民。"②在他看来,当今美国工业发达,经济富裕,薄税则是其重要的手段。他又释《公孙丑上》"市廛而不征,法而不廛,则天下之商皆悦"节说:"孟子一生心术全在于民,其言政法,全在悦民,尊贤使能。市廛而不征,法而不廛,关讥而不征,耕助而不税,廛无夫里之布,五者皆孔子仁政。盖当时治市,既须治法,又有廛税,又有货征,又每夫每里头会箕敛,税极繁苛,故孟子曰以薄税敛为言也。孔子一切削除,市则或税廛,耕则但求助,仁之至矣。天下古今无比之者,士农工商旅安得不悦?"③"市廛而不征,法而不廛,关讥而不征,耕助而不税,廛无夫里之布",指中国古代不征宅地税、关税、农业赋税等,以此减轻民众的经济负担,此乃孔孟之仁政。他引当今各国人皆争相迁往美国,每年以数十万人的速度递增,各国政府屡禁不止,其原因在于美国实施薄税,与孔孟薄税主张相补充印证。

诸措施所达到的目标是富民。他释《尽心上》"民可使富也"说:"此言富民民自仁,即富而后教之义。仓廪实而后知礼节,衣食足而后知廉耻也,此乃定理。"④又引自己游历欧美期间所看到的经济富裕情况,如富人捐款数千百万给学校、医院、养老院、精神病院等,整个社会政治稳定,经济发达,道德水平高尚等,这一切皆由民富所致⑤。此与《尽心上》"圣人治天下,使有菽粟如水火,菽粟如水火,而民焉有不仁者乎"的主张是一致的。相比较而言,中国当时贫弱而不顾廉耻,皆由无仁政,又不公权,富民无术所造成的。

---

① 《孟子微》卷一《总论第一》。
② 《孟子微》卷四《仁政第九》。
③ 《孟子微》卷四《仁政第九》。
④ 《孟子微》卷四《仁政第九》。
⑤ 第一次世界大战之前抱有此观点的中国人不在少数,战后此种观点有所改变。

## 三、人类进化与社会进步

康有为在释《孟子》时也广泛吸收了近代西方的进化论,把它与孟子相关思想相互补充印证,他把人类历史的进化看成是由蒙昧到野蛮再进到文明的过程,说:

> 草昧初开,为大鸟兽之世,及人类渐繁,犹日与禽兽争。今亚、非洲中央犹然,且大兽伤人尤多。今印度,岁死于虎狼者数万计,可知人兽相争之剧。中古人与人争地,故以灭国俘虏为大功。上古人与兽争,故以烈山泽、逐禽兽为大功。尧、舜之时,兽蹄鸟迹之道交于中国,至周公时,尚以兼夷狄、驱猛兽为言。今则中原之地,猛兽绝迹,田猎无取,此后人道大强,兽类将灭。盖生存竞争之理,人智则灭兽,文明之国则并野蛮,优胜劣败,出自天然。而所以为功者,亦与时而推移。野蛮既全并于文明,则太平而大同矣;猛兽既全并于人类,惟牛、马、犬、羊、鸡、豕,豢养服御者存,则爱及众生矣。此仁民爱物之等乎?①

由蒙昧到野蛮再进到文明,"生存竞争"起了重要的作用,这也符合优胜劣汰之理,此乃达尔文"物竞天择,适者生存"进化论的精髓。康氏以此描述了人类由蒙昧到野蛮再到文明的历史进程。人类向文明的进化中除了自然界的"物竞天择,适者生存"之外,还有一项重要的内容,那就是教化的作用,他释《孟子》时充分发挥了这一观点,说:

> 国之文明,全视教化。无教之国,即为野蛮;无教之人,近于禽兽。故先圣尤重教焉。五伦之立,据乱世之人道也。生我及我生者为父子,同生者为兄弟,合男女为夫妇,有首领服属为君臣,有交游知识为朋友,此并世相接之人天。然交合之道非强立者,圣人但因而教之。父子天性也,故立恩而益亲。兄弟天伦也,故顺秩而有序。男女不别则父子不亲,太古男女随意好合,夫妇皆无定分,既乱人种,又难育繁人类,故特别正定为夫妇,以定种姓而传嗣续。若君臣无义,则国体不固,而不能合大群。朋友无信,则交道不行,而无以成群会。凡五伦之设,实为合群之良法也。而合群之后,乃益求进化,则自有太平大同之理。②

父子、兄弟、夫妇、君臣、朋友这五伦,是人类社会的基础构成,他们之间存在着一种血缘、契约的关系,对他们施以教化,如教之以父子有亲、兄弟有序、夫妇有定、君臣有义、朋友有信,使他们成为和谐的群体,才有利于发展,人作为一个群体,其进化是群体的进化,或者说是社会的进化。在这里,康氏也引入西方近代谈人

---

① 《孟子微》卷八《辟异第十八》。
② 《孟子微》卷八《辟异第十八》。

类起源所持的社会契约论的观点。

关于人类社会进入文明后其进化的时期,康有为以公羊家释《春秋》发挥其三科要旨,即据乱世、升平世、太平世为进化三阶段。孟子传《春秋》公羊学,也强调据乱世、升平世和太平世,康氏进一步认为一世中又有三世。人类社会的进化速度有快慢,形式也不一。一世之中又有三世,据乱之中有太平,太平之中有据乱。如仅识族制亲亲,此为据乱之据乱;内其国,则据乱之太平。中国夷狄如一,太平之据乱;众生如一,太平之太平。一世之中有三世,因此可推为九世,又可推为八十一世,以至于无穷①。从这一点看,社会的发展与进步是无可限量的。

与诠释公羊《春秋》相比,康有为诠释《孟子》更强调乱世、平世的意义。如释《离娄下》"禹、稷当平世"节说:

> 故有平世乱世之义,又能知平世乱世之道各异。然圣贤处之各因其时,各有其宜,实无可如何。盖乱世各亲其亲,各私其国,只同闭关自守。平世四海兄弟,万物同体,故宜饥溺为怀。大概乱世主于别,平世主于同;乱世近于私,平世近于公;乱世近于塞,平世近于通。此其大别也。孔子岂不欲即至平世哉?而时有未可,治难躐级也。如父母之待婴儿,方当保抱携持,不能遽待以成人之礼;如师长之训童蒙,方用夏楚收威,不能遽待以成学之规。故独立自由之风,平等自主之义,立宪民主之法,孔子怀之待之平世,而未能遽为乱世发也。以乱世民智未开,必当代君主治之,家长育之,否则团体不固,民生难成。未至平世之时,而遽欲去君主,是争乱相寻,至国种夷灭而已。犹婴儿无慈母,则弃掷难以成人;蒙学无严师,则游戏不能成学。故君主之权,纲统之役,男女之别,名分之限,皆为乱世法而言之。至于平世,则人人平等有权,人人饥溺救世,岂复有闭门思不出位之防哉?若孔子生当平世,文明大进,民智日开,则不必立纲纪限名分,必令人人平等独立,人人有权自主,人人饥溺救人,去其塞、除其私、放其别,而用通同公三者,所谓易地则皆然。②

这是从多视角对比乱世与平世的区别。在这里他更注重的是循序渐进的进化即所谓的社会改良,而不是具有破坏性的革命,改良可以避免由革命导致的社会动荡,使社会获得良性的发展。他所向往的是有"独立自由之风,平等自主之义,立宪民主之法"的平世,充分吸取了西方自由、民主、平等思想,以及相适应的法律理念,并把它们与《孟子》思想相印证,这也是他前此倡导变法想要达到而未能达到的。

康有为还把《礼记·礼运》所谓的大同小康与平世乱世进行比较,认为大同

---

① 参见《孟子微》卷一《总论第一》。
② 《孟子微》卷一《总论第一》。

即平世,小康即乱世。言父子,平世不独亲其亲,子其子;乱世各亲其亲,各子其子。言夫妇,平世男有分,女有归,分者有所限,归者能独立,男女平等自由;乱世以和夫妇。言君道,平世天下为公,选贤与能;乱世大人世袭。言兄弟,平世老有所终,壮有所用,幼有所长,矜寡孤独废疾有所养;乱世以睦兄弟而已。言货力,平世货恶其弃于地,不必藏于己,力恶其不出于己身,不必为己;乱世则货力为己①。小康是必经阶段,但不是最终的目的。

对于进化所达到的最终目的,康有为在释《告子下》"白圭曰丹之治水也愈于禹"节时,抒发了一种世界主义的情怀,说:"白圭之才能,以筑堤治水,曾为白渠,名于时,故以自负。是亦近于今里息勃斯之流者,特自称过于禹。岂知国士之所为,仅私其国,而圣人之所为,乃为天下。当国界分明之时,众论如饮狂泉,群盲共室,但知私其国,不知天下为公;至国界既平时,即觉其私愚可笑。"②联系到当今欧美诸国,群雄并立,其眼界似井蛙观天,所见狭隘,不过是白圭之流。其论议行事,自私其国,而不求天下公益,亦与战国争霸相同。与此相反,孔孟之学为天下之学,而非局限于一国,天下为公、天下大同就是要打破国界,天下为一家。他又释《梁惠王上》"定于一"节指出:

> 孟子此言,可谓深切,足为万世法矣。若天下之定于一,此乃进化自然之理。人道之始,由诸乡而兼并成部落,由诸部落兼并而成诸土司。古之侯国,即今之土司也。合诸土司必有雄长,《宋史·南蛮传》所谓都大鬼主,即方伯也。合诸大长即为霸,其文明有治法者,四夷皆服,是即中国之天子。……凡大地皆自小并至大,将来地球亦必合一,盖物理积并之自然。……孟子此言,盖出于孔子大一统之义,将来必混合地球,无复分别国土,乃为定于一大一统之征,然后太平大同之效乃至也。③

他列举历史上的中国和其他国家的统一过程加以证明,认为人类的历史就是走向统一的历史,国与国的界限正在消除,世界愈来愈趋向统一,显然受西方世界主义学说的影响,并把此学说与中国古代天下大同思想相印证。

康有为以上所讲的性善、仁政、人类进化这三方面是一以贯之的。《滕文公上》有"孟子道性善,言必称尧舜"一句,康有为写道:

> 孟子探原于天,尊其魂而贱其魄,以人性之灵明皆善,此出于天生,而非禀于父母者。厚待于人,舍其恶而称其善,以人性之质点可为善,则可谓性为善,推之青云之上,而人不可甘骥于尘土也。盖天之生物,人为最贵,有物有则,天赋定理,人人得之,人人皆可平等自立,故可以全世界皆善,恺悌慈祥,和平中正,无险诐之心,无愁欲之气。建德之国,妙音之天,盖太平大同

---

① 参见《孟子微》卷一《总论第一》。
② 《孟子微》卷八《辟异第十八》。
③ 《孟子微》卷三《仁不仁第七》。

世之人如此。尧、舜者,太平大同之道也。孔子立三世,有拨乱,有升平,有太平。家天下者,莫如文王,以文明胜野蛮,拨乱升平之君主也。公天下者,莫如尧、舜,选贤能以禅让,太平大同之民主也。孔子删《诗》首文王,删《书》首尧、舜,作《春秋》以文王始,以尧、舜终。孟子传孔子之道,故师慕尧、舜、文王,一切议论,举以为称,而孟子尤注意于平世,故尤以称法尧、舜为主。人人皆性善,人人皆与尧、舜同,人人皆可为太平大同之道,不必让与人,自诿其责任也。①

他认为孟子一生学术皆由"孟子道性善,言必称尧舜"一句而发,此乃孟子思想的核心。首先肯定人性善,在性善上人人平等,从人性平等推出人格平等,再由人性、人格之平等导出仁政,在政治、法律、经济上建立确保仁政实施的体制,而进化的观点始终贯穿于其中,也就是说他把人、人类社会都看作是进化的。康氏强调进化,其实质是为改良服务的,他想以改良的方式完成政治体制转变,促使社会进步,这样给社会带来的震荡最小,说不定还能搭上西方近代工业发展的末班车,而变法的失败最终使其愿望化成泡影。但有一个愿望他似乎达到了,那就是以西学补充印证《孟子》,从而完成了对孔孟思想的一次复归。

从康有为自定年谱看,他于19世纪70年代开始接触西学,光绪五年(1879),"渐收西学之书,为讲西学之基矣"。八年(1882),"大购西书以归讲求","大讲西学,始尽释故见"②。稍后他在致友人书中称:"至乙酉(光绪十一年,即1885年——引者)而学大定,不复有进矣。"③他最先阅读的是西方的史志、游记等,后来开始慢慢阅读译成中文的有关西方社会政治等方面的书籍④,尤其是经梁启超介绍而读到光绪二十四年(1898)出版的严复所译赫胥黎《天演论》⑤,以及以此解释社会的社会达尔文主义,凡此无疑对他补充印证孟子学说提供了丰富的思想源泉。

康有为以西学与《孟子》相补充印证,是诠释孟子思想过程中中西对话的一次有益尝试。从理论上说,把对《孟子》的诠释推向现代化,使其学说在中西比较中获得了普世性的价值,对中西学术的融会贯通有借鉴意义;就现实而言,也

---

① 《孟子微》卷一《总论第一》。
② 参见《康南海自编年谱》光绪五年己卯条、光绪八年壬午条,《中国现代学术经典·康有为卷》,河北教育出版社,1996年。
③ 《与沈刑部子培书》,《康有为全集》第1卷,第380页,上海古籍出版社,1987年。
④ 在年谱中他虽然没有明确点出哪本书,但当时已翻译成中文的西方名著如《自西徂东》、《佐治刍言》、《百年一觉》、《泰西新史揽要》、《民约通义》等所包含的孟德斯鸠、洛克、卢梭、傅立叶等西方学者阐释人类起源所持的社会契约论,以及天赋人权、人类平等自由、三权分立、世界主义等近代西方诸学说,对他的思想肯定产生了很大影响。
⑤ 参见梁启超《与严幼陵先生书》,《饮冰室合集·文集》第1册,第106—111页,中华书局,1989年。

有利于改革当时的弊政,唤起民族救亡意识。但也应该看到,以西学补充印证中学是中西学术碰撞后的一种本能的反应,这种补充印证过于简单化、机械化,有比附之嫌,它是近代以来西学中源说的一种表现形式,是以儒家文化为本位的,在学理上终究脱不了中体西用的窠臼。这里不是想苛求于前人,而是要总结经验教训,超越西学中源、中体西用等畛域,走中西融合之路,通过融合来博采中西之长,为我所用,创造出一个既不同于西方也有别于中国以往,适应新时代发展的学术,这才是学术发展的正确方向。

(作者:中国社会科学院历史研究所研究员)

# 试述中华文化的精神风格

◇李德顺

关于中国传统文化的优点和缺点、长处和短处、精华和糟粕等,古今中外有很多说法,并且也总是变化着,自然是"仁者见仁,智者见智"。我根据自己对"文化"和"传统"的理解,并同世界上其他文化相比较,对于我们传统文化的最大优势和劣势尝试给出一个最低限度的回答。这就是:

中华文化总体上的最大优势,在于它自古以来造就了一种特有的、优越的民族精神和文化气质,这种精神和气质的集中表现,用古人的话说是"厚德载物"、"大象无形"的智慧和气概;而最大劣势则在于,它同时附加了一种比较片面、越来越自我封闭的文化倾向,这种倾向的集中表现在于过分追求"道德文章"和"克己复礼"的偏执之中。

## 一、传统文化的最大优势

古人以朴素的方式,阐明了中华文化的宏观定位和发展定向:"厚德载物"和"大象无形"。可以说这正是一个地域广阔、人口众多、历史悠久的伟大国家所特有的景象、特有的气派,是一个有志于肩负人类历史重任的伟大民族共同体所需要、所应有、所能以自持的文化风格和整体面貌。

"厚德载物"一语出自《周易·象传》:"天行健,君子以自强不息。地势坤,君子以厚德载物。"《周易》主张国人君子要学习天地之势,掌握阴阳之理。天属阳,代表刚健、有为、进取,所以君子要学习"天行健",永远自强不息;地属阴,大地包容和负载着众多物类,代表诚厚、宽容、顺达,所以君子也要效法"地势坤",有大地一样的胸怀,"厚德载物",能够包容和负载多种多样的世事、人生、物类,使之相互和谐,生长繁息。以数千年的史实看来,"厚德载物"的大地气质,似乎得到了充分的显现。

"大象无形"一语出自老子《道德经》第四十一章。老子言及"道"的至高至极境界时,用了"大方无隅,大器晚成,大音希声,大象无形"等说法。"大象无形"可以理解为:世界上最伟大恢宏、崇高壮丽的气派和境界,往往并不拘泥于一定的事物和格局,而是表现出"气象万千"的面貌和场景。老子个人主张"阴柔",与"天行健"的精神有所相悖,他还常用"辩证"的方法来为自己消极"无为"的主张作论证,这一点了不可取。但是,他所说的"大象无形"倒有阳刚之气,用"大象无形"来形容中华文化的特点,概括其泱泱大度、包罗万象、不拘一格、生机无限的伟大精神气质,是非常贴切的。

"厚德载物"、"大象无形",从不同角度讲出了共同的道理:以"厚德"载万物,兼容天下,故总体上似无"定形";由"固无定形"而能容纳"多形",善于吞吐吸纳外来之物,壮大丰富自己,故能在看似"无形"之上,而成其泱泱"大象"。在几千年的实践中,这种"厚德载物"、"大象无形"的文化,作为一种无形的精神底蕴和活力资源,被一代又一代国人自觉不自觉地(在很多情况下是未必自觉的)保持和发扬起来,成为中华民族不断成长壮大,历经无数劫难而不衰败溃散,并能够取得成功和辉煌的一个重大条件。

因无定形而成大象,因有大象而具大形。这一点可以从许多方面得到印证。例如中华民族伟大共同体的形成和发展,就是这一文化定位的最有力显示。中国大地上原有许多部族和民族,这些民族能够长期共处,并互相交流、促进,共同发展,融汇成一个多民族和谐而不单一的大家庭,没有"厚德载物"的土壤和"大象无形"的自由,是不可想象的。其中最为典型的,要数人口最多的民族——汉族的产生。众所周知,汉族本身并不是中国原生的一个单纯民族,而是在原有许多小的民族多次交融、汇合的基础上,经过一场伟大的自我创造而形成的。中华民族的主要成分——汉族本身的人种特征就是如此,它的文化就更不能不具有"厚德载物"的渊源和"大象无形"的特色了。

再不妨举"服饰文化"为例。人们发现,中华民族的服饰,不仅因少数民族众多而没有一贯统一的样式,就是单一的汉民族服饰,也是自古以来就在不断变化着,并无统一固定、保持不变的"传统"样式。记得 20 世纪 70 年代末曾发生的一件有趣之事:开放初期,一些年轻人追赶时髦,兴起了穿海外流行的"喇叭裤"风气,颇令一些人士不安,于是发表文章说穿喇叭裤"不合中华传统","有损文化"云云。然而不服气的人却反问道:那么符合传统的裤子又是什么样子的?他们历数了从北京猿人到开放前人们穿过的各种裤子样式,之后问:究竟哪一种才是标准的中国样式?这一来倒令异议者哑然。不过没多久事情又发生了喜剧式的变化:根据敦煌壁画"飞天"而编演的大型歌舞剧《丝路花雨》一出台,其服饰就让人们发现,原来早在我国唐朝时期,就是穿"喇叭裤"的,它竟可以说是我"国粹"之一! 于是整个争论息然,而生活中的服饰演化依旧在进行……

这个看来不经意中的小插曲,却使人发现了大现象:原来,没有统一的固定不变的样式,可以随时改变和发展,这本身也可以成为一种特有的样式、风格和传统。在服饰文化领域,中国的传统恰恰是"以人为本、不拘一格、唯实是务"的。正如俗话所说:"不在穿什么,而在怎么穿。"——不论穿着什么样的服饰,只要穿着合身,为我所用,都依然保持中国人的面孔,表现中国人的气质,发扬中国文化的风格。这就是所谓的"大象无形"。

· 161 ·

"厚德载物"和"大象无形"的风格,在实践中表现为文化上的胸襟开阔,广纳兼容;求实顺变,不拘一格;善于学习,为我所用。

文化上的胸襟开阔,广纳兼容,造就的是一种海洋一样的广阔和丰富,使我们的文化不断地接收和积累起各种各样的丰厚资源,可以取之不尽,用之不竭。

文化上的求实顺变,不拘一格,造就的是一种自我发展、自我完善的主体活力,顺应而不是抗拒历史大势,求实而不务虚名,使我们的文化能够为谋求民族的生存发展提供最大的选择空间,而不至于僵死凝固。

文化上的善于学习,为我所用,造就的是一种敢于和善于面对世界多元文化的吸收同化能力,既能广泛吸收别人之长,不断更新自己,又能保持自己个性鲜明,使我们的文化始终具有巨大的内部亲和力、凝聚力。

"海纳百川,有容乃大。"这句话足以描述中国传统文化中最伟大、最成功也最具魅力的那一面。我觉得可以把中华文化的这种伟大气度,比喻成"汪汪如东海之波,澄之不清,扰之不浊"。它永远自成一番景象,具有无限的风光,无限的生命力。

这种"厚德载物"、"大象无形"的文化生命力,是中华文化特有的风格和优势,是滋养生长绚丽生命和无穷智慧的肥沃土壤。我们民族已往所取得的许多骄人业绩,是这块沃土上的丰硕果实。几千年来,地球上的人类发生过无数次巨大灾异,世事变幻、沧海桑田、风云莫测。在这些变化中,世界各个民族和他们的文化都多少地改变了,有些改变很大,有些最终瓦解甚至消失了。人们发现,中华文化是迄今为止世界上唯一不曾中断过的民族文化。之所以能够如此,不能不归功于它自身的这种生命力。

## 二、传统文化的最大劣势

透过历史细观我们传统文化的劣势,发现最突出的一点,则与精神风格相反,是一种比较狭隘、做作、越来越自我封闭的倾向,就是以"克己复礼"为导向的道德理想主义。

"克己复礼"是孔子当年于乱世之中提出的一个立身治世主张。其中心思想,就是要人们克制自己,以恢复和实行过去(周公时代)曾经实现过的"礼治"。颜渊问如何实现"仁"的理想时,他回答说:"克己复礼为仁。一日克己复礼,天下归仁焉。"颜渊继续问如何做,孔子解释道:"非礼勿视,非礼勿听,非礼勿言,非礼勿动。"[1]在其他场合和其他情况下,孔子也一再强调这样的思想。孔子这一原本只有具体针对性的主张,经后世儒家的推广和发挥,却逐渐具有了一种文化纲领的性质。

---

[1] 《论语·颜渊》。

就其思想内容和倾向说来,"克己复礼"的文化影响,主要有"道德文章主义"和"逆时序思维取向"两大特征:

**道德文章主义** 是指那种过分专注于道德文章的倾向。通俗地说,就是指那种专爱在"道德"上做文章,和在道德上只爱"做文章"的主义。它是一种由道德中心主义意识与脱离实际的道德理想主义思想相结合的产物。

道德是人所特有的社会生命形式。人就要讲道德,这一点本无可置疑。然而道德中心主义和泛道德化意识的表现,就是遇事专爱在人伦道德上着眼,而不知社会还有别的甚至更为根本、更为重要的方面。"克己复礼",从一开始就表现出这样的倾向。孔子身处社会剧烈变革的"乱世",当然会有许多深切的体验和感想。但他终究未能进行更加广泛深刻的社会历史观照,不能用经济、制度等深层的根源去解释社会现象,因此只停留在道德层面,将治世的希望和出路主要寄托于个人特别是权势人物的道德操守。他不遗余力地到处呼吁,企图通过人人都"克己"来恢复或建立理想中的"礼治"社会。在他的"礼治社会"中,伦理道德秩序是首要的、中心的、普遍的根据和内容,政治也带有浓厚的伦理道德色彩,而经济不过是手段,至于制度、法律、科学等,相比之下则显得无足轻重了。这样的"道德本位"和"道德至上"取向,加上所讲的道德又仅专注于个人的修养和表现,而不是结合社会的结构和秩序去把握公共的政治伦理,就难免导致忽视社会历史的整体性因素,忽视经济政治制度的基础,忽视人们现实生活条件的存在和作用,从而脱离实际,走向纯意向化的理想主义。正因为如此,尽管孔子对当时某些不合理现象、无序化状态的观察和批判是深刻的,但他所提出的治世方案,却最终证明是软弱无力的,只是一种美好理想。因为他"提出问题"的方式是从实际出发的,而"解决问题"的方式却严重脱离深刻的现实,就必然使构想出来的各种美好理想、宏图伟略,最终都只不过成为"文章"而已。孔子的"礼治"社会理想和"唯个人修己"道德思维,固然在某些方面能够适应当时的社会生活方式和统治需要(因此也一度在一定程度上被采用),但终究是与人的现实本性、与大多数人的现实要求相脱离的,从而也与社会生活的实际发展相脱离,最终难以变成现实。孔子生前就曾被人视为"知其不可而为之者"①,他自己亦有察觉,故曾有"道不行,乘桴浮于海"②的悲愤和无奈。可惜的是,后人对孔子思维的这一弱点并未注意,反而有所放大,以至于越往后来的道德构想,越是表现出与社会经济、政治、科技发展相脱节甚至对立的倾向。

中国人历来爱讲道德,关于道德的文章总是很多,而且越做越淋漓尽致。但是观察中国社会道德的具体面貌和发展水平,却发现并未因此而有长足的进步。国民在道德言行方面所表现出来的困惑和尴尬,丝毫也不比别人少。与此同时,

---

① 《论语·宪问》。
② 《论语·公冶长》。

别人已经在其他如经济、科学等方面做了的事情,我们却没有足够的心思去做。可见,在缺乏科学性的方式下,"道德文章"做得越多,我们就越是可能被成见和偏见所左右,不仅看不到自己的实际需要和真正优势,反而会舍本逐末,甚至把重大的优势变成了劣势。对此亟有认真反思的必要。

**逆时序的思维取向** 是指一种思维的兴趣和习惯、价值判断和选择的标准,总是指向过去,从过去而不是从现在和未来出发。"克己复礼"的"复"字包含了这种取向。孔子说要"克己复礼",并且具体指明"周鉴于二代,郁郁乎文哉!吾从周"①。"周"是先朝,它的一切都很美好,值得效法;而周朝的美好,又是学习和继承了尧舜"二代"的成果;至于尧舜二代的治世是从哪里来的,是不是恢复了更古老的传统,孔子没有说,但这种论证方式却开了先例。虽然孔子实际上未必真的要复古,他不过是"借古人之酒杯,浇自己胸中块垒",阐述自己的社会理想而已。但这种"法先王"、回头看、以过去为将来立极的表达形式,却被寻章摘句的后人变成了固定模式,千百年来形成了一种强大的心理定势。

"逆时序思维"的一个前提,是以自己有选择的印象和想象为根据,对"过去"作出某种玫瑰色的"净化"和美化。一说起道德上美好的时光,就总是想到过去,怀念过去某个时候达到的境界。最有代表性的是"人心不古"这个成语,它在我国流行了千百年,成为批评不良道德风气的经典语言。在这种语言环境中,仿佛"古"是天然的道德楷模和是非标准,道德上的是非得失,言行的根据是否正当,主要在于人心的"古"与"不古","古"即是根据,即是正当,即是真善美的代名词……这种逆时序的思维取向,是造就脱离现实、脱离大众的"道德文章主义"的又一思想基础。诚然,当人们面对陌生的现实而又看不清前途的时候,回忆和怀念过去的好东西是很正常的,但是受这种自发的情绪所左右时,就容易忘记理性的批判和思考。"美化过去"固然能够揭露现实的反差,为着手改变现实提供一定的动力,但是以"返回过去"为前进的目标,则必然迷失方向,并且事实上总是不能成功,最终只给人增加思想上的迷惘、心灵上的痛苦。

既以片面的道德主义笼罩一切,复以逆时序的导向自我阻碍变革前进的步伐,这样的文化怎能不造成落后和封闭?以"克己复礼"为导向的道德理想主义,是一个可能消磨各种优势的腐蚀剂,所以说是最大的劣势。幸亏这种因素并未成为中国历史文化的主导,但我们却不可放松对它的警惕。

## 三、理性化的自我认同

一种文化的长处和短处、优势和劣势,常常结成一体,相互依存,相辅相成,如影随形。最大的长处所在,往往也是最大短处的根源;最大优势的发挥,常常

---

① 《论语·八佾》。

暴露出最大的劣势。比如"厚德载物",原本就具有"阴柔"的含义和气质,它的重心也未超出一个"德"字;"大象无形"则缺乏足够的精细和确定性要求,就很难与科学精神相互生成。相反,"克己复礼"和"道德文章"却往往很能适合一般人通常的思维和感情,具有道义和情感上的号召力,因此较易实现,在社会上造成强势的普遍心理。

既然如此,我们在审视传统文化的兴衰,特别是后来一度衰落的根源时,就需要有自我批判的理性,重新认定我们自己的长处并坚持发扬之,正视短处并力求改进之。这里仅以文化精神的两个代表领域——科学和信仰为例,略作一点具体分析。

**1. 科学:只差一点"精神"**

英国著名科技史学者李约瑟曾对一个问题深感不解:中国在古代就曾有了辉煌的科技成果,在世界上长期居于领先地位,但为什么会在近代衰落下来?特别是,究竟是什么原因使它未能产生出西方那样的先进科学?这个"李约瑟难题"困惑了几代中外学者。不少人在扼腕叹息之余,试图揭开这个谜。人们从不同的方面查找原因,如:生产和生活方式方面,政治和思想道德方面,科学发展机制和管理体制方面,等等。至于最终的文化原因,至今还未取得一致意见。

我以为,也许本来并不存在一个能够解释一切的唯一理由。所以我们不必过于纠缠已经消失了的过去,而应该着眼于现实能够找到并且可以改变的东西,也就是至今仍存在于我们自己身上的东西。如果这样思考,那么这里最明显不过的一个现象就是:由于种种原因,曾经造成了一种普遍的现象或传统,使我们的文化一直缺少那么一点点精神——在学理上认真彻底、追根究底、严密论证、尝试应用、实证检验、一丝不苟的精神,即科学上的彻底精神。

科学,特别是现代科学的产生,是与人们在实践中对自己遇到的问题不轻易放过,什么事情都想要"弄个彻底明白"的态度相联系的。"弄明白"的意思,包括批判性怀疑,追求可证实、可重复、可形式化、可普遍化等。缺少这样的科学精神的表现,是人们容易满足于一得之见,不求甚解,够用即可,不求全面彻底,或者大而化之,浅尝辄止,或者秘而不宣,无意普遍验证和推广,患有思维的"近视症"等。这使得历史上有许多重大科学发现和理论创造与我们失之交臂。例如阴阳学说是个典型。"阴阳"是传统文化中解释自然、社会、人生乃至一切的重要范畴。如"阴阳相激而为电",地震是由于"阳伏而不能出,阴迫而不能蒸"引起的等。王充曾以"元气呼吸,随月盛衰"的说法,较早地解释了潮汐周期;朱熹用"星有堕地,其光烛天,而散者变为石"来解释陨石,用下雨使日光散射来解释虹。中国很早就发现了磁现象,发明了指南针,但却满足于用指南针测方位,看风水。过去也难得摒除了功利和实用的目的,专门去为验证假说或理论进行的实验。停留于直观和猜想的知识,满足于玄辩和实用,轻视对假说与理论的检验证实,结果是"只差一点点"而与科学和真理失之交臂,进而与现代科学无缘。

· 165 ·

当近代西方实验科学蓬勃发展起来,成就日益丰富时,中国却仍在热衷于通过内省思辨,构筑远离现实世界和经验事实的理学、心学大厦。"重了悟轻论证"(张岱年语),终于使中国错过了深化科学研究、建立理论和试验技术与生产密切结合的机会。甚至今天,我们的科学技术向社会、向生产转化的机制也没有很好地建立起来,我们的学生分数很高,可实验、动手能力却很差。这都是值得深刻反省的。并不是我们民族的智力发育不足,也不是中国人没有发达富强的欲望、没有发明创造的兴趣,而是由于只差了一点点追根究底、务求彻底的"精神"。事在人为,今天看来,这"一点精神"——科学精神、科学上的彻底性追求,恰恰是最重要的、决定性的。

对待科学的态度不是孤立的,它其实是一种文化性格的缩影。对科学尚且不能够做到彻底、认真,对其他事情如民主的规则和程序、道德的是非标准、信仰的根基和意义等价值选择,就更有理由采取马虎草率的态度了。

**2. 中国式的人本主义宗教态度**

国外颇有"中国人无信仰"之说,指的是中国没有强势的宗教传统。为了反驳这一点,近来国内有些人开始强调"儒教就是宗教"。我觉得,有两个问题是需要澄清的:第一,信仰并不等于宗教;第二,中国人有信仰,中国人自古以来重信仰但不重宗教。

信仰是人类特有的文化存在和精神生活方式之一。"信仰"本身是指人们关于普遍或最高价值对象的信赖和追求,"宗教"则是一种以某种神灵和教义为核心,有组织的、社会化的信仰形式。在西方,信仰的宗教化形式较为普遍,宗教的历史地位十分突出,所以人们经常将信仰与宗教相混同。然而实际上,信仰并不是在任何情况下都与宗教直接联系着的。尤其在中国传统文化中,信仰与宗教之间存在着一种复杂的关系。

以儒家学说为代表的传统文化,从主流上看近似一种"有信仰,无宗教"的状况。我国古代学说都是以"天"为最高信仰的人本主义。"天"是宇宙自然力量和社会人伦秩序的化身,人的一切都要问究于天,听命于天,但"天"本身却从未被人格化为一个统一的神、上帝或最高偶像。从孔子开始,国人从未对神或上帝有过认真系统的强调和发挥,而是始终以"人的方式"去理解和阐述"天意"、"天命"、"天理"。"天"永远与现实的人伦政治结合在一起。所以,关于"天"并无一套唯一的、完整严密的说法(教义),不需要有一个与世俗社会组织不同的特殊的组织形式(教会),也没有一套不同于现实"礼制"特殊的形式(宗教仪式)去维护和体现它。梁漱溟先生总结说,中国是"以道德代宗教","以伦理组织社会"①。这些不同于西方宗教的特征,表明儒家学说和传统文化本身虽然不是宗教,但它也确有自己的、对人世最高价值原则的信仰方式,我称之为"中国

---

① 参见梁漱溟:《中国文化要义》,学林出版社,1987年。

式的人本主义"信仰方式或宗教态度。

以人为本而非以神为本,在心理上意味着,人们对"神"的来历和本意可以不过分认真地追求,不求对其全面彻底的理解和逻辑一贯的忠诚,而只取其对于人的意义,只问是否能够管"人的事",只求有益并适合于人自己。在这方面,孔子的态度一向非常明确。当有人问及如何事奉鬼神的时候,他说:"未能事人,焉能事鬼?"①他主张"祭如在,祭神如神在"②。一个"如"字,既表明了对"神"存而不论的含蓄态度,也表示了对人们敬神行为的理解和宽容。孔子的大度和睿智从一开始就作出了榜样,教会了国人如何在神的面前保持"以人为本"。

以孔子为代表的早期儒家并未将信仰宗教化。而后来,特别是宋明之际,儒家也有过被宗教化的迹象。这是由于被定位于意识形态的"一尊"以后,有国家政权参与的推行和教化,使儒家学说不再仅仅是一套人伦政治学说,而是进一步被当成了不容怀疑的信仰,要求人们无条件地膜拜、遵从。儒家学说的教条化,意味着某种程度的神化;孔子本人也逐渐被神化成了"大成至圣",具有了接近于"教主"的地位,社会上也开始形成某些组织化的程序、仪式(如供奉、祭祀)等等。这些使得儒家在民间逐渐成了与佛教、道教相并列的"儒教",孔子成了与释迦牟尼、老子并排塑像于庙宇之中的神。

但是,中国自古以来也有过无数大大小小的民间宗教,其中不乏历史悠久、组织严密的教派。特别是较早产生的道教和后来输入的佛教,都形成了很大的规模,但却从未有一种宗教真正占据信仰生活的主导地位,达到"国教"的境界。这是为什么?恐怕正是由于中国文化的主流一直是"人本主义"而非"神本主义"的。

按其本义,宗教乃是一种神圣主义的、不容调和的感情和信仰,不同宗教之间具有强烈的排他性。但在"中国式的人本主义宗教态度"中,人们却多半表现出一种令人瞠目的"包容性"、"实用性"、"多变性"和非神圣化的"不严肃性"。在这看似荒诞的态度背后,实际上含有一种很深刻的人生哲理。它既有合理的一面,也有不合理的一面。

合理的一面是,它借宗教的形式保持了"以人为本"。这一点其实比机械的偶像崇拜更彻底地显示了宗教的根源。如恩格斯所说:在宗教崇拜中,"人还是不了解,他在崇拜自己的本质,把自己的本质神化,变成一种别的本质"③。宗教的神来自人自己本质的神秘化、神圣化。中国式的宗教态度,实际上体现了从对神的信仰向对人自身的信仰的一定程度的回归。同时,因其对于各种宗教都采取了较为宽容调和的态度,所以中国式的宗教态度有利于避免西方特别是欧洲

---

① 《论语·先进》。

② 《论语·八佾》。

③ 《马克思恩格斯全集》第1卷,第647-648页,人民出版社,1972年。

历史上多次发生的那种流血的宗教冲突,给社会发展多保留出一点难得的稳定和安宁。在中华文化血脉的保持和延续方面,这种大度和睿智功不可没。

不合理的一面,则同在科学上的表现相互一致。这就是:对现实中很严肃的重大问题,往往关注得不够认真,不够彻底;对于"信仰"的对象,缺少彻底的追究和一贯的把握,而是任其含混不定,随意改变;对于"信仰"这种心理和行为本身,则更少有正面的、开诚布公的追问、反思和交代,而是将其当作心照不宣的约定,停留于自发选择的水平。换句话说,这种"大度和睿智"的负面作用,恰恰是把合理的东西(以人为本的信仰)置于不合理的地位,而把不合理的东西(对信仰的不负责任)凸显于前台;把应该坦率地说明并旗帜鲜明地加以发扬的东西(以人为本的信仰),掩盖于言行的背后,而把应该加以自我反省和校正的东西(对信仰的不求甚解、不负责任),当成了可以立身处世的方法。其结果,是使人满足于眼前似是而非的所得,而往往失去很多更宝贵的机会。

"平日不烧香,急时抱佛脚"这句话,抛开其纯粹的宗教用意,取其对于信仰的一般描述,应该说它很好地刻画了由于对信念、信仰缺乏足够的论证设计,从而必然导致自我矛盾、自我冲突的情况。究竟信什么,不信什么,人们只有能够彻底说服自己的时候,其态度才是真实虔诚、坚定一贯的。仅有实用主义式的随机反应,则会使人缺乏自觉的原则感、敬畏感和理性归属,精神上极易陷入浅薄和混乱。它至多能够保证小范围的精神安宁,而不能产生追求真理和科学的强大动力,甚至可以导致精神上的保守和堕落。一旦遇有外来巨大深刻的思想冲击时,这种心态就必然会失控,陷入严重冲突,遭受重大挫折。

所以,我们不仅在科学态度上需要反思,就是在信仰问题上,对我们的传统文化也需要反思。反思和批判是超越的起点。在理性反思基础上的自我批判、自我超越,将是中华文化走向新的振兴和繁荣的起点。

(作者:中国政法大学教授)

# 中华文化与民族凝聚力

◇王志光

民族凝聚力,是一种维系民族统一体存在和发展的内在的向心力,是一个民族在社会秩序和思想文化方面由离散到聚合、由混乱到稳定的特定的精神力量,也是国家统一、人民团结不可或缺的精神纽带。一个国家的传统文化与民族凝聚力有着密切的关系。中华民族这个世界上人口最多的伟大民族,在源远流长的历史过程中,历经磨难而绵延不衰,屡处逆境而聚集不散,就是因为我们祖先创造了灿烂而独特的传统文化。正是传统文化中积极因素的长期熏染,代代相传,使整个中华民族渐趋认同,并逐步发展为中华民族强大的向心力和凝聚力。因此,有的学者认为,民族凝聚力,在一定意义上,就是民族文化的凝聚力。本文拟就弘扬中华优秀传统文化,增强民族凝聚力的问题,提出一些不成熟的看法,就教于诸位专家学者。

## 中华民族是多民族融合的结果

自秦汉以后,逐步形成了中华民族。费孝通教授在《中华民族多元一体格局》一书中对此作了精辟的论述,他指出:"中华民族这个多元一体格局的形成还有它的特色:在相当早的时期,距今三千年前,在黄河中游出现了一个由若干民族集团汇集和逐步融合的核心,被称为华夏,像滚雪球一般地越滚越大,把周围的异族吸收进入了这个核心。它在拥有黄河和长江中下游的东亚平原之后,被其他民族称为汉族,汉族继续不断吸收其他民族的成分而日益壮大,而且渗入其他民族的聚居区,构成起着凝聚和联系作用的网络,奠定了以这个疆域内许多民族联合成的不可分割的统一体的基础。"因此,他认为:"作为一个自觉的民族实体,中华民族是近代辛亥革命时提出的,但作为一个自在的民族实体,是在几千年的历史过程中形成的。"中华民族是在中国领域内各民族的总称。

中国境内各民族的融合,经历过漫长的历史岁月。据专家研究,从先秦开始,经五帝时代和夏商周三代的融合,形成了多元一体的华夏民族。进入西汉、东汉后,华夏族始称为汉族。两汉期间,历时400多年,融入了汉民族以外的许多民族,如北方的匈奴、东北方的高句丽、南方的南越、西北的大月氏,等等,是中国历史上有文字记载的第一次大融合。此后,有两晋南北朝的第二次大融合,唐代的第三次大融合,元代的第四次大融合,及清代的第五次大融合。辛亥革命后,推行五族共和,汉族和其他民族一起正式称为"中华民族"。

中国是一个多民族相依共存的国家。整部中国历史,也可以说是中国境内各民族不断融合的历史。汉朝时期,就融合了北方、南方各少数民族,将他们纳入民族大家庭。隋唐时期,皇族的血统中有一半属于北方少数民族。北魏孝文帝从山西大同迁都到洛阳,禁胡服,改汉姓,号召学习汉文典籍。公元10世纪,北方辽国(契丹族)皇帝奉孔子为圣人,金朝对汉文化的接触比辽更多,元朝把孔庙修到云南及边远地区。清王朝(满族)也自称为炎黄后裔。因此,尽管历史上出现过多次大动荡、大分裂,无论社会制度变幻、经济荣衰、军事强弱,中华民族始终是世界民族之林中一个完整的成员。从秦朝到清末,王朝统治者改变了若干次,但中华民族的文化没有随着王朝政权更替而中断,没有随着政权转移而改变方向。

在漫长的融合过程中,中国境内各民族逐步形成一种共同的心理、共同的民族意识。少数民族大多居于中国周边地区,他们与聚居中原地区的汉族相比,自然条件差别很大,因此,经济和文化交流在所难免。平时,民族内部可能有这样那样的小摩擦,但是,一旦大敌当前,民族存亡危难关头,中华民族同仇敌忾、团结对外的力量就会爆发出来。

## 大一统思想是民族凝聚力的重要思想源泉

民族传统文化,是整个民族社会实践的记录和历史的积淀。中华传统文化,是通过各民族长期接触、交流、融合而创造出来的共同财富。在历史长河中,各民族不断互相学习,互相渗透,互相融合,形成了一种"你中有我,我中有你"的共同的民族心理和民族意识。其中,大一统思想作为中华传统文化的一个重要内容,是中华民族凝聚力的重要思想源泉。

所谓大一统思想,实际上就是把中华民族作为一个整体的思想,即统一的思想。共同的文化,产生共同的民族意识。自西周以来,大一统观念便深深扎根于中国人心中。中国传统文化中的诸家学说,尽管在政治文化主张上千差万别,甚至形同水火,但是对国家统一、民族融合的思想却比较一致。以国家统一为乐,以江山分裂为忧,是中华民族共同的政治价值取向。

大一统思想,首先来自对中华文化影响深远的儒家思想。孔子曾经称赞管仲辅助齐桓公的"一匡天下"。"一匡天下"即统一天下,一统于"中国"。西汉董仲舒对"大一统"思想作了哲理的解释,继承和发挥了孔子学说和《春秋公羊传》的大一统理念。他把"大一统"理解为"万物一统",说:"春秋大一统者,天地之常经,古今之通谊也。"著名史学家司马迁从研究秦统一的历史出发,充分肯定大一统的重要意义。两宋期间,儒家更加崇尚大一统思想。朱熹在赞同

《春秋》尊王之说时指出:"贤君明主,应该博采众长,虚心纳谏,而不任独。"宋代的王安石改革,目的在于富国强兵,使国家摆脱"内则不能无以社稷为忧,外则不能无惧于夷狄"的困境,以政治革新来达到大一统。到了清代,有不少学者进一步意识到社会制度变革的重要,如龚自珍、魏源等,康有为更托孔子改制,变法维新。儒家文化家国一体的思想,凝聚了中华民族的灵魂,使定居在中国境内的各个民族在历史发展进程中互相接近,互相融合,共同奠定了统一的多民族国家的基础。

中华民族自古是多民族的集合体。各民族通过长期的、多形式的交流、融合,产生了以汉族文化为主体的中华民族文化,从而形成了包括大一统思想在内的共同民族意识。我国少数民族受汉族文化的影响,提高了文明水平。汉族也吸取了其他民族的文化精华,经过长时期的接触、交流、融合,逐步形成了中华民族的大家庭。各民族间一致性较多,亲和力、向心力、认同感和归属感较强,互相依存性较牢固。因此,自秦始皇统一中原到明清,中华民族作为多元一体的民族实体这两千多年中,虽然经过多次大迁徙,出现过多次的战争,分分合合反复过多次,但政治上统一的时期占了大部分,分裂时期只占三分之一,而且最后使多民族统一的国家得到巩固和发展。

显然,天下一家、民胞物与、四海之内皆兄弟等大一统观念,成为凝聚全社会的重要力量,对提高民族凝聚力作出了不可磨灭的贡献。我国著名历史学家杨向奎在其所著《大一统与儒家思想》一书的序言中指出:"大一统义倡自《公羊》,汉末何休发扬广大之,千百年来此义深入人心,变成我国民族之间的凝聚力,都是炎黄子孙,华夏文明,始终应当统一。"[1]两千多年来,多位一体的中华文化一直主导着中华民族团结、合作与协调发展,具有强大的凝聚力和熔铸力。

## 爱国主义是民族凝聚力的核心

列宁有句名言,爱国主义就是"千百年来巩固起来的对自己祖国的一种最深厚的感情"。在中国优秀文化传统的土壤中,经过漫长的岁月孕育了以爱国主义为核心的团结统一、爱好和平、勤劳勇敢、自强不息的伟大民族精神,这种对自己的祖国和人民的崇高深厚的思想感情和对国家、民族命运的高度责任感,哺育和陶冶着一代又一代的中华儿女,形成一种历久弥坚的向心力和凝聚力。

爱国在中国古代就成为一种美德。《战国策·西周策》中说:"周君岂能无爱国哉?"后汉荀悦写的《汉记》也说:"欲使亲民如子,爱国如家。"在五千多年的中国文明史中,有多少仁人志士为了拯救、保卫、治理、建设自己的祖国,或跃马横枪,御敌护土,或揭竿而起,声讨国贼,或恪尽职守,忧国忧民,或为官清廉,励

---

[1] 杨向奎:《大一统与儒家思想》,第1页,中国友谊出版公司,1989年。

精图治……一部中华民族发展史,就是各族儿女团结奋斗的爱国史。班固"爱国如饥渴",投笔从戎,抗敌御侮;祖逖闻鸡起舞,立志拯救国家危亡;文天祥丹心报国,辉映千古;林则徐痛击鸦片祸殃,捍卫民族利益和尊严。现代中国人民伟大的抗日战争,更是以气吞山河的英雄气概,谱写了惊天地、泣鬼神的壮丽史诗。每当中国遭受外国侵略和压迫,国家处在危急困难和被瓜分之时,这种民族凝聚力,就表现得更加突出。

爱国主义还包含对自己祖国的山川、河流、名胜古迹、家乡、文化、历史等等的一种关怀、热爱的感情。广东著名作家秦牧说过:"一群群海外飘泊半生的华人,暮年纷纷回到乡井寻根,如果不是传统文化烙下印记,没有一种力量能使游子这样向心!"一代又一代飘泊在外的华人华侨,虽然在外生活多年,但仍然保持着强烈的民族观念,时时刻刻注视着祖籍国的命运,盼望着祖籍国的强大,总是为故乡的土地、故乡的云所魂萦梦绕,这些,正是超乎寻常的凝聚力的表现。

中华文化有着悠久的爱国主义传统。中华民族的多元一体,这个"体"就是整体,就是统一的祖国。"国家兴亡,匹夫有责"、"位卑未敢忘忧国"、"先天下之忧而忧,后天下之乐而乐"、"杀身成仁,舍生取义"、"人生自古谁无死,留取丹心照汗青",这些充满爱国主义思想和美德的语句所表现出的凝聚力和向心力,铸造了中国人民的民族责任感、民族气节、忧患意识以及为理想而献身的牺牲精神,维护和推动着中国历史的前进、发展,中华民族的繁荣、强盛。

## 民族凝聚力是推动历史发展的内在动力

一位哲学家曾作过这样的比喻:政治是骨髓,经济是血肉,文化是灵魂。这一比喻形象地说明了文化对人类社会发展所起的重要作用。文化是一个民族的灵魂,作为"软实力",又是国家综合国力的重要组成部分。屹立在世界东方的中华民族,在漫长的历史发展过程中,创造了独具特色、博大精深的中国传统文化。传统文化是一个民族劳动、智慧的结晶,是维系一个民族生生不息的纽带。正确理解和大力弘扬中华文化的优秀传统,是中华民族保持自尊心、自信心的思想前提,是中华民族具有凝聚力、生命力的思想基础。

民族凝聚力是以民族感情为基础的一种向心力或团结力。这种民族感情主要表现在对中华民族的荣辱与共,休戚相关。中华民族兴旺发达,心中感到自豪,感到光荣和由衷的高兴;中华民族受到欺侮和挫折,就感到愤怒和痛心,甚至挺身而出,不惜舍弃自己的性命去维护民族的尊严和利益。长期以来,正是这种感情熏陶、浸润着中华儿女的精神世界,激励和鼓舞着人们前进,成为推动历史发展的内在动力。

历史经验证明,只有增强中华民族的凝聚力,才能改变"一盘散沙"的局面,才能使中华民族强大起来,屹立于世界民族之林。为了寻求、延续和增强中华民族的凝聚力,不少仁人志士曾经进行过艰苦卓绝的斗争。伟大的爱国者孙中山就曾为增强中华民族凝聚力作出过巨大贡献。孙中山的三民主义,把民族主义置于首位,毕生主张民族平等、民族团结、民族自强。青年时代,他就为"堂堂华夏不齿于邻邦"而深感耻辱,立志"抒此时艰,奠我中夏"。担任中华民国大总统时,他明确提出要"合汉、满、蒙、回、藏诸地为一国,即合汉、满、蒙、回、藏诸族为一人",实现"民族之统一"。晚年,孙中山多次发表演说,警告人们要警惕人心涣散、一盘散沙对民族存亡带来的严重后果。他1916年在绍兴的一次演说中强调:"惟国家强盛与否,非一人之力可以成功,必须合群力,而后可成世界最强盛之国。"①孙中山所说"合群力",就是民族凝聚力。民族要生存,要发展,就必须时刻注意增强民族的凝聚力,这是中国历史给我们的深刻启示。

我国著名哲学家张岱年说过:"一个对本民族的历史与文化知之甚少的人,在精神上便缺乏一种归属感;一个对自己的传统不懂得继承发扬的民族,便无法自立于世界民族之林。"②历史进入21世纪的今天,人类正处在急剧变动的时代。文化作为一个民族共有的精神家园,深深地熔铸在民族的生命力和凝聚力中,在新的世纪里文化因素将发挥更加重要的作用。中华文化在中国源远流长的历史长河中,对社会发展进程作出过杰出的贡献,在当代仍保持着持久活力。深入挖掘和整理传统文化的积极成果,弘扬中华民族的优秀传统,增强民族凝聚力,是历史赋予我们的一项光荣而艰巨的任务。

(作者:《人民日报》海外版高级编辑)

---

① 《孙中山全集》第3卷,第348页,中华书局,1984年。
② 张岱年:《中国文史百科》序言,浙江人民出版社,1998年。

# 中国近年重要考古发现及其文化价值

◇张文彬

自从近代中国考古学诞生以来,我国广大考古工作者不懈努力工作,辛勤耕耘,重大考古发现层出不穷,科学研究硕果累累,取得了世人瞩目的成绩。目前,我国已知的地下不可移动文物有40万处,全国重点文物保护单位2351处,万里长城、北京故宫、秦始皇兵马俑、布达拉宫、甘肃敦煌、山西大同云冈石窟、河南洛阳龙门石窟、河北承德避暑山庄、河南安阳殷墟、明清帝陵、澳门历史城区、高句丽王城王陵及贵族墓葬等28处文物古迹被列入《世界文化遗产名录》。新中国成立不久,为配合经济建设,先后发掘了西安半坡遗址、三门峡庙底沟遗址、华县泉护村遗址、郑州二里岗遗址、偃师二里头遗址,以及丰镐二京遗址、长沙战国墓葬群、长沙马王堆汉墓、湖北大冶铜绿山古矿冶遗址、河北满城中山王墓、湖北随县曾侯乙墓、北京大葆台汉墓等世界考古史上著名的文化遗址和古墓葬。80年代以来,又发掘了青州龙兴寺佛教造像窖藏、广州南越王墓及南越王宫署、成都广汉三星堆、金沙遗址及陕西法门寺地宫等,都取得重大成果。现只将本世纪来全国除香港、澳门特别行政区、台湾地区外,内陆地区考古的重要发现情况综述如下。

## 一

**在旧石器时代考古方面**:河北省文物研究所于2001年发掘了河北阳原县马圈沟遗址第三文化层,发现了一组由石器、动物遗骨和天然石块构成的原始人类进行餐食活动的遗迹,再现了当时人类群体肢解动物、刮肉取食的原始生活场景,并获得文化遗物800余件。马圈沟遗址第三文化层是泥河湾盆地地层层位最低、时代最早的文化遗存,其年代为距今200万年前,它为华北早期旧石器考古的深入研究提供了新的线索①。浙江省安吉上马坎旧石器遗址是于2002年在考古调查中发现的,通过试掘揭示出大多数石质标本发现于阶地下部的网纹红土中,在人类活动面上分布密度很大,且当时的打片已相当娴熟。该遗址的文

---

① 河北省文物研究所:《泥河湾马圈沟遗址》,国家文物局主编《(2001)中国重要考古发现》,第4—8页,文物出版社。

化内涵,在华东乃至中国南方地区旧石器时代考古都是罕见的,并把古人类在浙江境内生存的历史提前到距今60万—50万年前,使该省不再是旧石器文化研究的空白区①。2003年中国科学院古脊椎动物与古人类研究所对北京周口店田园洞遗址进行了发掘,发现了一些人类化石和大量哺乳类动物化石。田园洞人类化石属于智人种,哺乳类动物化石有26种,以斑鹿为主。测年初步结果为距今2.5万年,与山顶洞遗址的时代大致同期②。2000—2003年,山西省考古研究所联合山西大学文博学院和吉县文物管理所对吉县柿子滩旧石器时代遗址群进行了多次发掘,发现了距今2万—1万年的中心遗址区、3个原地埋藏的古人类生活层面、十余处用火遗迹、上万件石制品及动物化石,其中第9地点还出土了石磨盘、石磨棒、赭色颜料、带有颜料痕迹的研磨石和精美的蚌质穿孔装饰品等遗物。这些新的发现资料,对探索中国细石器工业起源、中国北方旱作农业起源、华北旧石器时代晚期向新石器时代早期过渡等,都有着十分重要的学术意义③。2004年6—12月,湖北省文物考古研究所对郧县黄龙洞遗址进行了考古发掘,发现5枚晚期智人牙齿化石。同时出土了石制品、骨制品和大量的伴生动物群化石。黄龙洞古人类遗址属于晚更新世,测年结果为距今94000年。这是中国和东亚迄今所知最早的晚期智人遗址,它填补了东亚早期智人向晚期智人演化的缺环,对研究中国和东亚现代人的来源等具有重要学术价值④。2005年,天津市文化遗产中心在蓟县调查发现旧石器地点27处,采集到各类石制品1000余件。这些石制品的年代为旧石器时代晚期,距今1万—10万年,属于中国北方小石器传统。蓟县旧石器地点及人工制品的发现,不仅填补了天津地区旧石器考古的空白,而且将天津市域的人文历史提前到距今1万年以上⑤。总之,通过半个世纪以来对中国早期人类化石及旧石器时代考古文化的发现和研究,已经可以确定,中国已成为探讨人类起源与发展的重要地区之一,而中国早期人类及其文化同中国新石器时代考古文化有直接的传承关系。

---

① 浙江省文物考古研究所:《浙江安吉上马坎旧石器遗址》,《(2002)中国重要考古发现》,第2—4页。

② 中国科学院古脊椎动物与古人类研究所:《北京周口店田园洞更新世晚期古人类遗址》,《(2003)中国重要考古发现》,第2—4页。

③ 山西省考古研究所:《山西吉县柿子滩旧石器时代遗址群》,《(2003)中国重要考古发现》,第5—9页。

④ 湖北省文物考古研究所:《湖北黄龙洞晚期智人遗址》,《(2004)中国重要考古发现》,第2—4页。

⑤ 天津市文化遗产中心:《天津蓟县发现27处旧石器时代地点》,《中国文物报》2005年6月24日;又见中国文物报社编:《2005年100个重要考古新发现》,学苑出版社。

## 二

**在新石器时代考古方面**：上世纪 80 年代以来，我国内陆省区新石器时代考古学术研究的重点，一是集中在新石器时代早期文化及旧石器考古文化向新石器时代考古文化的过渡；二是中国新石器时代诸文化之间的关系；三是新石器时代考古文化向青铜文化的演进等方面，进而探讨中国文明的起源、形成和发展诸问题。进入本世纪以来，江浙地区取得了令人惊喜的成就，近年有不少新的重要发现。2000 年发现的昆山绰墩遗址总面积 40 万平方米左右，三次发掘面积 1080 平方米，发现良渚文化、崧泽文化、马家浜文化墓葬 52 座，房址 8 座，灰坑 20 个，出土陶器、石器、玉器等遗物 300 余件[①]。2001、2002 年两次发掘的杭州萧山跨湖桥遗址，分 10 个文化层，面积 850 平方米，出土骨、木、石、陶器 500 余件。尤为重要的是发现了一条我国迄今时代最早的独木舟和一件保存甚好的带撑骨箅编织物。经 C14 测定，跨湖桥遗址的年代在距今 8000—7000 年间，且文化面貌十分独特，不同于附近地区的河姆渡文化、马家浜文化，学者认为是一种新的考古学文化类型。跨湖桥遗址由于栽培稻遗存和硅酸体的发现，成为长江下游发现最早的稻作遗址[②]。2001 年发掘的浙江桐乡新地里良渚文化遗址是目前发现墓葬数量最多的良渚墓地，发掘出土陶、石、玉器等 1800 余件（组），玉器中有琮、璧、钺、神兽纹牌饰等礼器，说明这是一处具有中等以上级别的良渚墓地，丰富了人们对良渚晚期文化面貌的认识[③]。海盐仙坛庙遗址和余杭卞家山遗址均是 2003 年发掘的。在仙坛庙遗址清理出崧泽、良渚文化各阶段墓葬共 102 座，出土玉器、石器、陶器和乐骨器等各类遗物 735 件（组）。另外，发现各期房屋遗迹 5 处、水井 5 座、灰坑近 40 个。这个发现为长江下游环太湖流域史前土台类遗迹的产生、发展和变化的研究提供了宝贵材料。大量崧泽—良渚文化过渡期墓葬和遗物的出土，为这两个文化的划分提供了新的依据，并为本地区良渚文化分期提供了可靠标尺[④]。卞家山遗址的发掘，大大丰富了我们对良渚晚期社会发展水平的认识，一批精致或罕见的器物的发现，一方面反映了当时制陶业和木作业的成就，同时也折射出一些精神追求和文化交流的信息。遗址中首次发现

---

① 南京博物院等：《江苏昆山绰墩遗址》，《（2000）中国重要考古发现》，第 8—13 页。
② 浙江省文物考古研究所：《萧山跨湖桥新石器时代遗址》，《（2002）中国重要考古发现》，第 5—9 页。
③ 浙江省文物考古研究所：《浙江桐乡新地里遗址考古发掘》，《（2001）中国重要考古发现》，第 5—9 页。
④ 浙江省文物考古研究所：《浙江海盐仙坛庙遗址》，《（2003）中国重要考古发现》，第 27 页。

了良渚时期的"木构码头",对了解临水而居的良渚先民的居住形态和交通方式具有重大意义①。2004年发掘的平湖庄桥坟良渚文化墓地和湖州塔地新石器时代遗址是太湖西南地区史前文化序列保存较完整的少数遗址之一,为研究该地区史前文化演进过程提供了丰富的实物资料②。2005年浙江又发掘了嵊州小黄山遗址和湖州钱山漾遗址,为重新审视太湖地区古文化发展序列,研究良渚文化向马桥文化演变过程中的诸多问题提供了新的物证③。

  黄河流域的秦、晋、豫三省是新石器时代考古的重要地区,近年来又取得了许多重要收获。山西襄汾陶寺遗址经过2000年及2001年的发掘钻探,终于发现了一座总面积在200万平方米以上的陶寺文化城址,这是全国同时代城址中最大的一座。它的结构布局较为复杂,说明已进入城址发展的较高阶段。同时,在城内外还发现了铜铃与铜齿轮形器、朱书文字、不同等级的墓葬、礼乐重器等多种物质遗存。2003年又揭露出宫殿建筑、宗教建筑和与天文历法有关的建筑设施,充分说明它应当是一处重要的都邑性城址④。陕西宝鸡关桃园遗址是2002年发掘的,最主要的收获是距今8000—7000年的前仰韶文化遗存。这类遗存在这次发掘中揭露面积之大,发现遗迹之多,出土文物之丰富,均居同类遗址之首,为较全面地认识渭水流域及汉水上游新石器时代早期文化,提供了一批珍贵的实物资料⑤。2000年发现的江苏连云港藤花落遗址古城由内外两道城垣组成,外城平面呈圆角长方形,由城墙、外壕、城门等组成,面积约14万平方米。内城有城垣、道路、城门和哨所等。在中国已经发现的50余座史前城址中,它具有一定的特殊性,对文明和城市起源等重大学术课题的研究具有典型意义⑥。2003年发现的佳县石摞摞山龙山时代城址,不仅填补了陕西地区没有早期城址的空白,而且也是中国北方地区保存状况最佳的早期石砌古城。该城虽然不太大,但其复杂的结构布局显示,工程所需的劳动力远非城内居民在较短时间内所能承担,它暗示了当时应是有动员、组织更大范围力量参与建设的社会存在,这

---

  ① 浙江省文物考古研究所:《浙江余杭卞家山遗址》,《(2003)中国重要考古发现》,第33页。
  ② 浙江省文物考古研究所:《浙江平湖庄桥坟良渚文化墓地》、《浙江湖州塔地新石器时代遗址》,《(2004)中国重要考古发现》,第30页。
  ③ 浙江省文物考古研究所:《浙江嵊州小黄山遗址发掘》,《(2005)中国重要考古发现》,第9页。
  ④ 中国社会科学院考古研究所:《山西襄汾陶寺文化城址》,《(2001)中国重要考古发现》,第24页;《山西襄汾陶寺城址2003年考古发现》,《(2003)中国重要考古发现》,第48页。
  ⑤ 陕西省考古研究所:《宝鸡关桃园遗址》,《(2002)中国重要考古发现》,第10页。
  ⑥ 南京博物院:《江苏连云港藤花落遗址》,《(2000)中国重要考古发现》,第1—7页。

对于研究、认识龙山时期的文明进程极为重要①。河南省三门峡庙底沟遗址,面积约24万平方米。2002年5—12月,河南省文物考古研究所等单位对庙底沟遗址进行了发掘,发掘面积18000平方米,发现了仰韶文化庙底沟类型、西王村类型及庙底沟二期文化等时期的灰坑和窑穴800多个,陶窑近20座,保存完好的房基10余座,壕沟3条,墓葬1座以及残破的房基硬面数处②。2000—2004年,中国社会科学院考古研究所与河南省文物考古研究所联合对灵宝西坡遗址进行了数次发掘,最大的收获是发现了2座仰韶文化中期大型半地穴房址,其中F105室内面积达204平方米,F106居住面积约240平方米。这两

灵宝西坡遗址F106房基

座房址同处遗址的中心,不仅有居住功能,还应是聚落内的重要公共活动场所。这是仰韶文化中期社会复杂化的一个标志,对理解早期国家在这一地区的形成有重要启示③。2003年发掘了内蒙古敖汉旗兴隆沟聚落遗址和牛河梁红山文化遗址群。兴隆沟遗址的发掘,进一步补充和完善了西辽河流域新石器时代至青铜时代早期考古学文化年代序列和谱系关系,对研究东北地区史前考古学文化及中日史前文化交流关系有重要意义④。牛河梁遗址群的发掘,基本明确了辽西地区代表青铜时代早期的夏家店下层文化并为综合研究红山文化积石冢的布局、墓葬结构、葬俗演变、玉

灵宝西坡遗址出土玉钺

器组合以至进而分期提供了新资料⑤。

边远地区省份自2000年以来新石器时代考古也有一些新的发展。青海民

---

① 陕西省考古研究所:《陕西佳县石摞摞山龙山时代遗址》,《(2003)中国重要考古发现》,第40页。

② 河南省文物考古研究所:《三门峡庙底沟遗址》,《(2002)中国重要考古发现》,第20页。

③ 中国社会科学院考古研究所:《河南灵宝西坡遗址发现仰韶文化中期特大房址》,《(2004)中国重要考古发现》,第33页。

④ 内蒙古文物考古研究所:《内蒙古敖汉旗兴隆沟聚落遗址2003年发掘》,《(2003)中国重要考古发现》,第10页。

⑤ 辽宁省文物考古研究所:《牛河梁红山文化遗址群》,《(2003)中国重要考古发现》,第17页。

和喇家遗址,发现齐家文化房址6座、灰坑若干、壕沟一段及居址内的零星墓葬2座。在F3、F4、F7内发现因灾难致死者的骨架20具,展现了史前灾难现场的遗迹,出土了较丰富的陶器,此外还发现有玉器。在遗址地层中,首次发现了洪水沉积物,记录了黄河大洪水的历史①。2005年发掘的贵州威宁中水遗址,不仅填补了贵州史前考古的空白,而且为探讨贵州地区和完善西南地区的考古学文化发展序列提供了新的依据②。

除了以上地区之外,2000年及2002年底成都市文物考古研究所等单位对四川茂县营盘山新石器时代遗址的发掘③,2003—2004年河北省文物研究所对易县北福地史前遗址的发掘④,2001—2005年北京大学考古文博学院和北京市文物研究所对门头沟东胡林遗址先后进行的三次发掘⑤,均获得了一系列重大发现和突破。

半个世纪以来,通过对黄河流域、长江流域、长城内外、沿海边疆等区的考古发现和研究,已充分证明我国是粟作、稻作主要发明地和粟、稻产区,为人类农业起源作出了巨大贡献。我国以粟、稻为主的农业和陶器、玉器制造业同先民的原始信仰、宗教祭祀结合在一起,生动地再现了原始社会生活的场景,一部完整的中国原始社会形成、发展和解体史以及中华文明诞生史正呈现在人们面前,值得我们继续深入探讨和研究。

## 三

**夏商周考古取得了尤为丰硕的成果,重要发现数不胜数**。中原地区是夏商周时期的政治、经济、文化中心。自2001年起,中国社会科学院考古研究所二里头工作队在偃师二里头遗址宫殿区外围发现了纵横交错的大路,并发现了宫城城墙。2004年春季,又在宫城以南发现了另一夯土墙,还发现了车辙、大型夯土基址和绿松石器制造作坊等重要遗存。车辙的发现,证实了我国用车的历史至少可以上溯到二里头文化早期,即夏文化纪年之内。尤为重要的是,2002年春

---

① 青海省文物考古研究所:《青海民和喇家村齐家文化遗址》,《(2000)中国重要考古发现》,第20页。

② 贵州省文物考古研究所:《贵州威宁中水考古发掘》,《中国文物报》2005年1月5日;又见中国文物报社编:《2005年100个重要考古新发现》。

③ 成都文物考古研究所:《四川茂县营盘山遗址考古发掘》,《中国文物报》2004年12月22日;又见中国文物报社编:《2004年100个重要考古新发现》。

④ 河北省文物考古研究所:《河北易县北福地史前遗址》,《(2004)中国重要考古发现》,第9页。

⑤ 北京大学文博学院等:《北京东胡林遗址2005年发掘又获重要成果》,《(2005)中国重要考古发现》,第6页。

在二里头文化早期贵族墓中出土的 1 件大型绿松石龙形器,由 2000 余片各种形状的绿松石片组合而成,自龙首至条饰,总长 70.2 厘米,在中国早期龙形象文物中十分罕见,具有极高的历史、艺术与科学价值①。2002 年春,郑州市文物考古研究所在郑州西北郊大师姑村发现夏代城址一座,并于 2003 年对城址进行了试掘。城址内部以二里头文化和早商文化堆积为主,总面积约 51 万平方米。发掘者认为,大师姑夏代城址有可能是夏王朝设置在东境的一处军事重镇,或者是夏代方国都城②。2000—2001 年河南偃师商城遗址发掘了宫城北部的祭祀遗址群。由祭祀场、祭祀坑组成的祭祀场面宏大庄严,东西绵长 200 米,祭祀牺牲以猪为主,也有牛、羊、鹿一起掩埋的。在祭祀场中发掘的三分之一的面积里,出土猪的个数达 100 头。另一处祭祀场面积近 800 平方米,祭祀牺牲有人、牛、羊、猪、狗、鱼类,粮食祭品有水稻、小麦,还有积石、陶器,为研究商王室早期祭祀活动提供了实物资料③。河南省文物考古研究所 2000 年发掘了郑州小双桥遗址,揭露面积 5000 平方米,发现商代夯土墙类基础槽 1 段、夯土建筑基址 2 座、木骨泥墙房基 2 座、用于奠基或祭祀的人骨架 100 多具、从葬坑 3 座、石块铺地的烧土坑 1 个、商代灰坑和窑穴数十个,并出土了大量的陶器、骨器、石器、原始瓷器等遗物④。2001 年发掘的安阳殷墟花园庄东地 54 号墓,是一座保存完好的贵族墓葬,随葬品十分丰富,出土各类遗物 570 余件,其中以青铜器和玉器为大宗,铜礼器多有"亚长"铭文⑤。2001 年 10 月至 2002 年 8 月,中国社会科学院考古研究所对安阳洹北商城宫殿区一号基址进行了发掘。一号基址平面呈回字形(四周是建筑主体,中间为庭院),东西长约 173 米,南北宽 85—91.5 米,总面积(包括庭院面积)近 16000 平方米,是迄今发现的规模最大的商代建筑⑥。2002 年 6 月至 8 月,该所在殷墟小屯南地发掘面积约 1150 平方米,出土甲骨共 600 余片,其中无字甲骨近 400 片,刻辞甲骨 228 片,为甲骨文与商史的研究增添了一批新

---

① 中国社会科学院考古研究所:《河南偃师二里头遗址中心区》,《(2004)中国重要考古发现》,第 48 页;中国社会科学院考古研究所二里头工作队:《河南偃师二头里遗址宫城及宫殿区外围道路的勘察与发掘》,《考古》2004 年第 11 期;许宏军:《二里头遗址聚落形态的初步考察》,《考古》2004 年第 11 期。

② 郑州市文物考古研究所:《郑州大师姑夏代城址》,《(2003)中国重要考古发现》,第 53 页。

③ 中国社会科学院考古研究所河南第二队:《河南偃师商城商代早期王室祭祀遗址》,《考古》2002 年第 7 期。

④ 河南省文物考古研究所:《河南郑州小双桥遗址考古新发现》,《(2000)中国重要考古发现》,第 31 页。

⑤ 中国社会科学院考古研究所:《安阳殷墟花园庄东地 54 号墓》,《(2001)中国重要考古发现》,第 28 页。

⑥ 中国社会科学院考古研究所:《安阳洹北商城宫殿区一号基址的发掘》,《(2002)中国重要考古发现》,第 26 页。

资料①。2005 年,河南省文物考古研究所等单位在鹤壁刘庄遗址发现一处先商文化墓地,清理墓葬 336 座,出土器物近 500 件。如此规模的先商公共墓地在夏代中原地区属首次发现,为探讨商族的起源和先商文化的研究填补了一项空白②。2003 年,山东省文物考古研究所对济南大辛庄商代遗址进行的发掘,揭露了商代晚期的房址 10 余座、窖穴(灰坑)400 余个、墓葬 30 余座,出土包括陶、瓷、骨、角、蚌、玉、石、铜、金等各类质料的遗物千余件。尤为重要的发现是约当武丁时代的甲骨文和 1 件铜器上的族徽。这是甲骨学史上具有界标意义的重大发现,将对甲骨学、商代考古和历史研究起到积极的推动作用③。

2004 年,在山西柳林县高红村发现了 20 处商代夯土基址,总建筑面积达 4000 平方米。同年在浮山桥北商周墓地发掘商、西周及春秋墓葬 31 座,其中大型墓 5 座、中型墓 9 座、小型墓 17 座。从墓葬被盗铜器中见带"先"字的铭文或族徽分析,这里有可能是一处先氏(国)墓地④。2005 年发掘的绛县横水西周墓地,清理墓葬 3 座,其中 M1、M2 是一组夫妇异穴排葬墓,南北相距 4 米。M2 墓主人应是"倗伯",M1 是其夫人。但 M1 较 M2 墓道长,墓圹大而深,椁室用材讲究,椁内布置华丽,随葬品丰厚且等级高。尤为重要的是在 M1 中清理出《礼记》记载的"荒帷",这是我国考古发现的时代最早、保存最好、面积最大的墓内装饰图案实物,对西周时期晋南方国和埋葬制度研究意义重大⑤。陕西省对周原遗址进行了连续发掘,以 2002 年发掘的齐家作坊遗址较为重要。在作坊遗址分布范围内,密集分布着大量周代墓葬,时代跨越了先周晚期和西周早、中、晚三期,其中 M4 出土铜礼器 8 件、陶器 14 件及玉琮、玉璧等,时代为西周早期晚段。最值得注意的是 H90 出土了 13 片卜骨,其中 1 片牛肩胛骨上刻有 37 个字,为研究西周时期的占卜活动增添了新的材料⑥。2003 年 1 月,眉县杨家村西周窖藏青铜器的出土,在当时引起了极大的轰动。此窖藏共出土铜器 27 件,每件铜器上都有铭文,并有若干重文符号。纹饰以环带纹、重环纹为主,窃曲纹次之,还有多种形式的龙纹。这些铜器保存完好,器体较大,底部均有烟炱,铭文字数多达 4000 字左右,铭文最长的是逨盘,计 372 字,这是建国以来发现的西周青铜器中铭文字数最多的。此盘记述了文王至宣王十二代周王,是铜器铭文中所见到的

---

① 中国社会科学院考古研究所:《小屯南地甲骨新发现》,《(2002)中国重要考古发现》,第 30 页。
② 河南省文物考古研究所:《河南鹤壁刘庄遗址》,《(2005)中国重要考古发现》,第 35 页。
③ 山东省文物考古研究所:《济南大辛庄商代遗址》,《(2003)中国重要考古发现》,第 58 页。
④ 山西省考古研究所:《山西柳林高红商代夯土基址》,《(2004)中国重要考古发现》,第 57 页。
⑤ 山西省考古研究所:《山西绛县横水西周墓地》,《(2005)中国重要考古发现》,第 70 页。
⑥ 陕西省考古研究所等:《周原遗址考古新发现》,《(2002)中国重要考古发现》,第 37 页。

第一部比较完整的西周诸王世系,也是第一次从出土文物的角度证明了《史记》所载西周诸王世系的正确性①。2005年陕西省考古研究所对韩城梁带村两周遗址进行了调查和勘探,发现两周时期墓葬103座、车马坑17座,发掘了车马坑1座、墓葬3座,出土金、玉、铜、漆器等类精美文物数百件。初步判定墓地的年代为西周晚期—东周早期,其性质可能是梁国贵族墓地②。梁带村两周之际的高等级贵族墓地,为了解和研究陕西及黄河沿岸周代的考古学文化,西周晚期—春秋时期的墓葬制度以及社会历史等都具有重要的价值。此外,新郑郑韩故城春秋贵族墓葬与大型车马坑③、新郑冯庄东周制陶作坊遗址④和洛阳东周大型墓地及车马坑群的发掘⑤,也都在不同侧面为进一步研究东周时期的历史提供了重要资料。至2000年,在山西侯马已发现东周祭祀遗址11处,发掘祭祀坑243座,出土玉石器50余件。祭祀坑不同的分布地点可能是由于不同祭祀的性质和内容,祭祀坑的牺牲和玉、石器的多寡则反映了祭祀者社会地位的差异⑥。值得一提的是2001年发掘的侯马西高祭祀遗址,发掘清理密集排列的祭祀坑733座,出土雕刻精美的玉器256件,其时代为春秋晚期到战国早期⑦。2001年,在山西晋侯墓地发掘墓葬16座、祭祀坑1座、车马坑1座,另钻探出车马坑3座⑧。这些重要发现对研究东周时期的社会面貌提供了新的重要资料。

西藏和新疆地区,四川、重庆、辽宁、江西等省市也有许多收获,这里不再一一列出。

通过对夏、商、周三代考古发现与研究,特别是对郑州二里岗、郑州商城、安阳殷墟、偃师商城和偃师二里头等的发掘,以及对陕西周原,丰、镐二京等大量周文化遗址、墓葬的发掘,证实夏、商、周文化各有源头。从反复比较研究中,学术界已公认偃师二里头文化是夏文化,这是甲骨文发现后把商史提升为"信史"之后又一重大学术成果,陕西宝鸡眉县杨家村青铜器窖藏的发现、发掘和研究,也

---

① 陕西省考古研究所等:《陕西眉县杨家村西周窖藏青铜器》,《(2003)中国重要考古发现》,第64页;又见宝鸡市文物局编:《旷世国宝出土纪实》。
② 陕西省考古研究所:《陕西韩城梁带村两周遗址》,《(2005)中国重要考古发现》,第78页。
③ 河南省文物考古研究所:《新郑郑韩故城春秋贵族墓葬与大型车马坑》,《(2001)中国重要考古发现》,第56页。
④ 河南省文物考古研究所:《河南新郑冯庄东周制陶作坊遗址》,《(2003)中国重要考古发现》,第75页。
⑤ 洛阳市文物工作队:《洛阳东周大型墓地及车马坑群》,《(2005)中国重要考古发现》,第80页;《河南洛阳东周车马坑及墓葬群》,《(2005)中国重要考古发现》,第90页。
⑥ 山西省考古研究所:《山西侯马祭祀遗址再次发掘》,《(2000)中国重要考古发现》,第46页。
⑦ 山西省考古研究所:《山西侯马西高祭祀遗址》,《(2001)中国重要考古发现》,第62页。
⑧ 山西省考古研究所:《晋侯墓地的新发现》,《(2001)中国重要考古发现》,第43页。

再次证明司马迁《史记》和《古本竹书纪年》等经典史籍是基本可信的历史篇章，这是中华史学的优良传统。

四

秦汉以后各个时期的考古每年都有一批重要发现和收获：2000 年以来，陕西秦始皇帝陵园考古取得新进展，继 K0006 陪葬坑发现文官俑等之后，又在 K0007 陪葬坑发现 10 余件青铜禽类文物，这是在秦始皇陵园范围内的首次发现，引起了相当的关注①。2002 年，对湖南湘西里耶古城的发掘探明了古城的城墙、护城河、作坊、房址和数座水井，基本确认了各遗存的关系以及各个时期的文化内涵。一号井出土秦代简牍多达 36000 多枚，均为墨书，绝大多数为木质，极少数竹质。简牍形制多样，最常见的长度为 23 厘米，宽窄则根据内容多少决定。简牍性质是秦王朝洞庭郡辖下的迁陵县政府档案，内容涉及行政设置、政治制度、司法文书、官吏任免、人口登记、田地开垦、租税登记、仓储物资、驿站邮传等各个方面，是研究秦王朝郡县制度及其管理职责的重要资料，十分珍贵②。2000 年北京文物研究所发掘的北京老山汉墓，是一座西汉贵族墓葬，墓葬中保存完整的"黄肠题凑"墓室结构，同北京大葆台汉墓形制基本一致，代表了墓主人的高贵身份，为研究北京地区西汉时期的历史提供了实物资料③。同年，在湖北随州孔家坡发现的 8 号汉墓，出土了一批竹简及木牍。竹简分为两堆，分别为日书和历谱。日书涉及日常生活、农业生产、兵战等内容；历谱首端写干支，中栏书写节气，下栏书写月大小，内容为同一年历谱。简文均以隶书书写在竹黄一面，字迹清楚，书写较工整。木牍内容包括时间、墓主、随葬品清单等④。继 20 世纪 90 年代湖南长沙走马楼三国吴简发现之后，2003 年又在该地发现了西汉简牍，8 号井出土墨书竹简万余枚，初步考证是西汉武帝时期长沙国刘发之子刘庸（前 128 年—前 101 年）在位时的行政文书。其性质大部分属于司法文书，涉及当时的诉讼制度、法制改革、统计制度、交通邮驿制度等，是继走马楼三国吴简之后的又

---

① 秦始皇陵考古队：《秦始皇陵园 K0006 陪葬坑第一次发掘简报》，《文物》2002 年第 3 期；陕西省考古研究所等：《西安秦始皇陵园的考古新发现》，《考古》2002 年第 7 期；陕西省考古研究所：《秦始皇陵园 K0007 陪葬坑发掘新收获》，《（2003）中国重要考古发现》，第 90 页。

② 湖南省文物考古研究所：《湘西里耶古城及一号井出土秦代简牍》，《（2002）中国重要考古发现》，第 62 页。

③ 北京市文物研究所：《北京老山汉墓》，《（2000）中国重要考古发现》，第 72 页。

④ 湖北省文物考古研究所：《湖北随州孔家坡 8 号汉墓》，《（2000）中国重要考古发现》，第 78 页。

一次重大发现①。在陕西西安理工大学发掘的西汉壁画墓,其壁画内容不仅有反映墓主人灵魂升天的场景,还出现了东汉流行的车马出行、狩猎、宴乐等现实生活画面。而且画面细腻,绘画风格与同期的粗犷朴拙迥异,具有工笔重彩画的韵味②。2003年在陕西定边郝滩发现的东汉壁画墓,其保存之完整、内容之丰富、颜色之艳丽、绘画技艺之娴熟,在迄今为止已发现的东汉壁画中尚属罕见③。2005年河南省文物考古研究所在内黄三杨庄发掘了一处汉代农田及庭院遗址,这是中国迄今为止规模最为宏大、保存最为完整的汉代村落遗址④。有专家称之为中国的"庞贝古城"。目前已有9处汉代庭院基址得到确认,通过对其中4处的发掘,明确了该遗址具有十分重大的价值:第一,首次再现了汉代广大农村社会的真实景象;第二,首次展现了反映汉代农民生产、生活状况的庭院与生活环境;第三,遗址中的大面积农田在国内外是首次发现;第四,遗址因黄河泛滥而淹没,对黄河水文史的研究意义重大。

内黄三杨庄汉代遗址第二处庭院坍塌的板瓦等建筑物

内黄三杨庄汉代遗址第三处庭院遗存正房北坡屋顶

① 长沙市文物考古研究所:《2003年长沙走马楼西汉简牍》,《(2003)中国重要考古发现》,第93页。
② 西安市文物保护考古所:《西安理工大学西汉壁画墓》,《(2004)中国重要考古发现》,第107页。
③ 陕西省考古研究所:《陕西定边郝滩东汉壁画墓》,《(2003)中国重要考古发现》,第104页。
④ 河南省文物考古研究所:《河南内黄三杨庄汉代田宅遗存》,《(2005)中国重要考古发现》,第100页。

此外,山东临沂晋墓也十分值得关注。1号墓随葬品十分丰富,计有铜器、瓷器、陶器、漆器、铁器、金器及玉、琥珀、玛瑙、煤精等遗物250余件(套),其中40余件青瓷器均具有较为典型的西晋特征。2号墓两次被盗,出土遗物20余件(套)。两座墓规模较大,构筑方式考究,出土文物丰富精美,墓主应是有较强的经济或政治势力,或与当时的王室家族、达官显宦有一定关系①。江苏南京郭家山东晋温峤家族墓,墓葬规模较大,随葬品种类齐全,并出土了温峤墓志。这是南京地区继王氏、颜氏、谢氏、高氏家庭墓地发现后的又一次重要发现,为六朝墓葬的综合研究增加了新资料②。山西大同沙岭北魏壁画墓,共发掘12座北魏时期墓葬,出土文物200余件。其中7号墓既有色彩亮丽的漆画,又有保存基本完整的壁画,还有墨写的文字纪年,笔法劲细连绵,设色典丽秀润,在北魏平城时期众多墓葬中这是唯一的,展现了墓主人时代——北魏太延年间的社会现实生活③。该墓为研究我国民族风情、服饰装备等提供了宝贵的形象资料。2001年开始发掘的太原北齐徐显秀墓的彩绘壁画,对中国绘画史的研究具有重要价值④。

　　继1999年7月在山西太原晋源区王郭村发现隋虞弘墓之后,2000年又在陕西西安北郊龙首原发现了北周安伽墓,墓主人安伽也是来自中亚的粟特人,他曾任北周同州萨保、大都督等职。墓中出土了反映中亚文化风格的贴浅浮雕围屏石榻,是研究南北朝社会历史、文化变迁的重要资料⑤。西安北周康业墓,出土的围屏石榻是用线刻来表现墓主人的生活场景,画面布局独特,与以往国内发现的粟特人墓葬用浅浮雕的表现形式不同⑥。两墓的发现为研究北朝时期的社会生活、丧葬习俗、绘画艺术和了解北朝至隋代中国与波斯及中亚之间的关系和文化交流、互动、交融提供了珍贵资料。

　　在唐宋瓷窑窑址方面,在河南巩义黄冶唐三彩窑址发现了唐代青花瓷产地,找到了烧制唐三彩的窑炉和作坊,出土了一大批完整和较完整的白釉、黑釉、黄釉瓷器标本。此外,出土的大量精美三彩器半成品和各类窑具、模具,为唐三彩制品的成型工艺、装饰技法、窑炉装烧等工艺流程的综合研究增添了极其重要的实物资料⑦。杭州老虎洞窑址,经过三次较大规模的调查和发掘,对这处重要的

---

①　山东省文物考古研究所等:《山东临沂晋墓的发掘》,《(2003)中国重要考古发现》,第109页。
②　南京市博物馆:《南京郭家山东晋温峤家族墓》,《(2001)中国重要考古发现》,第104页。
③　大同市考古研究所:《山西大同沙岭北魏壁画墓》,《(2005)中国重要考古发现》,第115页。
④　太原市文物考古所等:《太原北齐徐显秀墓》,《(2002)中国重要考古发现》,第101页。
⑤　陕西省考古研究所:《陕西西安北周安伽墓》,《(2000)中国重要考古发现》,第95页。
⑥　西安市文物保护考古所:《西安北周康业墓》,《(2004)中国重要考古发现》,第123页。
⑦　河南省文物考古研究所:《河南巩义黄冶唐三彩窑址》,《(2002)中国重要考古发现》,第115页。

官营手工业作坊遗址有了全面了解,其中南宋时期的遗存应是陶瓷界一直在寻找的修内司官窑,其出土的瓷器,在造型和制作工艺上明显与北宋时期的汝官窑有继承关系。元代时老虎洞窑址继续生产仿南宋官窑的器物,特别是在元代晚期遗存中有一类器物与传世哥窑瓷器十分相似,使传世哥窑产地问题的研究获得了极大进展①。河南宝丰汝官窑遗址,清理宋代窑15座,出土了一批形制比较完整且品种丰富的汝官窑瓷器,弥补了长期以来研究汝官窑瓷器不见窑址和实物标本缺乏的遗憾,也为解决汝官窑的烧造年代提供了科学而可靠的地层关系②。四川都江堰金凤窑遗址,共发现33座窑炉、10处作坊区和6处废品堆积物,完整地反映了制作瓷器的工艺流程,是西南地区已发现的规模最大、保存最完整的宋代窑址③。河南汝州张公巷窑址,出土了一批张公巷生产的瓷器和窑具。张公巷青釉瓷的造型、釉色、烧造工艺等明显继承了汝窑的风格。张公巷窑烧造青瓷的大致年代在北宋末至元代初年④。江西景德镇珠山北麓明清官窑遗址,出土遗迹有晚清江西瓷业公司发行所遗址1处、明初官窑窑炉4座、埋藏明永乐后期与宣德早期官窑落选贡品的遗存2处,出土了大量珍贵的官窑瓷器标本⑤。

在古城遗址发掘方面,2001年发掘的吉林和龙西古城城址,是唐代渤海国中京显清府故址,20世纪30年代日本人曾对遗址进行过发掘,此次吉林省的考古工作者对西古城遗址进行了全面的勘探和重点的发掘,有不少新的发现,进一步搞清了城门、城墙和宫殿建筑的营建方式⑥。浙江杭州南宋临安城皇城遗址,考古收获主要有三个方面:首先是确定了皇城四周范围,其次是确认了皇城中心宫殿区,并初步了解到宫殿区的遗迹内涵、保存状况、地层堆积等;第三是在皇城中发掘、采集了大量出土遗物。这为研究临安城的年代和沿革提供了第一手资料⑦。浙江杭州雷峰塔遗址,经发掘研究,基本清楚了雷峰塔的建筑时间、建筑

---

① 杭州市文物考古所:《杭州老虎洞窑址考古再收获》,《(2001)中国重要考古发现》,第127页。
② 河南省文物考古研究所:《河南宝丰汝官窑遗址》,《(2000)中国重要考古发现》,第116页。
③ 成都文物考古研究所:《四川都江堰金凤窑遗址》,《(2000)中国重要考古发现》,第120页。
④ 河南省文物考古研究所:《河南汝州张公巷窑址》,《(2004)中国重要考古发现》,第154页。
⑤ 景德镇市陶瓷考古研究所:《景德镇市珠山北麓明清官窑遗址》,《(2003)中国重要考古发现》,第160页。
⑥ 吉林省文物考古研究所:《吉林和龙西古城城址》,《(2001)中国重要考古发现》,第113页。
⑦ 浙江省文物考古研究所等:《杭州南宋临安城皇城考古新收获》,《(2004)中国重要考古发现》,第164页。

结构和历史上雷峰塔的名称沿革情况。在地宫中出土的造型精美的银质阿育王塔、鎏金铜佛像以及其他文物,是研究吴越国史的珍贵实物资料[①]。杭州吴庄南宋恭圣仁烈皇后宅遗址,保存的部分包括正房、后房、庭院、东西两庑和夹道的遗迹。出土遗物有建筑构件、瓷器和铜钱等[②]。黑龙江阿城金上京刘秀屯建筑基址,是迄今考古发掘所见宋金时期规模最大、等级最高的宫殿建筑基址,对研究宋金时期的政治体制、宗教信仰、风俗习惯以及建筑风格等,提供了翔实的资料,在中国建筑史上占有十分重要的地位[③]。

在古墓葬发掘方面,有陕西礼泉唐太宗昭陵北司马门遗址,这是唐代帝陵陵园建筑遗址中首次发掘的一组完整建筑群,总体布局较为清楚,整组建筑以轴对称的形式依地势而建,由北向南逐渐升高,外圈有围墙环绕,严密紧凑[④]。内蒙古吐尔基山辽代墓葬,出土了大量的珍贵文物,有漆器、木器、金银器、丝织品、铜器、瓷器、铁器以及玻璃器等。其中,彩绘木棺和棺床在内蒙古自治区尚属首次完整发现。此墓中出土的大量与艺术有关的文物,为研究这一时期的音乐、舞蹈等艺术提供了新资料[⑤]。四川泸县宋代石室墓,发掘清理6座墓葬,共有各类石刻85幅。这批石刻雕刻技法娴熟,具有非常高的艺术和历史价值,是研究南宋石刻艺术不可多得的实物资料[⑥]。江苏南京建中村南宋墓,墓室结构独特牢固,棺内出土文物丰富精美。文物部门曾在此墓附近发掘了秦桧之孙墓,发掘者推测墓主可能与秦桧家族有关[⑦]。

## 五

2001年以来,全国重要考古发现还有很多,限于篇幅,在这里不能一一列举。其中有许多重要考古发现都是在配合国家或地方经济建设中获得的,这是

---

[①] 浙江省文物考古研究所:《杭州雷峰塔遗址及地宫》,《(2001)中国重要考古发现》,第134页。

[②] 杭州文物考古所:《杭州吴庄发现南宋恭圣仁烈皇后宅遗址》,《(2001)中国重要考古发现》,第133页。

[③] 黑龙江省文物考古研究所:《黑龙江阿城金上京刘秀屯建筑基址》,《(2002)中国重要考古发现》,第142页。

[④] 陕西省考古研究所:《陕西礼泉唐太宗昭陵北司马门遗址》,《(2003)中国重要考古发现》,第140页。

[⑤] 内蒙古文物考古所等:《内蒙古吐尔基山辽代墓葬》,《(2003)中国重要考古发现》,第154页。

[⑥] 四川省文物考古研究所等:《四川泸县宋代石室墓》,《(2002)中国重要考古发现》,第128页。

[⑦] 南京市博物馆等:《南京建中村南宋墓》,《(2004)中国重要考古发现》,第169页。

中国考古发现的重要特点之一。仅就这几年重要发现来说,有不少项目取得了新的进展和重要突破,为解决重大学术问题(包括哲学、史学及宗教史、思想史、文化史、艺术史、工艺史等)提供了十分宝贵的资料。这也是中国考古工作者辛勤耕耘收获的丰硕成果,它展示了我国瑰丽的文化遗产和中华悠久历史文化的源远流长、博大精深、连绵不绝、生生不息。这是中华民族文明发展历程的真实记录,是中华民族对人类文明作出的重要贡献,是值得中华民族子孙引以为自豪的宝贵财富。在实现中华民族伟大复兴的征途中,这些宝贵的文化遗产,必将会激励我们不断开拓创新,奋力拼搏,为建设一个独立、富强、民主、和谐的新中华,为人类文明的进步和发展作出更大的贡献!

(本文资料整理曾得到秦文生先生帮助,并参阅了许宏《21世纪初中国考古学的新发现及其学术意义》(《燕京学报》新十八期,北京大学出版社),在此谨一并表示谢忱)

(作者:原国家文物局局长,中华炎黄文化研究会第一常务副会长,教授)

# 《全宋文》与宋代思想家研究

◇郭 齐

《全宋文》是大型断代文章总集,其基本性质是一部宋代百科资料汇编。在当今整理研究手段现代化的背景下,这样一部资料汇编还有没有价值?有怎样的价值?

我们知道,资料汇编的主要功能是方便检索和学术指南,本质上是在一定程度上代替研究者进行前期资料浏览和收集筛选。随着数字化图书馆、电子全文检索的兴起和运用,文献编纂学中的一些传统的门类,如人名索引、地名索引、书名索引、篇名索引、字头索引、词句索引等工具书的编纂已经或将要退出历史舞台。但由于迄今为止所能提供的检索基本上也还仅限于机械检索,而不是文献内容的智能检索,所以在一个相当长的历史时期内,资料汇编还会长期存在,并体现出它不可替代——也许永远不可替代的巨大价值。它可以针对不同的用途,对浩如烟海的文献资料进行初步识别和筛选,剔除垃圾信息,缩小阅读范围,提供线索,指示门径,在极大程度上把研究者从大海捞针、皓首穷经的困境中解放出来,从而更多地投入理论思维。对各种专题资料汇编的需要是无穷的,文献编纂学者要做的工作也是无穷的。

作为百科资料汇编,《全宋文》的价值是多方面的。这里仅以朱熹为例,谈谈它在宋代思想家研究方面所发挥的巨大作用。

《全宋文》编纂初期,曾动员数十名专业人员,花费几年时间,进行了大规模的资料普查,共查阅国内外公私藏书一两万种,辑得大量珍贵资料。这是任何个人都不可能做到的。

因此,辑佚是《全宋文》最重要的贡献之一。在整理《朱熹集》时,我们以《全宋文》普查的成果为基础,共收得朱熹佚文129篇,编为3卷;尚待进一步考证的佚文105篇,编为2卷,可谓富矣。

我们知道,朱熹是理学的集大成者,其片纸只言历来为世人所宝贵。一千年来,朱熹的门人、后裔及历代学者对朱熹的遗文进行了不遗余力的搜集整理。朱熹在世时,已有诗文选集刊行,且可能不止一种。其后朱熹季子朱在、门人黄士毅等先后编成88卷、150卷、100卷本等多种朱熹文集。淳祐五年,王遂刊行续集10卷。十年,徐几增补为11卷。景定四年,余师鲁将辑得佚文编为别集10卷。明人朱培编有《文公大全集补遗》8卷。清代朱玉、徐树铭所刊朱熹文集,均

· 189 ·

附有《补遗》。此外尚有朱启昆《朱子大全集补遗》2卷,陈敬璋《朱子文集补遗》5卷。民国以来,朱熹佚文仍不断有所发现。其中,上世纪90年代束景南《朱熹佚文辑考》一书搜集朱熹佚文200余篇,最为可观。在这样的基础上,要再发现朱熹佚文,应该说是比较难的了。从这个意义上讲,《全宋文》的朱熹遗文辑佚成果,可以说是了不起的。

在所辑得的佚文中,有不少具有重要价值。如朱熹早年曾一度热衷于佛学,但由于编辑者为尊者讳,今天的朱熹文集、语录和其他文献记载中,已很难看到这方面的具体材料了。而《全宋文》从《续藏经》中普查到朱熹《与开善谦禅师书》和《祭开善谦禅师文》两篇佚文,为研究朱熹早年学禅问题提供了重要佐证。原文如下:

> 向蒙妙喜开示,应是从前文字记持,心识计较,不得置丝毫许在胸中,但以狗子话时时提撕。愿受一语,警所不逮。①
> 我昔从学,读《易》、《语》、《孟》,究观古人,之所以圣。既不自揆,欲造其风。道绝径塞,卒莫能通。下从长者,问所当务,皆告之言,要须契悟。开悟之说,不出于禅。我于是时,则愿学焉。师出仙洲,我寓潭上,一岭间之,但有瞻仰。丙寅之秋,师来拱辰,乃获从容,笑语日亲。一日焚香,请问此事。师则有言,决定不是。始知平生,浪自苦辛。去道日远,无所问津。未及一年,师以谤去。我以行役,不得安住。往还之间,见师者三。见必款留,朝夕咨参。师亦喜我,为说禅病;我亦感师,恨不速证。别其三月,中秋一书,已非手笔,知疾可虞。前日僧来,为欲往见。我喜作书,曰此良便。书已遣矣,仆夫遄言,同舟之人,告以讣传。我惊使呼,问以何故。於乎痛哉,何夺之遽! 恭惟我师,具正遍知。惟我未悟,一莫能窥。挥金办供,泣于灵位。稽首如空,超诸一切!②

谦禅师为何许人? 朱熹和他是什么关系? 二人的交往在朱熹涉猎佛学问题上占有什么位置? 这一系列问题,随着对上述佚文及所辑得的道谦佚文的深入研究得到了回答。道谦,俗姓游,建州崇安县(今福建崇安县)开耀乡五夫里人。少出家,先后师事名僧克勤、宗杲。绍兴九年归隐里之仙洲山,十六年秋,住持开善寺,二十年卒。著有《大慧普觉禅师宗门武库》、《大慧禅师禅宗杂毒海》。早在十四五岁时,朱熹就通过父师刘子羽、刘子翚、刘勉之、胡宪等人深受道谦的影响。绍兴十六年,道谦住持开善寺,朱熹始与之相见,深相契合。此后二人朝夕相处,几达一年之久。道谦离开以后,朱熹仍与其保持密切联系,多次前往拜访,直至道谦去世。在道谦的影响下,朱熹一度从泛观佛学发展到全盘否定儒学,打算弃儒从释。甚至18岁举乡贡时,也用佛学去应试。可以说,20岁前后,是朱

---

① 《历朝释氏资鉴》卷一一,《佛法金汤编》卷一五。
② 同上。

熹在与传统儒学背道而驰的道路上走得最远的时期,而这主要来自道谦的影响。朱熹之师李侗在《与罗博文书》中说:"渠(指朱熹)初从谦开善处下工夫来,故皆就里面体认。"指出了朱熹禅学思想的主要来源。几年后,朱熹师从李侗,经过反思,最终抛弃了佛学。虽然这一时期朱熹学禅具有很大的盲目性,最终并未"悟入",但"就里面体认"的治学方法却影响了他一生。我们通过《弃儒从释的真实写照》、《朱熹学禅的引路人——道谦生平考》、《道谦生平补考》、《朱熹道谦交往考》、《朱熹宗杲交往考》、《朱熹从道谦学禅补证》等系列论文的研究,在朱熹学禅这一长期知之甚少的重要问题上取得了突破,可以说至此朱熹早年涉猎佛学的细节基本上清楚了。

又如,人所共知,淳熙二年"鹅湖之会"和淳熙十六年"太极之辩",是朱熹和陆九渊之间最大的两次学术论争,结果都是不欢而散。今天留给我们的,是"鹅湖之会"上辛辣的嘲讽和"太极之辩"时声色俱厉的唇枪舌剑。但《全宋文》所收集的朱熹佚文却使我们看到了事情的另外一面。自鹅湖还家,朱熹立即给陆九渊写信说:"某未闻道学之懿,兹幸获奉余论。所恨匆匆别去,彼此之怀皆若有未既者。然警切之诲,佩服不敢忘也。"①"太极之辩"后,朱熹不久也自我检讨说:"某春首之书词气粗率,既发即知悔之,然已不及矣。"②在同时所作的《复某人书》中,朱熹也说:"南渡以来,八字着脚理会着实工夫者,惟某与陆子静二人而已。某实敬其为人,老兄未可以轻议之也。"③如果说以上三书还有较多客气成分的话,下面几则佚文,则是在严肃地探讨学术了:"归来臂痛,病中绝学捐书,却觉得身心收管,似有少进处。向来泛滥,真是不济事。""熹衰病日侵,所幸迩来日用工夫颇觉省力,无复向来支离之病。甚恨未得从容面论,未知异时尚复有异同否耳。"④"陆子静专以尊德性诲人,故游其门者多践履之士,然于道问学处欠了。某教人,岂不是道问学处多了些子?故游某之门者,践履多不及之。"⑤朱熹与陆九渊,由本体论上理学和心学的不同,导致了功夫论上道问学和尊德性的差异。从上面的佚文中可以看出,对陆九渊的意见,朱熹的确作了认真的思考和反省,将过去偏重于道问学的治学门径调整为道问学、尊德性二者并重,从而弥补了旧学说的某些缺陷。这是其学术上一个重大的转变,而公开承认"向来泛滥"、"向来支离"、"道问学处多了"、"践履多不及",也显示出他从善如流的大家风范。这些真相,在以门户之见剪裁取舍过的朱熹文集等文献资料中是很难看到了。

---

① 《象山先生年谱》卷中。
② 同上,又见《考亭渊源录》卷四。
③ 同上,又见《宋元通鉴》卷八九。
④ 均见《象山先生年谱》卷中。
⑤ 《陆九渊集》卷三四《语录》。

在史实考证方面,《全宋文》辑得的朱熹佚文也发挥了显著作用。《三希堂法帖》载有朱熹《六月五日帖》一首:

> 六月五日,熹顿首:奉告,审闻□况为慰。讯后庚暑,侍履当益佳。庙额闻已得之,足见朝廷表劝忠义之意。记文久已奉诺,岂敢食言?然以病冗因循,遂成稽缓。今又大病几死,近日方有向安意。若以先正之灵,未即瞑目,少宽数月,当为草定,□父归日必可寄呈矣。匆匆布复,余惟自爱。令祖母太夫人康宁,眷集一一佳庆,不宣。熹再拜□君承务。

此帖辑录者曾将其写作年代定为淳熙十四年,认为"朱熹生平于三至五月间大病几死,唯淳熙十四年有此事"。所云"记文久已奉议,岂敢食言","指陈氏子、孙请其作陈俊卿行状"。帖中的"□君承务","必是予(陈俊卿长孙)承务郎陈垕","祖母太夫人""必指(陈俊卿妻)唐国夫人聂氏"。所云"定夫归日","乃指(朱熹门人)刘定夫尚在贵溪象山,而至十月犹未归也"。

以上考证是错误的,其主要原因是辑录者没有见到与此帖密切关联的另一篇朱熹佚文《八月廿二日帖》。这篇佚文见于《辛丑消夏记》卷一,为《全宋文》所辑录。全文如下:

> 八月廿二日,熹顿首:昨者人还附字,计必达矣。即日秋凉,远怀侍奉吉庆。庙记近方草定,已写本寄周守及叶致政矣。幸试取一观。其它曲折,已与慕父详言之,幸并与诸丈熟议之也。匆匆附此,不能它及。余惟以时自爱。令祖母太夫人寿履康安,眷集一一佳庆,不宣。熹再拜滕君承务。

据此帖,知前帖的"记文"即指"庙记","□父"即指"慕父","□君承务"即指"滕君承务"。另外,前帖辑录者所据为《故宫历代法书全集》,有误字脱字,应据《全宋文》所采之《三希堂法帖》改正。如"记文久已奉议","奉议"应为"奉诺";"当为定夫归日必可寄呈矣"一句不通,"定"上脱一"草"字,"夫"当作"父",原文作"当为草定,□父归日必可寄呈矣"。根据这些线索,结合朱熹文集卷八二《跋滕户曹守台州事实》、卷八九《义灵庙碑》、续集卷二《答蔡季通》,即可对二帖所述史实作出确切考证。台州户曹参军滕膺宣和中守城有功,绍熙中,其孙滕仲宜、仲宣及台州本地官员、士大夫上奏朝廷,于庆元元年春二月敕滕膺祠庙额为"义灵"。同时,仲宣等又请曾任浙东提举常平,在台州弹劾过贪官唐仲友的朱熹记其事。朱熹答应了,但因为生病而耽搁了下来,直至庆元元年八月一日才草成,这就是《义灵庙碑》。六月五日、八月廿二日二帖,就是朱熹就写庙记之事写给滕仲宜的两封书信。所谓"庙额",指义灵庙额。"记文久已奉诺",指的是朱熹早在绍熙二年就已从滕仲宜、仲宣处得观《滕户曹守台州事实》,陈师恭、程千秋之记及滕膺行状,并为之作跋,同意作记定在绍熙年间。"大病几死",指庆元元年春夏间事。正因为病危,朱熹才于五月紧急请求致仕。所谓"慕父",当为"恭父"行书之误释,指朱熹门人、台州临海县人赵师邺,其履历和行迹详见朱熹文集及楼钥《赵明道墓志铭》、《嘉定赤城志》卷三四等。"令祖母太夫人"指滕膺继室赵氏。"滕君承务"指滕仲宜。"周守"即《义灵庙碑》中的"太守周府君侯"。"叶致政"即碑文中的"耆艾学士大夫叶君圣耦"。像这类有助于弄清史实的佚文在《全宋文》中可以说是俯拾皆是。

其他如《与时宰劄子》(《六艺之一录》卷三九五)是与宰相王淮的信,言及弹劾唐仲友之事;《与赵汝愚书》(《齐东野语》卷三)是给宰相赵汝愚的信,未雨绸缪地提醒要防止韩侂胄干政,都涉及到重大政治事件。讨论学术的有《与赵讷斋论纲目书》(《资治通鉴纲目》卷首)、《答或人书》(《六艺之一录》卷三九五)、《西铭论》(《张载集》第410页)、《训学斋规》(《说郛》卷七一)、《书杨时西铭说后》(《名臣言行录外集》卷四)、《跋延平本太极通书》(《周濂溪集》卷七)、《书嵩山古易跋后》(《周易会通·因革·吕氏易》后)、《书禹贡九江彭蠡说》(《书传辑录纂注》卷二)等,均可与文集相参证补充,具有重要价值。《训子帖》(《居家必用事类全集》甲集)、《戒子塾文》(《朱子学归》卷一三)、《戒子帖》(《古今事文类聚别集》卷一八)体现了朱熹的家庭教育,且涉及到许多未见于其他文献记载的人事,值得深入研究。这样的佚文很多,因其内容仅见,因而是不可替代的,其价值可想而知。

《全宋文》普查到的朱熹佚文,在使用之前,当然还必须逐篇进行考证,辨别其真伪。事实上,这些普查得来的资料鱼龙混杂,其中包含大量的伪作。由于普查的范围广,同一条资料往往有多个出处,能提供充分的线索,有利于顺藤摸瓜,由此及彼,得出可靠的结论。经我们仔细考察,剔除的朱熹伪作数以百计,其中包括在有影响的报刊上公开发表或出版过研究专集的称为"惊现"和"价值连城"的伪作。经验证明,晚出方志及私家谱牒之类所载"朱熹佚文",谓其"百伪一真"也是毫不过分的。而不充分地占有材料,没有宽广的线索,要辨别一篇佚文的真伪也并非易事。《全宋文》所提供的资料不仅有助于集外文的甄别,有时还能牵连发现文集中的伪作。朱熹文集中的《三先生论事录序》、别集中采自《临江集》的十首诗,就是在排比普查资料时发现问题的。前者实为陈亮所作,而后者则为临江道流伪作。千百年无人置疑的问题,由于《全宋文》的编纂而得以发现和解决。在辨伪学方面,《全宋文》的确功不可没。

在文字校勘上,《全宋文》更是功劳卓著。仅举其整理朱熹文时采用的校本台湾故宫博物院藏《晦庵先生文集》为例。

该集为宋刊、宋元明递修、明印本,为闽中坊间所刻,分为前、后二集,前集刊于淳熙末年,后集刊于绍熙年间。它是现存最早的朱熹文集刊本,也是唯一流传至今的朱熹在世时刊刻流布之本。其文字内容与通行本有很大不同,文献价值不可估量。数十年来,一直珍藏台湾故宫博物院,为天地间所仅存,故一般人难以见到,甚至多有不知者。在朱熹文的文字校勘上,该集的价值主要体现在以下几个方面:

1. 可补今本文集之缺。如前集卷六《与郭冲晦》书信五封,其中四封为今本文集所无。此四书记载朱熹与郭雍交往情况,十分重要。后集卷三《答张钦夫》第二书比今本多出"按《遗书》或问中之道"以下三段,共 500 余字,皆论学语,具有重要参考价值。后集卷七《答陈同甫》第一书较今本多出"九月十五日,某顿首再拜同甫上舍老兄"、"武夷诸诗能为下一转语否？韩记陆诗纳呈。韩丈又有《棹歌》,今并录去"、"丘宗卿颇款否？更曾与谁相见？项平父未受代否"、"来人不欲久留,草草布此,不能尽所欲言。无物可伴书,古龙涎三两,钟乳四两,藤枕一枚幸视入。更有《近思录》两册,并以唐突,勿怪勿怪。尊嫂郎娘均庆! 徐子才今在何处？或见,幸为致意。向寒,珍重为祷。有人之城,漫作数字寄叔度处,恐有便来此也。引领晤对,临风怅然。不宣。熹顿首再拜"等数段,200 余字;第二书较今本多出"熹顿首再拜同父上舍老兄:自顷人还,不得再附问,日以驰情"、"所需恶札一一纳去,但《抱膝诗》以数日休整破屋,扶倾补败,丛冗细碎,不胜其劳,无长者台池之胜而有其扰,以此不暇致思。留此人等候数日,竟不能成。且令空回,俟旦夕有意思却为作,附便以往也"、"令外舅何丈何时务故？今乃葬耶？墓额亦已写去,似却胜六字。然回首向来道间相见,如昨日事,而便有幽明之隔。人世营营,欲何为邪"、"此已觉昏涩,不能尽所欲言。惟冀以时自爱,临纸不胜驰情。二月十四日,熹顿首再拜上状"、"熹拜问:眷集伏惟佳庆,令郎为学胜茂! 从学诸君必有秀彦可与言者,恨未得见也。子才今得甚处差遣？欲作书,以未知此,写不得。为学甚笃,尤慰所怀,但未知所学何学耳。惠贶柑栗,尤荷厚意。村落潇然,无以伴书,金丝脍材十饼、紫菜少许,共作一小篚,幸视至。天民到官可喜,因见幸为致意。旦夕有便,自拜书也。熹再拜"等数段,共300 余字,弥足珍贵。又如今本文集卷三九《答柯国材》第二书,诸本皆脱"次爻即一变而阴阳交,左下十六卦之阳,右下十六卦之阴,上交于右上之阴,下交于左上之阳。又"一段,致文意不通。今据后集卷七《回柯国材》,乃得以补入。后集卷三《答许顺之三》较今本多出"熹顿首:祝弟归,承书,知来龙川日有讲习之乐,甚慰。信后暄暖,伏惟德履佳胜。熹此如昨"、"同安想时得书,贱累一一承问,感感。儿辈附拜问意。余惟以时自爱,不宣。熹再拜上状"两段,70 余字;《答许顺之一》比今本多出"熹顿首:便中承书,粗慰向往。比日已复秋风,不审所履如何？伏想佳胜"、"冬间或欲一到龙溪省舅母,不知彼时能来彼相聚否"两段,20 余字;后集卷十《答廖子晦问本说》,比今本多出"人惟习而不察,故不知有贵于己者为何物。君子知夫此,复加修治之功,庶几于本欤"一段,30 余字;后集卷八《答王子合一》比今本多出"熹顿首再拜子合教授奉议贤友:久不闻问,方此向往,奉告,欣审比日尊履多福。熹杜门如昨,夏初伯恭见访,因同入城,见候吏报丈丈府判经由,意可以一见。已而闻不入城,甚以为恨。不知乃留居归第也"、"昨来所附子晦书竟未之领,近至城中,问得下落,方托人督取也。末由晤见,惟以时珍重为祷。不宣。熹顿首再拜"两段,100 余字;等等。其他似此类多出今本数十字、十数字者尚多,据全书所补今本文集之缺总计不下数千字,其重要价值是不言而喻的。

2.可纠正今本文集之误。如卷四一《答程允夫》九"张子所论物",不妥,当据后集改"论"为"谓";卷五十《答潘恭叔》三"非为不知性之不能动而然也",文意全倒,当据后集改"动"为"不动";卷七五《送陈宗之序》"然而弗能暴白以传于后",不妥,当据后集改"然"为"知";卷七七《存斋记》"升之之来也",误,当据前集删一"之"字;同卷《建宁府游御史祠记》"谓其资可与适道",与程朱思想不合,当据前集改"资"为"贤";同卷《建宁府崇安县学二公祠记》"盖亦望其容貌而起肃敬之心",文意不属,当据前集改"盖"为"盍";卷七九《邵武军学丞相陇西李公祠记》"则虽其中之所以固有"、"以其爱君忧国之志终有不可得而夺者",不通,当据后集删前句"以"字,改后句"以"为"而";卷八一《跋古今家祭礼》"所以致其精神",不通,当据前集改"神"为"诚";同卷《跋陈简斋帖》"不得去手",不通,当据前集改"得"为"能";同卷《跋赵侯彦远行实》题注"字直之父也",误,当据前集改为"字彦远,子直之父也";卷九七《刘珙行状》"余益走,多溺死",不通,当据后集改"益"为"盗";等等。此类订正今本文集之误者不在少数,多有诸本皆误,唯此集为正者,尤足珍贵。

3.可提供丰富的异文,以资研究参考。如前集卷五载《太极图解义》,据朱熹自序,此文于淳熙十五年二月始出以示学者。前集收入,应为最早付梓者之一,其异文具有重要参考价值。如解"阳变阴合"一段,与今本比较,前集无"至于其所以为阴阳者,则又无适而非太极之本然也,夫岂有所亏欠间隔哉"数语;"五行一阴阳"、"无极之真"今本分为二段,各自为解,而前集合而为一,其首作"此据五行而推之,明无极二五混融无间之妙,所以生成万物之功也",与今本"五行具,则造化发育之具无不备矣。故又即此而推本之,以明其浑然一体,莫非无极之妙,而无极之妙,亦未尝不各具于一物之中也"异;解"按曰立天之道"一段,前集较今本少"此天地之间,纲纪造化流行古今不言之妙,圣人作《易》,其大意盖不出此,故引之以证其说"数语;《解》后所附之《辨》,今本作"然继之者善,自其阴阳变化而言也。成之者性,自夫人物禀受而言也。阴阳变化流行而未始有穷,阳之动也。人物禀受一定而不可易,阴之静也。以此辨之,则安得无二者之分哉",前集仅作"然性之善犹水之下也,则亦不能无体用之分焉,此其所以为阴阳之辨也"。观此异文之演变,也可窥朱熹思想的发展。又如前集卷九《丞相陇西公奏议后序》"是以天下不能常治"以下作"然后不得已而降殃咎焉。然是气之屈于此也,则必有所信于彼;其消于今也,必有所息于后。是以天将降非常之祸于此世,则必为之预出非常之人以拟之,使夫国家犹有所依以立而生民之类不至于糜烂泯灭而无余。是则理势之必然,而天之所以为天者,其心固如此也。呜呼!若故丞相陇西公者,其天之所出以拟宣和、靖康之祸而开建炎、绍兴之业者欤!公以史臣入侍于宣和之初,睹都城暴水之灾,而知必有夷狄兵革之祸,极谏不用",与今本文集大异。又如后集卷一二所载《明筮占》首云"揲蓍之法,四十九茎。合而为一,以意取平。分置两手,左取一著,挂小指间,四数所持。最末之余,或四或奇,归于挂间,右亦如之。两手所余,通挂之算,不五则九,是谓一变。挂余之外,复合为一。中分不挂,四数如式。余扐左手,无名指间,不四则八,再变成焉。三亦如之,扐左中指。三变既备,数斯可纪",与今本文集迥异。至如《皇极辨》、《克斋记》、《南剑州龙溪县学记》、《黄中墓志铭》、《刘子羽神道碑》等,全篇文字出入颇大,整理朱熹文时不得不作为附录。此类例子不胜枚举,其于研究参考之助,实非浅鲜。

4.可助考本文作年及其他史实。朱熹诗文的作年,经历代学者研究,大部分已经考明。但其中总有一定数量的诗文,由于缺乏力证,其作年尚只能推测而知。通过对前、后集的通盘研究,已确知其成书的时间下限分别为淳熙十六年二月以前和绍熙年间,反过来又可确定凡收入二集之诗文其作年皆不得晚于此时间下限。有的诗文虽不能明指其作于何年,但有此下限,比起漫无边际的猜测,毕竟大大进了一步。在史实考证方面,如今本文集卷四十《何叔京》第十七书,宋原刊闽、浙百卷本文集题下均注云:"自此至知觉言仁共五段,一云与王子合。"今从后集卷一一之中得到了证实。该集所载正为五段,题作《答王子合言仁诸说》。所谓五段,即今本文集第十七、十八两书。不仅如此,第二十书后集也作《答王子合问诗诸说》,共分四段。又如今本卷七九《建宁府崇安县学田记》"赵侯名某",据前集明载"赵侯名彦绳";卷九一《何叔京墓碣铭》"子男琰为长,次某",前集则详载为"子男三人,琰为长,次燮、瑀"。就连二集与今本不同之篇题,对于史实考证也极有价值。如《谒元祐礼部尚书李公文》,"元祐礼部"四字颇为重要;《书易传大版本后》,一"大"字指明其为官本;《答南康李叔文埜》,始知叔文名埜,南康人;《答永康邵浩叔义》,知浩为永康人;《答建阳江默德言》,默诸本作字德功,此作德言,与其名如合符契,岂原名耶?《答建昌颜君子坚书》,知子坚乃建昌人;《答司户》,知淳熙八年吴伯丰官司户参军;《答崇安赵宰》,始知赵宰者为崇安县令。此类尚多,不能一一枚举。

《全宋文》在朱熹研究中之所以能发挥如此重要的作用,是因为这一浩大的工程具有不可替代性:个人或少数人不可替代,在可以预见的历史时期内,机器也不可替代。为了这一造福于子孙后代的事业,数十名学者付出了长期艰辛的劳动。随着它的问世,凡是朱熹的研究者或是想要了解朱熹的人都将从中受益。

《全宋文》对朱熹研究的价值当然不止这些,对宋代思想家研究的价值当然更不止这些,它当然也远不止对宋代思想家研究才具有重要价值。本文所谈到的,实在是沧海一粟。尽管这部迄今为止最大的文章总集还存在这样那样的不足,甚至严重的缺点,但相信它一定会以其对民族文化的卓越贡献而载入史册,与天地长存!

(作者:四川大学古籍整理研究所教授)

# 从《全宋文》的"全"看其学术价值

◇刘 琳

四川大学古籍整理研究所的 20 多位同仁从 1985 年开始编纂《全宋文》,经过 21 年,终于全部出版了。本书共 8345 卷,收入宋代的单篇文章 178292 篇①,几乎为《全唐文》的 9 倍(《全唐文》收文 20025 篇);包含作者 9176 人,为《全唐文》的 3 倍(《全唐文》收作者 3035 人);总字数近 1 亿,为《全唐文》的 10 倍。这是中国迄今最大的一部文章总集,是中国文化史上一项巨大的学术工程,它为研究中国古代首先是宋代的历史文化建立起了又一座资料库。

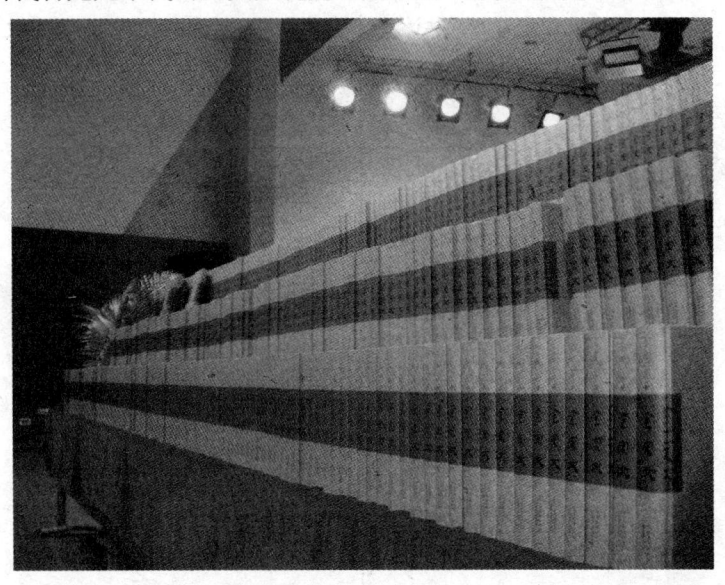

皇皇大典《全宋文》

《全宋文》同《全上古三代秦汉三国六朝文》、《全唐文》等书一样,是属于"义取全备,巨细兼收"的全编性的断代总集。其任务在于收罗某一历史阶段所

---

① 这是笔者用电脑根据篇目排版符号统计的数字,这个数字并非十分精确。主要是一个大题下含文若干篇者,若有小标题,则电脑无论大小题均分别计为 1 篇;而对如《策题三首》之类包含数篇而未有小标题之文,则只计为一篇。这就造成有的多计了,有的又少计了。但两相抵消,所得的总数与实际篇数也不会相差很远。

有现存的单篇文章，按一定的体例加以整理编纂，从而为研究者和广大读者提供查找、阅读与研究的方便。其宗旨首先在于"全"，全不全是衡量这类总集质量的第一条标准。所谓"所有现存的单篇文章"包括了以下四个方面：一是现存别集之文，即集内文；二是别集未收之文，即集外文；三是无集传世的作者之文；四是无名氏之文。现在出版的《全宋文》还只是有名氏作者之文，至于无名氏之文已经收集，但还有待于继续整理出版，因此本文只就前三个方面，通过一些统计数字，说明《全宋文》做得怎么样，取得了怎样的成果，还有些什么缺陷。本文作者作为《全宋文》的主编之一，这也是向读者的一个汇报。

## 一、现存宋人别集的收集

据目前所知，宋代有诗文词别集留存至今的作家约700余人，其中别集含文者384人①。现将《全宋文》所收各家集内、集外文的篇数列表如下（按集外文篇数由多到少排列，其中册次为编为180册时的册次）：

| 作者 | 册次 | 集内文 | 集外文 | 共计 | 作者 | 册次 | 集内文 | 集外文 | 共计 |
|---|---|---|---|---|---|---|---|---|---|
| 苏 轼 | 43 | 4228② | 461 | 4689 | 孙 觌 | 79 | 2033 | 82 | 2115 |
| 黄庭坚 | 52 | 2165 | 422 | 2587 | 曾 巩 | 29 | 717 | 81 | 798 |
| 张 浚*③ | 94 | ? | 350 | 350 | 蔡 杭 | 168 | 44 | 80 | 124 |
| 米 芾 | 60 | 59 | 175 | 234 | 宋 祁 | 12 | 1078 | 79 | 1157 |
| 朱 熹 | 122 | 3233 | 160 | 3393 | 吕 陶 | 37 | 282 | 76 | 358 |
| 汪 藻 | 78 | 645 | 158 | 803 | 曾 肇 | 55 | 63 | 76 | 139 |
| 陈傅良 | 134 | 815 | 120 | 935 | 赵鼎臣 | 69 | 159 | 76 | 235 |
| 洪 迈 | 111 | 105 | 115 | 220 | 张舜民 | 42 | 18 | 75 | 93 |
| 蔡 襄 | 23 | 515 | 115 | 630 | 韩 琦 | 20 | 473 | 73 | 546 |
| 王安石 | 32 | 1472 | 104 | 1576 | 陈耆卿 | 160 | 119 | 72 | 191 |
| 傅尧俞* | 35 | ? | 101 | 101 | 杨 亿 | 7 | 240 | 69 | 309 |
| 白玉蟾 | 148 | 48 | 96 | 144 | 刘 挚 | 38 | 273 | 69 | 342 |
| 范仲淹 | 9 | 407 | 89 | 496 | 吕祖谦 | 131 | 544 | 68 | 612 |
| 苏 辙 | 47 | 1074 | 89 | 1163 | 张 守 | 87 | 372 | 66 | 438 |
| 孙 升* | 47 | ? | 86 | 86 | 张 栻 | 128 | 503 | 61 | 564 |
| 方 岳 | 171 | 774 | 84 | 858 | 刘克庄 | 163 | 3049 | 60 | 3109 |

① 参见刘琳、沈治宏编《现存宋人著述总录》（巴蜀书社，1995年）。凡奏议集、赋集、四六集均算作别集。又，宋末入元被视为元人、《全宋文》未收者皆不计入。

② 此数字仅指《苏文忠公全集》所收之文，未包括苏集之其他版本。

③ 以下加*号者为全书重辑，集内文未数，均作为集外佚文统计。

198

续表

| 作者 | 册次 | 集内文 | 集外文 | 共计 | 作者 | 册次 | 集内文 | 集外文 | 共计 |
|---|---|---|---|---|---|---|---|---|---|
| 葛胜仲 | 71 | 335 | 58 | 393 | 卫泾 | 146 | 732 | 32 | 764 |
| 胡铨 | 98 | 418 | 58 | 476 | 文天祥 | 179 | 671 | 32 | 703 |
| 蒋之奇 | 39 | 7 | 57 | 64 | 宋庠 | 10 | 586 | 31 | 617 |
| 司马光 | 27 | 804 | 55 | 859 | 王安中 | 73 | 262 | 31 | 293 |
| 文彦博 | 15 | 360 | 53 | 413 | 綦崇礼 | 84 | 558 | 31 | 589 |
| 岳飞 | 98 | 152 | 52 | 204 | 李石 | 103 | 276 | 31 | 307 |
| 欧阳修 | 16 | 2428 | 49 | 2477 | 刘辰翁 | 179 | 219 | 31 | 250 |
| 冯时行 | 97 | 46 | 49 | 95 | 李光 | 77 | 262 | 30 | 292 |
| 吕颐浩 | 71 | 143 | 48 | 191 | 郑刚中 | 89 | 435 | 29 | 464 |
| 葛立方 | 101 | 121 | 48 | 169 | 杨杰 | 38 | 110 | 28 | 138 |
| 叶梦得 | 74 | 337 | 45 | 382 | 舒亶 | 50 | 12 | 28 | 40 |
| 沈括 | 39 | 139 | 44 | 183 | 林希逸 | 168 | 243 | 28 | 271 |
| 范成大 | 112 | 266 | 44 | 310 | 袁燮 | 141 | 272 | 27 | 299 |
| 洪咨夔 | 153 | 905 | 43 | 948 | 史浩 | 100 | 763 | 26 | 789 |
| 袁说友 | 137 | 235 | 42 | 277 | 林光朝 | 105 | 142 | 26 | 168 |
| 范纯仁 | 36 | 315 | 41 | 356 | 刘敞 | 30 | 455 | 25 | 480 |
| 陈藻 | 144 | 59 | 40 | 99 | 释元照 | 56 | 42 | 25 | 67 |
| 真德秀 | 156 | 1301 | 40 | 1341 | 王十朋 | 104 | 547 | 25 | 572 |
| 汪应辰 | 107 | 469 | 39 | 508 | 林之奇 | 104 | 202 | 25 | 227 |
| 王禹偁 | 4 | 301 | 38 | 339 | 楼钥 | 131 | 2166 | 25 | 2191 |
| 张方平 | 19 | 517 | 38 | 555 | 马廷鸾 | 177 | 377 | 25 | 402 |
| 王之望 | 99 | 331 | 38 | 369 | 胡宿 | 11 | 1184 | 24 | 1208 |
| 周必大 | 113 | 4703 | 37 | 4740 | 张九成 | 92 | 182 | 24 | 206 |
| 赵鼎 | 87 | 99 | 36 | 135 | 唐仲友 | 130 | 55 | 24 | 79 |
| 刘攽 | 34 | 596 | 35 | 631 | 赵抃 | 21 | 181 | 23 | 204 |
| 陆游 | 111 | 763 | 35 | 798 | 范祖禹 | 49 | 1052 | 23 | 1075 |
| 许应龙 | 152 | 499 | 35 | 534 | 沈与求 | 88 | 275 | 23 | 298 |
| 李刘 | 159 | 1098 | 35 | 1133 | 吴芾 | 99 | 2 | 23 | 25 |
| 王珪 | 26 | 2005 | 34 | 2039 | 彭龟年 | 139 | 211 | 23 | 234 |
| 员兴宗 | 109 | 194 | 34 | 228 | 崔与之 | 147 | 53 | 23 | 76 |
| 张孝祥 | 127 | 382 | 34 | 416 | 程公许 | 160 | 45 | 23 | 68 |
| 晏殊 | 10 | 24 | 33 | 57 | 苏过 | 72 | 63 | 22 | 85 |
| 韩维 | 25 | 333 | 33 | 366 | 韩元吉 | 108 | 376 | 22 | 398 |
| 赵汝愚 | 137 | 82 | 33 | 115 | 强至 | 33 | 1061 | 21 | 1082 |

续表

| 作 者 | 册次 | 集内文 | 集外文 | 共计 | 作 者 | 册次 | 集内文 | 集外文 | 共计 |
|---|---|---|---|---|---|---|---|---|---|
| 石 介 | 15 | 124 | 20 | 144 | 毛 滂 | 66 | 105 | 15 | 120 |
| 祖无择 | 22 | 43 | 20 | 63 | 赵汝谈 | 145 | 87 | 15 | 102 |
| 张 载 | 30 | 45 | 20 | 65 | 曹彦约 | 146 | 254 | 15 | 269 |
| 孙 觉* | 36 | ? | 20 | 20 | 李正民 | 82 | 260 | 14 | 274 |
| 洪 适 | 106 | 1392 | 20 | 1412 | 赵汝腾 | 169 | 97 | 14 | 111 |
| 晁公遡 | 106 | 966 | 20 | 986 | 徐 铉 | 1 | 255 | 13 | 268 |
| 叶 适 | 143 | 550 | 20 | 570 | 许 翰 | 72 | 291 | 13 | 304 |
| 钱 时 | 154 | 39 | 20 | 59 | 朱 翌 | 94 | 1 | 13 | 14 |
| 王 迈 | 162 | 238 | 20 | 258 | 尤 袤 | 113 | 45 | 13 | 58 |
| 田 锡 | 3 | 360 | 19 | 379 | 郑思肖 | 180 | 63 | 13 | 76 |
| 黄 裳 | 52 | 249 | 19 | 268 | 苏 洵 | 22 | 111 | 12 | 123 |
| 许景衡 | 72 | 442 | 19 | 461 | 苏 颂 | 30 | 1843 | 12 | 1855 |
| 翟汝文 | 75 | 426 | 19 | 445 | 李昭玘 | 61 | 206 | 12 | 218 |
| 王安礼 | 42 | 314 | 18 | 332 | 李流谦 | 111 | 125 | 12 | 137 |
| 刘安世 | 59 | 191 | 18 | 209 | 虞 俦 | 127 | 112 | 12 | 124 |
| 袁 甫 | 162 | 358 | 18 | 376 | 方逢辰 | 177 | 147 | 12 | 159 |
| 郑 獬 | 34 | 670 | 17 | 687 | 邹 浩 | 66 | 584 | 11 | 595 |
| 陈次升 | 51 | 116 | 17 | 133 | 慕容彦逢 | 68 | 782 | 11 | 793 |
| 晁补之 | 63 | 710 | 17 | 727 | 释惠洪 | 70 | 521 | 11 | 532 |
| 潘良贵 | 93 | 20 | 17 | 37 | 尹 焞 | 71 | 69 | 11 | 80 |
| 蔡 戡 | 138 | 187 | 17 | 204 | 王 洋 | 89 | 360 | 11 | 371 |
| 文 同 | 26 | 221 | 16 | 237 | 洪 皓 | 90 | 17 | 11 | 28 |
| 毕仲游 | 55 | 199 | 16 | 215 | 陆九渊 | 136 | 390 | 11 | 401 |
| 李之仪 | 56 | 714 | 16 | 730 | 危 稹 | 149 | 50 | 11 | 61 |
| 秦 观 | 60 | 277 | 16 | 293 | 王应麟 | 177 | 253 | 11 | 264 |
| 华 镇 | 61 | 252 | 16 | 268 | 陈舜俞 | 35 | 122 | 10 | 132 |
| 杨 时 | 62 | 440 | 16 | 456 | 李 纲 | 85 | 1168 | 10 | 1178 |
| 陈康伯 | 94 | 21 | 16 | 37 | 詹体仁 | 140 | 6 | 10 | 16 |
| 王 灼 | 96 | 5 | 16 | 21 | 包 恢 | 160 | 65 | 10 | 75 |
| 崔敦诗 | 137 | 794 | 16 | 810 | 张 詠 | 3 | 83 | 9 | 92 |
| 杨 简 | 138 | 218 | 16 | 234 | 蒋 堂 | 8 | 2 | 9 | 11 |
| 吴 潜 | 169 | 85 | 16 | 101 | 金君卿 | 42 | 69 | 9 | 78 |
| 欧阳守道 | 173 | 265 | 16 | 281 | 周紫芝 | 81 | 395 | 9 | 404 |
| 夏 竦 | 8 | 555 | 15 | 570 | 杨万里 | 119 | 1124 | 9 | 1133 |

| 作 者 | 册次 | 集内文 | 集外文 | 共计 | 作 者 | 册次 | 集内文 | 集外文 | 共计 |
|---|---|---|---|---|---|---|---|---|---|
| 王 质 | 129 | 124 | 9 | 133 | 戴 栩 | 154 | 103 | 6 | 109 |
| 高似孙 | 146 | 21 | 9 | 30 | 余 靖 | 13 | 401 | 5 | 406 |
| 度 正 | 151 | 95 | 9 | 104 | 包 拯 | 13 | 176 | 5 | 181 |
| 杜 範 | 160 | 160 | 9 | 169 | 沈 辽 | 40 | 111 | 5 | 116 |
| 方大琮 | 161 | 835 | 9 | 844 | 孔文仲 | 40 | 12 | 5 | 17 |
| 赵孟坚 | 171 | 77 | 9 | 86 | 朱长文 | 47 | 27 | 5 | 32 |
| 丰 稷 | 41 | 18 | 8 | 26 | 郑 侠 | 50 | 126 | 5 | 131 |
| 陆 佃 | 51 | 209 | 8 | 217 | 刘安节 | 69 | 68 | 5 | 73 |
| 孙 览* | 51 | ? | 8 | 8 | 释慧空 | 94 | 8 | 5 | 13 |
| 孔平仲 | 52 | 166 | 8 | 174 | 胡 宏 | 99 | 92 | 5 | 97 |
| 宗 泽 | 65 | 84 | 8 | 92 | 曾 协 | 110 | 50 | 5 | 55 |
| 程 俱 | 78 | 547 | 8 | 555 | 喻良能 | 121 | 4 | 5 | 9 |
| 王之道 | 93 | 136 | 8 | 144 | 罗 愿 | 130 | 65 | 5 | 70 |
| 孙应时 | 145 | 340 | 8 | 348 | 廖行之 | 135 | 143 | 5 | 148 |
| 梅尧臣 | 14 | 27 | 7 | 34 | 崔敦礼 | 135 | 162 | 5 | 167 |
| 周敦颐 | 25 | 58 | 7 | 65 | 曾 丰 | 139 | 256 | 5 | 261 |
| 郭祥正 | 40 | 20 | 7 | 27 | 游九言 | 139 | 29 | 5 | 34 |
| 李 鷹 | 67 | 64 | 7 | 71 | 黄 榦 | 144 | 634 | 5 | 639 |
| 张 嵲 | 93 | 717 | 7 | 724 | 周 南 | 147 | 151 | 5 | 156 |
| 史尧弼 | 109 | 73 | 7 | 80 | 吴 渊 | 167 | 7 | 5 | 12 |
| 林亦之 | 130 | 43 | 7 | 50 | 高斯得 | 172 | 106 | 5 | 111 |
| 吴 泳 | 158 | 1163 | 7 | 1170 | 家铉翁 | 175 | 89 | 5 | 94 |
| 吕 午 | 158 | 103 | 7 | 110 | 谢枋得 | 178 | 91 | 5 | 96 |
| 阳 枋 | 163 | 214 | 7 | 221 | 牟 巘 | 178 | 356 | 5 | 361 |
| 李曾伯 | 170 | 799 | 7 | 806 | 胡 则 | 5 | 18 | 4 | 22 |
| 郑 樵 | 99 | 10 | 6 | 16 | 苏舜钦 | 21 | 76 | 4 | 80 |
| 周麟之 | 109 | 460 | 6 | 466 | 陈 襄 | 25 | 257 | 4 | 261 |
| 蔡元定 | 129 | 13 | 6 | 19 | 程 颐 | 40 | 142 | 4 | 146 |
| 王子俊 | 142 | 103 | 6 | 109 | 刘 恕 | 40 | 2 | 4 | 6 |
| 葛 洪 | 145 | ?(未收) | 6 | 6① | 孔武仲 | 50 | 253 | 4 | 257 |
| 程 珌 | 149 | 416 | 6 | 422 | 李 复 | 61 | 148 | 4 | 152 |

① 葛洪的文集现残存10卷,其收文情况不详,《全宋文》未收得集内文,仅于他书中得遗文6篇,今作为集外文统计。详见后文说明。

| 作者 | 册次 | 集内文 | 集外文 | 共计 | 作者 | 册次 | 集内文 | 集外文 | 共计 |
|---|---|---|---|---|---|---|---|---|---|
| 陈师道 | 62 | 171 | 4 | 175 | 李昴英 | 172 | 127 | 3 | 130 |
| 张 耒 | 64 | 318 | 4 | 322 | 赵顺孙 | 176 | 21 | 3 | 24 |
| 晁说之 | 65 | 324 | 4 | 328 | 吴必大 | 178 | ?（失收） | 3 | 3① |
| 李 新 | 67 | 264 | 4 | 268 | 柳 开 | 3 | 97 | 2 | 99 |
| 刘一止 | 76 | 577 | 4 | 581 | 孙 复 | 10 | 19 | 2 | 21 |
| 黄彦平 | 91 | 29 | 4 | 33 | 沈 遘 | 37 | 350 | 2 | 352 |
| 仲 并 | 96 | 134 | 4 | 138 | 程 颢 | 40 | 32 | 2 | 34 |
| 刘子翚 | 97 | 80 | 4 | 84 | 吕南公 | 55 | 136 | 2 | 138 |
| 陈 造 | 128 | 580 | 4 | 584 | 刘 跂 | 62 | 88 | 2 | 90 |
| 薛季宣 | 129 | 333 | 4 | 337 | 游 酢 | 62 | 9 | 2 | 11 |
| 舒岳祥 | 177 | 27 | 4 | 31 | 周行己 | 69 | 112 | 2 | 114 |
| 周邦彦 | 64 | 12 | 3 | 15 | 李弥逊 | 90 | 355 | 2 | 357 |
| 谢 逸 | 67 | 45 | 3 | 48 | 林季仲 | 90 | 67 | 2 | 69 |
| 廖 刚 | 69 | 325 | 3 | 328 | 邓 肃 | 92 | 94 | 2 | 96 |
| 唐 庚 | 70 | 152 | 3 | 155 | 朱 松 | 94 | 86 | 2 | 88 |
| 陈 渊 | 77 | 338 | 3 | 341 | 卫 博 | 96 | 163 | 2 | 165 |
| 张 纲 | 84 | 546 | 3 | 549 | 黄公度 | 103 | 50 | 2 | 52 |
| 刘才邵 | 88 | 481 | 3 | 484 | 范端臣 | 112 | 1 | 2 | 3 |
| 张元幹 | 91 | 82 | 3 | 85 | 郑兴裔 | 113 | 50 | 2 | 52 |
| 胡 寅 | 95 | 599 | 3 | 602 | 倪 朴 | 121 | 11 | 2 | 13 |
| 李 吕 | 110 | 46 | 3 | 49 | 释宝昙 | 121 | 136 | 2 | 138 |
| 罗 颂 | 127 | 13 | 3 | 16 | 蔡 模 | 163 | 6 | 2 | 8 |
| 释道济 | 134 | 12 | 3 | 15 | 许月卿 | 176 | 21 | 2 | 23 |
| 王 炎 | 135 | 487 | 3 | 490 | 卫宗武 | 176 | 34 | 2 | 36 |
| 陈 亮 | 140 | 412 | 3 | 415 | 金履祥 | 178 | 71 | 2 | 73 |
| 蔡幼学 | 145 | 396 | 3 | 399 | 吴则礼 | 39 | 16 | 1 | 17 |
| 陈文蔚 | 145 | 123 | 3 | 126 | 刘 弇 | 59 | 240 | 1 | 241 |
| 蔡 渊 | 146 | 2 | 3 | 5 | 刘羲仲 | 67 | 1 | 1 | 2 |
| 陈 淳 | 148 | 282 | 3 | 285 | 罗从彦 | 71 | 6 | 1 | 7 |
| 张 侃 | 152 | 42 | 3 | 45 | 张 扩 | 74 | 759 | 1 | 760 |
| 魏了翁 | 155 | 1161 | 3 | 1164 | 王庭珪 | 79 | 247 | 1 | 248 |

① 吴必大有《岁寒三友除授集》、《无肠公子除授集》各一卷，《全宋文》失收，而仅收集外文3篇，说明见后。

续表

| 作者 | 册次 | 集内文 | 集外文 | 共计 | 作者 | 册次 | 集内文 | 集外文 | 共计 |
|---|---|---|---|---|---|---|---|---|---|
| 邬大昕 | 84 | 1 | 1 | 2 | 韦骧 | 41 | 607 | 0 | 607 |
| 胡舜陟 | 87 | 44 | 1 | 45 | 谢逵 | 68 | 25 | 0 | 25 |
| 李处权 | 87 | 5 | 1 | 6 | 刘安上 | 69 | 145 | 0 | 145 |
| 高登 | 90 | 46 | 1 | 47 | 王蘋 | 81 | 18 | 0 | 18 |
| 张继先 | 92 | 9 | 1 | 10 | 李清照 | 87 | 9 | 0 | 9 |
| 曹勋 | 96 | 151 | 1 | 152 | 陈东 | 88 | 12 | 0 | 12 |
| 陈长方 | 103 | 49 | 1 | 50 | 蔡发 | 90 | 21 | 0 | 21 |
| 魏杞 | 110 | 6 | 1 | 7 | 傅察 | 91 | 201 | 0 | 201 |
| 李洪 | 121 | 33 | 1 | 34 | 欧阳澈 | 91 | 5 | 0 | 5 |
| 程洵 | 130 | 65 | 1 | 66 | 苏籀 | 92 | 164 | 0 | 164 |
| 周孚 | 130 | 160 | 1 | 161 | 李侗 | 93 | 33 | 0 | 33 |
| 舒璘 | 130 | 114 | 1 | 115 | 李若水 | 93 | 25 | 0 | 25 |
| 沈焕 | 136 | 3 | 1 | 4 | 范浚 | 97 | 151 | 0 | 151 |
| 李廷忠 | 142 | 350 | 1 | 351 | 吴俯 | 110 | 6 | 0 | 6 |
| 释居简 | 149 | 530 | 1 | 531 | 吴儆 | 112 | 117 | 0 | 117 |
| 蔡沈 | 151 | 7 | 1 | 8 | 姜特立 | 112 | 6 | 0 | 6 |
| 孙德之 | 167 | 61 | 1 | 62 | 赵善括 | 121 | 74 | 0 | 74 |
| 徐元杰 | 168 | 261 | 1 | 262 | 范端臬 | 121 | 1 | 0 | 1 |
| 陈著 | 175 | 772 | 1 | 773 | 舒邦佐 | 135 | 156 | 0 | 156 |
| 何梦桂 | 179 | 166 | 1 | 167 | 杨冠卿 | 136 | 201 | 0 | 201 |
| 陆秀夫 | 180 | 7 | 1 | 8 | 辛弃疾 | 138 | 35 | 0 | 35 |
| 谢翱 | 180 | 13 | 1 | 14 | 詹初 | 142 | 14 | 0 | 14 |
| 赵湘 | 4 | 31 | 0 | 31 | 章甫 | 144 | 3 | 0 | 3 |
| 释遵式 | 5 | 61 | 0 | 61 | 吕皓 | 144 | 35 | 0 | 35 |
| 释智圆 | 8 | 155 | 0 | 155 | 刘过 | 145 | 11 | 0 | 11 |
| 穆修 | 8 | 21 | 0 | 21 | 汪莘 | 146 | 9 | 0 | 9 |
| 释重显 | 8 | 2 | 0 | 2 | 周文璞 | 147 | 8 | 0 | 8 |
| 尹洙 | 14 | 187 | 0 | 187 | 蔡沆 | 148 | 8 | 0 | 8 |
| 刘涣 | 14 | 2 | 0 | 2 | 刘宰 | 150 | 684 | 0 | 684 |
| 释契嵩 | 18 | 217 | 0 | 217 | 刘学箕 | 150 | 28 | 0 | 28 |
| 李觏 | 21 | 287 | 0 | 287 | 陈宓 | 152 | 567 | 0 | 567 |
| 黄庶 | 26 | 78 | 0 | 78 | 幸元龙 | 152 | 47 | 0 | 47 |
| 徐积 | 37 | 52 | 0 | 52 | 华岳 | 153 | 3 | 0 | 3 |
| 王令 | 40 | 110 | 0 | 110 | 唐士耻 | 154 | 172 | 0 | 172 |

| 作 者 | 册次 | 集内文 | 集外文 | 共计 | 作 者 | 册次 | 集内文 | 集外文 | 共计 |
|---|---|---|---|---|---|---|---|---|---|
| 胡梦昱 | 162 | 7 | 0 | 7 | 柴 望 | 174 | 7 | 0 | 7 |
| 蔡 格 | 162 | 3 | 0 | 3 | 释道璨 | 175 | 411 | 0 | 411 |
| 陈元晋 | 163 | 88 | 0 | 88 | 姚 勉 | 176 | 390 | 0 | 390 |
| 何 基 | 167 | 12 | 0 | 12 | 刘 黻 | 176 | 24 | 0 | 24 |
| 徐鹿卿 | 167 | 120 | 0 | 120 | 区仕衡 | 177 | 9 | 0 | 9 |
| 许 棐 | 167 | 26 | 0 | 26 | 蒲寿宬 | 177 | 4 | 0 | 4 |
| 徐经孙 | 167 | 60 | 0 | 60 | 方逢振 | 178 | 9 | 0 | 9 |
| 王 柏 | 169 | 339 | 0 | 339 | 胡次焱 | 178 | 39 | 0 | 39 |
| 蔡 权 | 169 | 6 | 0 | 6 | 吴龙翰 | 179 | 5 | 0 | 5 |
| 郑 起 | 171 | 3 | 0 | 3 | 俞德邻 | 179 | 141 | 0 | 141 |
| 孙梦观 | 172 | 34 | 0 | 34 | 赵 必 | 180 | 60 | 0 | 60 |
| 杨至质 | 172 | 67 | 0 | 67 | 总 计 |  | 114621 | 7768 | 122389 |
| 罗 椅 | 173 | 50 | 0 | 50 |  |  |  |  |  |

从上表可见,有含文别集传世的384位作家,《全宋文》已收得其别集者382家,失收2家(说明见后)。所收的集内文达11.4万余篇,占全书收文总数的65%,即将近三分之二,成为全书的主要组成部分。可以说《全宋文》在收罗别集方面已经接近于"全",这是来之不易的结果。

382家的别集有数千种版本,而且有的作家还不止一种别集,如何正确选择底本是关乎全书质量的一个重要问题。《全宋文》所收别集底本都是选择足本、善本、清代以来的精校本,其中还有一些是孤本,如钱时的《蜀阜存稿》、孙德之的《宋秘书孙氏太白山斋遗稿》等。不同版本所收之文时有不同,同一作家的诸种别集所收文更是不尽相同或完全不同,而且有时文同而题不同,题同而文不同,需要经过仔细核对,去除重复,互相补足。《全宋文》在这方面也作了努力。例如黄庭坚,除了有正集、外集、别集的多种版本,还有《豫章先生遗文》12卷,所收文十之二三为正、外、别三集所无;《山谷老人刀笔》20卷,有400多篇书简为三集所无;还有《山谷简尺》2大卷,所收书简约300篇,其中不见于三集及《刀笔》者200余篇,《全宋文》都经过一一比勘。又如孙觌文,《全宋文》合《鸿庆居士文集》、《孙仲益内简尺牍》、《鸿庆居士集补遗》等3种,有文共56卷;又据明抄本《孙尚书大全文集》及他本补文28篇;又辑得佚文82篇,统编为83卷。

不过《全宋文》在收集别集方面也还有不少遗憾。如上所述,有两家的别集失收,一是葛洪,一是吴必大。据著录,葛洪的《蟠室老人文集》尚残存10卷,属海内孤本,由于藏书单位索价太昂,川大古籍所未能获致,甚至未得一观,其收文情况不详,今《全宋文》中只能从他书中辑得其遗文 6 篇。吴必大,宋末人,字万叔①,喜作四六游戏文,今存《岁寒三友除授集》、《无肠公子除授集》各一卷,含文 15 篇。《全宋文》普查时已查到,但后来由于疏忽而失收,今仅收入其他文 3 篇。由于见闻所限,其他失收的别集肯定还有。此外,有的版本以及同一作家的其他集子,《全宋文》编者未曾看到,也会造成漏收。近见上海古籍出版社所出施懿超的《宋四六论集》,说她亲见南京图书馆所藏李刘《梅亭先生四六》宋刻本,收入表、笺 69 篇。可惜《全宋文》编者未见此本,因此只从《翰苑新书》收得表、笺 34 篇,少收了 35 篇。

尽管由于种种主观的、客观的原因,还有此类失收,但《全宋文》收罗别集的巨大成绩是不可否认的。

## 二、集外文的辑佚

上述 380 多位作家虽有别集传世,但他们仍有不少文章未曾收入集内,搜辑集外佚文是《全宋文》的另一项重要任务。从上表可见,《全宋文》辑出之集外文达 7768 篇。其中 314 人都有数量不等的集外佚文,占有集作家 384 人的 82%,仅 70 人未有集外文。集外文在 10 篇以上者 163 人,在 100 篇以上者 11 人。有的集子本是前人辑佚所成,或经陆续增补,但《全宋文》后来居上,所辑更为完备。例如蒋堂,原集不传,明天启中其裔孙辑成《春卿遗稿》,仅得文 2 篇,今新辑出 9 篇。宋祁,原集 150 卷已佚,清四库馆臣自《永乐大典》辑出《宋景文集》52 卷,含文 790 篇;清孙星华补辑成《宋景文集拾遗》22 卷,其中误收、重收甚多,但仍实得佚文 301 篇,功劳不小;《全宋文》在其外又辑得佚文 79 篇。刘敞,其《公是集》今存清四库馆臣所辑《大典》本 54 卷,清劳格、孙星华均曾补辑,今复多得 25 篇。张载,原集已佚,明万历中沈自彰辑其遗著遗文为《张子全书》;今人章锡孙整理《张载集》(中华书局,1985 年),辑出佚文 4 篇,今又多辑得 20 篇。舒亶,原集已佚,民国张寿镛辑《舒懒堂诗文存》,仅得文 12 篇,今复多辑出 28 篇。曾肇,原集已佚,今本《曲阜集》乃其裔孙所辑,有文 67 篇,《全宋文》新辑所得达 76 篇。王灼,原集 59 卷不存,今传世《颐堂先生文集》仅 5 卷,文只 5 篇,今另辑得佚文 16 篇。吴芾,原著《湖山集》已亡,清四库馆臣辑出 10 卷,仅有文 2 篇,《全宋文》新辑多 23 篇。

还有的作家,现存的集子为后人所辑,遗漏甚多,《全宋文》为之重辑。如傅尧俞,清傅以礼辑有《傅献简公奏议》4 卷,今重辑得文 101 篇,编为 5 卷。蒋之奇,原集已佚,明沈自璋仅辑得遗文 2 篇,附于《春卿遗稿》后;清盛宣怀辑《蒋之奇遗稿》,多得 5 篇;今复辑出 57 篇,总为 64 篇。孙觉、孙升,文集、奏议均佚,清

---

① 见林希逸《鬳斋续集》卷一三《跋方持叟岁寒三友制诰》。

道光中王敬之取《续资治通鉴长编》中所载二人奏议编为《宋二孙先生奏议事略》,又附录孙览奏议,然即《长编》亦未尽录。《全宋文》重辑,孙觉得20篇,编为2卷;孙升得86篇,厘为5卷;孙览得8篇。张浚,文集、奏议均已亡佚,仅存《中兴备览》3卷,含奏议41篇。民国间四川绵竹辑有《张魏公集》10卷,疏劣特甚,收文寥寥,殊无足取。《全宋文》重辑,得遗文351篇,编为17卷。岳飞遗文,其孙岳珂编入《金佗粹编》卷十至卷十九,共10卷,题为《经进鄂王家集》,有文152篇。此为最早、最权威的岳飞文集。后人所编岳飞文集有很多种,然反不取《金佗粹编》,疏漏可知。《全宋文》重予辑录,于《金佗粹编》外又得佚文52篇,总204篇,分为8卷。洪迈,其原集未见著录,今存抄本《洪文敏公文集》系清人辑佚而成,收文105篇,遗漏甚多,误收重收也不少。《全宋文》重辑得220篇,编为10卷。白玉蟾,《道藏》中有《上清》、《玉隆》、《武夷》三个小集,收文48篇,后世辑有文集多种,均不全。《全宋文》重加搜集,得文144篇,编为12卷。

有了这7000多篇集外文的辑佚,以后要整理宋人别集,就省事得多了,只要把《全宋文》与《全宋诗》、《全宋词》三书中同一作家的作品合在一起,就可以得到这个作家迄今最完整的集子。近几年川大古籍所正是凭借了《全宋文》的辑佚成果,整理出了《范仲淹全集》、《黄庭坚全集》、《张栻全集》、《朱熹集》。

## 三、无集作者之文的辑佚

别集的收罗和集外文的辑佚还不是《全宋文》收集宋文工作中最困难的事,因为有集子传到今天的宋代作家毕竟还不到400人,收集他们的集子和集外文目标比较明确,范围相对集中;而其余有文章传世,但文集已经失传或本无文集的作者要多得多,而且事先很难知道哪些人有文传世,什么地方有他们的文章,只能根据我们有限的文史知识,划定大范围,采取大网捞鱼、沙里淘金的方式去进行普查。为此,从1985年到1986年,川大古籍所全体人员倾巢出动,到北京图书馆(今国家图书馆)、科学院图书馆、上海图书馆、四川省图书馆、川大图书馆等全国主要图书馆查找别集以外的宋文,在极艰苦的条件下,用了两年多时间进行登记、复印、手抄。以后又陆续进行了多次补查。总计查阅的文献近万种,至今有案可查者即有收入《中国丛书综录》中的图书约4000种,单刻本的一般图书1600余种,地方志2000余种,佛藏之书数百种,还有碑刻拓片千余种。登记的宋文(未去重复)达数十万篇。这是任何个人的力量所无法做到的。

正是这种广泛的普查为《全宋文》的辑佚工作奠定了坚实的基础。经过整理,除了收得上述的集外佚文7000多篇而外,有文无集的作者收入《全宋文》者达到8792人,占全书所收作者总数9176人的95.8%;文55903篇,占全书收文总数178292篇的31%。若加上集外佚文7768篇,则《全宋文》收得的佚文达63671篇,占到全书收文总数的35.7%,即三分之一以上。其中有156位作者所收佚文在 2 卷以上,佚文最多的黄震达到 32 卷。

现将佚文在 3 卷以上者开列于下:

| 作 者 | 所在册次 | 佚文卷数 | 作 者 | 所在册次 | 佚文卷数 |
|---|---|---|---|---|---|
| 黄 震 | 174 | 32 | 熊 克 | 113 | 5 |
| 释宗杲 | 90 | 15 | 吴昌裔 | 162 | 5 |
| 富 弼 | 14、15 | 12 | 郑 霖 | 171 | 5 |
| 范 镇 | 20 | 12 | 张 俞 | 13 | 4 |
| 释知礼 | 5 | 11 | 何 郯 | 15 | 4 |
| 李清臣 | 39 | 10 | 吕大防 | 36 | 4 |
| 王岩叟 | 51 | 10 | 何去非 | 60 | 4 |
| 释克勤 | 67 | 9 | 陈 瓘 | 65 | 4大卷① |
| 虞允文 | 104 | 8 | 胡安国 | 73 | 4 |
| 吕 陶 | 24 | 7 | 韩 驹 | 81 | 4 |
| 梁 焘 | 41 | 7 | 李 邴 | 88 | 4 |
| 张商英 | 51 | 7 | 李 椿 | 104 | 4 |
| 蔡 京 | 55 | 7 | 林 外 | 121 | 4 |
| 黄伯思 | 78 | 7 | 何 澹 | 141 | 4 |
| 李 焘 | 105 | 7 | 倪 思 | 141 | 4 |
| 吴 淑 | 3 | 6 | 李 壁 | 147 | 4 |
| 孙 甫 | 13 | 6 | 戴 翼 | 168 | 4 |
| 彭汝砺 | 51 | 6 | 孙 何 | 5 | 3 |
| 洪 遵 | 110 | 6 | 孙 抃 | 11 | 3 |
| 刘光祖 | 140 | 6 | 张唐英 | 35 | 3 |
| 李鸣复 | 154 | 6 | 杨 绘 | 36 | 3 |
| 岳 珂 | 160 | 6 | 李 常 | 36 | 3 |
| 胡 颖 | 172 | 6 | 蒲宗孟 | 38 | 3 |
| 释仁岳 | 10 | 5 | 范百禄 | 38 | 3 |
| 吕公著 | 25 | 5 | 吕陶卿 | 40 | 3 |
| 章 粢 | 36 | 5 | 章 惇 | 41 | 3 |
| 王 觌 | 43 | 5 | 邢 恕 | 42 | 3 |
| 上官均 | 47 | 5 | 曾 布 | 42 | 3 |
| 任伯雨 | 54 | 5 | 朱光庭 | 46 | 3 |
| 范纯粹 | 54 | 5 | 吕大临 | 55 | 3 |
| 程敦厚 | 97 | 5 | 杨天惠 | 59 | 3 |

① 陈瓘之佚文共 121 篇,原分为 8 卷,后因《全宋文》卷次调整,压为 4 大卷。

续表

| 作 者 | 所在册次 | 佚文卷数 | 作 者 | 所在册次 | 佚文卷数 |
|---|---|---|---|---|---|
| 江公望 | 61 | 3 | 程大昌 | 111 | 3 |
| 晁泳之 | 68 | 3 | 张 震 | 113 | 3 |
| 吴 伸 | 92 | 3 | 王 遂 | 152 | 3 |
| 邵 博 | 92 | 3 | 释法薰 | 153 | 3 |
| 杨 椿 | 93 | 3 | 高定子 | 1593 |  |
| 李 纶 | 104 | 3 |  |  |  |

　　上表当中有不少名人，佚文也不少，如黄震、富弼、范镇、李清臣、虞允文、张商英、陈瓘、李焘等，大可编出新的集子，其规模并不亚于现有的很多别集，从而为现存宋人别集增添新的品种。

　　这6万多篇佚文的收集比之别集的收集更为艰难，因而也就显得更为可贵。其中有很多重要的资料，如赵普的《皇朝龙飞记》以当事人身份记录了赵匡胤黄袍加身的过程，是宋朝开国史的第一手材料。

　　由于有了广泛的普查，《全宋文》不但收集了大量的佚文，而且掌握了很多文章的不同出处。书中所收的每篇文章除了注明底本之外，凡该文又见于他书者，均以"又见"的方式列出。这一点对读者和学者非常有用，有利于校勘文字，追索源流，鉴别真伪，作进一步的比较研究。这也是《全宋文》胜于《全唐文》的一个方面。

## 四、"全"的学术价值

　　上面的统计数字说明，《全宋文》没有辜负它的这个"全"字。绝对的全是不可能的，但可以说达到了百分之九十七八，已经接近于"全"。而这个"全"字正是它的价值所在。因为"全"，读者可以比较方便地找到自己所需要的东西，学者可以比较方便地利用它做很多事，进行学术研究。下面我们举一些例子。

　　例如皇帝的诏令，代表了当时最高统治者所执行的政策，关系到社会生活的各个方面，对历史发展的进程有着深刻影响，其对于历史研究者的重要性不言而喻。南宋人曾编过一部《宋大诏令集》，收入了北宋诏令3000余篇，成为研究宋史的重要文献。而《全宋文》所收的各类诏令达到4万余篇，为《宋大诏令集》的十余倍。《宋史》本纪中提到的诸帝诏令，几乎在《全宋文》中都可找到其原文。这对研究宋史，是一笔宝贵财富，可以编出一部上千万字的新的《宋大诏令集》。

　　《全宋文》收了近5000篇墓志铭、神道碑之类的碑志之文。这类文章虽然往往掺杂了一些"谀墓"的成分，但它毕竟是记录宋人生平的原始材料，可以给研究者提供很多重要信息。笔者前几年写了两篇论文，一篇是《唐末北人入蜀与四川文化的发展》，一篇是《固始迁闽考》，都主要是使用了《全宋文》所收墓志中的资料。笔者认为,这当中还大有文章可做。此外,《全宋文》还收了700多篇传记、行状,利用这一大批的传记和碑志,可以编一部《宋人碑传集》。

这些年各地都在编纂新地方志,《全宋文》大大地有助于收集各地区的历史文献和研究各地区的历史。过去傅增湘先生编了一部《宋代蜀文辑存》,花了很大的工夫,收入蜀人(包括今重庆地区)之文2540篇。而《全宋文》所收蜀人达到600余人。收文篇数虽未曾统计,但以第113册为例,此册收入蜀人7人,其中1人为《宋代蜀文辑存》失收;其余6人,《宋代蜀文辑存》收文35篇,而《全宋文》收文达69篇,几乎多了1倍。《宋代蜀文辑存》不仅大量漏收,而且误收及文字讹误、缺漏的地方很多,《全宋文》都一一作了补正,因此更为完备、准确。现在要新编一部《宋代蜀文辑存》就非常容易了。

文学史研究者有了《全宋文》,收集资料也省事得多。例如四六文,陈寅恪先生曾说:"就吾国数千年文学史言之,骈俪之文以六朝及赵宋一代为最佳。"①《全宋文》所收四六文,仅启、笺、表三种文体即达2万篇,这就为研究四六文提供了极大的方便。再如赋,清代所编《历代赋汇》过去被认为是收辑历代之赋最全,其中共收宋人赋576篇;但《全宋文》所收宋赋达1056篇,几乎为《历代赋汇》的2倍。

以上仅仅是举几个例子,其实《全宋文》所收,就其内容而言,涉及政治、经济、军事、文化、教育、学术、科技、社会风俗、地理等等领域,几乎无所不包,社会科学、自然科学诸多学科的研究者都可以从中获取有用的资料。当然,《全宋文》也还有很多缺陷,有待于今后不断地补充和修正。

(作者:四川大学古籍整理研究所教授)

---

① 陈寅恪:《论再生缘》,收入《寒柳堂集》。

# 论《全宋文》的文体分类及其编序

◇曾枣庄

　　根据普查所得,《全宋文》作家已经逾万,作品约20万篇。这样多的作家和作品,应按怎样的顺序进行编纂才比较合理? 这是一个十分复杂和棘手的问题,很难做到尽如人意。但必须解决这个问题,必须参照已有总集的编纂方法,研究前人的文体分类意见,从宋代文体的实际出发,提出一个统一的编纂方案。否则,《全宋文》就会编得杂乱无章,没有统一的体例。

　　我国历代流传下来的总集很多,但其编纂方法不外两种类型。一是以体(文体)标目,以人(作者)系体。我国最早的一部诗歌总集《诗经》是这种编法的雏形,到《昭明文选》已比较成熟。这样编排有利于研究不同文体、不同内容(这类总集在同一文体下往往又按内容和题材分类)的作品的不同写法,所以以后的很多总集,特别是一些选本式的总集都沿袭了这种编法。但这种编法也有一个缺点,即一个作家的作品被分置于众多的文体中,对系统研究一个作家反而不便。于是又出现了以人(作者)标目,以文系人的编法。我国另一部较早的总集《楚辞》就是这样编的,以后不少选本式的总集(如《唐人选唐诗十种》),特别是一些"巨细兼收,义取全备"的大型总集多采用这种编法,如《全上古三代秦汉三国六朝文》、《全唐文》等。《全宋文》与《全唐文》一样,都是断代的全文总集,而且规模大得多,只宜以作者标目,按作者生年或大约生年编排。

　　上万的宋文作者,少者存文一二篇,多者数千篇。文少者,无论怎样编排都不难查找;文多者,如果编排不得法,就很难查找。因此,在确定了全书以作者标目,按作者的生年或大约生年编排后,还应研究每个作者的文章按怎样的顺序编排。就别集看,有编年和分体两种类型。编年最便于知人论世,但宋代的作家作品这样多,我们无法为每个作家的每篇作品一一系年。纵观历代总集,不仅以文体标目的总集是分体编排的,就是以作者标目的大型总集,每个作家的作品也是分体编排的。即使编年的别集,也只是古今体诗混合编年,文的部分也只是分体编年。否则,把同时所作的洋洋万言的奏议与一篇仅数十字的颂赞编在一起,也煞是难看。因此,《全宋文》对每个作家的作品,只能采取分体编排的办法。

　　我国的文体非常繁杂,而且随着社会文化的发展越来越繁杂。萧统的《文选》把他所选的诗文分为39种体裁,后人已讥其冗。上承《文选》的《文苑英华》又增至41种。宋人吕祖谦的《宋文鉴》,仅收北宋诗文,已达52体。我们仅统计了20种宋文总集和别集,分体已达130多种。明人徐师曾的《文体明辨》,所载文体127种,也未把我国的众多文体囊括无遗。如果要按这样繁多的文体来分类编纂《全宋文》,必然编得支离破碎,眉目不清。但又确实存在这样多的文体,其中尽管某些文体称谓不同而差别甚小,但又确有差别,必须尊重这一事实。为了使这众多的文体有所统属,做到纲举目张,有条不紊,看来只能采取大类套小类的办法。

事实上前人已经这样做了,只是划分大类小类的角度、方法不同罢了。《诗经》分为风、雅、颂三大部分,风又分为十五国风,雅又分为大雅、小雅,其下还分为若干什,颂也分为若干什。《文选》分为赋、诗、骚、七等39体;每体又按题材内容分若干小类,如赋又分为京都、郊祀、畋猎等15小类;其下再分系各个作者的作品,如赋体京都类就收有班固的《两都赋》、左思的《三都赋》等。这是通过解析,进一步细分,分得越细就越难准确,但这种以大套小的办法却值得借鉴。我们需要的是把已够琐细的众多文体作逆向综合,归纳为若干大类。《文心雕龙》50篇,有20篇在分论各种文体,其中不少篇是论述两种相近的文体,如《颂赞》、《祝盟》、《铭箴》、《诔碑》等等,这已经是一种综合。正如刘师培的《中国文学史》所说:"即《(文心)雕龙》篇次言之,由第六迄第十五,以《明诗》、《乐府》、《诠赋》、《颂赞》、《祝盟》、《铭箴》、《诔碑》、《哀吊》、《杂文》、《谐隐》诸篇相次,是均有韵之文也。由第十六迄于第二十五,以《史传》、《诸子》、《论说》、《诏策》、《檄移》、《封禅》、《章表》、《奏启》、《议对》、《书记》诸篇相次,是均无韵之笔也。岂非《雕龙》隐区文笔二体之验乎?"也就是说,《文心雕龙》并未明确作这种区分,只是"隐区"而已。章炳麟的《国故论衡》把我国的文体明确区分为有韵、无韵两大类。这种分法虽有一定用处,但也有缺点:第一,类太大,近于未分。试想,把徐师曾《文体明辨》所列的127种文体(实际上还不止此数),仅分为两大类,对我们编纂总集有多大用处呢? 特别是编《全宋文》,韵文的主体诗和词不属它的收录范围,这种划分对它就更没有多大实际意义了。第二,这两大类也概括不尽中国的文体,正如严既澄所说:"无论哪一国的文学,大抵只能划为韵文和散文两大部,惟有中国的文体,在这两大部而外,却还有那自成一体的骈文,既不能算是散文,只好让它自成为一部了。"(转引自刘麟生《中国文学概论》第15页)第三,有些文体也很难用韵文、散文和骈文归类。赋、箴、铭、颂、赞、哀辞、祭文等,都既可用韵文,也可用骈文,甚至用散文写作。究竟把它们归入哪一类呢?

对《全宋文》的文体分类更有参考价值的是姚鼐的《古文辞类纂》和曾国藩的《经史百家杂钞》。他们所选的都是文,分类大小也比较适中。姚鼐把他所选的古文分为论辨、序跋、奏议、书说、赠序、诏令、传状、碑志、杂记、箴铭、辞赋、哀祭、颂赞共13类。曾国藩在姚鼐的基础上略有分合,划为11类,称谓和编序也不尽相同。曾的分类,有些还不如姚合理,但他对各类的说明往往比姚鼐简明精当。曾还把 11 类进一步归纳为三门：论著（著作之无韵者）、词赋（著作之有韵者）、序跋（他人之著作，序述其意者）三类为著述门；诏令（上告下者）、奏议（下告上者）、书牍（同辈相告者）、哀祭（人告于鬼神者）四类为告语门；传志（记人者）、叙记（记事者）、典志（记政典者）、杂记（记杂事者）四类为记载门。曾的分门别类未必完全科学，但它至少提醒我们，不可把数以百计的文体和数以十计的不同大类随意编排，而应找出其中的某种联系，作为分类、编序的依据。

我们在研究宋人总集、别集的文体分类和编序的基础上，参照《全唐文》和严辑全文的文体分类和编序，参照明人吴纳（著有《文章辨体》，下引此书，简称吴云）、徐师曾（著有《文体明辨》，下引此书，简称徐云）对各种文体特征的说明，参照清人姚鼐《古文辞类纂》（简称姚云）和曾国藩《经史百家杂钞》（简称曾云）的文体分类意见，对《全宋文》所收各个作家的文章，按以下顺序分类编排，并简述其理由。

## 一、辞赋类

姚列为第十一类，曾列为第二类。但《宋文鉴》、《南宋文范》、《南宋文录录》等宋人总集和不少宋人别集都把辞赋冠于文集之首，《全唐文》和严辑全文也首先收赋，今从之。

姚云："辞赋类者，风雅之变体也，楚人最工为之，盖非独屈子（原）而已。余尝谓《渔父》及《楚人以弋说襄王》、《宋玉对王问遗行》（即《对楚王问》），皆设辞无事实，皆辞赋耳。辞赋固当有韵，然古人亦有无韵者，以义在托讽"，接近赋体的文字，都归入辞赋类。在这一类中他不仅录有《楚辞》（如《离骚》等）、汉赋、歌辞（如《瓠子歌》、《秋风辞》）、七（如《七发》），还录有淳于髡的《讽齐威王》、庆辛的《说襄王》、东方朔的《非有先生论》、司马相如的《难蜀父老》与《封禅文》、刘伶的《酒德颂》、韩愈的《进学解》与《释言》等。曾国藩所谓的辞赋更宽泛，他把箴铭颂赞一并归入辞赋类。他说："辞赋类，著作之有韵者，经如《诗》之赋颂、《书》之《五子作歌》皆是。后世曰赋、曰辞、曰骚、曰七、曰设论、曰符命、曰颂、曰赞、曰箴、曰铭、曰歌皆是。"又说："曰颂、曰赞、曰箴铭，姚氏所有，余以附入辞赋之下编。"《全宋文》的辞赋类将比姚、曾严一些，箴铭颂赞将单独立类，拟只收以下诸体：

**赋** 徐云："赋分为四体：一曰古赋，二曰俳赋，三曰文赋，四曰律赋。"祝尧《古赋辨体》云："宋人作赋，其体有二：曰俳体，曰文体。"俳体是用骈文写的，即所谓俳赋或骈赋。文体是指散文化的赋体，即文赋。宋人所作赋以俳赋、文赋为多，但也有古赋、律赋，《宋文鉴》就把律赋单独列为一体。

**骚** "《离骚》为辞赋之祖"（宋祁语，转引自《文体明辨》），仿骚之作本应排于赋前。但比起赋来，仿骚之作数量较少，《宋文鉴》、《南宋文录录》等皆列于赋后,今从之。

**七** 又叫七体。徐云:"按七者,文章之一体也,词虽八首,而问对凡七,故谓之七。则七者,问对之别名,而《楚辞·七谏》之流是也。"《南宋文录录》列骚后,今从之。

**辞** 《南宋文录录》列于七后。以辞名篇者,有的是诗,《全宋文》不收。诔辞、哀辞另入哀祭类。这里所收的只是类似汉武帝《秋风辞》、陶潜《归去来兮辞》一类作品。

**对问** 《南宋文录录》列于辞后。吴云:"问对体者,载昔人一时问答之词,或设客难以著其意者也。《文选》所录宋玉之于楚王,相如之于蜀父老,是所谓问对之词。至若《答客难》、《解嘲》、《宾戏》等作,则皆设词以自慰者也。"这里把对问体分为"问答之词"与"设词"两种,但正如姚鼐所说:即使宋玉的《对楚王问》也是"设词无事实","义在托讽"。徐云:"按问对者,文人假设之词也。其名既殊,其实复异。故名实皆问者,屈平《天问》、江淹《邃古篇》之类是也。名问而实对者,柳宗元《近问》之类是也。其他曰难、曰谕(举刘敞《谕客》)、曰答、曰应(举柳开《应奏》),又有不同,皆问对之类也。"这里把问对体都看成"假设之词"(与姚同),另分为"名实皆问"与"名问实对"两类。赋体多假设之词,多以问对结构成篇,因此把问对体划入辞赋类是对的。但宋代另有问答、答问之类的文字,并非赋体,而是论说文的一种形式,当入论说类。

## 二、诏令类

姚列为七。曾列为四。这类文章虽然都是具有固定格式的公文,但因事关国政,故从《全唐文》、严辑全文及《宋文鉴》等例,排在辞赋之后。诏令的名目繁多,凡皇帝写的和以皇帝名义发布的文字即所谓"上对下者"(曾国藩),皆属这一类。计有:

**诏** 《文心雕龙·诏策》云:王言在"轩辕唐虞,同称为命";"其在三代,事兼告誓";"降及七国,并称曰令";"秦并天下,改命曰制";"汉初定仪则,命有四品:一曰策书,二曰戒书,三曰诏书,四曰戒敕"。本此,把王言称为诏或诏书,是从汉代开始的。徐云:"夫诏者,昭也,告也。古之诏词,皆用散文,故能深厚尔雅,感动乎人。六朝而下,文尚偶俪,而诏亦用之,然非独用于诏也。后代渐复古文,而专以四六施诸诏、诰、制、敕、表、笺、简、启等类,则失之矣。然亦有用散文者,不可谓古法尽废也。"宋代诏书既有四六,又有散体。《宋文鉴》、《南宋文录录》立有"诏"类,《南宋文范》立有"诏敕"类。

**制** 王言称制,始于秦代;汉承秦制,用载制度之文;唐代用于大赏罚,大除授;宋代用于拜三公、三省等职。制又称为麻或麻制,因唐宋制书用黄白麻纸书写。刘克庄《内翰洪公舜俞哀诗》云:"忆昔端平册新典,三麻九制笔如神。"这里的麻即为制。制又有内制、外制之分。内制为翰林学士知制诰起草,故有的宋人别集又称为北门书诏,因为唐代的翰林院在银台之北,故称翰林学士为北门学士。外制为中书舍人知制诰起草,故有的宋人别集又称为中书制诰或西掖(中书省的别称)诰词。《宋文鉴》有"制"类,《南宋文范》、《南宋文录录》有"制诰"类。

**诰** 徐云:"按字书云:'诰者告也,告上曰告,发下曰诰。'古者上下有诰,故下以告上,《仲虺之诰》是也;上以告下,《大诰》、《洛诰》之类是也。考于《书》可见矣。"可见,诰与制一样,都是"上以告下"之文。因此,有的宋人别集不作区别,"考欧、苏、曾、王诸集,通谓之制,故称内制、外制,而诰实杂于其中,不复识别"。但实际上也有一定区别,吴云:"其曰制者,以拜三公、三省等职,辞必四六,以便宣读于庭;诰则或用散文,以其直告某官也。"徐亦云:"唐世王言,亦不称诰。至宋始以命庶官,而追赠大臣、贬谪有罪、赠封其祖父妻室,凡不宣于庭者,皆用之。……若细分之,制与诰亦自有别,故《文鉴》分类甚明,不相混杂,足以辨二体之异。"

**敕** 徐云:"按字书云:'敕,戒敕也。'……汉制,天子命令有四,其四曰戒书,即戒敕也。唐制,王言有七,其四曰发敕,五曰敕旨,六曰论事敕书,七曰敕牒,则唐之用敕广矣。宋亦有敕,或用之于奖谕,岂敕之初意哉!其词有散文,有四六。……宋制,戒励百官,别有敕㭍,故以附焉。"㭍或作榜,敕榜是以皇帝名义发布的,入诏令类。另有官府晓谕军民的文告亦称榜,另入公牍类。敕除称为敕榜外,还称作敕书、诏敕。《宋文鉴》有"敕"类,《南宋文范》有"诏敕"类,《真西山集》有"敕书"类。

**谕告** 徐云:"按字书云:谕,晓也;告,命也。以上敕下之词。"可见,谕告与敕近似,只是称谓不同而已。

**赦文** 亦称赦书,赦罪的诏书。徐云:"后世乃有大赦之法,而赦文兴焉。又谓之德音,盖以赦为天子布德之音也。"《宋文鉴》、《南宋文范》均有此类。

**册** 《徐骑省集》、《宋文鉴》等称册,《真西山集》、《南宋文范》称册文。徐云:"古者册书施之臣下而已。后世则郊祀、祭享、称尊、加谥、寓哀之属亦皆用之,故其文渐繁。今汇而辨之,其目凡十有一:一曰祝册,郊祀祭享用之;二曰玉册,上尊号用之;三曰立册,立帝、立后、立太子用之;四曰封册,封诸侯用之;五曰哀册,迁梓宫及太子、诸王、大臣薨逝用之;六曰赠册,赠号、赠官用之;七曰谥册,上谥、赐谥用之;八曰赠谥册,赠官并赐谥用之;九曰祭册,赐大臣祭用之;十曰赐册,报赐臣下用之;十一曰免册,罢免大臣用之。"

**御札** 徐云:"按字书:'札,小简也。'天子之札称御札,尊之也。古无此体,至宋而后有之。其文出于词臣之手,而体亦不同,大抵多用俪语,盖敕之变体也。"其实,五代就有御札了,《新五代史·唐本纪第六》:"(明宗天成三年)三月丁未朔,御札求直言。"据《宋史·职官志》载,中书省宣奉命令即用御札。《宋文鉴》、《真西山集》等均有"御札"一类。

**御笔** 御札多为词臣代笔，御笔一般指天子亲书之文。《北史·魏彭城王勰传》："（魏孝文）帝令勰为露布……及就，尤类帝文，有人见者，咸谓御笔。"又有内批或叫上批，是皇帝宫中决事，亲笔或由后妃代笔，直接付有关机构执行，其特点亦非由词臣代笔。

**批答** 吴云："按《玉海》：'唐学士初入院，试制、诏、批答共三篇。'盖批答与诏异，诏则宣达君上之意，批答则采臣下章疏之意而答之也。东莱《文鉴》辑批答、诏敕各为一类可见矣。"《南宋文范》、《南宋文录录》的批答、诏书亦各自为类。宋代批答一般也出自词臣之手。宋人奏状后往往附有批答，若不能确定出自哪位词臣，按理应归在该朝皇帝名下。但离开奏状，孤立读这些批答，往往不知所云，故仍附该奏状之后。又有一种宣答，"群臣奏表庆贺而礼官宣制以答之也。先期词臣撰词以授礼官，礼官习之，至日宣示，以见君臣同庆之意。"（《文体明辨》）可见批答、宣答皆为词臣代拟，批答是批在臣僚奏状后的，宣答是由礼官当庭宣示的。

**口宣** 《欧阳文忠公集》、《王临川集》、《鹤山集》等皆有此体，是代皇帝起草的派专臣宣布的诏令。《杨文公谈苑》："学士之职，所草文辞，名目浸广。宣赐、劳赐曰口宣。"徐云："按口宣者，君喻臣之词也。古者天子有命于其臣，则使使者传言……未有撰为俪语，使人宣于其第者也。宋人始为之，则待下之礼愈隆，而词臣之撰著愈繁也。盖谕告之变体也。"又有所谓口诏、口敕、口谕，皆皇帝口头宣布的命令。《晋书·严缵传》："须录旨殿前，面受口诏。"《北史·王劭传》："撰《隋书》八十卷，多录口敕。"可见其与词臣代草的口宣不同，是不成文的，不属于文总集收录的范围。

**殿试策问** 汉以来考试士人，以经义、政事等设问，因书于简策，故称策问。徐云："对策存乎士子，而策问发于上人，尤必通达古今，善为疑难者，而后能之。不然，其不反为士子所笑者几希矣。"可见，策问实际是以设问形式出现的短论。宋人别集中有私试策问、乡试策问、国学策问、省试策问、殿试策问等。其中只有殿试策问是代皇帝起草的策问，应属诏令类，其他策问应入论说类。策问与对策在宋人别集中往往编在一起，若不知起草者，拟与批答一样处理，一仍其旧。

以上各目还不能完全包括"上对下者"即以皇帝名义发布的文字，其他属这种性质的文章亦归此类。各个宋人别集中代皇帝立言的文字，其排列顺序各不相同，也很难说哪个更合理。因此，别集中的上述文字在收入《全宋文》时，只大类归并，不再统一顺序。无集作家之文，则大体按以上顺序排列，以下各类也大体这样处理。

## 三、奏议类

姚列为三,认为是"圣贤陈说其君之词";曾列为五,认为是"下传上者,经如《皋陶谟》、《无逸》、《召诰》及《左传》季文子、魏绛等谏君之词皆是。后世曰书、曰疏、曰议、曰表、曰诸子、曰封事、曰弹章、曰笺、曰对策皆是"。《宋文鉴》、《南宋文范》、《南宋文录录》、《全唐文》、严辑全文皆列于诏令类之后。今从之。

**表**　在奏议类中,《宋文鉴》等先录奏议,后录表笺,此从《全唐文》、严辑全文之例,先列表笺。吴云:"按韵书:'表,明也,标也,标著事绪,使之明白以告乎上也。'三代以前,谓之敷奏,秦改曰表,汉因之。窃尝考之,汉晋皆用散文,若孔明前后《出师》、李令伯《陈情》之类是也。唐宋以后,多尚四六,其用则有庆贺、有辞免、有陈谢、有进书、有贡物,所用既殊,则其辞亦各异焉。"又有朱表,乃释道敷陈之词,另入祈谢类。

**笏记**　徐云:"宋人又有笏记,书词于笏,以便宣奏。盖当时面表之词也。""表文书于牍,则其词稍繁;笏记宣于廷,则其词务简,此又二体之别也。"

**右语**　进书表的变体。徐云:"按右语者,宋时词臣进呈文字之词也。谓之右语者,所进文字列于左方,而先之以此词,实居其右,故因而名之,盖变进书表文之体,而别其称耳。唯欧阳修、王安石等有《进功德疏右语》,岂其特用于此等文字,而他皆不用欤?词皆俪语,而短简特甚。"

**致辞**　徐云:"按致辞者,表之余也。其原起于越臣祝其主,而后世因之。凡朝廷有大庆贺,臣下各撰表文,书之简牍以进。而明廷之宣扬,宫壶之赞颂,又不可缺,故节略表语而为之辞。观《宋文鉴》以此杂表中,盖可知矣。"可见致辞乃表之节文。

**笺**　徐云:"按刘勰云:'笺者表也,识表其情也。'字亦作牋。……是时(指汉代)太子、诸王、大臣皆得称笺,后世专以上皇后、太子。于是天子称表,皇后、太子称笺,而其他不得用矣。"《宋文鉴》、《南宋文范》皆有笺,列于表后。

以上为表及表的各种变体。

**奏**　名目繁多,宋人文体中有奏、奏诸、奏疏、奏议、奏章、状、申状、奏状、议状、状诸、章、章奏、疏、章疏、书疏、诸、诸子、封、封事、上书、弹文等等不同称谓,或名异实同,或小异大同,《宋文鉴》、《南宋文范》、《南宋文录录》均统谓之奏疏。徐云:"按奏疏者,群臣论谏之总名也。奏御之文,其名不一,故以奏疏括之也。"其中封事是为防泄露,囊封以进,故称封事。上书即臣僚上告天子之书,为区别于臣僚之间的书信,故称上书。弹文即弹劾其他臣僚的奏疏,王应麟云:"奏以明允诚笃为本;若弹文,则必理有典宪,辞有风轨,使气流墨中,声动简外。"可见,弹文较一般奏疏,仅词气略有不同而已。

**策**　徐云:"按《说文》:'策者谋也。'夫策士之制,始于汉文,晁错所对,蔚为举首。自是而后,天子往往临轩策士,而有司亦以策举人,其制迄今用之。又学士大夫有私自议政而上进者(如宋苏洵《几策》,苏轼《策略》、《策别》、《策断》,苏辙、秦观《进策》之类)。三者均谓之策,而体各不相同,故今汇而辨之:一曰制策,天子称制以问对者是也;二曰试策,有司以策试士而对者是也;三曰进策,著策而上进者是也。"《宋文鉴》有"制策",入论说类。《南宋文范》有"御试策"、"试策"和"策问",置于"颂赞"和"记"之间。《古文辞类纂》和《经史百家杂钞》皆附于奏议类,姚云:"惟对策虽臣下告君之辞,而其体少别,故置之(奏议类)下编。两苏应制举时所进时务策,又以附对策之后。"《全宋文》从姚、曾的分类,因这类文章虽不完全与奏议相同,但毕竟是"臣下告君之辞"。策问与对策(答策)在宋人文集中既有分编的,又有合在一起的。独立的殿试策问附诏令类,其他策问入论说类,已如前述。独立的对策,包括制策、御试策、进策,均入奏议类。策问和对策在一起的,则问从对,一起编入奏议类。《真西山集》等还有"答诏",性质与对策、答策近似,当入奏议类。

## 四、公牍类

诏令和奏议实际也是公牍,因此,在《古文辞类纂》和《经史百家杂钞》中没有公牍类,而把下面将论及的某些文体分属各类。但诏令是"上告下者",奏议是"下告上者",而这里的"上"皆特指皇上,因此包括不了国与国间、政府各部门间的往来公文,故需设此类。

**国书** 徐云:"按国书者,邻国相遗之书也。春秋列国各有词命,以通彼此之情,而其文务协典礼,从容委曲,高卑适宜,乃为尽善。……汉唐而下,国统虽一,而夷狄内通,故其往来亦用之,乃有国之不可废者也。"宋王朝给辽国、西夏、金、蒙等之书当属此类。

**移** 又称移文、公移,是各官府间往来的文书。徐云:"按公移者,诸司相移之词也,其名不一,故以公移括之。"《宋文鉴》有"移文",置于"对问"和"联珠"之间,说不出多少道理。

**牒** 也是各官府间的往来文书。徐云:"有品以上公文皆称牒。"

**申状** 下级官府或个人呈文于上级官府称申状。洪迈《容斋随笔·翰苑故事》:"公文至三省,不用申状,但只直书其事。"上皇帝的奏议也有称申状的,入奏议类。

**札子** 三省及各路帅司致下级的公文。上皇帝的札子(诸子)入奏议类。

**榜** 官府晓谕军民的文书。以皇帝名义发布的敕榜入诏令类。

**檄** 徐云:"按《释文》云:'檄,军书也。'《说文》云:'以木简为书,长尺二寸,用以号召;若有急,则插鸡羽而遣之,故谓之羽檄,言如飞之急也。'……而其辞有散文,有俪语。(吴云:"檄以散文为得体。")……报答谕告,亦并称檄。"

《南宋文范》收有檄一篇。

**露布** 徐云："按露布者，军中奏捷之词也。书辞于帛，建诸漆竿之上。刘勰所谓'露板不封，布诸视听'者，此其义也。"《宋文鉴》收有露布。

**判** 又叫判状、判牍、判词、判语，皆断狱之词。徐云："按字书云：'判，断也。'古者折狱，以五声听讼，致之刑而已。秦人以吏为师，专尚刑法。汉承秦后，虽儒吏并进，然断狱必贵引经，尚有近于先王议制及《春秋》诛意之微旨。其后乃有判词。唐制，选士得居其一，则其用弥重矣。故今所传如称某某有姓名者，则断狱之词也；称甲乙无姓名者，则选士之词也。"这就是说，判词有两种类型，一为真正的断狱之词，一是科举考试的内容之一。吴云："宋代选人，试判三道，若二道全通，一道稍次而文翰俱优为上；一道全通而二道稍次为中；三道全次而文翰纰缪为下。"《宋文鉴》有"书判"类。

另有各种契券，多为一式两份，各执其一作为凭证。性质与公牍不完全一样，拟酌收一些附于此，以备一体。

## 五、书启类

这是私人间的信函。姚列为四，曾列为六，均置奏议类之后。严辑全文及《全唐文》亦置奏议后。《全宋文》从之，只因立有公牍类，故置公牍类后。姚称书说类，收有战国游说之士的说词，并云："书说类者，昔周公之告召公，有《君奭》之篇。春秋之世，列国士大夫或面相告语，或为书相遗，其义一也。战国说士说其时主，当委质为臣，则入之奏议；其已去国或说异国之君，则入此编。"曾称书牍类，并云："书牍类，同辈相告者，经如《君奭》及《左传》郑子家、叔向、吕相之辞皆是。后世曰书、曰启、曰移、曰牍、曰简、曰刀笔、曰帖皆是。"

**书** 吴云："昔臣僚敷奏，朋旧往复，皆总曰书。近世臣僚上言，名为表奏；惟朋旧之间，则曰书而已。"臣僚上言如上皇帝书已入奏议类，这里所谓的书皆指"同辈相告"、"朋旧往复"之书。还有一类以书名篇而实际是论，当入论说类。徐云："编类既以人臣进御之书为上书，往来之书为书，而此类（论说类）复称书者，则别以议论别之而为书也。"下举李翱《复性书》、《平赋书》为例。宋代也有以书名篇而实为论者，如苏洵《权书》之类。

**启** 徐云："启，开也，开陈其意也；一云跪也，跪而陈之也。"宋人之书，一般较长，多用散体；启，一般较短，多为四六文。《宋文鉴》启置书后，《南宋文范》置于书前，今从《宋文鉴》。

**简** 徐云："简者略也，言陈其大略也；或曰手简，或曰小简，或曰尺牍，皆简之称也。"启、简都较简略，但启为俪语，简为散文。

**帖** 段玉裁《说文解字注》卷七下："木为之谓之检（竹为之则谓之简），帛为之则谓之帖。"可见帖与简一样，都是简短的书函，只是古代因书写材料的不同，而有不同称谓。铭功纪事的书疏、石刻的拓片也叫帖,当视其内容归类,不应都归入书牍类。

## 六、赠序类

姚列为五,并云:"老子曰:'君子赠人以言。'颜渊、子路之相违,则以言相赠;梁王觞诸侯于范台,鲁君择言而进;所以致敬爱,陈忠告之谊也。唐初赠人,始以序名,作者亦众。至于昌黎乃得古人之意,其文冠绝前后作者。苏明允之考名序,故苏氏讳序,或曰引,或曰说。"曾云:"赠序,姚氏所有而余无焉者也。"曾把赠序文归入序跋类,他的序跋类中收有韩愈的《赠郑尚书序》、《送李愿归盘谷序》及欧阳修的《送徐无党南归序》等。但赠序和序跋实为不同性质的文章,赠序为赠人以言,序跋为叙述著作之意。因此,《全宋文》从姚鼐之说,赠序文单独作为一类。

## 七、序跋类

姚列为二,并云:"序跋类者,昔前圣作《易》,孔子为作《系辞》、《说卦》、《文言》、《序卦》、《杂卦》之传,以推论本原,广大其义。《诗》、《书》皆有序,而《仪礼》篇后有记,皆儒者所为。其余诸子或自序其意,或弟子作之,《庄子·天下篇》、《荀子》末篇皆是也。"曾列为三,并云:"序跋类,他人之著作(也包括自己的著作),序述其意者。经如《易》之《系辞》,《礼记》之《冠义》、《昏义》皆是。"可见曾国藩所谓序跋,外延太广,不仅包括了赠序文,而且几乎包括了全部传注之文。但从他的实际收文看,除收了柳宗元的《论语辨》、《辨列子》等论辨文字外,主要还是收的赠序、序跋两类文字,并没有收传、注、笔、疏、说、解之类。序跋文实际可分为两小类,一为序,或称叙、绪、引,是写在一部书或一篇诗文前面的文字(早期的序如同司马迁的《太史公自序》,多置于书后)。一为跋,或称跋尾、跋后、后序、后记、后录、题后、书后、读后或题词,是写在一部书或一篇诗文后面的文字。单篇诗、文、词的序跋,若为该作者同时所写,应视为该篇诗、文、词的有机组成部分,《全宋文》不割裂出来收录;若为他人所写或作者后来所写,应视为独立的序跋,《全宋文》要收。《宋文鉴》、《南宋文范》皆把序和题跋分为两类,分置两处,《全宋文》亦作两小类处理,先序后跋,放在一起。

## 八、论说类

姚叫论辨类,曾叫论著类,均列为第一。《宋文鉴》、《南宋文范》均列于序之后,今从之。论说的名目也很繁多,曾云:"论著类,著作之无韵者。经如《洪范》、《大学》、《中庸》、《乐记》、《孟子》皆是,诸子曰篇、曰训、曰览,古文家曰论、曰辨、曰议、曰说、曰原皆是。"

论　徐云:"按字书云:'论者议也。'刘勰云:'论者伦也,弥纶群言而研一理者也。论之立名,始于《论语》;若《六韬》二论,乃后人之追题耳。其为体则辨正然否,穷有数,追无形,迹坚求通,钩深取极,乃百虑之筌蹄,万事之权衡也。至其条流,实有四品:陈政则与议说合契,释经则与传注参体,辨史则与赞评齐行,铨文则与序引共纪,此论之大体也。'按勰之说如此。而萧统《文选》则分为三:设论居首,史论次之,论又次之。……故令兼二子之说,广未尽之例,列为八品:一曰理论,二曰政论,三曰经论,四曰史论(有评议、述赞二体),五曰文论,六曰讽论,七曰寓论,八曰设论。"其实,无论刘勰的分为四,萧统的分为三,徐师曾的析为八,都未必就能概括无遗。《全宋文》就其大宗略分为政论、史论、经论,其余都以杂论概之。政论即"陈政"之论,如苏轼《思治论》之类;史论即"辨史"之文,如苏轼《汉高帝论》之类;经论即"释经"之文,如苏辙《易论》之类。

史书各篇纪、传后的赞评,属史论性质,作为专书中的有机部分,《全宋文》不收。单篇史赞,或虽为专书而原书已佚,只留下一些史赞,《全宋文》要收。《南宋文范》收有史断两篇,也属史论性质,归入这一类。不少宋人别集中有进故事一体,《南宋文范》也收有进故事十篇。这是进献给皇帝的史论,前面引一段史实,后面加以论述,也归入史论一类。《东坡集》中有《志林》十三篇,也属史论性质;《东坡志林》乃后人所编,收进了大量的随笔、小品,并非都是史论,当视其内容分别归类。

经论中有所谓经义,是宋代科举考试科目的一种。以儒家经书中的文句为题,使应考者论其义,故称经义。《宋文鉴》收有经义。宋代设有侍读、侍讲、崇政殿说书等经筵讲官,每年二月至端午、八月至冬至的单日,由讲官轮流为皇帝讲读经典,他们的讲稿称为说书或经筵讲义。《宋文鉴》收有说书,《南宋文范》收有经筵讲义。有的单称讲义或经旨,就不仅指侍讲所作的讲稿,也包括与门生讲授的讲稿。这类文章有的篇幅很长,作专书流传,《全宋文》不收;《全宋文》只收总集或别集中的这类文章。

宋人(如苏轼兄弟)别集中有进策和进论。进策实际为政论,因属"臣下告君之词",已从姚鼐之说附奏议类。另有私试策问、乡试策问、国学策问、省试策问及其对策,实际是论,入论说类。进论可以是政论、史论或经论,《东坡应诏集》中的《大臣论》,即为政论,《秦始皇论》等即为史论,《栾城应诏集》中的《礼论》、《易论》等即为经论。

说　吴云:"说者释也,述也,解释义理而以己意述之也。说之名,起自吾夫子之《说卦》,厥后汉许慎著《说文》,盖亦祖述其名而为之辞也。魏晋六朝文载《文选》而无其体,独陆机《文赋》备论作文之义,有曰'说,炜烨而谲诳',是岂知言者哉!至昌黎韩子,悯斯文日弊,作《师说》,抗颜为学者师。追柳子厚及宋室诸大老出,因各即事即理而为之说,以晓当世,以开悟后学,由是六朝陋习,一洗而无余矣。"宋代以说名篇的文章很多,《宋文鉴》、《南宋文范》皆为之立类。徐云:说"与论无大异也","此外又有名说、字说,其名虽同,而所施则异,故别为一类"。其字说类认为字包括字说、字序、字解、字辞、祝辞、名说、名序、女子名辞,"近世多尚字说,故今以说为主,而其他亦并列焉"。字说所施虽异,但其内容仍在说明取名取字之理,与说无异,故并附于此。

**评** 徐云:"按字书云:'评,品论也,史家褒贬之词。'盖古者史官各有论著,以订一时君臣言行之是非。然随意命名,莫协于一。故司马迁《史记》称太史公曰,而班固《西汉书》则谓之赞,范晔《东汉书》又谓之论,其实皆评也,而评之名则始见于《三国志》。后世缘此,作者渐多,则不必身在史局,手秉史笔而后为之也。故二评载诸《文粹》,而评史见于《苏文忠公集》中,盖文章之一体也。"《全宋文》不收史书所附之评赞,只收其他单篇"史评、杂评二品"。

**议** 徐云:"按刘勰云:'议者宜也,周爱咨谋以审事宜也。'《周书》曰:'议事以制,政乃不迷。'此之谓也。"议有驳议,就他人之议而驳其非是。有奏议,"盖古者国有大事,必集群臣而廷议之(故称面议),交口往复,务尽其情,若罢盐铁、击匈奴之类是也。厥后下公卿议,乃始撰词,书之简牍以进(即奏议,入奏议类)"。有私议,"学士偶有所见,又复私议于家,或商今,或订古,由是议浸盛焉"。有谥议,是研讨当赐何种谥号的议论,吴云:"《白虎通》曰:'人行始终不能若一。'故据其终始,明别善恶,所以劝人为善而戒人为恶也。"徐云:"宋制,拟谥定于太常,复于考功,集议于尚书省,其法渐密。……而其体有四:一曰谥议,二曰改议,三曰驳议,四曰答驳议。观其往复论辩,岂得已哉,不过欲归于是非之公而已。……至于名臣处士,法不得谥,则门生故吏相与共议而加私谥焉。"就"著为谥议以上于朝"言,可入奏议类;就其品评死者言,亦可入哀祭类;但就其"往复论辩"以定是非言,还是附于论说类更好。

**辩(辨)** 徐云:"按字书云:'辩,判别也。'其字从言,或从卜,盖执其言行之是非真伪而以大义断之也。……汉以前,初无作者,故《文选》莫载,而刘勰不著其说。至唐韩、柳乃始作焉。"韩愈有《讳辩》,柳宗元有《桐叶封弟辩》,《南宋文范》收有辩七篇。

**解** 徐云:"按字书云:'解者,释也,因人有疑而解释之也。'扬雄始作《解嘲》,世遂仿之。其文以辨释疑惑、解剥纷难为主,与论、说、议、辩,盖相通焉。其题曰解某,曰某解,则惟其人命之而已。"吴亦云:"夫解者,亦以讲释解剥为义,其与说亦无大相远焉。"《南宋文范》收解一篇。

**原** 吴云:"按韵书,原者本也。一说推原也,义如大《易》'原始要终'之训。若文体谓之原者,先儒谓始于退之五《原》(指韩愈《原道》、《原性》、《原毁》、《原人》、《原鬼》),盖推其本原之义以示人也。"徐云:"其曲折抑扬,亦与论说相为表里,无甚异也。其题或曰原某,或曰某原,亦无他义。"

**答问** 在辞赋类已经说过,有的问对当入辞赋类,有的当入论说类。《宋文鉴》有对问,置杂著之后;《南宋文范》收有答问一篇,置于论说、讲义之间,即属后者。

**联珠** 吴云:"大抵联珠之文,穿贯事理,如珠在贯。其辞丽,其言约,不直指事情,必假物陈义以达其旨,有合古诗风兴之义。其体则四六对偶而有韵。"《宋文鉴》收有联珠,置于对问、移文之后。以其重在说理,附论说类之后。

## 九、杂记类

徐云:"按《金石例》云:'记者,记事之文也。'《禹贡·顾命》乃记之祖,而记之名则仿于《戴记》、《学记》诸篇。厥后扬雄作《蜀记》,而《文选》不列其类,刘勰不著其说,则知汉魏以前,作者尚少,其盛自唐始也。其文以叙事为主,后人不知其体,顾以议论杂之。故陈师道云:'韩退之作记,记其事耳,今之记乃论耳。'盖亦有感于此也。"好发议论,是宋代杂记文的特点,吴亦云:"观韩之《燕喜亭记》,亦微载议论于中。至柳之记新堂,铁炉步,则议论之辞多矣。迨至欧、苏而后,始专有以议论为记者,宜乎后山诸老以是为言也。"徐又云:"又有托物以寓意者,如王绩《醉乡记》是也;有首之以序而以韵语为记者,如韩愈《汴州东西水门记》是也;有篇末系以诗歌者,如范仲淹《桐庐严先生祠堂记》是也。皆为别体。"为什么有的记"篇末系以诗歌"呢?姚鼐作了说明:"杂记类者,亦碑文之属。碑主于称颂功德,记则所记大小事殊,取义各异,故有作序与铭、诗,全用碑文体者。又有为纪事而不以刻石者。柳子厚记事小文或谓之序者,然实记之类也。"台阁名胜记与碑一样,一般都要刻石,故姚以"纪事而不以刻石"为特殊。所谓"柳子厚记事小文或谓之序",指他的《陪永州崔使君游宴南池序》、《序饮》、《序棋》诸文。曾国藩对记的内容作了分类,他说:"杂记类,所以记杂事者。经如《礼记》(之)《投壶》、《深衣》、《内则》、《少仪》,《周礼》之《考工记》皆是。后世古文家修造宫室有记,游览山水有记,以及记器物、记琐事皆是。"本此,记大约可分四类:台阁名胜记、山水游记、书画杂物记、人事杂记。从唐宋起出现了厅壁记或厅壁题名记,如韩愈的《蓝田县丞厅壁记》、王安石的《度支副使厅壁题名记》,可附于台阁名胜记中。封演《封氏闻见记》卷五云:"朝廷百官诸厅有壁记,叙官秩创置及迁授始末。原其作意,盖欲著前政履历而发将来健羡焉。"从南宋起还出现一种日记体的游记,如陆游的《入蜀记》、范成大的《吴船录》,及其他各种行记。这种新兴文体对后世影响很大,如明代的《徐霞客游记》,就是这类行记的发展。除作为专书流传者外,凡总集、别集中的这类行记入山水游记类。除厅壁题名外,还有游览名山胜境的题名。徐云:"按题名者,纪识登览寻访之岁月与其同游之人也。其叙事欲简而赡,其秉笔欲健而严,独《昌黎集》中有之,亦文之一体也。昔人尝集华岳题名,自唐开元至后唐清泰,录为十卷,中更

· 222 ·

二百一十年,题名者五百四十二人,可谓富矣。……当今名山胜境,非无佳题,而世人往往忽之,其殆未知此欤!"这类题名在金石书和各地方志中保存很多,《全宋文》拟适当收录,但仅记"某某到此一游"、"某某造像一尊",没有多大意义者不收。

## 十、箴铭类

姚云:"箴铭类者,三代以来有其体矣。圣贤所以自戒警之义,其辞尤质,而意尤深。"曾云:"曰箴铭,曰颂赞,姚氏所有,余以附入辞赋之下编。"但箴铭颂赞与辞赋,其形式和内容都差别甚大,《宋文鉴》、《南宋文范》等宋代总集都分置,赋置卷端,箴铭赞颂置碑传文前,《全宋文》从之。

**箴**  《文心雕龙·铭箴》云:"箴者针也,所以攻疾防患,喻针石也。斯文之兴,盛于三代,夏商二箴,余句颇存。及周之辛甲,百官箴阙,唯《虞箴》一篇,体义备焉。"其后作者相继,代有箴文。徐云:"其体有二:一曰官箴,二曰私箴。大抵皆用韵语,而反复古今兴衰理乱之变,以垂警戒,使读者惕然有不自宁之心。"所谓官箴,指臣下对君主或上层执政者的劝戒,即所谓"官箴王阙";私箴指自警自戒之词,韩愈的五箴(《游箴》、《言箴》、《行箴》、《好恶箴》、《知名箴》)即为私箴名篇。

**规**  徐云:"按字书云:'规者为圆之器也。'《书》曰:'官师相规。'言规其阙失,使不敢越,若木之就规也。……箴者,箴上之阙;而规者,臣下之相互规谏者也,其用以自箴者,乃箴之滥觞耳。"

**戒**  徐云:"按字书云:'戒者,警敕之辞,字本作诫。'文既有箴,而又有戒,则戒者,箴之别名欤!"可见箴、规、戒,名虽不同而内容大体一致。

**铭**  《文心雕龙·铭箴》:"铭者名也,观器必也正名。"又云:"夫箴诵于官,铭题于器,名目虽异,而警戒实同。箴全御过,故文资确切;铭兼褒赞,故体贵弘润。其取事也必核以辨,其摘文也必简而深。"这里比较了箴铭的异同,概括了铭文的特点。吴云:"按铭者名也,名其器物以自警也。……迨周武王,则凡几席觞豆之属,无不勒铭以致戒警。其后又有称述先王之德善劳烈以为铭者,如春秋时孔悝《鼎铭》是也。又有以山川、宫室、门关为铭者,若汉班孟坚之《燕然山(铭)》,则旌征伐之功;晋张孟阳之《剑阁(铭)》,则戒殊俗之僭叛。其取义又各不同也。"从内容看有颂功、自警之别;从所铭之物看,有山川铭、室铭、器物铭、座右铭之分。另有葬铭、埋铭入碑志类。

## 十一、颂赞类

颂赞与箴铭不同,箴、规、戒、铭皆警戒之词,颂赞则为赞颂之词。姚鼐分作

**颂** 《文心雕龙·颂赞》云："颂者容也，所以美盛德而述形容也。……颂惟典雅，辞必清铄。敷写似赋，而不入华侈之区；敬慎如铭，而异乎规戒之域。"

**赞** 徐云："按字书云：'赞，称美也，字本作讚。'……其体有三：一曰杂赞，意专褒美，若诸集所载人物文章书画诸赞是也；二曰哀赞，哀人之没而述德以赞之者是也；三曰史赞，词兼褒贬，若《史记索隐》、《东汉（书）》、《晋书》诸赞是也。"哀赞入哀祭类，单篇史赞入论说类，这里所收的是"意专褒美"的杂赞。

## 十二、传状类

姚鼐把传状和碑志分作两类，其传状类引刘才甫语："古之为达官名人传者，史官职之；文士所传，凡为《圬者》（指韩愈《圬者王承福传》）、《种树》（指柳宗元《种树郭橐驼传》）之流而已。其人既稍显，即不当为之传，为之行状，上史氏而已。"可知传状类指传和行状。传有史官所作之传，即史书中的本纪、世家、列传，姚以史书太多，录不胜录，故不取史传，而只录文士所作之传和行状。《全宋文》不收专书，史书实为专书，故亦从姚例。曾国藩把传状和碑志合为一类，称传志类，并云："碑志，姚氏所有，余以附于传志之下编。""传志类，所以记人者。经如《尧典》、《舜典》，史则本纪、世家、列传，皆记载之公者也。后世记人之私者曰墓表、曰墓志铭、曰行状、曰家传、曰神道碑、曰事略、曰年谱皆是。"可见曾国藩合传状和碑志为一类，并兼收史传。《全宋文》的编法从姚而不从曾。

**传** 吴云："后世之学士大夫，或值忠孝才德之事，虑其湮没弗白，或事迹虽微而卓然可为法戒者，因为立传，以垂于世，此小传、家传、外传之例也。"家传是指子孙述其父祖事迹的传记，谢灵运《山居赋》云："国史以载前纪，家传以申世模。"外传是指在正史外另为作传，或为正史所不载的人物立传。此外还有自传、自纪，自己记载自己的事迹，如苏辙的《颍滨遗老传》之类。

**行状** 吴云："按行状者，门生故旧状死者行业，上于史官或求铭志于作者之辞也。"其内容多记死者世系、名字、爵里、行迹、寿年，内容较详，对死者往往有褒无贬。又有所谓先状，记载先人事迹；逸事状，"但录其逸者，其所已载不必详焉，乃状之变体也"（徐师曾）；行述、行略、事略，内容大体相近，徐云："按字书云：'述，撰也，纂撰其人之言行以俟考也。'其文与状同，不曰状，亦别名也。"

以上所说的传，皆实有其人。还有一种假托的意在讽喻的传记，实为小说家言。徐云：传之品"有四：一曰史传，二曰家传，三曰托传，四曰假传"，后两种即指讽喻性传记。《全宋文》不收作为专书流传的宋传奇，但已入总集、别集的这类假托性传记，作为文学作品，仍予收录。

## 十三、碑志类

吴儆《答汪仁仲求撰墓志书》(《竹洲集》卷九)："先丈潜德备福,要得高才厚望可以取信于后世者书之。承以见诿,非其人也。又古今士大夫之家所立碑志,必先有行状,然后求当世名士叙而书之,埋之墓中,谓之墓志,为陵谷迁变设也。既葬,复以志铭之语,掇其大略,揭之墓道,三品以上谓之碑,余碣若表。故必有行状而后有墓志,有墓志而后有墓表。近世乡中俚俗之礼,既无墓志,又非墓表,只有大石一片,掩在椁口,便就石上镌刻姓系事迹,或谓之墓记,或谓之墓表,或谓之墓碑。其名称制度皆舛午不经,取笑识者。窃谓送终人子大事,志表又送终之大事,若不合于礼,不若不为,若欲必合于礼,周仲济仲皆儒者,岂不知此?慎之重之,勿轻以诿人也。"

吴云："按《仪礼·士婚礼》：'入门当碑揖。'又《礼记·祭义》云：'牲入丽于碑。'贾氏注云：'庙宫皆有碑,以识日影,以知早晚。'《说文》注又云：'古宗庙立碑系牲,后人因于上纪功德。'是则宫室之碑,所以识日影,而宗庙则以系牲也。秦汉以来始谓刻石曰碑,其盖始于李斯峄山之刻耳。萧梁《文选》载郭有道等墓碑,而王简栖《头陀寺碑》亦厕其间。至《唐文粹》、《宋文鉴》,则凡祠庙等碑与神道碑各为一类。"这里叙述了碑志的发展过程及其类别。姚云："碑志类者,其体本于诗歌颂功德,其用施于金石。周之时有石鼓刻文,秦刻石于巡狩所经过。汉人作碑文又加以序,序之体盖秦刻琅玡具之矣。……志者识也,或立石墓上,或埋之圹中,古人皆曰志,所以识之之辞也。然恐人观之不详,故又为序。世或以石立墓上曰碑曰表,埋乃曰志;及分志铭二之,独呼前序曰志,皆失其义。"这里不仅概括了碑志文的发展过程,而且分析了碑志文的结构及序、铭的含义:铭也是"识之之辞",序不过是其详尽说明。根据以上所述,碑志类可分两小类。

一类包括记事碑、功德碑、宫观寺庙碑、书碑阴、摩崖等。书碑阴是题在碑石背面的文字,其内容与碑志文不尽相同,因同为刻石文字,故附于此。摩崖是在山岩石壁上刻的颂功记事文字,有诗有文,这里录摩崖文。

另一类为墓志文,包括立于地上的神道碑、墓碑、墓表、阡表、墓碣和埋于地下的葬铭、埋铭、圹志、墓砖记、墓砖铭等。至于墓志铭、权厝志、归祔志、迁祔志,按姚鼐之说,则立石墓上或埋之圹中皆可。关于墓碑,徐云："其或曰碑,或曰碑文,或曰墓碑,或曰神道碑,或曰墓神道碑文,或曰墓神道碑,或曰神道碑铭,或曰神道碑铭并序,或曰碑颂,皆别题也。至于释老之葬,亦得立碑。"有塔碑铭者,则专指僧碑。关于墓碣,吴云："墓碣,近世五品以下所用,文与碑同。"徐云："唐碑制,龟趺螭首,五品以上官用之";"唐碣制,方趺圆首,五品以下官用之。……古者碑之与碣,本相通用,后世乃以官阶之故而别其名,其实无大异也。……其题有曰碣铭,有曰碣,有曰碣颂并序,皆碣体也。"关于墓表,吴云："墓表,则有官

· 225 ·

无官皆可,其辞则叙学行德履。"徐云:"其文体与碑、碣同,有官无官皆可用,非若碑、碣之有等级限制也。以其树于神道(墓道),故又称神道表。"又有阡表、殡表、灵表之称,"盖阡,墓道也;殡者,未葬之称;灵者,始死之称。自殡而墓,自墓而阡也。近世用墓表,故以墓表括之"。关于墓志,吴云:"墓志,则直述世系、岁月、名字、爵里,用防陵谷迁改。埋铭、墓记,则墓志异名。"徐云:"至论其题,则有曰墓志铭,有志有铭者是也;曰墓志铭并序,有志有铭而又先有序者是也;……其未葬而权厝者曰权厝志、曰志某;殡后葬而再志者曰续志、曰后志;殁于他所而归葬者曰归祔志;葬于他所而后迁者曰迁祔志;刻于盖者曰盖石文;刻于砖者曰墓砖记、曰墓砖铭;书于木版者其在释氏则有曰塔铭、曰塔记……皆志铭之别题也。"

## 十四、哀祭类

姚列于末,置辞赋类后。曾列于七,置传志类前。《全宋文》从严辑全文、《全唐文》例,置碑传文后。曾云:"人告于鬼神者,经如《诗》之《黄鸟》、《二子乘舟》,《书》之《金縢》,祝辞,《左传》荀偃、赵简告辞皆是。后世曰祭文、曰吊文、曰哀辞、曰诔、曰告祭、曰祝文、曰愿文、曰招魂皆是。"祝愿文,《全宋文》拟设祈谢类以归之,这里只收其他几种。

**祭文** 徐云:"按祭文者,祭奠亲友之辞也。古之祭祀,止于告飨而已。中世以还,兼赞言行,以寓哀伤之意,盖祝文之变也。其词有散文,有韵语,有俪语;而韵语之中又有散文、四言、六言、杂言、骚体、俪体之不同。……宋人又有祭马之文,是亦一体,故取以附焉。"《全宋文》亦凡祭文皆归于此。祭文又常以告某文、哭某文、奠某文、悲某文等标题。

**吊文** 徐云:"按吊文者,吊死之辞也。……古者吊生曰唁,吊死曰吊,亦此意也。或骄贵而殒身,或狷忿而乖道,或有志而无时,或美才而兼累,后人追而慰之,并各为吊。……其文滥觞于唐宋,故有《吊战场》、《吊镈钟》之作,今亦附焉。"《全宋文》亦凡吊文皆归于此。

**哀词** 徐云:"按哀辞者,哀死之文也,故或称文。夫哀之为言依也,悲依于心,故曰哀;以辞遣哀,故谓之哀辞也。其文皆用韵语,而四言、骚体,惟意所之。"

**诔词** 徐云:"按诔者累也,累列其德行而称之也。"古代"贱不诔贵,幼不诔长,故天子崩则称天以诔之,卿大夫卒则君诔之"。后代则不论贵贱长幼,"刘勰云:'柳妻诔惠子,辞哀而韵长',则今私诔之所由起也。盖古之诔本为定谥,而今之诔惟以寓哀,则不必问其谥之有无,而皆可为之。至于贵贱长幼之节,亦不复论矣"。吴云:"大抵诔则多叙世业,故今率仿魏晋,以四言为句;哀辞则寓伤悼之情,而有长短句及楚体之不同。"

## 十五、祈谢类

姚、曾皆无此类,有关文章或入哀祭等类中。但宋人文集中有很多祈谢祷告之文,《宋文鉴》、《南宋文范》都收有上梁文,后者还有祈谢文,故另立一类。

**祈谢文** 又名祈报文,春祈丰年,秋报神功,或遇水旱而祈,如愿而谢。《礼记·郊特牲》:"祭有祈焉,有报焉。"

**表本** 徐云:"按表本者,宋时天子告祭先帝先后之词也。古者郊禘宗庙陵寝仅用册文祝文,至宋始加表文,呼为表本。"

**祝文** 徐云:"按祝文者,飨神之词也。……考其大旨,实有六焉:一曰告,二曰脩(脩,常祀也),三曰祈(求也),四曰报(谢也),五曰辟(让也),六曰谒(见也)。用以飨天地山川社稷宗庙五祀群神,而总谓之祝文。其词有散文,有韵语。"又有祝辞,徐云:"按祝辞者,颂祷之词也。诸集不载,而世所传独有净发、靧(洗也)面祝词。苟推其类,则凡喜庆皆可为之,不特施之二事而已。"

**乐语** 徐云:"按乐语者,优伶献伎之词,亦各致语。……宋制,正旦、春秋、兴龙、地成诸节,皆设大宴,仍用声伎,于是命词臣撰致语以畀教坊,习而诵之,而吏民宴会,虽无杂戏,亦有首章,皆谓之乐语。"

**上梁文** 徐云:"按上梁文者,工师上梁之致语也。世俗营构宫室,必择吉上梁,亲宾裹面杂他物称庆,而因以犒匠人。于是匠人之长以面抛梁而诵此文以祝之。其文首尾皆用俪语,而中陈六诗,诗各三句,以按四方上下,盖俗礼也。……宋人又有上碑文,盖上扁额之词,亦因上梁而推广之也。"

**朱表** 徐云:"按表者,释道陈奏之词也。古今表词施于君臣之际,而二氏亦以表称,盖僭拟也。……其曰朱、曰露香、曰默,皆表之别名也。"

**青词** 徐云:"按陈绎曾云:'青词者,方士忏过之词也,或以祈福,或以存亡,唯道家用之。'其谓密词,则释道通用矣。……此外又有法诰,有告牒,有投简,有解语,有法语,而举棺撒土亦皆有文,其目至为烦琐。"

**道场榜** 徐云:"按道场榜者,释、老二家修建道场榜示之词也。品题不同而施用亦异:其迎神驭者曰门榜,净坛场者曰监坛榜(亦曰卫榜),燃灯者曰灯榜,戒孤魂者曰戒约榜,限孤魂者曰结界榜,浴孤魂者曰浴堂榜,施法食者曰施斛榜,施水灯者曰水灯榜,张于造斋之所者曰监斋榜,张于设供之所者曰供榜,张于食所者曰茶汤榜。"

**道场疏** 徐云:"按道场疏者,释、老二家庆祷之词也。庆词曰生辰疏,祷词曰功德疏,二者皆道场之所用也。"

**募缘疏** 徐云:"按募缘疏者,广求众力之词也。桥梁、祠庙、寺观、经像与夫释、老衣食器用之类,凡非一力所能独成者,必撰疏以募之。词用俪语。"

**法堂疏** 徐云:"按法堂疏者,长老主持之词也。其用有三:未至用以启请,

· 227 ·

将行用以祖送,既至用以开堂。"

**乩语** 方术之士以两人扶丁字架,下放沙盘,诡说降神画沙作字以言祸福,叫做乩语。

以上是《全宋文》的文体分类其及编序意见。最后还需作几点说明:(一)以上文体已够繁了,但还未必能够包括宋文的所有文体。在校点编纂过程中如遇新的文体,当按文章性质设法归入以上各大类。实在无法归入以上各类者,则以杂著类附后。(二)宋人文集中往往含有歌行、口号、帖子词、乐歌、乐辞、琴操,已与《全宋诗》编者商定,由他们收,《全宋文》不收。(三)我国古代的文体分类及其编序至今还没有一个科学的为学界所一致赞同的意见。以上分类及其编序也未必合理。为慎重起见,拟用严辑全文及《全唐文》之例,只按以上顺序编纂而不标类别。(四)基于同一原因,《全宋文》的文体分类及其编序,只求大类统一,不求小类统一。也就是说,以上十五大类,无论集内文、集外文均按此编排。至于大类中的各小类,则无集作家之文按以上的顺序编排;有集作家之文,小类顺序则尽可能不动原集,例如只要是奏议,就按原集顺序整体移入,所辑奏议佚文则附于后。

(作者:四川大学古籍整理研究所教授)

# 西方汉学家对清史感兴趣的原因

◇胡志宏

具体看每一位研究中国古代史的欧美汉学家,他们并不局限于只搞一个断代,但从总体看,每个断代都形成了团队,其中显然以研究清史的最多。华东师范大学朱政惠教授《美国清史资料及其研究情况述略》[1]一文列出的美国清史教授的阵容,令人惊异。留美博士陈怀宇2005年7月在笔者供职单位介绍美国汉学时说,从断代角度看,其成果主要集中在两头即先秦史和清史,专史方面主要在社会史和思想史。美国斯坦福大学历史系"李国鼎讲座"教授陆威仪(Mark Edward Lewis)2006年4月与笔者交谈时强调,近几年美国的汉学成果以宋史和清史最为突出,早期史主要由新发现的史料如简帛文书牵引着,宋史的成果集中在哲学史、思想史、宗教和地方社会,如儒学在宋代战胜佛教的影响而复兴的过程(包括怎样通过家庭祭祖和葬礼来重现儒家的礼仪等),还有南宋地方史、道教研究等。清史成果,最骄人的是从作为与汉文化完全不同的族群或民族的角度研究满族的兴起和社会发展的论著。

国内近年来的史学研究和翻译出版事业都非常繁荣兴旺,近年问世的中古史、宋元史译著比较多,很多学者对汉学译著显然持非常理解和宽容的态度,有力地推进了中外相关领域的交流,比如王曾瑜先生在为《天潢贵胄——宋代宗室史》[2]写的序言中说,当他参观作者贾志扬(John W. Chaffee)的书房,见到他细心整理的宋朝宗室史料时,不由得感叹中国大陆只怕还没有一位学者对这个课题下了那么大工夫。王先生特别指出:"由于不同民族之间的语言障碍,外国人治中国史,中国人治外国史都会发生问题。"也就是说,汉学家可能出错,而且会出一些中国人想不到的错,这使中国学者对汉学著作的质量产生错觉,但汉学家终究还是发挥了他们的长处。笔者曾感觉清史界对汉学成果的引进稍显滞后,但在有意检验这个判断时发现,国人对汉学清史成果隔膜和吃不进去的感觉恰恰集中于欧美学者引以为荣的从作为与汉文化完全不同的族群或民族的角度研究满族的兴起和社会发展的论著,国人对重视满族内部社会组织的研究取向有不同的评价。其他方面却可以说相当和谐,清史学界对西方成果了解得非常多,

---

[1] 《中国史研究动态》,2004年第1、2期。
[2] [美]贾志扬著,赵冬梅译:《天潢贵胄——宋代宗室史》,江苏人民出版社,2005年。

国人早就知道明清时期到中国来的外国人很多,早已习惯使用来华者提供的外文史料,在经济史领域尤为突出地实现了中外学者频繁的合作与互动。

一

汉学家对清史感兴趣的一般原因与中国学者无异,即清史史料丰富及与现实联系的程度,都远远超过别的断代。清代地方志和各类档案,包括地方上的官方文书和契约等私人文书,保存下来的非常多,资料的公开和数字化使外国学者感到机会均等、便于使用,那些记录了中央政府与地方政府的关系、税收和行政管理、重大事件和危机的第一手资料,以及反映地方精英的作用和活动、社会地位和科举竞争的文书、札记、书信等,比生硬地苦读中国艰涩的古文更能激发汉学家对中国史产生鲜活的感觉。

在史料的分布方面,有些档案、方志、文物收藏于国外,外国学者使用起来很方便,也完全可以作出一个独特的建构。还有一种特殊的因素是,欧美人看到当年的传教士、外交官、商人、军人用他们自己的语言记录的中国情况,或外国海关的档案,会比读中文更为兴奋,而且比较容易作出自己的判断,而这类史料大多是清史史料。

汉学家对中国的兴趣,往往与最初的价值判断有关,那些从一般意义上对东方文化感到神秘好奇,亲临中国后又持负面评价的来华者缺乏学者的视角,但是随着欧洲学术发展到史学有了独立的地位,成为独立学科以后,欧人"急切想了解中国的过去,特别是1700年左右,历史的研究成了学术的中心"[①]。也就是说,在史学成为欧洲学术的中心时,作为史学大国的中国,在欧洲学术界的地位比西人一般的对中国的评价更高。17世纪末18世纪初,多种有关中国历史的汉学著述在欧美问世。欧洲史学越过神学和哲学成为独立的学科,是在欧洲民族国家形成以后,当时的社会对史学产生了需要,人们想了解民族国家形成的过程、因果关系、主要行动者的动机和特定形势下的选择。在这种情况下,来华的外国人看到中国古老的史学传统,很难不产生由衷的兴趣。不仅如此,早在那个时代,汉学就成了西人研究自己国家重大问题的学养和思想资源,比如绵延不绝地出现在西人笔下的对儒家和道家的评价。阎宗临先生还使我们知道,魁奈曾提出,法国大革命的真正原因是重农主义思想。魁奈从中国历史看到,一国的财

---

① 阎宗临:《中国文化西渐之一页——17世纪末中法文化之关系和18世纪之重农学派》,载《传教士与法国早期汉学》,第122页,大象出版社,2003年。阎宗临,1904年出生,1925年赴法国勤工俭学,1929年入瑞士伏利堡大学,攻欧洲古代史、中世纪史。后留校任教,主持中国文化讲座,1936年获博士学位。1937年毅然回国,在广西大学教世界史,并于1939—1943年发表了许多极为珍贵的中西交通史论文,可惜不为后人所知。

富在于土地,中国历代政府重农,不使土地荒芜,遂使历史绵延不断,政治制度的建立则在自然法的基础上①。西人对中国开始感兴趣的时代就是中国的明清时代,西方入侵使中国社会开始变化、转型,这也是汉学家关注中国的原因,而这个过程基本上在明清史范围内。

美国汉学的特点是源于欧洲汉学却又后来居上,它继承了欧洲汉学的主要成就,又在史料增多和欧美学术理论、方法的辐射下推进了汉学。它继承的欧洲汉学的主要成就,按照法国晚清史专家巴斯蒂夫人的概括,集中于四个主题:"1.中国文明的起源;2.中亚部落和中原文明的边缘地带;3.中国历史的连续性;4.中国历史的一般特征和历史上长期存在的现象。"②从历史的末端溯流而上,应该是普遍适用的方法,一个长期结构的特征在它的末期更加凸显,更为熟烂,这也是清史研究兴旺的原因所在。

史学的基本问题包括史料和史观,其中我们应该注意的一点是欧美学者与中国学者有别的史料观。有些西方学者不通中文,但这并不妨碍他们研究中国,当然随着青年一代语言能力的增强,这种情况越来越少,但这一类专家确实留下了他们的足迹。有的学者并不是历史学家,但愿意用西方盛行的思潮、视角和手段研究中国问题,在中外隔绝的时代,当得不到当代中国的基本资料和数据时,他们往往先从清史开始。涉足清史的可行性应该说远远超过别的朝代,如有遗迹可考察,有当事人可访问,可以作口述史,尤其是涉及传统史料缺席的下层社会、妇女史、民间宗教、大众文化等领域时,不通中文或不喜读古籍但掌握西学新潮、善用比较眼光观察近代中国的欧美学者,常自觉或不自觉地回溯到清史。清史也比以往的朝代更多地卷入总体的世界史,如中外交通路线、中外贸易、移民与华侨史,中国与西亚、阿拉伯、欧洲的文化交流,外国的货币、技术、农作物传入中国的过程及可能有过的双向交流。

## 二

美国汉学形成初步规模并实现职业化的时代是在20世纪前半叶,当时世界范围的重大事件是两次世界大战。美国在一战后发起成立了"国际历史学会",欲使敌对国的史学家有一个沟通的机会。当时是国别史盛行的时代,民族史/国家史占统治地位,"通过寻找过去,发现或者建构被认为是延续了几个世纪的塑

---

① 阎宗临:《中国文化西渐之一页——17世纪末中法文化之关系和18世纪之重农学派》,同上书,第129页。

② [法]巴斯蒂著,胡志宏译:《19、20世纪欧洲中国史研究的几个主题》,《国际汉学》第八辑,大象出版社,2003年4月。

造了民族共同体的传统,历史学在重划国界和确立国家地位等方面起了重要作用"①。在民族/国家成为叙事主体的时代,法国历史学家马克·布洛克在1928年的"国际历史学会"大会上,提出了比较法。比较法的核心是确定各种文明的相同和相异之处,意在促使史学超越国别史实现非地方化,解放观念,开阔视野,改进历史专业的气氛和文化。欧洲汉学此刻对中国历史本身及汉学家的使命已经形成了自觉的意识,而美国人似乎还处在茫然之中,第二次世界大战的珍珠港事件唤醒了美国,他们发现自己"缺乏一种可辨认的美国的中国研究传统"②。在着力建设这个传统的时候,联结古代和当代中国的清史不能不成为美国汉学的首选。

比较研究始终盛行,但最近几年国际史学的取向是开始尝试跨民族的"纠结的历史"(Entangled Histories),"这种方法基本上对异同点的比较不感兴趣,而对内部关系与遭遇,对相互了解和其他的反应,对相互影响与冲击,对物资、人员、观念和知识的转移和移动感兴趣。根据这种观点,欧洲与阿拉伯世界之间的异同,不如相互影响的过程、相互感知的过程、彼此塑造的纠结过程更能引起兴趣"。这里包含殖民者与被殖民者之间的不对称纠结,非西方对西方社会塑造的贡献,"……可以是不同形式的:互惠的和不对称的,它们可以包括学习和付出—索取的过程,也可以包括压制与依赖的过程"③。

在上述意识的背景下,对中外学者同样重要的另一个因素是,中国地理位置的重要特征在于与欧洲接壤,阎宗临先生指出:"由一种历史的讽刺,给欧人开放亚洲门户者,却是侵略的蒙古人","当蒙古人取得政权时,以成吉思汗为法,晓得组织的重要。继后与汉人接触,更启发与增强他们的组织才能"④。蒙古人显然缺乏满族人用汉族方式统驭辽阔帝国的能力,但是他们在中欧交通中的作用却与帝国的声威匹配,"实际上,蒙古侵入欧洲,给新兴的两个修会——方济各会与多明我会——一种新的热力与方向,因为他们的志趣,是'为基督远行的'"⑤。

清朝是满族人建立的,清史既是民族的,又是国家的,而且,"他们成功的秘诀可能在于下述的事实,即他们虽然使用了汉族方式施行统治,可是他们的异族

---

① [德]尤尔根·科卡著,齐克彬、李江涛、马少甫译:《历史学家如何超越民族史、国别史》,载《海外中国学评论》第1辑,第21页,上海古籍出版社,2006年1月。
② [美]保罗·埃文斯著,陈同、罗苏文、袁燮铭、张培德译:《费正清看中国》,第52页,上海人民出版社,1995年。
③ [德]尤尔根·科卡著,齐克彬、李江涛、马少甫译:《历史学家如何超越民族史、国别史》,载《海外中国学评论》第1辑,第21页。
④ 阎宗临:《元代西欧宗教与政治使节》,载《传教士与法国早期汉学》,第243页。
⑤ 阎宗临:《元代西欧宗教与政治使节》,同上书,第245页。

起源和背景也有助于使他们能在统治集团里保持住政治的朝气"①。众所周知，东北满人发祥地最适合吸收汉族膨胀的人口，其效果是东北的南部汉化得最厉害，汉族富商在那里的地位仅次于满人高官，居一般满人之上。每个朝代的最初都需要借助一套带宗教意义的仪式、典礼来论证自己统治的合法性，并强力建立和控制社会、政治秩序。清朝初年的几位皇帝成功地完成了这个过程，使18世纪的清代中国再次繁荣、稳定，这就使乐于看中国内部的运动、环境、愿望、参与角色的汉学家，可以从清史史料找到感觉，还可以找到细节，使国家淡化、地域突出、重现基层社会生活的企图有可能实现。继民族/国家的史学范式、本国史本民族史的范式占上风以后，当今是跨民族跨国家取向盛行的时代，清史再一次适合于新的国际潮流，美国汉学家若打算涉足满汉融合、交结、搅缠的历史过程的课题，很容易申请到研究经费。

可以用近年盛行的性别研究为例看清史研究的张力。有人说晚明过分成熟的汉文化的一个标记是江南名妓，但是清史使我们更多地看到盛清时代妇女生活的常态，国家和官府对一般人的家庭、婚姻与经济生活的介入和管理达到相当的深度，"良家妇女与倚门卖笑的女人之间的关键区别，不在文学艺术，而在于工作。若以盛清时的词句来表达，则妓女的工作将她标记成了污秽不洁的人，她甚至比那些每日只是在纺锤和织机旁勤恳劳作的最底层的农妇地位还要低下。按照清朝大臣的说法，妇女的劳动是江南农业经济的支承点"，"儒家的君子应该避开体力劳动，但是上层的妇女却应该与奴仆与佃户一起用双手从事劳动"②。

## 三

20世纪美国本土的史学与哲学思想的首要特征是科学性和实用性③。美国19世纪末强烈的现实需要是利益均沾，入侵中国，因此美国汉学的首要任务就是提供适合美国人需要的中国观。完成这项重任的人物之一，是从小随做皮货生意的父亲住在中国，后来在欧美大学获得博士学位，30年代考察过中国大片内陆的欧文·拉铁摩尔（Owen Lattimore）。拉铁摩尔是地缘政治学的著名倡导者之一，他区分了以长城为界的中国北方游牧社会和南方农耕社会，描述了长城内外不同的生态环境，并明确指出，两个地区之间长久以来互相渗透和影响，但

---

① ［美］费正清著，孙瑞芹、陈泽宪译：《美国与中国》，第77页，商务印书馆，1971年。
② ［美］曼素恩著，定宜庄、颜宜葳译：《缀珍录——十八世纪及其前后的妇女》，第163页，江苏人民出版社，2005年。
③ 李勇：《鲁滨逊新史学派研究》，第34—39页，安徽人民出版社，2004年。

基本上按照各自的"周期"发展①。

拉铁摩尔指出,游牧民族根据自然条件——主要是气候和水源——周期性地经历着盛与衰的交替;农耕社会,受自然条件以及统治者政治举措是否得当的影响,同样也经历着盛与衰的周期性变化。每当中国北方的气候出现重大反常的变化,尤其在"小冰河"时期,草原地带的气候就会趋向寒冷,游牧经济受到严重损害,游牧民就会产生向外扩张的强烈冲动;农耕区在"小冰河"期,由于气温低,农作物需要的阳光、温度都不够,就会减产,如果此时统治者又不能及时在政策上作出调整,就会出现饥民揭竿而起的动荡局面,统治者的控制力量会遭到极大的削弱。在这种情况下,丧失了生计的游牧民族的领袖就会率领部众大举南下,一般都能迅速地入主中原。

部族领袖们都早就熟悉中原农业社会的统治机制和儒家的治国思想,所以入主中原后,他们不但不摧毁农耕区原有的统治结构,还不排斥帝制官僚体制;相反,部族上层分子还很快就适应和融入了汉族帝制的统治机体,与汉族官僚联手,实现"华夷共治"。部族首领们为了避免自己的民族完全被汉文化同化,曾采取独特的政治手段和策略,如提倡部族民众信奉原来的宗教,达到保存自己的目的。在元朝和清朝,蒙古人和满人领袖都提倡信喇嘛教,北方少数民族与中原农耕民族实行"华夷共治"时,中国文化虽以儒家学说为主体,但也不断吸收各少数民族的文化,存在着双向交流和文化多元的局面。

与拉铁摩尔同时代的费正清指出:"满洲人很幸运,他们来自这两种制度相遇而又相混的地区。"②

20世纪20、30年代,欧文·拉铁摩尔的地缘政治学理论给那些希望按"门户开放"、"利益均沾"政策进一步扩大美国在中国的利益和影响的美国年青一代学者带来极大启示。中国历史上出现过的"华夷共治"的政治局面使他们更有理由更有动力探索近代世界新形势下在"亚洲腹地"(Inner Asia)实现"中西共治"的可行性和可能性。欧文·拉铁摩尔在美国学术界声望极高的原因就在这里。

另外,边疆问题在美国本国历史里的地位极为重要。美国东部新英格兰地区的新移民在独立战争和《独立宣言》维护个人财产的基础上,经过多次讨论与争论,于1787年在费城召开制宪会议,东部13个州联合通过了美国联邦宪法,在全球各地都实行君主制的时代开创了共和制。后来的法国的大革命和英国的议会改革都受到美国宪法的影响。此后的美国史就是美国宪法不断被中西部地区接受的历史。通常,我们把 Frontier 译为"边疆",但在18世纪末的美国,Fron-

---

① Lattimore, Owen : *Inner Asian Frontiers of China 2nd den*, New York : American Geographical Society, 1951.

② [美]费正清著,孙瑞芹、陈泽宪译:《美国与中国》,第77页。

tier 并不是一条固定的边界线,而是处于接受美国宪法,加入联邦的历史过程中的大片地块,那里的民众是行动的主体。Frontier 在此时可译为"新开拓地"。作为边界线,它是不断移动的,搞清这一点,我们才能更好地理解汉学著作里的这个词语。

到了 20 世纪后期欧美汉学界雄心勃勃地开始多卷本《剑桥中国史》写作的时代,拉铁摩尔的边疆理论已经变得更为整饬。此时汉学早已成为欧美大学里独立的学科,很多课题得到基金会的大量资助,美国汉学已经对美国政府的对华政策产生了影响。按照德国汉学家傅海波在《剑桥中国辽西夏金元史》作出的概括,北方的边界线有三条:一条是恒久不变的"生态学边界",由无霜期和降雨量决定,把农耕区和游牧区分开,限制了农业耕作无止境的扩张企图。另外两条边界线是军事防御边界线和文官事务实际管辖范围的界线。众所周知,这两条线在清代到达了大概仅次于元朝的遥远的边疆,这对于历史学家已构成了足够的吸引力。

但是傅海波紧接着的论述对我们认识清代及汉学家的特别视角仍然有一定的意义,他说,唐以前的北方,后两条界线不像唐末、宋元时期那样明确,即便到了唐王朝权力的巅峰时刻,仍然不能设想北方有一条现代意义的截然划分的国境线,"那是一条宽阔的过渡地带,在这个地带内,所谓同一性、忠诚和权力都在不断地改变着与冲击着新的平衡"①。具体到中华帝国后期,清史的前半段,美国人对新开拓地的敏感和兴趣集中在幅员辽阔、文化多元的亚洲腹地怎样被崛起于满洲、不断汉化的清王朝征服的历史②。不仅如此,还有还原多种被征服的文化样貌的企图。汉学家在看到清朝开疆掠土成功的同时,也揭示了中国人无视欧美的发展和入侵,中国内部经济和社会停滞不前,及各种落后的、狭隘的不利于资本主义萌发的因素。

我们怎能要求美国清史学家关心和理解中国学者对明清之际重大问题的思考呢?他们以首创跨明清与近代史的新取向为自豪,而很多中国学者关心的焦点在于诸如这样的问题:满族部族与明王朝的关系;后金在明末农民起义时自立为国的性质;清兵入关后施行了怎样的民族压迫;清兵入关后满族人融入中华民族的过程……③

20 世纪 50 年代的"冷战"时期,美国汉学自身的动力、条件与美国政府欲搞清中国实力的需要不谋而合。有助于认识中国实力的中华人民共和国的基本资

---

① [德]傅海波、[英]崔瑞德编,史为民等译:《剑桥中国辽西夏金元史》,第 11 页,中国社会科学出版社,1998 年。
② [美]费正清编,中国社会科学院历史研究所编译室译:《剑桥中国晚清史》,第二章,中国社会科学出版社,1985 年。
③ 杨海英:《洪承畴与明清易代研究》序,第 5、6 页,商务印书馆,2006 年。

料付诸阙如,而清史史料多,最接近现代社会,因此成为首选。费正清1955年春设立了两个项目,一是近代中国政治,涉及从地方自治到共产主义兴起,把政治史与政治思想史结合起来;另一项是近代中国的经济,因为"国家急需测知中共的潜力……","未来中国的潜力"①。

  两个项目得到福特基金会的资助,结果使哈佛大学"东亚研究中心"具备了日后进行中国研究的财政基础和必要的人员。实际承担任务的是不愿或无力运用美国的多种社会科学手段,也不擅长作比较研究,但对中国传统文献感兴趣的汉学家。产生的成果不是交给政府的报告,而是引导后来几十年汉学研究的奠基之作。也就是说,无论立项的人怎样着意把研究引向为现实需要服务,成果却在古代史领域,在学术的层面。得到基金资助的两个项目,一个是"东亚专著丛书",另一个是面向更多学者、更多师生的"东亚丛书"。它们的后边,是连绵不断的学科化的汉学论著。

(作者:中国社会科学院历史研究所研究员)

---

① [美]保罗·埃文斯著,陈同、罗苏文、袁燮铭、张培德译:《费正清看中国》,第230—237页。

# 永远令人怀念的黎澍先生

◇蒋大椿

黎澍先生离世 19 年了,但他仍旧活在当代中国人和知识分子的心里。这不仅是因为他所关心关爱的许多人还活着,他的民主精神和作风感染着人;还因为他提出、论述并希望解决的诸多理论和实际问题在现实中依旧存在着。当人们面对这些问题继续思考和探索的时候,便不能不想到他在世时的努力。黎澍先生究竟缘何令人发自内心地怀念?《炎黄文化研究》约我写一篇关于黎澍先生的文字,使我回到了从 1963 年师从先生到 1988 年先生逝世的与先生频繁相处而得益甚多的 25 年岁月。这期间能想起的事太多了,本文主要从黎澍先生关心青年、民主精神和作风、反对教条主义而提出的一些理论问题三个方面,谈一些我亲见亲闻所得的感受。

黎澍先生

一

黎澍先生关心青年的故事相当多。先生逝世后,他的友人和同事的文章已说到过不少。这里主要从师生关系回顾一些事实。

1963 年 9 月,我进入中国科学院近代史研究所,师从黎澍先生研读史学理论。所里共有六个研究生,按照当时政策规定,大学毕业生必须到农村、工厂下放锻炼一年,有关领导已经为我们作了这样的安排。黎澍先生则认为,国家招收研究生是为培养专门人才的,研究生自应以学习为主。黎澍先生为了国家的学术发展,替年轻的研究生们争取学习时间,顶住了当时那种看似天经地义而实际并不合理的规定。正是由于黎澍先生的争取和努力,我们几个研究生才能留在所里安心读书。要知道,那是在上个世纪 60 年代,我们二十几岁,能有一年时间安心地系统读书,对我们未来的发展是多么关键,黎澍先生为我们提供了多么宝贵的帮助。这一年，我从《关于费尔巴哈的提纲》、《德意志意识形态》入手，读了包括《资本论》在内的许多部马克思主义基本著作。那时我的理解力有限，但已培养了爱读马恩著作和思考问题的兴趣。这一年，我读完了中国古典史学的基本著作《史记》，续读《汉书》，读完发现《汉书》有不少问题。年轻而学识不足的我产生了为《汉书》再作注的念头，为此又翻读了一些书，后来看到王先谦的《汉书补注》，方知许多事前人早已做过，才打消了这个念头，而我在学术领域已受到最初的洗礼。这一年我继续学习俄语，边读书边试着翻译，将波兰学者沙夫的俄文版《社会分层论》边读边译，已完成了一半，由于接着搞"四清"而没有完成。今天又想起这些年轻时学习的往事，越发意识到黎澍先生为我们争取到的一年学习时间，对我们未来发展的确是起到了重要作用的。黎澍先生为研究生争取学习时间的事，我是后来才听说的，这显然不合当时的潮流。黎澍先生当时是否为此事受到批评，则不得而知了。

黎澍先生培养研究生，重在基础教育。他给我第一学年规定的必读书目，一是从《关于费尔巴哈的提纲》开始的几十本（篇）马克思主义基本著作。这些书目分单元打印出来，所里其他研究生也都须读。一是"前四史"，即《史记》、《汉书》、《后汉书》、《三国志》。他说"前四史"写得好，其后可通过读《资治通鉴》、《续资治通鉴》，以求得对中国古代历史发展的基本了解，再转入近代。黎澍先生不赞成研究生在学习阶段急于写作和发表论文，这样会妨碍基础学习。他认为研究生阶段应当掌握必要的基础理论知识、专业知识、工具书知识（目录学、各类工具书及其运用）和语言知识（古代汉语和现代汉语，两种外语，除俄语外，黎澍先生还请张雁深先生准备第二年教我们法语。张先生连法语教材都准备好了，送了王学庄兄和我各一册）。黎澍先生强调说，基础打牢了，以后写文章是水到渠成的事，急于求成反而不得成。黎澍先生虽然不赞成研究生学习阶段急于发表文章，但认为笔头还是要经常练的。因此每一学习单元规定的书读完，要求写一份读书心得，交他审阅。黎澍先生很重视学生写的读书心得，每篇都亲笔作了修改，交由所里作学术档案保存。只是经过"文化大革命"，现在恐怕都找不到了。

那时的研究生，不像现在这样开那么多课，主要由导师直接培养。王学庄比我早一年入学，他本来考的是罗尔纲先生的太平天国史专业，罗先生时在南京。黎澍先生这年原来录取的是姜义华，姜义华由于说了一些当时认为是错误而后来证明并非错误的话，被取消了入学资格。王学庄兄遂由黎澍先生代为培养，直至毕业。黎澍先生要求学庄和我每两周到他那里去一次，并非讲课，而是通过问答式的谈话传道授业。黎澍先生当时住在沙滩原中宣部大院的工字楼，他的书房很大，四周排满了书橱，间有几幅字画。先生的书桌放在中间，旁边有几只沙发。我们去后坐在沙发上，先生则仍坐在他的藤椅上，听我们说说本单元的学习情况，主要是提出学习中产生的问题，先生则根据我们提的问题和所交读书心得中存在的问题授业解惑,指导我们如何看待和处理问题。40多年前老师的那些谈话内容已不能一一记起,努力回忆,还能记得起来的一些印象是:黎澍先生重视我们打好马克思主义的理论基础,但并不排除吸取其他学派的有益理论,然须正确理解。记得我在一篇读书心得中曾经引用孟德斯鸠的《法意》(又译《论法的精神》)中的某些论述,黎澍先生指出,对西方理论取得的有价值的成果应重视,但一定要正确理解,最好是通过原著来理解,以免走样。还记得黎澍先生曾经将史学工作者分为三类:一类是善于出题目,又善于找材料者,谓之上才;一类是不善于出题目,但善于找材料(这里指善于找出真实的材料)者,谓之中才;既不善于出题目,又不善于找材料者,自是下才。所谓"下才"一类,并非一定不能写文章,无非人云亦云而已。善于出题目需理论素养,善于找材料是功底扎实。黎澍先生要求我们既重视理论又重视材料,扎实为学。他对我们提出的更高要求则是,年轻时要立大志,下苦功,成大才,博古通今,学贯中西。黎澍先生是很重视专才的,然他更希望能培养出通才,这种通才将更适合未来社会的发展。

　　黎澍先生重视教我们为学,同时也重视教我们做人。他不作空洞的道德说教,而是因事施教。他在为学之教中已经贯彻出做人的准则,也关注着我们的生活。仅举一例,年轻时的学庄兄极重感情,因初恋失败,苦恼万分。黎澍先生知道后,在我们二人双周去汇报学习情况时,谈完了学业,用了很长一段时间,专门就一个人青年时代如何处理事业和爱情的关系谈了他的见解。他并不反对我们谈恋爱。人生在世,正常情况下总是既有事业又有爱情。他举了古代和近代多位名人处理爱情和事业关系的故事,指出成大业者总是将事业放在第一位,而将爱情摆在适当的位置。黎澍先生勉励我们要立志,以胸怀壮志抵御和克服生活不顺利时的消沉之气。这番长谈使我们深受教益,学庄兄的情绪也逐步好转。

　　这样的滋润我们心田的学习生活可惜仅仅一年,不断的政治运动使得黎澍先生无法完成他的研究生培养计划。1964年10月我们奉命到甘肃张掖搞"四清"运动。这时黎澍先生已因《让青春放出光辉》一文受到批评,加之搞"四清"又是政治运动,他已无力再为我们争取学习时间,他自己也同我们一起到张掖搞"四清"去了。那时甘肃张掖的生活非常艰苦。饭虽然可以吃饱,但当地老百姓一年到头基本上不吃菜,过年过节才能吃到羊肉。由于领导强调我们的生活不能有任何特殊化,必须与当地群众同吃同住同劳动,当我们派饭到哪一家时,便只有米饭,没有任何菜,最好的也只有辣椒面下饭。这对于我们这些习惯饭菜均衡的人,尤其是适应能力差的人,时间一长,必然适应不了。大约过了三个月,我便因身体营养比例严重失调,淋巴发炎,半边脸肿着,高烧达41℃,眼前常见幻觉,不得不住进张掖医院。住院后,得知黎澍先生也已因病住院。待烧退后,我去黎澍先生的病房看望老师。当时我正常体重110斤,病后瘦了16斤,只剩94斤。脸还肿着,样子一定相当狼狈。黎澍先生或许是为宽慰我,讲话语气甚为达观,说他瘦21斤了。接着又说,我比你胖,能瘦的肉当然也就多了。黎澍先生用手在床头柜里摸索,抓了一把奶糖给我。在当时当地,奶糖也已是相当好的营养品了。我拿了一块剥开糖纸放进口中,因看到他那里已所剩无几,其余请黎澍先生拿回去。先生执意要我全部拿走,师生俩竟为一小把奶糖推来推去。黎澍老师那种长辈对年轻人的质朴的关爱,至今思来,竟不觉已是泪眼模糊。过了半个多月,我病愈出院,向先生辞行。先生看我瘦弱的样子,建议我留在县城协助他编写当地"四史"。年轻的我,非常积极,辞谢了先生出自内心关怀的挽留,又回到生产队去了。

我在张掖搞"四清"以后,接着又到山东省黄县劳动半年,1965年11月中旬回到北京。大约是这年年底或1966年初,黎澍先生将我叫去说,你的研究生学习可以提前结束了(学庄兄已三年到期,不存在提前毕业),我已同范(文澜)老联系好,你到范老那儿去,一边工作,一边继续学习。史学理论研究要有实学作根基,要注意从实际历史研究经验中提炼上升为理论。范老治学谨严,你跟着范老,边工作边继续学习理论,对你会更有帮助。我的研究生学习阶段便就此结束。很长时间,我对研究生学习结束留下的印象便只有这些。直到黎澍先生逝世后,春节我去看望徐滨师母,忆及往事,徐滨师母提到了当年黎澍先生要我提前毕业的更深一层的考虑。她说,1964年黎澍受到批评。1965年他看到报刊上的许多大批判文章,尤其是姚文元批吴晗《海瑞罢官》的那篇文章,预感到一场政治风暴即将来临,自己恐怕也难逃受批判的厄运。为了避免连累他人,黎澍曾将一些照片、信件作过处理。他也考虑到研究生,为了避免你们因他被批判而受到牵连,他想让你们尽快毕业离开他。当时他为你们设想了两个去处:一个是吴(玉章)老,一个是范老。这二老都同毛主席关系很好,他们估计不会受到冲击,你们也就安全了。到吴老那儿需换单位,提前毕业办手续不易,最后决定让你们到范老那儿去。徐滨师母还说,当时黎澍似乎有种紧迫感,他认为如果拖到你毕业时(1966年7月),他恐怕对你们的工作安排无能为力了。徐滨师母的回忆,才使我了解到黎澍先生当年让我研究生提前毕业的更为全面的情况。黎澍先生在世时,从未同我谈过此事。听到这段往事,我一方面深深敬佩黎澍先生对政治形势判断的敏锐,更为黎澍老师对学生的那种深沉的关爱之情所感动。黎澍先生当然不仅是爱护自己的学生,而是表达了他对年青一代的关爱。青年人是未来,这是黎澍先生常说的一句话。真正关怀青年、爱护青年的黎澍先生,也是拥有未来的。

## 二

许多与黎澍先生相处过的人,都对他的民主精神和民主作风深为钦佩。我听到多位近代史所年长的研究人员说,在所里,除德高望重的范老外,黎澍先生是最得人心、最受尊重的领导人。这除了他的学识和理论水平,还因为他最具有民主作风,平等待人。曾经有人似乎不能说是怀有善意地称黎澍先生是"党内民主人士"。其实,一个共产党员,具有民主精神、民主作风,有什么不好呢?对于别人称他是"党内民主人士",黎澍先生自己说:这是因为解放前在极为艰苦的条件下干革命,从未想过给自己捞什么,"在国民党统治下为民"。"到解放后正式被纳入一个现成制度",他对这种变化缺乏认识。"由于长期做老百姓而产生的一种老百姓意识变不过来,此后也没有变得过来。""所谓老百姓意识的一个显著的特点就是只有是非观念,缺乏上下级观念。对上级不自觉其为下级,对下级不自觉其为上级。如此没上没下,无以名之,只好叫做自由主义。人们用以说明这种自由主义之可恶的名词,就叫做'党内民主人士'。"①他还说,"这有什么不好?我们缺少的正是这个。等级观念那么强,无所不在,是封建主义"②。黎澍先生在上级面前具体怎么样我不了解,按先生所说以及别人对他的看法,他决不唯唯诺诺,阿谀逢迎,而是将上级当成和自己一样的人,平等待之。至于黎澍先生对待下级包括学生的那种平等待人的民主风格,我则有着许多亲身感受。

我和黎澍先生的第一次见面便很能显示出先生的为人。我 1963 年考取近代史所研究生那年,因为水灾,铁路受阻,9 月 16 日才到所里报到。第一次见到黎澍先生则是在 9 月 30 日晚上所里为庆祝国庆 14 周年举行的晚宴上。范老、刘大年、黎澍、李新等先生都出席,并和几位老研究员坐在主桌上。席

黎澍先生工作照

间,我举了一杯酒,绕过几桌,去给黎澍先生敬酒。我报了姓名后,黎澍先生与我碰杯,注视着我,将杯中白酒一饮而尽。我当时真的非常高兴。这位大学者,又是所领导,对我这个小青年一点架子都没有,如此平易近人,我除了原先对黎澍先生的尊敬,更增添了一种深深的信任感。上个世纪 70 年代末或 80 年代初,我去灵通观看望先生,在他的那个小书房里聊着学问,不觉已到中午。黎澍先生留我在家里吃便饭,给我斟了一杯白酒,自己则只倒了一点点猕猴桃酒。我忽然想起与先生第一次见面碰杯的情形,便说起当时的情况。黎澍先生听着似也记起什么,哈哈大笑起来。徐滨师母说,他那时的酒量还是可以的。现在身体不好,

---

① 《黎澍自选集》,第 490—491 页,广东人民出版社,1998 年。
② 《黎澍十年祭》,第 49 页,中国社会科学出版社,1998 年。

白酒不沾了。岁月在黎澍先生的身上留下了明显的痕迹,然并未改变先生的本色。

70年代末80年代初,我已是40岁左右的人了,见到黎澍先生总是习惯地称"老师"。一次黎澍先生说,现在我们是同事,你也不小了,以后不要再称老师,可以姓名直呼。我少时读过三年私塾,从《百家姓》、《千家诗》读到《论语》、《孟子》,敬重长者、尊师重道自幼深入于心,以后见面还是以老师相称。黎澍先生见我虽以老师称他,但交谈问题并无任何拘谨,也就不再提此事了。在灵通观住时,黎澍、徐滨先生年事已高,请了一位阿姨帮忙做家务。他们留我在家里吃便饭时,看到阿姨在忙活,徐滨师母说,她是安徽无为人。我听说是同乡便与阿姨打招呼致谢意。徐滨师母告诉我,在她之前的一位阿姨也是无为人,在这里帮忙了很长时间,直到结婚才离开。小俩口在地安门一带开了个饭馆,听说生意还不错。那位阿姨离开后还常来看我们,逢年过节肯定来,像走亲戚一样。徐滨先生说着开心地笑了。一位阿姨离开服务的人家,还常回来看望,说明她在这里受到黎澍、徐滨先生的尊重、关爱、平等待她,使她过得顺心惬意,才对这个家庭产生如此的依恋,离开了还像走亲戚一样地常来走动,这正从另一个角度折射出黎澍先生尊重他人、平等待人的民主风格。

黎澍先生尊重他人、平等待人,决不强迫别人按照自己的意见去办,这也是民主风格的一种体现。黎澍先生有两次要我去《历史研究》编辑部工作。一次是1976年,我因另有研究任务没有去成。第二次是80年代中,丁伟志先生两次找我约谈,希望我去《历史研究》编辑部。黎澍先生也专门为此事找过我。为了说服我,他长谈了对编辑工作以及编辑工作与研究工作的关系。大意是:做编辑工作的最大好处,是会迫使你扩大知识面。遇到的稿件,有些并非是你研究过的,审读这样的稿件,尤其是好的稿件,本身便扩大了知识面。在研究所里搞研究,对于研究的问题会钻得深一些。深到一定程度,有时也会产生惶惑,感到难以再深入下去,这时扩大知识面便是必要的了。做学问的一个途径是触类旁通。有时读的书或文章,增加的知识,似乎并不是你正研究的。但也有这种情况,正是一些与你所研究问题似乎无关的知识,会突然帮助你开阔了眼界,豁然开朗,大大加深对于所研究问题的认识,使做学问的境界更上一层。对于搞理论研究,遇到这样的情况可能更多一些。他还讲了一些别的理由,可见黎澍先生确实是希望我到《历史研究》编辑部工作的。他同时也说到,是否去,则由你自己决定,决不勉强。黎澍先生和丁伟志先生的建议,确实让我心动过,但所里的负责人一再热情挽留我。他们的盛情难却,我又一次违背了黎澍先生的意愿。当我再见先生时,说明这些情况后,他说,你自己定,这样也好。丝毫不以为意,就像这两件我违背他意愿的事从来没有发生过一样。黎澍先生确实心胸宽阔,充分尊重他人包括自己学生的人格。

黎澍先生在学术上也是主张民主的,提倡按照民主的方式自由地讨论学术问题,而这又是同社会主义的政治民主相关联的。划清学术问题和政治问题的界限,曾是一个长期纠缠我们的问题。上个世纪70年代末或80年代初,我曾当面向黎澍先生请教过这个问题。他回答的大意是:学者们研究学术,还要提出一个政治与学术的界限问题,这里关键问题实际是政治。如果社会主义的民主政治不健全,甚至搞言者有罪那样的政策,像大批判时期搞的那样,那也就根本谈不上分清学术与政治的界限。社会主义的民主政治健全了,法律保障了人们的政治自由,当然也就保障了人们的学术自由。这时对学者们来说,这个问题实际上也就不存在了。我的理解是,宪法真正保障了人们的言论自由,当然也包括在法律范围的政治言论自由。《中国共产党章程》也规定共产党员可以"在党的会议上和党报党刊上公开参加关于党的政策问题的讨论"。党的政策是最现实的政治,党的政策都可以在报刊上公开讨论,也就是说政治问题也有公开讨论的自由,学术问题还能有什么需要限制的呢?所以说,只要社会主义的民主政治真正在法律上保障了人们的政治自由,这个所谓的学术与政治问题的界限,对学者们来说实际上也就不存在了。

黎澍先生又说,从执行政策者的角度来看,一般地划清二者界限也有必要。社会主义法律健全了,真正依法办事,政治问题,情况一弄清楚,便能很快地判断出是非。而学术问题的一个重要特点便是很难立即分辨出是非,那就应当让学术界经过反复的、长期的讨论,由学术界自己去解决。真正的马克思主义者应当具有允许别人提出新问题、研究新问题的胸怀。

黎澍先生强调指出,学术问题的自由讨论是一切科学研究,当然也是历史科学研究取得进展的根本条件。在学术问题上,决不能搞集中制,搞少数服从多数,更不能搞服从一人。社会主义的民主政治真正以法律的方式保障人们的政治自由,学术研究才能按照民主的方式在自由的探讨中获得发展。

## 三

在许多前辈马克思主义史学家具体发展道路上,其中的有些人,或则由文学而转入史学,或则由经济学而转入史学,或则由哲学而转入史学,或则一直研究史学,而黎澍先生与此不同,他是由新闻工作而转入史学的。新闻工作的本质要求是敏锐地报道真实。这条道路确实导致并展现了黎澍先生历史研究和思考的某些特色。黎澍先生是一位不断地反省、抵制、批判教条主义的马克思主义史学家、思想家。自从马克思主义传入中国以后,其实践理论引导我们党在革命和建设事业中不断地从曲折中走向胜利,而教条主义则像挥之不去的魔影紧紧地缠绕着我们。当我们批判和打击了一种形式的教条主义,另一种形式的教条主义又不知不觉地缠着我们,继续作祟,循环往复。黎澍先生从上个世纪50年代便开始批判教条主义,60年代前期他是史学界批判以片面极端的阶级观点为特征的教条主义而举起马克思主义历史主义旗帜的中坚人物之一。具有严格自我批判精神的黎澍先生,并不讳言自己也受到过教条主义的影响。他在上个世纪80年代曾经对我说过,"文革"以前写过不少文章,除极少数,大都不值得再提。便浸透着这种深沉的自我批判精神。黎澍先生在逝世前为自选集写的序言中也说:"解放以来,政治运动频繁,动辄卷入漩涡,不但与学术无关,甚至连政治也只剩了捕风捉影的空谈。"因此"文革"以前"旧作除个别外不入选"。而他编自选集的"要义","就是在这里开始对教条主义的马克思主义提出了问题"。这里我以自己的亲身感受和体会来回顾一下黎澍先生对教条主义的马克思主义所提出的一些主要问题。

1. 在现实生活中,黎澍先生提出的一个重要问题是:消灭封建残余思想是实现中国现代化的重要条件。

黎澍先生说的现代化当然是指中国的社会主义现代化建设。现代社会主义理论产生于19世纪中叶的西欧。马克思、恩格斯是在西欧各国尤其是英国的工商业和私人资本主义相当发达的条件下,看到当时资产阶级对无产阶级的残酷剥削,以及十年左右一次的经济危机,认为资本主义的丧钟已经敲响,提出社会主义是取代资本主义的更为先进合理的社会制度。他们着力研究和批判资产阶级社会的现实及其思想表现,强调资产阶级与无产阶级的矛盾斗争。他们的以社会主义取代资本主义的理论表达是大体符合当时西欧国家的社会现实和无产阶级要求的。马克思同时强调,问题不能仅限于解释和说明世界,更重要的"问题在于改变世界"。改变现实世界只能通过感性的实践活动。成功的实践则必须从实际情况出发,并提出与实际条件相应的合理要求。他们认为改变资本主义社会现实要进行阶级斗争的革命实践。西欧并没有成功地进行社会主义革命。布尔什维克利用战争环境,运用阶级斗争手段进行革命,取得了政权。俄国的国情不同于西欧,那里的工商业和资本主义虽然有所发展,却仍相当落后,严酷的封建传统仍是阻碍社会发展的重要力量。掌握政权的布尔什维克在打退国内外敌人的进攻后,却按照马克思、恩格斯根据西欧国情提出的社会主义是战胜和取代资本主义的理论说明,在生产率相当落后的情况下,在俄国大搞公有制和计划经济,将全部重要资源集中在党和国家手中。在这个过程中,只强调资产阶级与无产阶级的矛盾,反对资产阶级和资本主义,连农民、小资产阶级的自发倾向也严格打击,却恰恰忽视了对作为暗潮存在的封建专制主义传统及其思想的批判斗争。对于布尔什维克来说,搞社会主义就要反对资本主义,至于封建专制主义则似乎已经成了遥远的过去,而根本忽略了它在社会现实中的严重存在,从而严重脱离了俄国社会现实的实际条件。苏联时期,在反对资本主义的声浪中,若干工业领域曾取得过重要成就,社会也曾出现过许多新的气象,但封建专制主义传统及其思想却悄悄地日益侵蚀着苏联的肌体,官僚越来越成为社会的主人,腐败日渐泛滥,终至大权在握的苏联党和政府严重地脱离社会和人民大众。社会主义在俄国的命运,现在人们都已看到了。黎澍先生生前没有看到苏联解体,他在"文革"刚刚结束,从林彪、"四人帮"集团相继倒台的事实中,以史学家的求真求实精神和思想家的敏锐,洞察出封建专制主义的残余及其思想在我国社会现实中依旧存在,且能乘时乘势,沉渣泛起,掀起浊浪。他以马克思主义理论家的政治勇气明确提出:消灭封建残余思想是实现中国社会主义现代化的重要条件。

黎澍先生分析论述了中国社会的历史、变化和现状。他指出:中国封建社会历史很长,近代以前很少进步,封建主义思想影响根深蒂固,深入于社会生活的各个方面,已经形成一种极端顽固保守而又难以觉察的习惯势力,一种"历史的惰力",不仅为统治阶级、统治集团所固有,在群众中也无所不在,连革命者自己也在所难免。近代中国被认为是半殖民地半封建社会,他进一步分析说:半封建半殖民地,严格说来,是沿江沿海大中城市的特点,至于内地的广大农村,受外国侵略的影响多半是间接的,很大程度上还是封建势力在继续统治着。辛亥革命推翻帝制,把君主专制变成共和国,但并未触动这个制度的社会基础,封建意识形态也没有变。封建传统继续统治人们的头脑,君主专制制度一再复辟,共和制度也就无从确立。新民主主义革命时期,尤其是中国共产党领导的根据地,曾从经济上、政治上沉重打击封建主义,对封建主义思想也曾进行过深入揭露和批判。但是,在新民主主义革命阶段,反封建思想革命任务并没有也不可能彻底完成。1949年10月新中国成立后,很快在全国范围进行民主改革,如土改、"镇反"、颁布婚姻法。从1955年开始,又很快地实现了农业、手工业的合作化和资本主义工商业的社会主义改造。黎澍先生说:"我国民主革命转变为社会主义革命是在较短时间内实现的,这就势必有大量来不及清除的封建残余与社会主义先进事物并存。在全国还没有摆脱经济和文化落后的情况下,这种并存的局面也就不可能很快地从根本上得到改变。""我们党在革命转变的过程中,确实解决了许多非常重大的问题。但是事实证明,由于我国的特殊历史条件,无论经济领域或者思想领域,都仍然存在着一些由于封建主义长期统治所造成的不可忽视的问题。这些问题不彻底解决,封建残余影响没有最后消灭,社会主义不可能真正建设成功。"①

"文革"以前,很长时间里我们对这个重要问题实际上是忽视的。我的少年时代,在土改、"镇反"、颁布婚姻法运动中,听到过打倒地主阶级、反对封建迷信、反对强迫包办婚姻和男尊女卑一类的反封建宣传。其后,从中学、大学到进入研究机构,经历了说不清楚有多少次的政治思想运动,那时我们喊得最多、最响亮的口号之一是"兴无灭资",却没有一次运动是针对封建专制残余思想的。正是由于我们的忽视,在轰轰烈烈的"兴无灭资"的口号声中,"封建残余得以潜

---

① 《黎澍自选集》,第19、17页。

滋暗长"。到"文革"动乱,打着极左旗号的"封建势力乘机在各方面以各种不同的形式死灰复燃,暗中取代社会主义,还要冒充是最最革命的"①。"文革"结束,以黎澍先生为代表的许多坚持实事求是考察问题的人们,终于清醒地看到封建残余思想在我们社会现实中不可忽视的存在了。

就在黎澍先生作出上述论述的上个世纪70年代末到80年代初,在他的书房里,黎澍先生多次与我谈起封建残余思想在我国社会现实中的种种影响时,总是感慨万千。他说,现实中封建主义的影响可以说是随处可见。家长制、裙带风、搞特权、闭塞保守,有些人自外于法律,根本不把法律放在眼里,有的人内心深处甚至还有帝王思想。这一切都是我们社会前进的极大的惰性力量。我们国家要搞现代化,必须反对封建残余思想的影响。这是一个极为重要的方面。不能深刻地看到这一点,我们社会恐怕还会吃大亏的。他还随手举例说,在我们这里,家长打小孩,本人视为当然,别人也认为是很自然的事。可实际上这是很长很长时间里形成的封建家长制思想影响的一种不知不觉的表现。在深深感慨之中,他认为,中国在向社会主义发展时,就思想领域而言,在反对一切剥削阶级思想影响的同时,必须把清除封建残余的影响作为一个重要条件。我们一定要高度重视这个问题,人人都要重视这个问题,越是有权的人越要重视这个问题。聊天总是带有随意性的,他的文章则说得更为精辟:"因此,在进行政治和思想战线的社会主义革命过程中,我们所面临的不但有无产阶级同资产阶级的矛盾,而且有社会主义同封建势力的矛盾,这两个矛盾无疑地都必须认真加以解决。如果以为进行社会主义革命应当集中解决前一个矛盾,就可以忽视后一个矛盾的解决,那是不切实际的,也是错误的。尤其是思想领域中,清除封建传统影响和旧的习惯势力的任务,还显得格外繁重,也格外重要。"②

黎澍先生当年从我国社会实际出发提出的这样一个重要问题,至今仍值得世人认真思考和研究。

2. 在历史学领域,黎澍先生向教条主义的马克思主义提出的问题是:反对说空话、歪曲历史,历史研究的首要任务是探求历史真相。

《苏联共产党(布)历史简明教程》提出:"历史科学的首要任务是研究和揭示生产的规律,生产力与生产关系发展的规律,社会经济发展的规律。"斯大林的这个论断曾经极大地影响了我国史学界。黎澍先生说:"我们的历史科学曾经不假思索地接受这个提法,不但把发现规律视为首要任务,而且往往把它看作唯一的任务。"他指出:"联共(布)中央对历史科学提任务,自与一般历史学家的角度不同,它无需去管历史学家的工作如何做,而是以历史唯物主义的要求为首

---

① 《黎澍自选集》,第20页。
② 《黎澍自选集》,第19页。

要。"①但它实际上是要求历史学家接受其指导的。"在这种教条主义的影响下,研究历史,好像就是为了去印证'本本'上早已作出的结论。"②"苏联历史学以教条为根据,为教条作注脚,以教条代结论,我们的历史学亦步亦趋跟了上去。"③黎澍先生反对这种教条式的所谓研究,指出"真实是一切历史取信于人的条件"。即使伪造历史,也是希望人们信以为真,但真相总是要暴露。"自以为真实,他人看来不真实。这种真实因立场而异,是主观的,不是客观的。马克思主义要求历史真实是客观的,不容许有意识形态的歪曲,也不容许有片面性和其它不实之词。"④

黎澍先生在他的书房里曾经对我谈过历史学的任务。他说,过去有人讲历史研究的首要任务是发现历史规律,这个说法恐怕有问题,结果实际上变成用历史事实去解释马克思、恩格斯讲过的那些规律,而且理解和解释得还未必正确。这样,历史学实际上失去了自己的科学追求,对历史学的发展实际并不利。他认为,历史学的第一个任务,应当是先把历史材料和事实考求清楚。这样就需要许多辅助性的知识,如目录学、年代学、考据学、文字学、音韵学等,以帮助搞清楚历史事实,而解放以后我们对这些学问注意得太少了。他还说,真要发现历史规律,恐怕也还是首先要把事实搞清楚,从真实的事实出发才有可能。中国历史的发展,也会有自己的规律。你们年轻人,也包括你,谁将来真正从中国历史事实发现一条历史规律,那将是一个了不起的成绩。他指出,发现历史规律,对于历史学来说,大约也还不能说就完成了任务,还应当用规律性的认识来揭示历史现象的内在联系,把要研究的真实历史过程叙述出来。

黎澍先生对历史学中教条主义的马克思主义的批评,以及他所提出的问题,是带有他自己的特色的。对于坚持马克思主义而又反对教条主义的学者来说,究竟什么是客观的历史真实? 如何才能达致客观的历史真实? 后来者应当在黎澍先生提出问题的基础上继续向前探索。

3. 黎澍先生对教条主义的马克思主义提出的另一个引起巨大反响的问题是针对流行的唯物史观理论观点本身的,这便是对"人民群众是历史创造者"命题的质疑和批评。

黎澍先生《认真清理我们的理论思想》一文发表于1988年5月6日《人民日报》,而文章的基本观点在"文革"结束不久便已产生。他认为,经过教科书的改编,马克思、恩格斯的理论观点一方面体系化了,程式化了,另一方面也僵化了,有的甚至还走了样。这使得我们"在理论方面要做的工作很多,清理一些似

---

① 《黎澍自选集》,第152页。
② 《黎澍自选集》,第139页。
③ 《黎澍自选集》,第138页。
④ 《黎澍自选集》,第154页。

是而非的思想观点是其中迫切的一项。必须认真清理，才能为新时期的理论建设打下切实的基础"①。黎澍先生本人曾说，想清理的理论观点甚多，"人民群众是历史创造者"便是他着力清理的似是而非的观点之一。他的《论历史的创造及其它》发表于《历史研究》1984年第5期。1982年我去看望他时，便看到他已在着手撰写此文。我当时写的文章中也已对"人民群众是历史创造者"和"人民群众是历史的主人"这两个命题提出过疑问。我们讨论了这个问题。他要我为文章整理一些相关资料，我回去后给他写了封3000字的信，提供材料以供思考。黎澍先生多次与我谈过这个问题，他的基本思路是："人民群众是历史的创造者"并非马克思、恩格斯的观点，而是苏联理论界30年代造出来的，并传入中国，经过教科书成为流行唯物史观的一条原理。把一切历史说成是人民群众创造的，在逻辑上是说不通的，错误的，在事实上也是片面的，站不住脚的。马克思、恩格斯关于历史创造者的提法是，人们自己创造着自己的历史，但不能随心所欲，而是在一定条件下来进行创造活动。显然，马克思、恩格斯的观点是符合历史实际的。马克思说的"历史活动是群众的事业，随着历史活动的深入，必将是群众队伍的扩大"，讲的是历史发展的趋势，是对未来历史创造活动的预测和期待。黎澍先生对此是赞同的，他说："在现代化发展到足以彻底消灭阶级差别，人们处于完全平等地位的条件下，我们将可以把'人民创造历史'看作'人们创造历史'的同义语。"②但将自古至今的历史说成都是人民群众创造的，则既不合逻辑，也不符合历史实际。

黎澍先生的文章曾经在上个世纪80年代的学术界引起过广泛的讨论，不同的意见是存在的。然而黎澍先生的文章和"历史创造者"问题的广泛讨论，已经在史学界和社会大众中起到了促进思想解放的作用。在史学界，众多学者已经摒弃用"人民群众是历史创造者"这种抽象概念来改铸历史，历史学的研究内容已经逐步全面而丰富多姿了。"人民群众是历史创造者"这个提法，在现实生活中，表面上看似乎非常重视人民群众的历史作用，但这个抽象空洞的"人民群众"并不能实际地说明历史和社会的具体问题，于是便同时有一条并不否认个人历史作用的原理。从抽象的"人民群众是历史创造者"到并不否认个人（领袖）的历史作用，实际变成宣传个人崇拜。我们都还记得，"人民群众是历史创造者"这个观点最流行之日，也就是个人崇拜最盛行之时。这个抽象原理长时间里压制着我们社会的创造力。不少实事求是地说明历史的历史学家被打成"保皇派"。成绩优秀的青年学生便成了脱离群众的个人主义的白专典型。大学毕业后一定要到农村去向贫下中农学习，似乎人一有了知识，就变得落后，直到最后——"知识越多越反动"。在这种理论压力下，谁还敢、还能发挥出创造

---

① 《黎澍自选集》，第126页。
② 《黎澍自选集》，第184页。

性？经过黎澍先生的文章和关于"历史创造者"问题讨论的潜移默化的影响，越来越多的人知道，人们是在一定条件下自己创造着自己的历史，我们社会中蕴涵着的巨大创造力，正在逐渐地发挥出来。

如果黎澍先生在天有灵，看到这些变化，他一定会感到欣慰的。在些许欣慰的同时，他仍会用他那深邃的目光继续关注这个世界。黎澍先生作为这样一位共产党员和具有民主精神、关怀青年、关心未来、尊重事实、勇于探索的马克思主义史学家、思想家、理论家，确实是令人们发自内心地永远怀念的。

（作者：中国社会科学院近代史研究所研究员）

中华学人

# 史家当具千秋识[*]
## ——熊德基先生与史学研究

◇刘 驰

学术界很重传承,在学术交往中也经常有人问及我的师门。不过熊德基先生的研究较为专门,加之故世较早,所以现在许多人不熟悉他的事迹与著作。前两年,中国社会科学院拟出版专家文库,我为熊先生编辑文集后,曾在集前介绍熊先生的生平及其研究著作。现将原文加以增补,希望学术界对于熊先生的为人与研究能有更多的了解。

## 一、艰苦奋斗的曲折经历

熊德基先生是江西省新建县人,1913年7月23日生于江西省南昌市,年轻时撰文、写诗曾署名"鉴堂"。他自幼家境贫寒,小时因营养不良而体弱多病。他父亲是编织女鞋花边的手工工人,母亲则在家纺织以贴补家用。尽管父亲未上过学,但却每天请人代写几个字,自小教他识字。熊先生8岁上私塾,两年半中,除一些启蒙书外,还念了《鉴略要注》、《龙文鞭影》及许多唐诗,这些书培养起他对历史及诗词的兴趣。

1924年,他插班进入一个市立小学,读三年级,初小毕业后考入第一师范附属小学。毕业考试时,获全校第一名,但因家境困难,几乎辍学,后经赏识他的张劼老师劝说,父亲才勉强供他上了初中。上初一时,经人介绍到一家私人报馆当校对,接触到一些新文学作品,遂开始

熊德基先生

[*] 此标题出自熊先生所作七绝《奈良怀古》:"文采风流话奈良,遣唐使者几回航。史家当具千秋识,互市亲邻国运昌。"收入《鉴堂诗草》。

学习创作新诗与小说。上初二时,所撰小说在报纸上发表,从此即靠撰写新小说来自筹学费与生活费。直到初中毕业后进入供给膳宿的师范科,他的学习与生活才得到保障。

1934年,他自师范科毕业后,曾在一个市立小学任教师,并兼教务主任。但他教育救国的理想,不久就在教育界到处贪污与相互倾轧的现状下破灭了,故只教了一个学期就辞职离开江西,先到南京,后又转至北平,走上继续求学之路。

在北平熊先生住在前门外的江西会馆,时恰碰到邹文轩(原名恩洵,邹韬奋幼弟)等几个中学同学和旧友,经常一起纵谈国家大事,民族兴亡,并阅读了《共产党宣言》及一些论述马克思主义的书籍,开始较多地接触到马克思主义理论,深为之吸引。1935年夏,他参加北京大学历史系的入学考试,因数学、英语成绩不合格而落选(师范科这两门课程安排较少),后考入中国大学文史系,开始系统的学习生活。

1936年初,熊先生因参加学生抗日运动而被捕。在狱中的两个月中,他认识到个人前途与国家前途是密不可分的,原来设想的做学者专家的道路在当时是很难走通了,只有大家都投身革命队伍,国家才有希望。这次被捕,成为他生活中的一个重要转折点。被校方保释出狱后,他更积极地参加各种救亡活动,并与邹文轩、刘春等集资合办文艺月刊《忘川》,揭露国民党的腐败及镇压爱国学生等罪行。1937年中,他经一位江西同乡的介绍,加入中国共产党。直到这时,他才知道邹文轩等原来都是共产党员,以前自己所参加的一些活动也是在党领导下进行的。

七七事变爆发后,因他留在城中十分危险,党组织决定要他回乡从事抗日救亡运动。他变卖东西筹得旅费,匆匆离开北平,几经周折,才返回江西,但与组织失去了联系。1938年夏,他于南昌新四军办事处主任黄道的寝室里再次宣誓入党。在南昌期间,他筹办《大众日报》,宣传抗日,报道新四军的抗敌战绩。不久报纸为国民党所接管,他转而从事其他地下工作。

1939年南昌陷落,同时他的身份也有些暴露,无法继续留在江西工作,组织上决定他去昆明复学。到昆明后进入西南联大,插班在师范学院史地系三年级。在校期间,他师从陈寅恪、向达、汤用彤等著名史学家,不仅开阔了学术眼界,还掌握了进行研究工作的方法。由于他年龄较大,同学们多尊称他为老学长。选择毕业论文题目时,他听从向达先生的劝告,利用当地的史料,撰写了《南诏之种族与宗教》一文,颇得好评。

在刻苦学习的同时,熊先生仍坚持革命工作,并担任联大师范学院支部书记,接受南方局的领导。皖南事变后,许多同志被迫撤离,他留下来继续坚持工作,调任联大总支书记。1941年5月,改任昆明环湖十县教职员部门委员会书记。

1942年熊先生毕业于联大,因他历年成绩优秀,系主任雷海宗向校方推荐他留校任助教,但此前有一个变节分子的供词牵涉到他,故为校方所拒绝。经云南省工委同意,他离开昆明,到设于湖南蓝田的国立师范学院任史地系讲师。由于当地党组织在皖南事变后遭到严重破坏,他再次与组织失去了联系。他在这一时期写下了《李园感怀》:"偶因避祸欲埋名,何意真成世外人。夜读每缘灯可恋,山居渐觉鸟堪亲。岂期黉舍能修史,幸得名园容卧薪。任是蓝田丘壑美,黄昏独步总伤神。"诗中隐晦地表达自己无所依托的心情。这种情况下,他在讲课之余,开始系统阅读中国历代的正史。

1946年,熊先生受聘于厦门大学,担任历史系副教授。他通过与进步学生的交往,积极寻找组织,于1947年春重新接上组织关系,并历任厦门大学党支部书记、厦门市临时工委书记,向闽西南地下党领导的游击区输送大量骨干,为解放厦门做了大量的准备工作。在临近解放时,为躲避国民党的大搜捕,他转移到香港。后一听到厦门解放的消息,即乘第一艘开往厦门的船,涉险偷渡金门海峡,回到厦门。

建国后,熊先生担任厦门大学副教务长,兼任厦大党组书记。1951年全国高校院系调整,他被调去筹建福建师范学院,仍任副教务长。在高校工作期间,他一直兼任历史系教授,没有离开教学岗位。工作之余,他系统阅读马克思主义理论著作,并坚持完成通读历代正史的计划。

1957年,他奉调至京担任中国社会科学院历史研究所第二所副所长。不久,一、二所合并为历史研究所,他仍任副所长,主管行政与图书馆的工作。为保证全所科研工作的顺利进行,他花费了大量的时间与精力。1958年,他去河北昌黎,主持编写《昌黎县志》,这一工作直到"文革"后才完成,此书已由河北人民出版社正式出版。

"文革"中,他被打成"走资派",受到残酷迫害。1970年被下放到河南息县的"五七干校"后,他重新从历史的角度来审视现实,决心从马克思主义理论中寻找答案。在干校的两年中,他通读了《马克思恩格斯全集》和《列宁全集》,不仅对现实有了清醒的认识,对历史上一些过去不太了解的事情,也有了更深刻的理解。

打倒"四人帮"后,除所内事务外,熊先生又兼任研究生院历史系主任,并亲自担任导师,负起培养研究生的责任。尽管他年事已高,身体又不好,但仍全心全意地抓紧史学后备队伍的建设。1982年离休后,还是时时关注所里的各项工作,作为历史所的学术委员,在审核职称晋升工作中,他认真负责,一丝不苟地审阅交来的评审材料,致使目力锐减,即使阅读一般书籍也离不开放大镜了。尽管如此,他还是一直笔耕不辍,力求将自己的一些观点写出来,供史学界参考。直到临终前一个小时,他仍在伏案写作,可以说他将自己一生的全部精力与心血都献给了中国人民革命事业和史学研究工作。

## 二、集腋成裘的史学研究

熊先生多年担任行政工作，白天的时间基本上都被占用，只有业余时间可以用于研究，经常工作到午夜一两点或更晚，他的大部分论著就是这样靠牺牲睡眠时间写出来的。这造成了他身体的早衰，加之他资格较老，不到60岁已经被尊称为"德老"。以下分类介绍他所发表的主要论著，并兼及文章的写作背景。

### 1. 独树一帜的农民战争史研究

上个世纪五六十年代，农民战争研究是统治中国史学界的"五朵金花"之一①，依现在的眼光回顾一下当时发表的此方面论著，可以发现，其中大部分只是简单地套用统治阶级暴虐统治、残酷压榨和农民战争推动历史进步等观点来堆砌史料、反复论证，除朝代与事件的变化外，结论几乎是千篇一律，至今仍有参考价值的论文可以说是凤毛麟角。在这为数不多的特例中，就有熊先生发表于60年代中期的两篇文章。

熊德基先生工作照

上个世纪五六十年代，随着国内政治形势的变化，对于农民战争的评价越来越高，研究范围也从史实拓展到理论。当时关于农民战争与宗教之间关系的争论主要集中在三个方面：有无两种不同的宗教？宗教对农民战争的组织作用如何？有无作为农民革命理论的宗教经典？当时，辩论的一方坚持宗教就是统治阶级在精神上奴役人民的工具，不能说有什么统治阶级的宗教和农民的宗教，从根本上否定了宗教与农民战争之间的关系；另一方则提出中国农民战争往往是由某些"异端"宗教发动的，这种"异端"是农民的宗教，甚至将其称为农民革命的组织形式。当时《太平经》被一些学者称为"我国第一部农民革命的理论著作"，并在此基础上对后世的农民战争作出许多类似的推论，因此熊先生认为要清除后人的臆断，恢复中国农民战争史的原貌，必须首先从对《太平经》的深入研究入手，《〈太平经〉的作者和思想及其与黄巾和天师道的关系》②正是在这种

---

① "五朵金花"原为当时放映的一部电影的片名，后被借指当时中国史学界主要讨论的五个基本理论问题，即中国古代史分期问题、中国封建土地所有制形式问题、中国封建社会农民战争问题、中国资本主义萌芽问题、汉民族形成问题。

② 载于《历史研究》1962年第4期。

背景之下写出的。

熊先生在文中利用当时尚无人注意的敦煌文献中的《太平经》目录,大体弄清了这部书的最初概貌及其流传删改情况,指出现存传世本是由一些思想相近者的作品拼凑而成,其文体、观点等虽有所差异,但《太平经》中的主导思想是规劝统治者修德省刑,周济贫民,以求得统治的稳固,同时劝诫小民要各安本分,不得逆上作乱。因此,《太平经》不仅不是农民革命的"经典",而且是与黄巾敌对的统治阶级思想意识的反映。

在此之后,熊先生又进而探索中国历史上所有与农民战争有关的宗教,认为前面提到的关于宗教与农民战争的两种对立观点都只注重表面现象,用孤立、僵化的观点看待宗教问题,难免带有较大的片面性,也不符合历史发展的实际状况。他在《中国农民战争与宗教及其相关诸问题》①中指出:在阶级社会中存在着正统与异端两种不同倾向的宗教,不过,两类宗教具有认识上的共同性,在面向神、面向来世或天堂而安分守己的思想感召下,与面向现实的反抗斗争是完全背道而驰的,因此异端宗教本身并没有革命的因素;出身下层民众的信徒发动起义是出于他们的阶级利益,而不是受宗教的影响。

异端宗教的组织也与农民起义的组织不同,两者之间并无内在的必然联系,只有在内、外部因素具备的条件下,前者才有可能转化为后者。因此,泛泛将各种异端宗教组织都视为革命组织的做法,显然是违背历史现实的。熊先生特别指出,并非只有异端宗教组织可以被革命所利用,被改造为革命组织,其余农村中已经存在的组织形式,如宗族、军队、"盗贼"等山林队伍、武装私贩集团、矿徒、秘密会社等,都可能转化为革命组织。同时,对于有些研究者将异端宗教与秘密会社混为一谈的做法也提出了批评。

关于这些"异端"宗教的经典是否具有革命思想或者农民革命理论的问题,熊先生认为,从现存经典的内容以及历代统治阶级成员对于各类"异端"经典的评价看,中国没有任何宗教的经卷具有革命思想,更说不上是农民革命的宣传品。有些农民革命领袖对于宗教经典作出革命性的解释,在农民斗争中起到一定的宣传作用,但这些都不是经卷中原有的教义,而是革命斗争展开时对于教义的改造,宗教语言只是其外在形式,内容却是与宗教信仰不同的革命思想。

这两篇论文发表后,不仅在国内学术界产生了很大反响,对于日本研究中国农民战争史的学者也有相当大的影响,小林隆夫将第二篇文章全文翻译后,连载于《史苑》第 34 卷第 1、2 期和第 35 卷第 1 期。

### 2. 功亏一篑的六朝阶级结构研究

在大学任教期间,熊先生先是忙于革命工作,后来又有行政事务缠身,他的阅读与研究工作主要围绕着教学任务来开展。1957 年他调到历史所后,工作环

---

① 载于《历史论丛》第 1 辑,中华书局,1964 年。

境稳定下来,于是将研究视野确定在魏晋南北朝时期,上、下限放在东汉后期至唐代中期以前。熊先生认为要全面考察魏晋南北朝这一历史时期,首先需要弄清当时的社会阶级结构,再考察土地占有制,进而分析政权结构中各阶级的力量对比与其消长变化,以及各阶级在意识形态方面的反映。他从1963年开始着手写作《魏晋南北朝时期各阶级的分析》,但这一工作因下乡参加"四清"而中断,仅写出部分初稿。1974年他从干校归来后曾作过初步整理,可又因其他工作的牵扯而搁置下来。1979年整理出全书的序言,题为《魏晋南北朝时期阶级结构研究中的几个问题——〈魏晋南北朝时期各阶级的分析〉序说》[1],发表后引起很大反响,许多老友及后辈学者纷纷来信询问全书的出版时间,曾给他带来不小的压力。但他过于重视此书的写作,想在重新阅读这一时期史料的基础之上再作较大的修改,却又很难抽出完整的时间,故一直拖延下来。

《魏晋南北朝时期阶级结构研究中的几个问题——〈魏晋南北朝时期各阶级的分析〉序说》实际上是这一历史时期阶级结构的总论。熊先生指出,在这一时期的文献中,名词与概念十分混乱,同一名词经常有着不同的内涵,而同一概念又由许多看似相差甚远的名词来表达,必须逐一加以分析研究,切忌望文生义,进而在研究工作中产生无法解释的谬误。熊先生在文中旁征博引,对于户籍、等级、阶级、门阀和民族等主要概念的内涵及其相互关系都进行了细致入微的辨析,指出某些论著将这些概念不加区别地使用所造成的混乱。辨析中提出了许多独到的见解,尽管有些观点在今天已被大家视为理所当然,但在当年提出来的时候,确实还需要创新的勇气。

除此篇之外,书中的其余部分皆未定稿,已经成文的《六朝农民的负担、阶级地位与历史作用》、《六朝豪族考》、《六朝的兵家与家兵》、《六朝的官私奴婢》、《六朝的屯、牧、官商、伎作和杂户》等五篇初稿是由师母从先生遗物中清理出来交给我,再经历史所同仁整理及核对后收入《六朝史考实》[2]中。

《六朝农民的负担、阶级地位和历史作用》首先分清编户与客户两类不同性质农民在各朝代的名称及其基本状况,然后考察各个政权所征敛的赋役数额,并综合各类史料计算出六朝时期编户农民和客户的家庭收支情况。熊先生指出,南方的剩余劳动率高于北方,若仅从上缴租米一项看,编户农民是可以维持最低生活的,但问题在于还有沉重的徭役与兵役;客户所受的地租剥削远高于编户,无论南方还是北方,客户不仅没有剩余,而且地租已经侵占到必要劳动的

---

[1] 中国社会科学院历史研究所魏晋南北朝隋唐史研究室编:《魏晋隋唐史论集》第一辑,中国社会科学出版社,1980年。

[2] 该书由中华书局于2000年出版。在熊先生遗下的六篇未定稿中(除上述五篇外,还有《九品中正制考实》),张泽咸先生整理三篇,朱大渭先生整理两篇,笔者整理一篇,详见《六朝史考实》笔者所撰后记。

40%—60%；客户宁愿忍受高额地租剥削,正表明当时政权的徭役与兵役是一种完全依靠暴力强制的超经济剥削,其限度已经使编户农民难于生存。农民在此境况下,为求生存,首先是从事家庭副业以补主业不足,其次是借债和拖欠租调,还有采用改注户籍和假冒出家来逃避赋役,最后则是逃亡山泽和揭竿起义。

《六朝豪族考》一文首先明确指出六朝文献中的豪族、大姓、豪右、富人、豪侠、豪猾、土豪、宗豪、首望、乡望、宗主、豪望等,实质上多指这种阶级属性相同的人群,也即是前文提到的庶族地主阶级。熊先生认为豪族与士族的主要区别在于先世无高官,本人缺乏儒学或文才等文化素养,尽管许多豪族依仗财势横行乡里,但并不拥有政治、经济与法律特权,还被士族视为"非类"。这种经济基础与上层建筑之间的不协调状况,决定了这个阶级的两面性。在特定的历史条件下,豪族与士族是有可能转化的,而且这种转化不单纯是个别家族的偶然现象,而是有其深厚的社会基础与政治背景的。

《六朝的兵家与家兵》深入论述了兵家与家兵的来源、身份、性质与其消亡过程,充分利用了前人的研究成果,并在此基础上提出了自己的论断,如家兵部曲的消亡,主要是官兵化,只有部分随身部曲成为家仆等。《六朝的官私奴婢》考察了这一时期奴婢的名称与来源,在生产中的地位与劳动形式,以及奴婢的斗争方式与放免。熊先生指出,尽管这一时期的某些人占有大量的奴婢,但奴婢的总数量在人口比例上与前代相比并不算多；在奴婢的总量中,婢多于奴,这是因为无论是罪犯家属还是战俘,男人多被处死,只有妇女作为奴隶生存下来；奴婢并不都参加生产劳动,从事耕作者更少,尤其是官奴婢；相当数量的奴婢主要供主人役使,从事家务劳动或用以自给的纺织。熊先生认为有些研究者过高地估计这一时期的奴婢数量及其在社会生产中所占的地位,会导致错误的结论。

《六朝的屯、牧、官商、伎作和杂户》专门研究隶属于政权某些机构的具有特殊户籍的劳动者,虽然中、日学者对此已经作过一些研究,但还很不充分。本文对各种户籍的设置由来及其演变作出较为详细的论述,对于许多概念的内涵也逐一进行辨析,如指出杂户与杂营户的区别,"杂户"这一名称在十六国时期与北魏有着全然不同的内涵等。

**3. 六朝唐代史研究**

在六朝史研究方面,除去阶级关系研究外,熊先生关注的重心在于政治史,其主要代表作是《曹魏政权的阶级性质及其入魏后之变质与灭亡》①、《鲜卑汉化与北朝三姓的兴亡》②。

---

① 吴延璆等编:《郑天挺纪念论文集》,中华书局,1990年。此文在熊先生生前交给《郑天挺纪念论文集》编辑组,但正式出版已在其逝世之后。

② 此文原已交中华书局《文史》杂志,因篇幅过长,准备分两期连载。后来中华书局决定出版熊先生文集《六朝史考实》,他遂将稿抽回,修改后直接收入文集中。

前一篇的写作时间较早,从中尚可明显感受到阶级分析理论的影响。文中指出曹操一身兼具宦官子弟与士族名流的双重身份,因而在其思想中也存在许多矛盾:曹操虽然自己在素养与喜好上与名士相近,但在作风上却蔑视名教礼法,不婚高门;在用人政策上则是不重德行,只重才能;在政治上倚重豪族,利用士族,控制方士。因此,曹操政权是以曹氏、夏侯氏为核心的豪族政权,士族出任官职的人数虽多,但权力有限,只是被动的工具,不足以代表士族地主的利益。曹丕即位后,受汉献帝禅位,正式建立起魏政权,但这也正是曹魏政权蜕化变质的开始。曹丕兄弟都自小接受士族文化的熏陶,思想上自然受到影响而有所变化,而且这种变化在曹氏与夏侯氏子弟中绝非个别现象,而是相当普遍。曹丕的用人政策发生改变,使得士族地位大为上升,在政治上日趋活跃,控制了选举大权,并开始拥有军权。到魏明帝曹睿时期,已经完全修改了曹操的用人政策,出任要职的士族更多,不仅控制军权,而且染指民屯与军屯。在此基础上,作为士族代表的司马氏才有可能在高平陵之变中击败曹爽,并进而控制整个政权。

《鲜卑汉化与北朝三姓的兴亡》是熊先生生前撰写的最后一篇长文。该文试图以鲜卑族为代表,讨论历史上少数民族的汉化问题,对于北朝时期鲜卑族的汉化过程与北魏、北齐、北周三朝统治者的兴亡进行了深入的研究。他指出少数民族汉化是一个长期而曲折的过程,经常会出现反复,不能单纯以某一封建王朝的兴亡来判定汉化的成功与否,也不能把统治者的一姓一家与民族等同起来;各少数民族的汉化,必须出于他们自觉的要求,主要还得靠他们君主带头来推动,因此,最高统治者的知识、才能、个人爱好乃至其心理与病理状态,都会对汉化的进程产生重要的影响;对于某些少数民族的成员来说,汉化不仅要改变他们的生产劳动习惯,而且要改变他们的生活方式,甚至影响到他们的政治地位和家族前途,的确是一个矛盾与痛苦的过程,这种矛盾反映在政治上即成为胡、汉两派的对立,甚至导致政变或亡国。

在论述少数民族汉化脉络的同时,熊先生还提出了许多独到的见解,如对北齐统治者高澄死因的质疑,对于高洋精神病学症状及西魏宇文泰推行貌似胡化措施的内涵及其作用的分析等,都相当精辟。

在唐代史研究方面,主要集中在武则天与唐太宗民族政策的评价方面。应该说这两方面原本都不在熊先生的整体研究计划之中,前者是对"四人帮"歪曲历史的拨乱反正,而后者则源于一次出访后的副产品及随之而来的一场笔墨官司。

"四人帮"横行之时,为了达到其政治目的,曾大肆吹捧武则天。熊先生出于义愤,也为了总结历史的经验与教训,开始广泛收集有关史料。在"四人帮"倒台后即写出《武则天的真面目》[①]一文,对于澄清历史事实,肃清"四人帮"评

---

① 该文刊于《社会科学战线》1978 年创刊号。

法批儒的流毒起到了一定的作用。后加以修改增补,列入"社会科学战线丛书",出版了单行本,改题为《论武则天》①。此后,他又就文章中所涉及的一些有争议的问题,撰写了《关于武则天评价问题答客难》②一文,进一步阐述了自己的观点。

1981年,熊先生受日本太平洋学会等单位邀请,参加在日本神户举行的"遣唐使时代的日本与中国"学术讲演会,作了专题报告《唐王朝的形成与特征》③。在考虑唐代的特征时,他认为唐代的民族政策较其他任何封建王朝都更开明,对建立与巩固多民族的国家和形成丰富多彩的文化起到了重要的作用,故在回国后写成《唐代民族政策初探》④,对于唐代尤其是唐初的民族政策进行了较为全面的论述,认为唐初民族怀柔政策是接受了汉代以来数百年的经验和教训的结果,在统一各民族地区的过程中起到了重要的作用:政策得到各民族的支持,共同维护了统一的多民族国家;促进了各民族间的交往,不仅有利于各民族文化的发展,而且有助于民族间的友好相处和民族融合。不过《历史研究》在发表此文时,同时发表了胡如雷先生《唐太宗民族政策的局限性》一文,主要是谈唐太宗对各少数民族所采取的一些分化、离间的措施,认为在看到各族友好交往的同时,也应揭示一些民族矛盾的阴暗面。

对历史问题观察角度的不同,引发了两位先生的一场争论,熊先生先后发表了《从唐太宗的民族政策试论历史人物的局限性——与胡如雷同志商榷》⑤、《对胡如雷同志〈再论唐太宗的民族政策〉一文的答复》⑥,对此问题进行了更深一步的探讨。

### 4. 兴之所至的文学史研究

假如说熊先生的史学研究在一定程度上表现出与当时政治形势的关联,并有着相当的目的性与计划性,那么他的文学史研究则更多地反映出文人的随意性。在发表的几篇文学史论文中,充分展现出作者的知识面与思想的跨度。

1954年文艺界举办纪念洪昇的活动,福建师范学院中文系请熊先生去作报告。在准备报告时,熊先生发现虽然中外学界已有不少研究成果,但仍存在一些未弄清的问题,遂在演讲后将自己的研究心得写成《洪昇生平及其作品》⑦。他在查阅了被清朝统治者列为禁书的《稗畦续集》等一些当时还未为人注意的材

---

① 本书由吉林人民出版社于1979年出版。
② 该文刊于《历史教学》1979年复刊号。
③ 此报告收入江上波夫主编《遣唐使时代之日本与中国》,日本小学馆版,1982年。
④ 该文刊于《历史研究》1982年第6期。
⑤ 该文刊于《中国史研究》1985年第3期。
⑥ 该文刊于《中国史研究》1987年第4期。
⑦ 该文刊于《福建师范学院学报》1956年第1期。

料后,对洪昇的身世与生平作了详细考证,对其主要作品也进行了深入研究,指出洪昇身为明末遗民,遭遇家难,因此其所作的《长生殿》虽写的是唐玄宗与杨贵妃的生死恋情,但却流露出对清朝统治的不满和对故国的怀念。

20世纪50年代初,胡适先生受到全方位的批判,身在局中的熊先生当然不可能无所表示。骨子里是个文人的他,选择了胡先生的《〈水浒续集两种〉序》作为靶子,通过对方志、野史笔记及陈忱诗的研究,认为胡先生对于陈忱的出生年代及其秘密抗清活动都未能搞清,因此也就无法理解其创作《水浒后传》的现实生活基础。熊先生撰写的文章以后经过修改,定稿时改名为《陈忱与水浒后传》,成为一篇考证史实的文章。

《天雨花》是清初诞生的弹词名篇,在民间流传甚广,甚至有人将其与《红楼梦》并提,称为"南花北梦"。但多年来对其作者却始终不能确定,以致有多种说法并行。由于一个偶然的机遇,熊先生将其与明末起兵抗清的刘淑英联系起来,并写成《〈天雨花〉的作者为明末奇女子刘淑英考》①。文中提出了九种理由证明《天雨花》的作者为刘淑英,认为现在书中所署作者陶贞怀是刘淑英的化名,目前通行的刻本是经过别人修改的,而且修改者歪曲了原作者的思想和创作意图。

诗钟是清代中期以后文人雅集时用以炫耀才思敏捷的一种形式,兴起于福州,并随着福州人的迁徙逐渐发展到京师及各地,由于被视为"小道",未见载于任何诗文集,诗话与笔记中也很少提及,近年来知之者已甚少。有鉴于此,熊先生根据耳闻目睹的材料,并结合自己的亲身经历,撰成《诗钟》②一文,介绍这一流传一百多年的诗歌特殊体裁,考证了诗钟的起源、流传和发展过程,列举了诗钟中分咏格和嵌字格的各种形式,以及历代文人的佳作。

除研究与介绍前人的作品外,熊先生自己也创作了不少诗词,或有悟于读史,或有感于时事,皆直抒胸襟,颇多慷慨悲壮之辞。但诗作发表不多,且他生前未作系统整理,相当零散。先生辞世后,师母陈可贞女士及家人将家存零乱的诗稿整理出来,按写作年代编排,印行《鉴堂诗草》,分赠亲朋好友。

## 三、渊博的学识与坦荡的胸怀

熊先生自幼即倾心文史,在求学时期及以后繁忙的工作中,抓紧一切可以利用的时间,阅读史籍及相关典籍,为研究工作打下了雄厚的基础。他通读了除《元史》外的其余二十三部正史,使其研究视野不局限于某一朝代,而是有一个贯通古今的全局观念。此外,他对别史、杂史、方志、文集、笔记小说、诗词以及碑

---

① 该文刊于《中华文史论丛》1979年第4辑。
② 该文刊于《学林漫录》第9集,中华书局,1984年。

刻、考古材料等都很重视,所以在撰写论文时往往可以应用前人所未注意的材料。他还大量涉猎有关当代政治、经济、思想等方面的论著,认为只有了解现实,才能深化对历史的认识。

注重马克思主义理论的应用,是熊先生史学研究的主要特点之一。他认为学习马克思主义理论不能只是摘抄几段语录,关键在于联系实际去理解,去思考,以之指导史学研究工作,驾驭所掌握的史料,从而达到认清历史规律的目的。正是由于他具有坚实的理论基础,所以在研究农民战争与宗教的关系、魏晋南北朝的阶级结构等问题上,能不囿于陈说,提出许多创见。

在吸收、借鉴前人研究成果的基础之上提出自己的学术见解,是熊先生在研究中的另一主要特点。他经常强调要注重学术信息,多看别人的研究成果,不能孤陋寡闻,闭门造车。即使晚年行动不便,还常托朋友和学生代借各种图书与杂志,以避免重复别人已经做过的劳动。新意不多的文章,他宁可不写。如他曾对曹魏时期的屯田问题有些看法,拟动笔撰写,但在看到日本学者西岛定生的文章后,觉得许多问题西岛先生已经论述得很清楚,就未再动笔。熊先生所写的每篇论文,皆有着自己经过研究得出的结论,并加以充分论证,从不随波逐流,人云亦云,也不因有人约稿而匆忙赶完交出。由于熊先生在魏晋南北朝史研究领域的成就,1984年中国魏晋南北朝史学会成立时,他与唐长孺、周一良先生等一起被聘为学会顾问。

建国后,虽然他一直担任行政领导职务,但始终平等待人,从不摆出师长或领导的架子。有后辈去请教时,一定尽心竭力地帮助,指点需要看哪些史料,选什么样的题目比较合适,并指出在这一问题上已有哪些人进行过研究,而什么地方还存在着疑问,可以进行探索。无论所内所外,识与不识,他都热情接待,尽管这大量地耗去了他本已不多的研究时间,他却从不厌烦,使很多人都获益匪浅。

对旧日的朋友,他从未以党的领导身份出现。如厦门大学的郑朝宗先生是他40年代的老友,1957年被错划为右派后,虽然他远在北京,但遇到熟人就打听郑的消息,得知郑"摘帽"的信息后,立刻就去告诉郑的另一位好友钱钟书先生。1961年,熊先生因公到厦门,特意到郑家探望,鼓励郑不要灰心丧气,要继续做学问。他的关怀使老友铭感于心,熊先生逝世后,郑先生在悼念文章中特意提及此事。

熊先生性情耿直,胸怀坦荡,有什么意见总是当面向别人提出,极厌恶背地里议论、攻击别人。在负责所里党政事务时期,有个别人经常在背地里打小报告攻击别人,他收到此类小报告后,皆付之一炬,从不理会。

当然,在过去的政治气候下,迫于无奈,他也做过一些违心的事情。如向达先生被错划为右派时,他被指派作为历史所的代表出席在北大召开的对向先生的批判会。他与向先生有师生之谊,且关系很好,然迫于形势,不得不在会上发言。但他又怕向先生因接受不了而想不开,就利用中午休息时间拜访北大另一位也在联大教过他的先生,讲了自己的苦衷及此时不宜到向家劝慰的情况,托那位先生去劝向先生保重身体,并告诉那位先生说:"向先生可能正在生我的气,不要讲是我托您去劝的。"随着韶光的流逝,尽管事过境迁,可直到晚年他提起此事来仍心有歉疚。他在《悼向觉明师》一诗中写道:"昔年问学侍程门,座沐春风夜语深。每忆清明乙丙祸,寸心耿耿向谁论。"

1978年中国社会科学院研究生院创立后,他兼任历史系主任,并亲自担任魏晋南北朝史的导师,为培养史学研究的接班人倾注了大量心血。从招生、阅卷到安排课程、聘请各方面专家指导授课,他都逐一过问。当时除本所和北京的专家外,凡路过北京的知名史学家,几乎都被请来各展所长,熊先生曾戏称为"雁过拔毛"。有一次部分同学因忙于其他事情而未去听课,他曾大发雷霆,把全系同学召去训斥一顿。尽管当时有人不以为然,但多年过后,许多同学回忆起来,都觉得这实在是个一心与人为善的"好老头"。

在严肃纪律的同时,他也切实为同学们解决过许多问题,尤其是改善学习条件及图书利用等方面。一个同学在外出考察时不慎将车票丢失,无法报销。他知道后,让那位同学写一份说明情况的检查,他在上面批:"该生糊涂",并请校方量情予以报销,结果事情得到圆满的解决。事后,他还怕那位同学对批语不接受,特意向其解释说只有那样批才能打破僵局。

虽然与同时代的史学家相比,熊先生的著述不算丰富,但他渊博的知识、严谨的学风、认真负责的工作态度、坦荡的胸怀、乐于助人的品格,都会与他的著述一起,永远留在聆听过他教诲或研读过他论著的人们心中。

(作者:中国社会科学院历史研究所研究员)

# 《老子古今》序

◇余英时

刘笑敢先生先后费了十年时间完成这部《老子古今》,将道家哲学的研究推向一个新的高峰。笑敢不弃在远,嘱我为此书写一篇序,我虽然很犹豫,但一再考虑之后,还是接受了他指派给我的任务。犹豫,这是因为我对老子没有进行过"窄而深"的探索,从专业观点说,我不具备发言的资格;接受任务,这是因为我和笑敢相识已近二十年,对他的为人与治学毕竟略有所知。下面这篇短序也许可以对本书读者增添一点"读其书而知其人"的助力。

我初识笑敢在20世纪80年代末期,那时他正在哈佛燕京社访问。我的老朋友孟旦特别从密西根大学打电话来介绍他的学术成就,十分推崇他刚刚出版的《庄子哲学及其演变》。不久之后,他应普林斯顿大学东亚系的邀请,前来演讲,我才第一次和他见面。从80年代末期到90年代中期,他一直居留美国东岸,其中有好几年在普林斯顿大学从事研究工作,因此我对他的认识也越来越亲切了。

笑敢早年进入中国古代哲学史的领域,曾受到十分严格的专业训练。在哲学思考之外,他掌握了有关古代文本的一切辅助知识,如训诂、断代、校勘之类,这是清代以来所谓"考证"的传统。他的《庄子哲学及其演变》便充分表现了由"考证"通向"义理"的长处。但

《老子古今》书影

是笑敢同时也是一位哲学家,他专治老庄,并不是仅仅为了还原古代思想家的客观原貌,而是由于深信道家哲学在现代世界仍有重大的指引功能。所以笑敢作为哲学家,在专业研究之外,也同时博通现代哲学思潮。

笑敢在美国过了几年清苦的生活,但由于他一直自强不息,这几年反而成为他的学术生命中一个很重要的进修阶段。在这一时期,他一方面直接参与了中国哲学史研究的国际进展,另一方面则广泛吸收了西方哲学的新成果,包括英美的分析哲学和欧陆的诠释传统。他的治学规模和取向并没有改变,然而境界提

高了,视野也扩大了。

我们必须认识笑敢的成学过程,才能真正懂得这部《老子古今》的苦心孤诣之所在及其层次与结构之所以然。本书对《老子》八十一章进行了分章研究,每章都分成了"原文对照"、"对勘举要"和"析评引论"三节。"原文对照"罗列了五种不同的古今文本,即郭店竹简本、马王堆帛书本、傅奕本、河上公本及王弼本。著者采取原文对照的方式,这对于读者是非常便利的。"对勘举要"基本上属于传统校勘学的范围,但往往涉及很重要的文本异同的判断,如第十五章"古之善为士者"与"古之善为道者"之分歧,五种文本恰好分为两个系统。著者根据全章以至《老子》其他相同文句,并结合著作思想属性,作了细致的讨论,虽自有取舍的权衡,但不流于武断,这一态度尤可称赏。

"原文对照"与"对勘举要"两节是紧密相连的,合起来即相当于清代所谓"考证"之学。在分章的校勘、训诂中,我们只能看到关于个别章节字句的论断。但著者对于《老子》文本的考证另有整体而系统的见解,详见"导论一  版本歧变与文本趋同",读者不可放过。"导论"所涉及的版本、文本、语言、思想诸问题颇有与西方现代的"文本考证学"(Textual Scholarship)可以互相比较参证的地方。这一套专门之学并非中国传统所独擅。它在西方更为源远流长。希腊古典文本的搜集、编目、考证在公元前4世纪末便已展开,第一位大规模校书名家伽里马初(Callimachus,约公元前310—前240)也比汉代刘向(公元前78—前9)早两个世纪,而且两人的地位相似,都是皇家图书馆的负责人。至于文本的传衍和研究,如希腊罗马的经典作品,如希伯来文《圣经》和《新约》等,都有种种不同的版本,西方在校雠、考证各方面都积累了十分丰富的经验,文本处理的技术更是日新月异。现代"文本考证学"的全面系统化便是创建在这一长期研究传统的上面[1]。20世纪以来,中国学术界十分热心于中西哲学、文学以至史学的比较,但相形之下,"文本考证学"的中西比较,则少有问津者。事实上,由于研究对象(object)——文本——的客观稳定性与具体性,这一方面的比较似乎更能凸显中西文化主要异同之所在。我读了本书"导论一",于此深有所感,特别写出来供著者和读者参考。

本书最有价值,同时也是画龙点睛的部分,自然是每章的"析评引论"。全书八十一篇"析评引论"事实上即是八十一篇关于哲学或哲学史的精练论辩。依照中国传统的分类,这是属于"义理"的范畴。著者在解决了《老子》文本的问题之后才进入哲学的领域,表示他仍然尊重清代以来的朴学传统。他告诉我们:"本书的基础工作是不同版本的对勘,但目的是为思想史和哲学史的研究提供方便和深入思考的契机。"("编写说明"第十一条)这是一种现代精神,与清儒所

---

[1] 参看 D. C. Greetham, *Textual Scholarship*, *An Introduction*, New York & London: Garland Publishing, Inc., 1994。

谓"训诂明而后义理明"的提法大不相同。我为什么这样说呢？因为清人的提法似乎预设文本考证即可直接通向"义理"的掌握，中间更无曲折。而本书著者则认为前者为后者所提供的是"深入思考的契机"，这是肯定"思想史和哲学史的研究"自成一独立的专门学科。中国传统中虽然已有相当于哲学史的著作，如《宋元学案》、《明儒学案》之类，但"哲学"和"哲学史"作为一独立学科迟至20世纪初叶才在中国出现，而且明显地是从日本转手的西方输入品。1906年张之洞主持下颁布的学校分科章程，其中文科部分仅有"经学"、"文学"而无"哲学"，以致引起王国维的严厉抗议。哲学史研究必须具备哲学的常规素养和技术培训，不是仅靠文本考证便能胜任的。

笑敢的"析评引论"所涉及的范围极为广阔，古今中外无所不包。就这一点来说，本书应该题作《老子古今中外》才名副其实。但笑敢所论虽繁，却绝无泛滥无归的嫌疑。他的一切论辩都可以系属在"导论二"所揭示的中心宗旨之下，即"回归历史与面对现实"。"回归历史"是哲学史研究的基本任务。以本书的研究范围而言，研究者自然首先必须根据最接近原始状态的《老子》文本，再进一步通过训诂以尽量找出文本中字句的古义，最后才能阐明其中基本概念和思想的本义。虽然"本义"的确定没有绝对的保证，但专家之间终究可以取得大致的共识。无论如何，这种"本义"的追求是绝对不能放弃的，否则便根本没有哲学史研究可言了。

所谓"面对现实"，则是指经典解读与解读者自身的现实感受之间的关系。这种借古人杯酒浇自己块垒的经典解读方式，古今中外，无不如此；在本书中也俯拾皆是，如论"民主"（第四十九章）、"科学"（第四十章及第四十七章）、"女性主义"（第六章）以至"改革开放"（第四十二章）等。这是著者以哲学家的身份，运用他在道家哲学史方面的研究成绩，对当前世界表达的深切的关怀。这些现代论旨当然不在《老子》的"本义"之内，但《老子》作为一部经典在这些方面确实都能给我们以新鲜的时代启示。最显著的例子是他所郑重提出的"人文自然"的概念，备见于"导论二"和很多章"引论"之中。《老子》之道主要是"人文自然之道"为本书的一大论断，这是从历史与哲学的论证中建构起来的。在"回归历史"以后，著者才"面对现实"，发掘"人文自然的现代意义"，并进一步肯定"自然秩序"为第一原则，与"强制秩序"和"无序的混乱"形成了强烈的对照。著者的现实关怀不禁使我想起了波普（Karl R. Popper）所提出的"封闭社会"与"开放社会"的对比。波普在20世纪40年代深感于现代极权势力的威胁，才对希腊经典有了新的理解，终于在柏拉图的著作尤其是《共和国》中，发现了极权思想的源头。但是波普的结论也不是轻易得来的，有关柏拉图的研究便占去了《公开社会及其敌人》全书的一半篇幅。

笑敢在"导论二"中正式提出经典诠释的两种定向的问题，他说：

> 一方面立足于历史与文本的解读，力求贴近文本的历史和时代，探求词

语和语法所提供的可靠的基本意含（meaning），尽可能避免曲解古典；另一方面则是自觉或不自觉地立足于现代社会需要的解读，这样，诠释活动及其结果就必然渗透着诠释者对人类社会现状和对未来的观察和思考，在某种程度上提出古代经典在现代社会的可能意义（significance）的问题。

这里所谓"意含"与"意义"的分别恰好和我的看法大体相同。诠释学家赫施（E. D. Hirsch, Jr.）对 meaning 和 significance 的分别有很扼要的讨论，我曾借用于古典诠释的领域。我在《〈周礼〉考证和〈周礼〉的现代启示》一文中指出：

> 经典之所以历久而弥新，正在其对于不同时代的读者，甚至同一时代的不同读者，有不同的启示；但是这并不意味着经典的解释完全没有客观性，可以兴到乱说。"时代经验"所启示的"意义"是指 significance，而不是 meaning。后者是文献所表达的原意，这是训诂考证的客观对象。即使"诗无达诂"，也不允许"望文生义"。significance 则近于中国经学传统中所说的"微言大义"，它涵蕴着文献原意和外在事物的关系。这个"外在事物"可以是一个人、一个时代，也可以是其他作品，总之，它不在文献原意之内。因此，经典文献的 meaning"历久不变"，它的 significance 则"与时俱新"。当然，这两者在经典疏解中常常是分不开的，而且常规地说，解经的程序是先通过训诂考证来确定其内在的 meaning，然后再进而评判其外在的 significance。但是这两者确属于不同的层次或领域。①

我自觉这段话大可为笑敢的议论张目，所以特别引录于此，以供参证。

最后，我要谈一个小问题，以结束这篇短序。本书第二章论《老子》分为八十一章始于何时的问题，总结道：

> 从现有文献来看，八十一章本起于河上本，唐代或更早的时候先有事实上的八十一章本，再有以第一句为题目的八十一章本（唐玄宗御注本），到了宋代才有现在看到的二字标题的八十一章本。王弼本分为八十一章当在明代后期或清代。

这一论断，过于谨慎。每章标题事姑置之不论，《老子》分为《道经》、《德经》上下两卷，上卷三十七章，下卷四十四章，至迟在汉末已然，王弼本也是如此。清代学者在这一方面已考证详明，兹引钱大昕、孙诒让两家之说如下。钱氏《潜研堂金石跋尾》卷九《唐景龙二年老子道德经跋》云：

> 老子《道德经》二卷，上卷曰《道经》，下卷曰《德经》，分两面刻之。案：河上公注本："道可道"以下为《道经》，卷上；"上德不德"以下为《德经》，卷下。晁说之跋王弼注本，谓其不析《道》、《德》而上下之，犹为近古。不知陆德明所撰释文，正用辅嗣本，题云：《道经》卷上，《德经》卷下，与河上本不

---

① 《犹记风吹水上鳞——钱穆与现代中国学术》，第165—166页，台北，三民书局，1991年。

异。晁氏所见者,特宋时转写之本,而翻以为近古,亦未之考矣。

孙氏《劄迻》卷四更增加了新证,其言曰:

>《老子》上下篇八十一章,分题《道经》、《德经》。河上公本、《经典释文》所载王注本、《道藏》唐傅奕校本、石刻唐玄宗注本并同。《弘明集·牟子理惑论》:所理止于三十七条,兼法老氏《道经》三十七篇。则汉时此书已分《道》、《德》二经,其《道经》三十七章,《德经》四十四章,亦与今本正同。今所传王注,出于宋晁说之所校,不分《道》、《德》二经。于义虽通,然非汉唐故书之旧。

孙氏所引《牟子理惑论》之语,见《弘明集》卷一,原文是"老氏道经亦三十七篇,故法之焉"。《牟子理惑论》撰述年代约当公元195—201年之间,近人考证已获定论①。所以,《老子》分八十一章最晚在东汉已经出现。事实上,笑敢已发现竹简本与传世本分章颇有一致的情况,因此相信"分章之事当有相沿已久之根据"。但他宁失之慎,只肯说"唐代或更早的时候先有事实上的八十一章本",而不愿对上限说得更清楚。我认为上引钱、孙之说,证据充足,是可以放心接受的。我有幸成为本书的最早读者之一,仅就所知,对这个小问题作一点补充,以报笑敢远道索序的雅意。

(作者:美国普林斯顿大学讲座教授)

---

① 可参看周一良:《牟子理惑论时代考》,收入《魏晋南北朝史论集》,第228—303页,北京,中华书局,1963年。

# 王章涛《王念孙王引之年谱》读后

◇漆永祥

近年来清学研究虽日渐兴盛,然相较先秦诸子、魏晋玄学与宋明理学等研究的热闹而言,却仍嫌落寞冷寂。然就笔者十余年来所见,在高校与科研机构以外,研治清代学术者却并不乏人,而成果尤为特出者有三人焉:一为柯愈春先生,其所编《清人诗文集总目提要》,捃拾搜讨,网罗繁富,共收19700多家4万余种清人别集,与李灵年、杨忠二位先生主编之《清人别集总目》,皆成为治清学者案头必备之书;一为郑伟章先生,其所纂《文献家通考》,搜罗爬梳,纠谬补遗,著录自清至现代文献家1500余人,其功甚伟①;另一位则是王章涛先生,多年来著有《阮元评传》、《阮元年谱》、《阮元传》诸书,于阮氏学行及扬州学术,推阐表彰,不遗余力。这三位先生皆在本职工作之余,奔波辛劳,潜心治学,而所取得的成就,却是令我们这些坐拥书城而日以著述为事的所谓学者们颇感汗颜的。

惭愧而有趣的是,笔者虽经常受惠于上述三位先生的研究成果,但与他们皆不熟识,与王章涛先生也只是2000年4月在扬州大学举办的"清乾嘉扬州学派讨论会"上见过一次。王先生先后赠与大著《阮元评传》与《阮元年谱》。自后函札往来,多以论学为乐,笔者知其正在纂高邮王氏父子年谱,又对清代扬州学者如焦循、凌廷堪等,皆有撰述,多未

《王念孙王引之年谱》书影

成稿。不意近日突然收到章涛先生所赠近40万字之《王念孙王引之年谱》,惊喜恭贺之余,对他勤学之精神深为感佩,觉得似乎有几句不得不说的话,权且算是拜读先生大著的读后感吧。

---

① 郑氏之书,笔者曾著文推介表彰,详参拙文《发先贤之幽德,启后学以梯航——郑伟章新著〈文献家通考〉》,《人民日报》(海外版)2000年8月1日第8版。

# 一

年谱之学,古人所重。如清代通儒钱大昕(1728—1804)认为,谱牒与国史相表里,所谓"谱系之学,史学也"①。正所谓一人之史、一家之史与一国之史是紧密相连的,尤其是那些在历史上有过突出贡献的贤哲,他们个人的荣辱兴衰,与他那个时代是休戚相关的。从这一角度来说,又如钱大昕所言:"读古人书,必知其人而论其世,则年谱要矣。"②

毋庸讳言,年谱的确有虚美夸大、隐恶扬善的缺憾,但其所记之事,包罗万象,政治、经济、军事、法律、教育、文化学术、科学艺术、宗教以及民情风俗、天雷地震、特色物产等,无所不具,其事多为史载所不详,可以补史之不逮,纠史之讹误。而谱主身份更是从帝王将相、文人学士、巫医乐师百工之人以至于贤妻良母、贞节烈女等,自上而下涵盖到社会各个阶层,他们中的很多人在正史中无法觅到点滴的痕迹。又年谱所载谱主之事,大到其成长经历、思想变迁、科举功名、子嗣繁衍、交往游历、宦海浮沉、著述始末、卒后哀荣等,小到钱粮俸禄、柴米油盐、官司纠纷、自然灾害与奇闻怪异等,又无奇不有。这些材料不仅对传统文史哲研究大有裨益,而且对社会学、民俗学、人类学、法学、天文学、地理学、医学等的研究,更能提供难得的史料,可以说是如入宝山,人人皆能称量而出,满载而归。

年谱之作,盛于宋世,而清及民国间学者所纂,更是数量惊人。谢巍先生《中国历代人物年谱考录》所收 6259 种,谱主 4010 人③,其中大部分谱主为清人。年谱的编纂,或出自谱主自编,或出自子嗣后裔,或出自门生故吏,或出自私淑艾者。若依时代而论,当时人所编,因与谱主熟识,事多亲历,故易为措手,然或虚美太甚,或避忌多多,每有失实;后世人编前人年谱,可以客观纂辑,然时过境迁,搜求不易,成书为难。再就年谱编纂者之史识与见解而论,因时代不同,亦自然各异。如清人所编达官显宦之谱,对皇帝所赐一幅字画、一块匾额、一首诗文、一餐便饭之类,必大书特书,以为不世之荣,而国情民瘼,反多忽略;又当时论学交游,函札往还,皆平常之事,系谱之时,多为删省。而今人编纂,则更重有关国计民生之事,以及交游情节、书札内容、田亩物产、物价涨跌之类,因其更能体现当时社会生活的林林总总。再就年谱编纂之详略而言,也有主简主繁之异。主简者以为系谱主之荦荦大事足矣,细碎琐事不必牵连及之,徒增目烦;而主繁

---

① [清]钱大昕撰、吕友仁标校:《潜研堂文集》卷二六《〈巨野姚氏族谱〉序》,第 448 页,上海古籍出版社,1989 年。
② [清]钱大昕撰、吕友仁标校:《潜研堂文集》卷二六《〈郑康成年谱〉序》,第 446 页。
③ 谢巍:《中国历代人物年谱考录·后记》,第 825 页,中华书局,1992 年。

者则以为，所谓日常琐事如脾气秉性、游历交友、婚育嫁娶、医病禳灾与衣着妆饰等，更能体现出谱主栩栩如生之面貌与普罗百姓之众生相。正因为如此，年谱纂辑除了编年系月的体裁不能变化外，可以说人编各异，丰富多彩。我们不能说这些编纂方法与见解谁对谁错，只能说各有攸当，各具特色而已。

虽然年谱之重要已如上述，然年谱之编，今人却不甚重之。这一方面是因为对年谱之学术价值，今天仍有不少人持有偏见，认为此等编年记账簿，皆褒美扬善，以期不朽；而遮羞讳丑，多非实录。另一方面则是编纂年谱，史料难寻，考辨正讹，梳理归隶，费力极多，非假以长日，则难以成稿。而对于今天学术界抄撮盛行、急功近利者来说，当然是畏其繁难，避之唯恐不及。但王章涛先生却能逆时流之风气，矻矻不休地日事纂辑，近年来先后出版《阮元年谱》与《王念孙王引之年谱》等书，两相对照，岂不令人扼腕而叹！

## 二

自清中叶以来，"高邮二王"——王念孙（1744—1832）与王引之（1766—1834）是学术界如日中天的人物。《高邮王氏四种》（《广雅疏证》、《读书杂志》、《经义述闻》与《经传释词》）既是二王的代表作，也是清中叶考据学成果的典范之作。据笔者统计，在1900—1993年近百年中，研究二王的著述与论文有150余篇（种）①，因为《高邮王氏四种》都是小学考据之作，所以对二王的研究，也基本是限于此范围内，近年来的研究也大致如此。但二王不仅是学者还是显宦，王念孙为谏官，弹劾和珅，直声中外，被时人称为"凤鸣朝阳"②，又为永定河道、山东运河道等，治理河渠，屡起屡蹶；王引之官至工部、户部（署）、吏部（署）、礼部尚书等职，更是颇具实绩的显赫人物。王念孙曾提倡理想的人生应该是"学问、人品、政事，三者同条共贯"③。遗憾的是，向来对二王的研究只注重他们的学术成就。那么，二王在做官为宦期间，政绩何如？人品如何？一生行实究竟如何？尚未见到令人满意的研究成果。因此，要全方位地研究王氏父子学行，编纂出一部翔实可靠的二王年谱，就显得尤为必要。

然而，要新编高邮二王年谱，笔者认为却存在有"四易"与"四难"，并不是一件随便堆砌材料，就能马到功成的事情。这"四易"与"四难"是：

---

① 参林庆彰主编：《乾嘉学术研究论著目录（1900—1993）》，第238—247、275—278页，台湾中央研究院文哲研究所筹备处，1995年。
② 《高邮王氏六叶传状碑志集》卷一徐士芬《原任直隶永定河道王公事略状》，江苏古籍出版社，2000年影印罗振玉辑《高邮王氏遗书》本，第9页。
③ ［清］臧庸：《拜经文集》卷三《与王怀祖观察书》引王念孙语，《续修四库全书》影印湖北省图书馆藏民国19年宗氏石印本，第1491册第578页。

"一易"是民国间先后有刘盼遂《清王石渠先生念孙年谱》(以下简称《刘谱》)与闵尔昌《王石臞先生年谱》、《王伯申先生年谱》(以下简称《闵谱》)面世①,王氏父子一生行实之大纲粗得,后人循是而求,必有渐焉。"一难"是在前人尤其是名家已纂有成谱的基础上进行新编,则大纲细目与资料储备,无论从数量还是价值上都必须大大超过前书,否则就失去了新编的意义与必要性。

"二易"是二王除《高邮王氏四种》外,还有罗振玉所辑《高邮王氏六叶传状碑志集》六卷,可以清晰了解王氏六代的谱系与家学渊源;有王氏父子之诗文遗集,可以了解其思想与学术;而《昭代经师手简》,则皆为时贤与王氏父子往还函札,而且时人著述中也多有与他们交往之踪迹可寻。"二难"是这些材料已多为《刘谱》、《闵谱》所撷取,而王氏父子生前并无完整之别集行世。凡是编纂过年谱的人都知道,我们最希望的是谱主有详细系年的诗集之类,那样编纂起来便能按图索骥,事半功倍。而王氏父子不仅诗作甚少,即传世文章亦无多,更无自少至老的编年诗集可按寻。因此要将零星资料摸索考辨,系年隶月,其难度可想而知。

"三易"是王氏父子是当时闻人,他们的文章与信札,也多以论学为主,故寻绎其学术见解、著述次第与成书脉络等,相对较易。"三难"是他们既是学者,又是官员,而且不像钱大昕他们那样,如钱氏官至广东学政,官职多与其学术相关。而王氏父子则不同,如前所述王念孙一生行政在治水,王引之更是从省级学政到中央大吏,阅历丰富。要将他们一生行迹搜剔归并,据实编年,勾勒出其多姿多彩、起伏跌宕的人生画面,则诚为难事。

"四易"是为王氏父子系年,二人之事系一年中,不至于出现很多年谱当年无事可隶的难堪,总有一事或数事可按实编入谱中。"四难"是正因为为二人撰谱,尤其是在乾隆二十二年(1757)王念孙14岁以前,其父安国(1694—1757)晚年事迹亦需酌情别择归隶谱中。因此实际上是要为祖孙三代人编纂合谱,故事迹之考辨、史料之取舍与排次等,便成为难理之乱丝,取舍失重,处置不妥,很容易给人以凌乱无序、排列失次的感觉。

相对"四易",有兹"四难"!因之要重起炉灶,为王氏父子新编一部翔实可靠、客观公允的年谱,谈何容易!然而笔者拜读王章涛先生《王念孙王引之年谱》(以下简称《王谱》)后,却甚为钦佩,因为章涛先生非常合理地将这些难点一一化解。《王谱》将王氏父子一生行迹的方方面面,搜罗全备,如数家珍,编次合理,有条不紊,既是一部翔实可靠的年谱,也可以说是一部研究王氏父子学行有分量的著述。

---

① 罗振玉曾纂辑《石臞年谱》稿本,惜未成完帙。见谢巍《中国历代人物年谱考录》,第463页。

## 三

综观王章涛先生《王念孙王引之年谱》一书,笔者以为,该书有如下四个特点:

其一,条分件系,纲举目张。编纂年谱,史料的多寡固然重要,但史料的剪裁与排次更为重要,孰轻孰重,谁先谁后,都要慎重别择,否则容易成流水账簿,令人读之生厌。《王谱》以王氏父子活动及相关事实为经,以其亲朋师友及与王氏父子有直接关系的人物为纬,综述当时政治、经济、文化诸方面的史实。在编排二王史事时,"个人同一时间的事迹,首述政绩,次记学术,著述活动,再次为行踪与交游诸项"①。因为体例科学得当,因此虽然每年所系事件多多,但大纲细目,条分件系,各得其实,又各得其位,可谓明白清晰,纲举目张。

其二,史料丰富,考证详明。高邮二王学居一流,位极人臣,但其事迹却鲜有人作详悉的研核。《王谱》参考清儒及近今人著述百余种,又勤访通人与二王后裔,搜求到了大量鲜为人知的王氏父子事迹,考证辨别,归隶本谱。我们随取书中两年之隶事为例,如嘉庆八年(1803),《刘谱》仅记王念孙四事,王引之二事,极简略;《王谱》本年列十四事,其中王念孙八事,王引之六事②。又如道光元年(1821),《刘谱》系王念孙二事,引之三事;《王谱》该年系二十四事,其中念孙七事,引之十七事③。此还不包括各条的补充与考证材料。不仅如此,《王谱》还将每条材料尽最大可能地详悉考究,将其归隶到某年某月甚至某日,无确实日期,则归之当月,再次归之于如"春夏间"、"秋间"等季节,最后才隶于年末以备考。要将一件无头绪的史事考辨出具体的月日,是要花费极大的心力与时间,而且还很容易出错的吃力不讨好之事,《王谱》类比考辨,将材料一一归位,实属不易!

其三,补遗纠谬,多所发明。《刘谱》、《闵谱》隶事过简,既不注出处,又多讹误。《王谱》对他们不注出处或语焉不详者,详为补充与说明。如嘉庆八年,"十二月,朱彬致函王念孙,诉相别二年之思念"。《刘谱》"仅在嘉庆九年谱中书'朱武曹来书'五字,未署出处,粗疏简略,又误置"④。嘉庆十五年,《刘谱》记王念孙"应陪河工堵筑漫口例银一万七千二百五十九两",不署出处。《王谱》"经检索,是据王引之《奏请扣廉完缴永定河分赔银两折》所标示数"⑤。对《刘谱》、

---

① 王章涛:《王念孙王引之年谱·凡例》,第1页,广陵书社,2006年。
② 刘盼遂:《清王石渠先生念孙年谱》,载王云五主编:《新编中国名人年谱集成》本第12辑,第30页,台湾商务印书馆,1986年;王章涛:《王念孙王引之年谱》,第126—134页。
③ 刘盼遂同上书,第39页;王章涛同上书,第245—256页。
④ 刘盼遂同上书,第31页;王章涛同上书,第132—133页。
⑤ 刘盼遂同上书,第34页;王章涛同上书,第180页。

《闵谱》大量隶事与系年之误,《王谱》纠正甚夥。以《刘谱》为例,如乾隆五十三年(1788)八月,王念孙始撰《广雅疏证》,《刘谱》误系于五十二年①;五十五年,王引之拜卢荫溥为师,学举子业,《刘谱》误系于五十四年②;又道光六年,"五月初十日,王引之继配范夫人卒",《刘谱》误系于道光七年③。对后人考证失误,《王谱》也多有纠辨。如嘉庆二十五年,"正月初五日,陈奂奉到王引之来函"一事。王大隆先生辑此函时,署为嘉庆二十四年。然陈氏函中言去岁"除夕,奂奉到大著《经传释词》",实则二十四年正月该书尚无刻本行世,故当为推后一年之事④。《王谱》之中,此类尚多,不胜枚举。

《王谱》不仅考前人系年与隶事之误,对相关著述与事件也多考校得失,纠谬补遗。如王念孙《丁亥诗钞》为其次子敬之在其父卒后所编,敬之对乃父之诗并不了解,据《王谱》考证念孙此卷诗不仅为丁亥(乾隆三十二年,1767)所作,且如《游蒜山》、《寄呈李大司马》等,乃念孙父安国之诗而溷入者⑤。又道光元年(1821),"十月初五日前后,王引之主持浙江乡试毕,返京过扬州途中会顾广圻,赠新刻《读书杂志·淮南内篇补》并银钱"。此时间之推定,乃据顾广圻《致王引之书》,赵诒深《顾千里先生年谱》将此信隶于道光三年,误推后一年。李庆《顾千里研究·年谱》据赵说将王、顾相见系于道光二年。《王谱》考证此信实作于道光二年,故相见应在道光元年⑥。此类考证,对研究顾广圻学行无疑也有很好的参考作用。《王谱》在归隶材料时也非常谨慎,对于把握不准的史料,一般都是"虽非定论,在尚无他证的情况下,暂系于斯年,以存事备考"⑦。这种严谨求实的治学态度,是非常可取的。

其四,附录丰富,方便查索。年谱之编,要时时考虑到如何才能使读者方便地查阅到谱中之人物与事迹。《王谱》在全书后附有《王念孙王引之著述知见录》、《王念孙王引之传记资料目录》与《王念孙王引之年谱相关人物名录》三种,尤其是《王念孙王引之年谱相关人物名录》,《王谱》一改年谱惯常在人物第一次出现时注其生平事迹的做法,将人物介绍集中作为附录置于全书后,以姓氏笔画排次,极便查核,对读者参稽提供了极大的便利。

《王谱》也有些不足和可完善之处。如王引之为《经义述闻》撰者,向无疑义,然自王国维、刘盼遂、许维遹等疑《经义述闻》实王念孙所著,其中"家大人

---

① 刘盼遂同上书,第22页;王章涛同上书,第63页。
② 刘盼遂同上书,第24页;王章涛同上书,第71页。
③ 刘盼遂同上书,第42页;王章涛同上书,第264页。
④ 王章涛同上书,第228页。
⑤ 王章涛同上书,第17—18页。
⑥ 王章涛同上书,第253—254页。
⑦ 王章涛同上书,第226页。

曰"诸条,皆为念孙原稿,而非引之"融会疏记",引之但"略入己说而名为己之作"而已。今人陈鸿森先生进而考证,《经义述闻》中凡"'引之案'者,其中盖多王念孙诸说"①。念孙与友朋札多言纂《经义述闻》事,尤其是《经义述闻》三刻本较二刻本增出1100余条,时引之迭历枢要,居官鲜暇,而念孙适休致在家,专意于学,故《经义述闻》所增多出念孙之手,特托名归美其子耳。《王谱》也认为"今观全书,父子之论说大约各居其半,虽署为王引之撰,实父子合作之书",故在《王念孙王引之著述知见录》中将《经义述闻》归入"王念孙王引之合作"类②。但如果能在上述诸家成果基础上,对《经义述闻》初、二、三刻本作详悉比勘,尤其是国家图书馆等处所藏稿本与王氏父子校补本等作比对研究,相信此疑案虽不致水落石出,但会有可观的成果出现。果真如此,岂不为该谱增色不少?

《王谱》在全书体例方面也尚有可商之处。例如把"王氏父子相继逝世之后"的自1835—1983年间,王引之安葬、王氏父子入乡贤祀、著述刊刻与近今人纪念活动等③,也列入正谱,窃以为并不适妥,如果将这些材料也作为附录的一种缀于正谱后,则恰切而无不当。书中也偶有史料出处失查之处,如嘉庆五年,《王谱》称《刘谱》"五月二十一日有《请禁止道府州县无事不得谒督臣折》,见《文集》补编数语。今考证如上,落到实处"。今查《刘谱》嘉庆五年,唯有"正月,抵河道任"一条,此为《闵谱》之文,而非《刘谱》④。另外,个别材料有重复甚至多次使用之嫌,稍显繁冗。同一事件的引用参证材料,有多至五六条以上者,也可以适当删省。

以上所述,是笔者对王章涛先生《王念孙王引之年谱》读后的一些感想与愚见,现不避固陋,拉杂叙出,以质诸章涛先生与喜爱是书的读者,不知以为然否?

(作者:北京大学中国古文献研究中心、韩国高丽大学中文系副教授)

---

① 参陈鸿森:《阮元刊刻〈古韵廿一部〉相关故实辨证——兼论〈经义述闻〉作者疑案》一文,载台湾《中央研究院历史语言所集刊》第76本第3分(2005年),第461页。全文参第427—466页。
② 王章涛:《王念孙王引之年谱》,第296、388页。
③ 参王章涛:《王念孙王引之年谱》,第347—360页。
④ 参王章涛:《王念孙王引之年谱》,第115页;刘盼遂:《清王石渠先生念孙年谱》,第30页。

学术动态

# 中华文化及其当代价值
## ——"21世纪中华文化世界论坛"第四次国际学术研讨会述评

◇阎纯德

中华民族在人类历史长河中创造了自己的文化,数千年来至今,它不仅依然是中华民族的精神符号,也依然是人类文明冉冉升起的朝阳。但是,这种辉煌似曾随着封建王朝宫灯的熄灭而"暗淡"下来。究竟如何看待我们的文化?如何认识其当代价值?这是21世纪文化人关心的大事。为此,自2000年起,中华炎黄文化研究会创办的"21世纪中华文化世界论坛"先后在北京、香港、澳门和台湾举办了四次国际学术研讨会,就中华文化及其重大学术问题进行深入的专题研讨,并取得了巨大成功。

"21世纪中华文化世界论坛"第四次国际学术研讨会于2006年11月10—17日先后分为两场在台湾辅仁大学和南华大学举行,系由中华炎黄文化研究会、台湾辅仁大学、东吴大学、南华大学和台湾中国哲学会联袂举办,大陆学者50名,由团长曲润海、副团长鲁谆、王俊义、王才带领与会。辅仁大学前校长李震主持开幕式,辅仁大学校长黎建球、东吴大学校长刘兆玄致词。中华炎黄文化研究会常务副会长王俊义与东吴大学前校长、台北市立教育大学校长刘源俊共同主持了首场学术研讨会。

这次研讨会围绕中华文化及其当代价值展开,八场研讨会共发表宣读论文60余篇,涉及儒学、儒家伦理、诸子文化思想、礼乐文明、地域文化、哲学、文化学、民族学、经济学、政治学、法学、文学、社会学、伦理学、教育学、民俗学等诸多领域,多数文章精深、厚重,视角新、思想新、有创意,是一次十分成功的研讨会。

## 一、儒学的元典精神与承传

儒家文化是中国文化的核心,从孔子及其弟子和战国时期的孟子与荀子所创立的先秦原始儒学,经过汉唐儒学(经学)、宋明儒学(理学)的发展,直到吸纳了西方文化精神的现代新儒学,证明儒学是发展变化的。儒学这座富矿,对它的内涵和价值的挖掘,一直是中国学者探讨的课题。黎建球教授在主题演讲《儒家的现代化功能》中说,儒家思想一直是国人思想的根基,也是中国文化的核心理念。从《论语》中的"仁"——"成己淑人"和伦理道德的最高标准——开始,论及孔子在世道衰微,邪说暴行有作,臣弑其君者有之,子弑其父者有之的时代,为拯救社会,才周游列国,讲"修己"和"治人"的救世学说,显示了这位"至圣先师"的伟大。黎建球以"哲学反省"反思21世纪的人类社会。"当代科学与技能的迅速发展,缩短了人们空间的距离,物质享受和生活品质皆已大幅度地提高,但人民的道德标准与伦理行为并没有同步提升,相反,到处都出现了'抢盗、欺骗、色情、杀戮'等越轨现象,远离了孔子的仁道思想。"一般说来,人们认为儒学的特点是"人道强"、"天道弱",孔子强调"仁道"思想,虽然他曾说"敬鬼神而远之",但他并不是一个否定有神存在的无神主义者。黎建球认为:"孔子所以少言'天'而多言'仁'的缘故,是强调'人'该以'仁'道思想挽救紊乱的该时社会。"黎建球特别从儒学的产生与发展背景、历程与内涵来论述如何在现代化过程中使儒学有益于中国未来的发展。他从方法论、知识论、伦理学、形上学和体系几个层面,对儒学现代化的功能进行了细腻论述,认为:"儒学不是不能满足现代化的三个特征要求,而是儒学在现代化的历程中,必须放弃那些有害于原始精神与现代化融合的思想,重新予以诠释,赋予更新的精神,如此,儒学则可在其精神、内涵及功能上,更具意义与价值。"

在当今世界政治、经济、宗教、文化多元化的语境下,存在着文明冲突(人与人)和人与自然两种冲突。应如何化解冲突?中国人民大学张立文教授在《儒家文明在世界文明对话中的地位和价值》中给了我们一把"和合学"的钥匙,而钥匙的主人是儒家文明。该文以"文明的现代诠释"、"儒家文明概要"和"文明对话的态度和原理"三个部分来阐释儒家的和合理想。在中国的文化资源里,远在甲骨文和金文中就存在这种文德教化的道德理智思想,因为"人是会自我创造的和合存在"。作为影响中国"礼乐文明、政治文明、制度文明、伦理文明、思维方式、价值观念、风俗习惯"的人道启蒙者孔子,其思想核心是"以治平为本,以仁为核,以和为贵",作者从这三个方面,阐述儒家文化"与时偕行"的生生不息价值。作者指出,要化解21世纪的"文明冲突"、"人与自然的冲突"、"人与社会的冲突"、"人与人的冲突"、"人的心灵的冲突"五大冲突和危机,关键是对话,而要实践之,则要在由中华文化中的儒、道、墨、阴阳、法各家及佛教思想凝聚而成的"和合学"中的"融突论"五大原理即"和生"、"和处"、"和立"、"和达"、"和爱"的指导下,以儒家的"仁民爱物"的精神,对"自然、社会、他人、他心灵、他文明"赋以爱心,如此,人类共同面临的冲突与危机就不难得到化解。

孔子的教育思想至今仍是我们教育的根本。台北市立教育大学校长刘源俊教授在《孔子教育思想的时代意义》一文中,对孔子的教育思想进行了简约而深刻的剖析。当年胡适指责我们的文明、颂扬西洋文明:我们"只有一条路……必须承认自己百不如人"。孙中山则主张发扬中国固有传统,采撷西洋文化精华,然后顺应世界潮流。孔子思想具有历久弥新的人文思想,"新"就是时代意义。

人文精神包括伦理精神、科学精神、民主精神、意识精神和宗教精神五大范畴,也就是孔子思想的基本内容。伦理指待人接物的态度,"仁"是伦理的核心,"夫仁者,己欲立而立人,己欲达而达人",仁者先修身尽己,然后才推己及人,这也是"忠"与"恕"的精义。"每个人守分,大家相安,和好相处,社会的运转就能上轨道。"孔子思想与现代的科学精神是相通的,儒家经典中似乎没有"真"的概念,但有"善"、"美"、"新"、"弘"这些人文因素。"知之为知之,不知为不知,是知也"、"温故而知新"以及《礼记·中庸》中的"博学之,审问之,慎思之,明辨之,笃行之"等,都是儒家务实明理的科学精神。"君子成人之美,不成人之恶"、"不以人废言"、"三人行必有我师焉"以及"大道之行也,天下为公",都是其民主精神。孔子重艺术,其雅、中、和的艺术审美主张,至今都在影响我们。孔子重教化而"敬鬼神而远之"。他的思想有"博爱"、"舍己"、"超然"的观念:"泛爱众,而亲仁"、"博施于民而济众"、"志士仁人,无求生以害仁,有杀生以成仁"以及"隐居以求其志,行义以达其道"等,其宗教意识,对后人亦有重要启示。作者在论述孔子关于道德、礼乐教化的时代意义时,联系当今世界,"一个不讲究道德的社会,实施'民主'的结果,使民众会变得更无耻,法治会变得更无效;一个不重视礼乐的社会,提倡自由的结果,使大众会变得更荒淫,社会变得更混乱"。

　　台湾政治大学曾春海教授的《〈孟子〉、〈荀子〉的人权蕴义及展望》旨在探索"人权"的理念、发展过程及现代价值。《孟子》言性善,《荀子》言性恶。孟子的性善说视人为崇高的道德存在,确认人性的尊严;荀子的性恶说透视人性的负面特征,却肯定人为知识理性的自由。不同的立论所衍生的不同视域,可以使人悟出相同的思想。孟子的"民为贵,社稷次之,君为轻",其王道政治体现了深刻的人道关怀,主张人民的生命和幸福才是政治的根本和价值。"老而无妻曰鳏。老而无夫曰寡。老而无子曰独。幼而无父曰孤。此四者,天下之穷民而无告者。文王发政施仁,必先斯四者。"孟子视人为道德的存在,其人权蕴义与近代的尊严人权、经济人权、生命人权、和平人权是相通的。荀子主张针对社会中的"偏、险、悖、乱"恶象,应建立社会整体性的机制及"养人之欲,给人之求",合理地尽其民生福祉。荀子的哲学除了生命人权、工作人权、教育人权、经济人权之外,还有环境人权意识。作者强调:"人权肯定人身的安全,且在人身安全的保障上享有个人追求生命幸福的权利。一个有人权的国家意味着该国的政治目的就在于致力于实现该国人民最大多数人享受最大的幸福。孟子的性善论视人为道德存有,享受人格尊严及追求超世俗之幸福,亦即德福一致化的崇高价值……荀子的人权蕴义亦然,他们二人都特别关怀和照顾社会弱势群体的人权。荀子较孟子特别处,在于荀子把人视为理性及感性欲求兼具的存有。"孟子与荀子的人权蕴义,共同肯定了人权中的道德权、生命权、经济权、弱势团体的特别保护权与和平权。因此可以说,中国文化中的人权理念资源,与现代人权观是相容的,不仅可资借鉴,还可以与西方对话及辩证统合。

《墨辩》是《墨子》仅存53篇中的《经上》、《经下》、《经说上》、《经说下》、《大取》、《小取》六篇的统称,内容主要包括名辩(涉及名、辞、说、辩之认知与表达)、自然科学(涉及物理、光学、力学、数学等内涵)及伦理(涉及价值原则、伦理情境、道德实践与权衡等问题),思想范畴广泛而丰富。但是,在中国文化史上,从秦始皇焚书坑儒、汉武帝独尊儒术起,墨学一直都是中国主流文化排斥的对象。先秦诸子学说共同构成中国的元典文化,《墨子》的哲学思想亦为中国哲学不可或缺的元素。台湾东吴大学李贤中教授的《〈墨辩〉研究的当代价值》细致地梳理了《墨辩》的内容及研究方法、历代及海峡两岸的研究成果,并从中国哲学的传统、现在所面临的挑战以及未来发展趋势,指出其当代价值在于墨学所兼具的价值理性与工具理性可以补充境界型文化形态之不足,有助于中国哲学与国际接轨和扮演更积极的角色。《墨辩》是一个可以同西方对话的中介,它的理性、逻辑思维、对政治与伦理的实际关怀、自然科学与人类生存的密切关联,这些有异于西方哲学内涵和相似于西方的思维方式,都是我们与世界对话的基础。作者在谈到中国哲学的未来时说:"中国哲学未来发展的趋势在于回应这个时代的挑战,到底中国哲学在世界哲学的形构过程中应该扮演怎样的角色?"中国哲学必须以其更有风度和更有内涵的最佳姿态,与西方对话,"在对话过程中必须用他们能够听得懂的话来'说',意思是哲学作品的呈现也必须符合西方哲学理论的要求;事实上,表达方式的牵制必然会影响到思维方式的进行以及概念、范畴的选用;用他们能够听懂的话来'说'就意味着用他们比较习惯的方式来'想',用他们认为比较合理和合逻辑的方式来作哲学思考"。

　　"喜爱静默和默想、俭朴、和谐、超然、非暴力、勤劳的精神、纪律、节俭的生活、渴望学习以及哲学的探讨,热爱尊重生命的价值,怜悯众生,亲近自然,对父母、年长者和祖先的孝道,以及高度发展的团体意识。特别是,他们把家庭当作力量的源泉,亲密结合的团体含有强烈的休戚与共的感觉。亚洲的人民以宗教包容精神与和平共存著称"及"自然开放的态度",这是李震教授在《在中国文化中,有没有全球化的或普遍及永恒性的道理和价值?》一文中传达的教宗若望保禄二世两个重要文件《信仰与理性通论》(1998)和《教会在亚洲劝谕》(1999)对东方尤其是对中国文化的肯定。李震认为,我们的传统文化中存在着"上帝的自然启示","许多古圣先贤,借着他们的慧心的体会、思考与领悟,发现了许多有益于世道人心的放诸天下而皆准的真理"。作者从"'道'为最根本的形上原理"、"中国传统文化中的宗教观"和"中国传统文化中的道德观"三部分来阐述了这些源自中国文化的真理。"老子为形容'道'之变动不居,不受任何限制的神妙莫测特性,提出'无'的哲学。'无'的观念不指通用的虚无或空无,而是具有极实在、丰富、积极意义的'无'。老庄的'无'和'无有',不但不是空无、虚无,而是指'有'的极点、极处,难以用形容有的名称去形容,因而称之为无,借以说明大道之超越、空灵、无所不容、无所不在的特质。"作者将"无"这个最普遍的概念,解释得神妙绝伦,它的作用是沟通万有,而不是区别万有。"道通为一","天地与我并生,而万物与我为一"。"道是沟通万有的概念,万有虽然分殊繁多",但因道而相互融通,道即是沟通万有的共同点,"天、人、物之间的沟通是形上的,在此基础上,知天、知人、知物的认识也得以贯通,人能知物,也能知天"。作者从证实上古文献中圣王祭天的历史事实以肯定上帝在中国文化中的存在和我们对于上帝的信仰,并详述中国文化中的道德观。"有关上帝的三种说法,在我国先秦儒、道、墨三家的形上学、宗教哲学和道德哲学中,都不难找到与其密切符应的信念与精神",儒家的"仁爱"、道家的"慈道"和墨家的"兼爱",莫不以上天的大仁、大慈、大爱为源头。

## 二、中国传统文化的价值与创新

儒学作为中国文化传统的核心,一朝朝一代代,生生不息地发展着,它活在我们的社会生活里,活在我们的政治、经济、教育之中。但是,中国传统文化在当代和未来有何价值?中国艺术研究院任大援教授在《儒家传统在当代:困境与希望》一文中提出两个尖锐的问题:进入 21 世纪,到底是否需要传统的儒家思想?它能否与马克思主义相融合?作者既指出儒家思想所具有的实践品格,又指出其在现代社会明显的局限。政治上,孔子是一个守旧者;思想上,他最早提出如何在"德"的基础上建立好的社会秩序。德是社会与人的最高境界,在孔子看来,"导之以德,齐之以刑,民免而无耻;导之以德,齐之以礼,民有耻且格",这样就能建立一个以德为基础的伦理社会和以德为基础的君子人格。作者还以儒家的"五伦"与基督教的"十诫"作比较,从而阐述了儒家朴素的元气自然观,排斥了造物主的观念。中国古代思想崇尚自然,现代社会越来越远离自然,只有取法于自然,天地合德,借鉴中国传统儒家思想之精华,以"修身为本",发扬道德的自觉性,才可使人类走上"天人合一"的光明大道。

首都师范大学梁景和教授的《文化、近世传统与当代认同——以"个性主义"文化观为中心》一文,从《周易·正义》中的"观乎天文,以察时变;观乎人文,以化成天下"来阐释文化的内涵,认为"文化是人类智慧创造的使人身心在一定层次和纬度上得到满足和发展,人际关系及人与自然的关系得到方向性转换,社会形态得到实质性变革的一种功能性模式"。文化变革的内容包括:其一,坚持传统文化,吸纳外来文化,并在融合的基础上形成新的文化形态;其二,采取拿来主义,直接吸收外来文化,把外来文化之精华变成自己的义化;其三,彻底否定传统文化,建立新的文化传统;其四,其他文化建设的方式,即"对传统文化重新解读,赋予传统文化新的内涵与意义,从而形成新的文化观念","重新解读外来文化,赋予其新的意义,并变为自己的文化观念","回归传统文化,建设中国本位文化"。作者认为,近现代文化传统的形成要通过综合方式来完成,其中既有对传统文化的批判、继承和重新解读,又有对外来文化的认同、吸纳和新的诠释。该文论述的另一主题是中国近代文化传统,这一传统之核心是自由、平等、自治、自主、合群、尚武、民主、科学、个性主义等所形成的"个性主义"文化观。近代以降,康有为、严复、梁启超、鲁迅、胡适、陈独秀、蒋梦麟、陈予同等,都在西方思潮的影响下张扬"个性主义"。其实,中国文化中的人本思想资源非常丰富,"个性主义"在中国的形成过程中也吸纳了不少自己文化的精神。"民惟邦本,本固邦宁"(《尚书·五子之歌》)、"民之所欲,天必从之"(《尚书·泰誓上》)等这类"以民为本"、"以人为本"的思想,在古代典籍中比比皆是,可见中国文化不乏"个性主义"精神。当然,近代文化人更多的是从西方得到这一思想武器。社会进步,民族复兴,国家强盛,没有一种文化认同不行;"个性主义"则是使社会良性发展的一种途径、方法和选择。"以人为本"实际上就是这一思想的当代运用,这对于促进社会的文明、进步与发展具有重要意义。

清华大学钱逊教授的《致力普及——落实中华文化当代价值的一个重要途径》的重要性在于提醒人们:在我们慷慨激昂地呼吁要向传统文化寻找智慧,并将其用于实践解决中国和人类面临的实际问题的时候,应思考如何使这一理想得到落实。钱逊在文章中具体地提示人们,重视传统文化,要从各个角度和途径普及和落实对国民的传统文化教育,唯此,传统文化的当代价值才可能变为实际。诚如作者所说,"从根本上说,中华文化的价值,只有当它落实到实际生活中的时候,才能成为现实的价值"。这里,强调的是实际,是生活,是现实。因此,作者提出普及传统文化的具体措施:举办儿童读经活动、中华美育教育、民办学校、中学国学社、讲座、"老板班"、社区活动等。文中还提出了许多有待研究的问题:提高与普及关系的问题,传播中华文化的载体问题,读经读什么、如何读的问题,以及教育和师资的问题。这些具体实在的考论,独树一帜,没有空论,是关系到我们国家文化运行能否到位的大事。

## 三、从儒学到新儒学和当代儒学

在中国历史的长河中,儒学经历了原始儒学、汉唐经学、宋明理学、清代朴学、现代儒学等学术形态,历经2500年的风雨,基本范式可归为原始儒学和宋明理学。前者"制约着汉唐儒学之规模",后者"决定了宋以后儒学之路向";"先秦以降为先秦原始儒学的延伸,宋明以降至今为宋明理学的延伸"。不断发展的儒学是中华文明的重要核心,如何建构当代新儒学以适应新的时代?中国社会科学院郭沂研究员的《以"五经七典"代"四书五经"——儒家核心经典系统之重构》提出了自己的观点。作者认为,孔子和朱子分别是两个范式的主要确立者,虽然他们构筑范式的路径有差异,但也有共同点——"他们都将交媾儒家核心经典系统作为基础性工程"。经以载道,道靠经传,经典历来都是儒家立论的依据，是儒学发展的源头活水。孔子最早创建"六经"系统，靠解释发挥建立儒学体系。"五经"是汉唐传统经学的核心，至东汉增《论语》、《孝经》合称"七经"。之后还有"九经"、"十二经"、"十三经"，这些皆以"五经"为核心。朱子对经学的最大贡献是将以"五经"为核心的传统经学改造为"四书五经"，并将重心由"五经"转移到"四书"。朱子对"四书五经"的诠释、发挥与发展，代表着中国哲学的又一个高峰。"当代新儒学的使命是建构历史上第三个儒学范式，而重构儒学核心经典系统，也就是说建立第三个儒家核心经典系统，仍然是其基础性工程。朱子所建立的四书五经系统，虽然主导中国思想六七百年之久，但自鸦片战争以来，中国和世界发生了巨大变化，这个儒家核心经典已经不能满足文明时代的需要了。""《论语》（附《论语》类文献）、《子思子》、《公孙尼子》、《子车子》、《内业》、《孟子》、《荀子》，总称七典"，郭沂之本意为以"七典"代"四书"，以"五经七典"系统代"四书五经"系统。这一观点，源于一个世纪以来考古资料的出土使人们对先秦文献的认识发生了天翻地覆的变化，后人有责任得出与前人不同的看法。孔子的"六经"系统与朱子的"四书五经"系统都是以道统为使命依据的，那么郭沂提出"五经七典"是否有道统依据？"孔子、孟子、韩愈和朱子的道统观皆不尽相同"，朱熹之后，时过境迁，"我们今天不可能全盘接受朱子的道统观"。孔子上承夏商周文明之精华，下开两千余年思想之正统，无疑他是道统传承的枢纽人物。孔子思想亦源于"六经"，借助"六经"来传承大道和创建儒家学派。道统是远古人文精神和孔子以来儒家道德精神薪火相传的系统，是中国文化生生不息的命脉。作者认为，宋明理学要回应的是佛教心性论，当代新儒学要回应的是西方文化中的民主与科学。传统儒学从公孙尼子到荀子的战国人天统即教本派，有着丰富的民主与科学基因。建构当代新儒学，不但要接续天人之统，也要继承人天之统；不但要回归先秦元典，而且要继承历代大儒的思想。担当两系道统，仰受千古圣派，是构建当代新儒学的根本宗旨。《论语》等"七典"是照亮人类精神世界的火炬，是"索道于当世"的向导。该文严密、细腻、透彻，阐述了儒学发展的历史和不同时期的重要内容，还构建了当代新儒学的蓝图。

中国哲学离不开先秦文化元典。但是，从中国传统文化发展出来的中国哲学，经过历史的漫长浸淫，尽管近代以来中国哲学总是徘徊在西方哲学的影子里，却没有失去自己的图腾。台湾师范大学林安梧教授的《关于"儒家哲学"与台湾现代化进程的哲学反思——从"新儒学"到"后新儒学"的一个省思》，是一篇从原始儒家、新儒家到当代新儒家对儒学进行宏观梳理的论文。尽管儒学随着时代演进有所变化，但其道德实践却具有恒定性。作者指出："台湾自古就有儒学，自汉人唐山过海来台湾，就有儒学。儒学是伴随着汉人来台湾，自在自如地发荣滋长的。"近三四百年来，由于郑成功、陈永华等先圣先哲的努力和辛勤耕耘，台湾成为中国文化再育的一片母土，并成为"中华文化复兴"的先锋。在台湾现代化的进程里，传统文化起了正面的效用，"彻底的反传统主义者、浅薄的科学主义者认为传统文化妨碍现代化的论断,根本是不正确的"。新儒学在台湾的现代化中扮演了推动和"调节性"的角色,道、佛和其他宗教资源和文化传统的教养资源,也起了重要的调节性作用。作者说,1995年牟宗三逝世后,"后新儒学"呼声渐起,强调要由"'道德的形而上学'走向'道德的人间学',这是一重大转向。'儒学转向',从'新儒学'迈向'后新儒学',从'心性修养'转向'社会正义',从原来的'内圣—外王'转向'外王—内圣',从'两层存有论'转向'存有三态论'"。

香港浸会大学吴有能的《从实存现象学谈儒家人学精神》一文,透过新儒学大师唐君毅的"人学"的义理纲维,来显示其信仰基础及反省的理论意义。作者认为,唐君毅的人学反映了传统儒学特别是宋明理学的精神取向。人学立基于道德理性的反省自觉,本质是真情实感的自然呈现,是攸关主体价值实践的学问。"这种统合理性与感性的内在意义结构,目的在于追求自我与世界生命的满全。""人学以完成人格,丰富人生为奋进目的",从道德自我的挺立,到人文世界的重建,被视为人学的重大纲领。作者主要从"何谓人学"、"人学的信仰基础"和"人学的理论特征"方面探索儒家人学精神。"从内向言,反省自觉往内透显深层的价值意识,把握真我性情,良知大爱;从外向言,则讲求扩大心量,涵容他者以及世界,展现为家国天下的关怀,修齐治平的实践。从向上的维度言,则能展现心灵的升进,上达天道,形成天人合一的理想。而从时间的纵向言,反求诸己之人学,一方面继承传统,一方面开拓未来。"该文从心灵的深度、世界的广度、超越的高度、历史的厚度与未来的长度,阐述了人学的五大精神向度。

关于儒学建设,北京师范大学周桂钿教授在《考察儒学发展史,探索理论创新路》一文中,不仅对儒学的发展历史进行了梳理,尤其对吸纳西方文化精神、民主意识、科学精神的现代新儒学进行了分析。作者认为儒学创新一要与时俱进,二要吸纳异质思想文化,三要说服政治家,借政治力量在实践中发挥作用。

儒学问题,实际上是个哲学问题。西北大学谢扬举教授的《试论深哲学、深思维、深语言》论述了现代以来"深哲学"(deep philosophy)的历史发展过程,并从"深思维"和"深语言"两个侧面深入阐述。"深哲学"最早见于20世纪初挪威存在主义者普夫的报告文学《别了,挪威》,其意为:世界上自然和精神状态正在恶化,存在是个问题,只有避世的隐者才更能看清人类问题之所在,人有必要扩张如何作为人存在的意识,浸润自然越深的人越能得到净化,越具有存在的免疫力。"深哲学"包括"深层形而上学、深层现象学、深层结构、深层世界观、深层自然、深层意识、深层认知、深思维、深自我、深层信念、深层精神、深层意义、深层过程、深层语言、深层道德"等理论。作者列举了《老子》里"深哲学"的精辟论述:"道冲而用之,或不盈。渊兮,似万物之宗。""谷神不死,是谓玄牝。玄牝之门,是谓天地根。绵绵若存,用之不勤。"……这些都是先人在两千多年前提出的比较系统的"深哲学",由此可见中国古典哲学的深邃与价值。

在儒学史上，宋朝陆象山以"鹅湖之会"和《辨太极图说书》与朱熹冲突。学界一般认为陆象山为"心即理"，朱熹为"性即理"。台湾大学杜宝瑞教授的《陆象山的一般学术意见》不仅探讨了陆象山与朱熹哲学思想之异，更探讨了其相同之处。陆象山的学术性格为直接要求实践，要求儒学价值立场在身心下工夫而直接实践，反对后人创作新的概念以捍卫儒学。作者说，一般学者只关心陆象山与朱熹学术上之歧见，而对朱熹以《大学》格致工夫的诠解形成工夫次第论的特色和陆象山所论知行关系的意见几乎完全相同，却少有人重视与讨论，"同"是该文详细讨论的内容。陆象山继承道统，并以曾子、孟子一贯之道自承，此说与朱熹皆同，但陆象山对曾子在孔门中的角色却有发人之所未发之言。该文认为陆象山辨儒佛亦极具特色，讨论重点在于陆象山站在儒学世界观及儒学价值立场所提出的儒佛之辨的意见。

## 四、文化自觉的普世价值及其他

文化自觉是著名社会学家费孝通先生根据世界发展的新趋势所提出的关于人类和谐相处的一个重要的文化理念。"人之初，性本善。"中国文化从古至今就有这种善待一切友善待我之民族的传统，这就是中国传统文化中的文化自觉。但在无知和狂妄覆盖着的今天，文化自觉越来越少，因此这个重要的文化观无论是现在，还是未来，对人类社会发展都非常重要。中华炎黄文化研究会的三位副会长鲁谆、王俊义、王才的联袂论文《文化自觉与中华文化的当代价值》，不仅深刻阐述了文化自觉的内涵，更进一步论述了它对人类生存的巨大价值。"文化自觉，意思是生活在既定文化中的人对其文化有'自知之明'，明白它的来历、形成的过程、所具有的特色和它发展的趋向。自知之明是为了加强对文化转型的自主能力，取得决定适应新环境、新时代文化选择的自主地位。"[①]费孝通曾提出"各美其美，美人之美，美美与共，天下大同"的思想理念和宏愿，"天下大同"就是文化自觉的终极目标。作者认为，文化的历史价值与现实价值是一致的，文化自觉就得正确认识自己文化的起源、承传和发展，以及与其他文化的关系，认识其中的精华与糟粕。作者从弘扬中华文化人文精神、挖掘"天人合一"观念的精华与"和而不同"观念的时代内涵、坚持培育中华民族的传统美德等方面，深入论析了中华传统文化的当代价值，强调文化自觉境界之重要，否则，世界和平将是遥不可及的，更不可能"天下大同"。由此可见文化自觉这一文化观与人类命运的关系。文化自觉是一个民族文化上的自我革命。人类一俟有了文化自觉，就可以克服夜郎自大和妄自菲薄，便能够以"和而不同"的文化心态面对世界，以和谐的文化理念营造内部的和谐社会与外部多元文化的和平共处，创造理想

---

① 费孝通：《费孝通论文化与文化自觉》，第 295 页，群言出版社，2005 年。

世界,共享太平盛世。

中国在人类历史上曾经一路领先,19世纪末,中国因失去现代转型的机会而沦为半殖民地国家。21世纪的中国,正在以不可阻碍之势迅速崛起。北京大学王岳川教授的《发现东方与新世纪中国文化前景》,从历史和文化的深层阐述了中国命运的变化,认为"发现东方"将成为人类的新意识,这是一个民族面对世界的立场,也是一种"文化自觉":"既不是民族主义的排外,也不是全盘西化的照搬,而是从一种全球性视角出发,从生命体验和文明变迁的角度追问困扰人类生命心性的共同问题,在人类文化现状和未来发展的坐标轴上反思中国文化的地位和人类文化走向。"王岳川借用法国哲学家弗朗索瓦·于连的话说:"在世纪转折之际,中国知识界要做的应该是站在中西交汇的高度,用中国概念重新诠释中国思想传统。如果不做这一工作,下一世纪中国思想传统将为西方概念所淹没,成为西方思想的附庸。如果没有人的主动争取,这样一个阶段是不会自动到来的。中国人被动接受西方思想并向西方传播自己的思想经历了一个世纪,这个历史时期现在应该可以结束了。"该文作者坚持"发现东方"和"文化输出"的文化观,因为中国再也不能等着西方来发现,"发现的主体"不再是传教士,而是我们自己。而要发现的,不再是我们那些落后的、僵化的和保守的东西,而是经过欧风美雨洗刷后,中国还有什么东西。"发现东方"首先是中国如何面对全球化和现代化问题。作者同时强调,在加强经济振兴和生活富裕的同时,文化建设同样关键,只有经济和文化同时振兴,人文科学和自然科学齐头并进,才可能不断输出中国有价值的新思想。"发现东方"与"文化输出"具有世界主义的文化互动立场;中国的现代性应该向整个人类体现"东方智慧",人类未来只能是东西方文化的真诚对话和互动,中国在使"西方文化中国化"的同时,也应使"中国文化精神世界化",东西方共同构成人类精神生活中不可或缺的双赢要素。

文化的核心是国民判断是非善恶或利弊得失的价值标准;文化源于生产生活方式的实践体验,并随着后者的变化而变化。天津师范大学庞卓恒教授的《尚和与尚争:中西传统文化主导价值或国民性的歧异及其现代交融趋势》认为,从文化本体论和方法论重新审视中西传统文化主导价值或国民性差异,可以证明"大陆文明与海洋文明"、"专制与民主"、"封闭与开放"的所谓"国民根性"的差异,而这种差异主要来自生产生活方式特殊的"尚和"与"尚争"这两种不同价值体系文明的差异。该文从19世纪中叶"中学为体,西学为用"思潮之始,深刻地探讨了冯桂芬、王韬、薛福成、郑观应,以及"新文化派"与"东方文化派"陈独秀、李大钊、常乃惪、胡适、杜亚泉、梁启超、梁漱溟等人对于中西古今文化之争的各种观点,这种梳理与研究,对于我们认识"文化"极有裨益。作者说,中西古今文化之争还在继续,但否定各民族文化具有时代共性既逻辑不通,也悖于历史与现实真相;把西方文明认定为现代文明的样板、时代共性的代表、具有"普世价值"等,其观点牵强附会,难以服人;否定民族文化,"全盘西化",更行不通;要使中西古今之争向前推进一步,首先需要从本体论与方法论解决应该以什么为依据或标准,然后才能判定文化的时代共性和民族特性。

每一种文化都有自己的精神风格,这种风格决定其特性和拥有这种文化的民族气质。一种文化的长处和短处、优势和劣势,常常是互相依存、相辅相成地结为一体,"最大的长处所在,往往也是最大短处的根源;最大优势的发挥,常常暴露出最大的劣势"。中国政法大学李德顺教授的《试述中华文化的精神风格》从一个高度论述了中国传统文化的最大优势,也深刻分析了中国传统文化的最大劣势。中国文化的优势,在于它的宏观定位——"厚德载物"、"大象无形",集中展现了一个历史悠久大国的民族智慧、精神和气质。"厚德载物"是土壤,"大象无形"是自由,这种精神风格在实践中表现为中国文化上的"胸襟开阔,广纳兼容;求实顺变,不拘一格;善于学习,为我所用"。这种海纳百川的襟怀和气度,使得中国文化"汪汪如东海之波,澄之不清,扰之不浊"。但是,我们这个民族也有最大的劣势,那就是"比较片面、越来越自我封闭的文化倾向。这种倾向的集中表现,在于过分追求'道德文章'和'克己复礼'的偏执之中"。"克己复礼"是以孔子于乱世中所提出的立身治世主张。孔子的"礼治"社会理想和"唯个人修己"的道德思维,其实与人的现实本性和多数人的现实要求是相脱离的。"逆时序的思维取向"总是将目光、思维、习惯、选择和价值判断标准指向过去,"法先王",回头看,以过去为将来立极。这样的"逆时序"的导向缺乏科学精神,必然造成封闭与落后,必然阻碍变革和发展。

中山大学李宗桂教授的《优秀文化传统与中华民族凝聚力》,对如何看待民族文化传统,如何创造性地转化优秀民族文化传统为复兴中华文明提供资源,促进中华民族精神和力量的凝聚作了深刻的探讨。"传统"是什么?"在社会转型时代,'传统'是消极力量,必须被摧毁;而在社会稳定时代,'传统'是'保守'既成的社会秩序的巨大力量。""'传统'是由历史沿袭而来的思想、道德、风俗、艺术、制度等,是特定民族在漫长的历史实践活动中积累而成的稳定的社会因素,体现在劳动方式、生活方式、思维方式、行为方式等社会生活的一切方面,涉及政治、经济、意识等相当广阔的领域,并通过社会心理结构及其他物化媒介得以世代相传。"历史上流传下来的社会习惯力量,存在于制度、思想、文化、道德等各个领域,对人们的社会行为有着无形的控制作用,这就是传统。作者对"传统"的定义与内涵作了解读,认为"传统就是历史上形成的、具有稳定的组织结构和思想结构要素的、前后相继的、直到现在仍然潜在地影响着人们的特定的思维方式、价值观念、道德风俗等深层文化的社会心理和行为习惯"。优秀文化传统的主体内容在于具有自强不息的奋斗精神、和谐统一的博大胸怀、崇德重义的高尚情怀、整体为上的价值取向。在文化上具有这些精神取向的民族,必然是一个有着极强凝聚力的民族,也就是说,一个民族在社会秩序和思想文化方面由离散到聚合,由波动到稳定,由混乱到协同,就在于这种特定精神力量的支持与整合。传统可以集合人心、整齐力量、团结族类,将一个伟大的力量集合于文化思想的旗帜之下。作者对文化传统及其与一个民族生生不息的命运关系,都作了极为辩证透彻的论述。

## 五、传统文化链上的相关文化探讨

中国传统文化影响、主宰着中国的政治、经济、教育、思想、道德和行为,近代以来的落后之因,也全是源于文化。虽然文化并不是万能的,但却可以强烈地左右我们的世界。中国社会科学院雷颐教授的《中国现代思想史中的科学思潮与人文思潮冲突——"科玄论战"透视》极具启发性。文章论述了发生在20世纪"五四"时期以张君劢、梁启超、林宰平等为代表的"玄学派"与以丁文江、胡适、唐钺为代表的"科学派"的论战。张君劢提出"科学无论如何发达,而人生观问题之解决,决非科学所能为力,惟赖人类之自身而已"的论点,挑起与留学英美的科学家、哲学家和心理学家的激烈论战。当时的新文化运动以"民主与科学"为武器,批判传统,反对盲从,重建民族文化心理,培养独立人格,认为只有西方文化中的科学理性精神才是国家强盛的基础,也是改变中国人对事物偏重笼统的整体直观把握、轻于明确的具体逻辑分析的思维习惯的法宝。从"师夷长技"到以科学理性重铸民族精神素质的深化,中国思想界经历了从器物文化认同到心理文化认同的过程。新文化运动的先驱"力图把科学作为全新的价值体系输入中国,取代以儒学为中心的传统价值体系,希望科学精神浸透到中华民族的灵魂之中"。两派观点相左,"玄学派"认为科学不能解决人生观问题,人生观的解决只能靠自省,强调中国传统的修身养性;"科学派"认为只有科学(实际为物理科学)的方法,才能解决道德问题,他们从心理学、生理学的意义来谈论人类意识、道德精神,进而把心理还原成物理。作者认为这场论战共同的哲学根源是心物分离的二元论(人类意识与躯体,即心与物是分离的),"玄学派"的理论抽去了人的社会性,把人类的社会实践分解为行动者个人的行为与意识;而"科学派"则从生理结构和心理机制来认识人类意识,否认意识的个性与主体性,把社会看作个人活动的机械累积,同样否认了社会实践。这两种不同思想的激烈交锋,探讨了心物关系、实证哲学与人本哲学及理学与汉学等许多问题,虽然缺乏哲学的严谨与深度,但论战意味着中国实证哲学流派的形成,突破了传统直观把握的宇宙观,标志着中国现代哲学的开端。

辅仁大学邬昆如教授的《中西科技文明起源与发展比较研究》论述了中西科技起源以及近代中国科技落后之因。在人类社会发展史上,中国科技原本走在前面,但道器分离之后,便走了下坡路。作者从《易经》、《诗经》、《书经》说起,从"阴阳"二元素说到宇宙定位,从"乾道成男,坤道成女"(《易经》)、"男大当婚,女大当嫁"(《书经》),说到安排人生和确立人际关系,从宇宙论说到人性论,他认为这些伦理道德的建立,对社会安和利乐的推动,都贡献卓著;但是,"中国官方几千年来,都没有看好科技,致使理念无法落实制度,因而科技文明在传统中国,一直未能展开"。这也许就是落后的重要原因。中国有《天工开物》、《农政全书》、《本草纲目》,还有郑和下西洋的造船技术,这些"都早于西洋同类型的科技百年之久"。但是"先民有创业的精神,后人的守业能力却不足;致使中西方的接触,暴露出中国的贫弱",而我们反省之后,又出现崇洋媚外之心态。此文思想丰富,其深刻的意蕴令人深思。

珠海刘明武先生的《科学与道器之学——两种文明背后的两种"学"》别开生面地论述了道器之学对于中华文明的深远影响。中国文明是几千年的事,现代西方文明是近几百年大事。作者说,文明有古今东西之分,"如果现代西方文明与科学——赛先生——有直接关系的话,那么中国古代文明显然是在赛先生之前的文明。这说明赛先生之前之外还有可以创造文明的先生,即科学之外还有'学'。可见,赛先生并不是人类唯一的先生"。中华先贤从自然之道与自然之物中汲取了发明创造的智慧,形成了"以道论之"的思维方式——以道论天地,以道论万事万物,以道论器,以道论技,以道论术,论出了一部部经典、一件件器具及一项项技与术。作者认为,正因为有了"以道论之的道器之学",古代先贤才有了世界一流的发明创造和古代文明。道器之学以尊崇自然、和谐自然为基础,所以道器之学创造的文明是可以延续的文明。现代科学以征服自然为目的,所以科学创造的文明是不可以延续的文明。作者列举了道器之学的五大特征,还分析了"道"的十大理论问题,认为"道"、"器"二字解决了生活和生产中一系列重大实际问题。在天地、空气、水以及人类本身受到严重污染伤害的今天,发明创造借鉴与尊崇自然的传统智慧是必要和必需的。

台湾东吴大学黄兆强教授的《返本开新——中国史学上的褒贬传统》阐述了史学的褒贬传统及其意义。自历史诞生以来,无论是历史评论、史学批评还是价值判断,所负载的唯一宗旨就是"褒贬",客观公正的"褒贬"是历史的价值归宿和生命。作者从孔子、司马迁说到清代中叶的乾嘉学派的代表人物钱大昕、王鸣盛,他们都是"无征不信"、"据实书写为贵,不尚空谈、虚发议论"者,但是对史事、人物施予褒贬则属于"最自然不过的事"。新儒家代表人物唐君毅在为牟宗三《历史哲学》写的序中说:"中国固有之学术精神,皆重即事言理之义,故事实之判断,恒与价值之判断相俱……即史事以明道,据道以衡史事之精神。"道是抽象的,不易明白,故必赖史事;惟史事之是非对错又必赖道以衡定。史家必有其价值观念,其观念又必须自觉或不自觉地落实在自己的史著中。作者引用唐君毅的话说:"史学则须以同情的智慧,理解事理之得失,不能不用人生文化价值之概念,以从事评价。""一切记录,都是一选择,一切选择后面都有一价值标准,则必然有新闻之评论。一切评论,皆有褒贬,而意在指导人心,亦即皆同于孔子作《春秋》寓褒贬的旨趣۔"综上所述,作者说史家之历史判断有以下原因:其一,人性本然:缘于人性本身之自然性向,即所谓八卦(好说三道四);其二,经世致用的意识:史家不容己的道德使命感和忧国忧民的意识;其三,知性功能:价值判断可使读者更了解史事之本身。价值判断(褒贬)是史家义不容辞的分内事,这是史家"实然"、"应然"的行为。作者在论述了"中国历史评论史"之后说,"世间事物永远有其正反两面。史评史论,其劣质者,或流于信口雌黄,空发议论,无补国计民生;其严重者,甚或误导读者,使之对史事产生错误的了解,以致对人类的行为方向及具体做法,作出错误的引导;至若其轻微者,则至少浪费读者的时间。当然,史评史论之优质者……读者每能从中总结历史经验,吸取教训,以为鉴戒"。作者强调,一个真正的史家对家国、社会、民族乃至于全人类都要有责任感、使命感,唯此才能求真、存真、传真,才不辱史家之使命。

东方哲学中的"天人合一"是中国古代以综合思维为基础的最具代表性的思想观念,与西方征服自然的思想大相径庭。季羡林、蒙培元、汤一介等认为这一思想对克服危及人类生存的弊端及人类未来生存与发展至关重要。但是,有人却认为"天人合一"思想是一种神学目的论,并不是生态伦理或自然保护哲学。对此,山东大学曾繁仁教授在《中国古代"天人合一"思想与当代生态文化建设》一文中作了精湛的分析与论述。"天人合一"是中国传统文化的核心思想,作为中国古代特有的哲学理念与思想智慧,"位育中和"是其核心内涵,包含了中国古代有关"天地人"三者的辩证关系,对于当代生态文化建设极具价值。"天人合一"与"中和论"源于《周易》。作者从"太极化生"之古代生态存在论思想、"生生为易"之古代思维、"天人合德"之古代生态人文主义、"厚德载物"之古代大地伦理观念及"大乐同和"之古代生态审美观等方面,对古代关于天文与人文互为依存和统一、相生与相克、"天人合德"、"天人之和"之道,都作了深刻阐释。《周易》的真正内涵不是认识论哲学,而是古代存在论哲学,讲的是宇宙人类的生存发展。在人类万物生成的基本观念上,《周易》提出了"太极化生"的重要观点,"是故易有太极,是生两仪,两仪生四象,四象生八卦,八卦定吉凶,吉凶生大业"。人与自然相生相克,但只要关注天时地利人和,就会由相克转化为相生。"在人与自然的关系上,人类更应该主动遵循自然规律,与自然'合德',这才是天文与人文统一的前提,是建设当代生态人文主义的首要条件。""太极化生"中的"中和论"思想浸透于几千年来中华民族的日常生活之中,"和而不同"、"生生为易"与"和实相生,同则不继"等我国古代这种"共生"哲学,实际上就是一种疗治现代文明病的良方。

中国社会科学院于沛研究员在《对近代大国崛起的文化思考——兼论中华文化的当代价值》一文中,从"实现民族独立、国家统一,创造政治稳定局面;全面发展经济,奠定国家强盛的基础;放弃闭关自守,坚持对外开放;重视改革,不断创新和抓住机遇,及时决策"几个方面,深刻总结了近代大国崛起的历史文化因素。作者认为,独立、繁荣的民族文化,是一种强大的精神力量,同物质力量一样,也是民族国家崛起不可或缺的基础和前提之一,而且在特定的具体的历史条件下,文化的精神力量甚至会发挥出比物质更重要的作用:"任何一个在经济上贫穷、政治上分裂的国家都不可能崛起和发展壮大;同样,任何一个充斥着文盲,文化贫乏、落后的国家也不能崛起和发展壮大。"该文以大量的史实和事实,阐述了两种"崛起"的不同含义———一种是血性的"扩张",以牺牲别国自由和利益为代价;一种是"和平",完全是靠自己发愤图强建起的一种强大和繁荣。"近代西方国家崛起的过程中的扩张不仅表现在经济和军事上,而且也表现在文化上。文化扩张既是经济扩张的结果,也是经济扩张的前提。"作者还以大量数字,具体描述了当代文化帝国主义对于别的国家与民族的"占有"。贫弱国家要崛起,这要看"有无民族精神,有怎样的民族精神,这是一个民族能否自立于世界先进民族之林的重要条件"。中国优秀传统文化具有丰富的精神资源,加之吸收和借鉴人类社会创造的一切优秀文化成果,弘扬民族精神,着力于中国传统文化的现代转换,就可以在各种文明共存共赢中,壮大自己,繁荣自己。

## 六、哲学、礼俗及伦理的探讨

文化的意蕴丰富广博,但其组成的基本成分与核心是哲学。

哲学在"世界存有论"的框架下,被定义为哲人之学,是"通于天地一切存有与存有者间的学问和智慧"。南华大学欧崇敬教授的《中国的后形而上学与基础主义形上学的批判———世界存有学引论》对"世界存有学"的起点及中国的"后形而上"、"后后现代"及"后结构"等进行了深层次的研讨。作者说:"哲人之学起源于华夏特殊地理环境下的惊蛰与觉悟和纯粹直观内观洞察,这与希腊的 philosopia 所起源的惊奇有所分野,当然在存有的视野下应沟通由此决裂而发展出来的不同文明序列。""'哲学'一词可谓 21 世纪华人所特有,那么其领受的内涵能力就必在于'感性'、'理性'之外尚具'直观'、'内观'及超越此在时间空间对物与事件的领受掌握能力。"

台湾耕莘护理专科学校苏嫈雰的《哲学咨商的当代价值》专门阐述了"哲学咨商"(philosophical counseling)命题。作者说,自古以来哲学即因人类心灵的需求而发展,而哲学咨商的发展说明人类的心灵需求除心理咨商及精神医学之外的一种深层需求。哲学的对象是人,其目的在于助人,照护人的灵魂。哲学咨商的消极的目的在于助人度过人生矛盾、挫折及困境;哲学咨商的积极的目的则是看出人内心的渴望,助人在宇宙中定位及安身立命,提升人性尊严及价值,达至知人、知物、知天。休斯特·舒斯特(Shlomit Schuster)说,"哲学咨商"这一概念"并非源自心理咨商,它以前既没有被心理学家或治疗师运用过,也不是心理哲学混合方式的支脉"。哲学咨商的实践,将哲学知识及专家意见应用到真实的生活之中,再次显示出哲学的真正价值。

礼俗被认为是治国之根本。礼俗如何互动,是构建中国思想史的关键。中国社会科学院刘志琴教授在《礼俗互动是中国思想史的本土特色》一文中论述了两个问题:一是关于中国哲学史与思想史,二是关于中国礼俗。中国思想史作为前沿学科遭遇了许多困惑。思想史不等同于哲学史而又远比哲学史丰富,而采用西方哲学观念和方法解释中国思想家的思想,是造成思想史与哲学史的边界长期混淆不清的根本原因。几部现代最著名的中国哲学史和中国思想史,都有"是哲学史又似思想史,是思想史又似哲学史"的通病。作者认为,其之所以如此,是因为思想史用以分析物件的概念,阐述体例和框架与哲学史大同小异,学术语词极其相似,致使两者相异又相同。"中国哲学在哪里?"从中国典籍中发掘解释系统,创建不同于西方的解释学(汤一介);建立人间哲学,让哲学融入生活,与生活保持同步前进(楼宇烈);将生活提高到新的高度,生活是历史的本体(李泽厚);回归生活,重建儒学(黄玉顺);思想史应该扩大到一般知识和信仰的范围(葛兆光);思想史要阐明精英思想的社会化,重建礼俗文化的知识系统(刘志琴);任继愈则强调,要从生活文化入手。以上观点,都为中国哲学史和思想史的建设提供了思考。关于礼俗,刘志琴认为,哲学有人类性,不分民族、国别与中外古今,也不分文明发展的先进落后,凡是人类生存的地方,都要对人类自身的来源、生存和发展作出解释。人的思想认识和人生态度包括三个问题:怎样看待"人自身"、"人与人"和"人与物"。关于"人自身",希腊德尔斐神庙上有句名言:"认识你自己。"卢梭说这句话"比伦理学家们的一切巨著都更为重要更为深奥"。"自我"是人生的切入口,不断认识人的本性,发觉自身的能耐,表现出向外拓展的趋向。孔子说:"人之生也直。"荀子说:"人无礼则不生。"人为德行而生存,人人都要从反躬自省的自律中追求理想境界的道德完善。三个问题中,在中国看重的是人与人的关系。伦理观念浸入器物,形成日用之学。"生活与观念是人类分别在物质生活与精神生活不同领域的行为和反映,生活是感官的满足和享受,观念是理性的思考和选择。"伦理是道德精神和价值观,是稳定的不变因素;器物乃是人的享用物,是易变的不稳定的因素。在中国思想史上覆盖面最广的两个概念是从生活日用中发源的"礼"和"法"。"伦理观念寓入日用器物之中,将有形可见的器物内化为理性的东西,使之秩序化信仰化;而在内化的过程中,器物超越其使用价值,成为人与人沟通的媒介。这样,形上有外在的形下表现,形下有内在的形上寓意。道器有分,而又无分,促使人们达到道器合一、即道即器的境界。"中国人礼俗观念强,大至天道运行,小如日用器物,深到修身养性,无不以伦理为本位,修身、齐家、治国、平天下,概以伦理为出发点和归宿。伦理在中国,内化为修己之道,外化为治人之政,超越一般意识形态,形成系列的社会制度,即礼治秩序。中国基层社会的运行本于礼俗秩序,礼是涵盖上下、贯穿了精神和物质的价值观念。中国思想史的研究应突破观念史的局限,贴近生活,建立中国真正的思想史。

现代社会物欲横流,经济日益发展,道德每况愈下,自私自利,公德失范,没有责任感,便是当下人类社会的写照。台湾辅仁大学陈福滨教授的《伦理与中华文化——以先秦儒家为论》就是从先秦儒家的伦理入手,论述其时代意义及价值。该文阐述了伦理的六个方面:一、伦理的意义;二、西周以前与孔子的贵仁礼尊;三、孟子的善端良知;四、荀子的隆礼贵义;五、《礼记》与《孝经》中的伦理思想;六、儒家伦理的时代意义及其反思。作者说,伦理是中国文明发展的重要内容,此一传统思想是以儒家道德思想为主体的。"伦"是"辈"、顺其理的意思;"爱非仁,爱之理是仁;心非仁,心之德是仁"(《朱子语类》);孝悌是仁心最初的表现,是行仁的开始,由亲亲而仁民爱物。人的言行举止依"礼"而做,才能达到"仁"的境界,"'仁'充实'礼'的内容,'礼'成'仁'的行为节度;因此,'仁'作为一种道德意识,又是'礼'的基础,两者统一而不可分"。孔子立仁、义、礼,孟子提出心性之学:"恻隐之心,人皆有之;羞恶之心,人皆有之;恭敬之心,人皆有之;是非之心,人皆有之。"(《孟子·告子上》)"恻隐之心,仁之端也;羞恶之心,义之端也;辞让之心,礼之端也;是非之心,智之端也。"(《孟子·公孙丑上》)孟子性善论的补充,造就了儒家"重德"的文化精神。《大学》说明德、亲民、格物、致知、诚意、正心、修身、齐家、治国、平天下这"八条目"的终极为至善。"礼"是序天地、人伦的大经大法,"礼"是自然界的秩序法则,对个体来说是教养,对群体而言是规范。《中庸》的道德修养论即是以"礼"作为"致诚"的人道,透过"礼"的秩序原则再配合"乐"的和谐原则,即可达到天人合一的"中和"境界,让儒家道德的理想精神在市场经济下,调节"科学主义"中的过分个人化、实利化、世俗化的喧嚣,提高国民素质,改善社会风气。

佛教从印度传入中国后,隋唐以降,经过与中国儒、道二教互相比较与竞争,彼此借鉴、吸收与会通,一方面完成了完全具有中国民族特色的佛教进程,一方面它的理论又极大地丰富了中国传统文化。著名佛学专家杨曾文教授在他的《中国佛教伦理及其当代价值》一文里不仅论述了中国佛教伦理体系及其道德观和道德规范,同时还阐述了佛教伦理在当代的价值。伦理包括道德观、道德意志和情操,也包括道德准则、规范和道德行为,具体说就是关于人们行为的善与恶、公正与偏私、诚实与虚伪等观念、情操及调节人与人之间的关系、个人与社会关系的行为规范的总和。佛教以"仁慈"、"大慈大悲"为最高道德理念,其意蕴与儒家的最高理念"仁义"颇为接近。"大慈大悲"的基本理念要求修持"六度",上求菩萨,下化众生,不求中途涅槃,甚至提出"众生度尽,方证菩提;地狱未空,誓不成佛"。该文还阐述了"八正道"、"五戒"、"十善"、"六度"、"四摄和六和"、"知恩报恩"等中国佛教伦理主要的道德观念与规范;这些观念与规范虽然都来自印度佛教,但作为中国佛教的重要内容,都与中国儒家正统的伦理思想仁义礼智信及忠、孝、和、恭、宽、惠等道德观念相通,形成了以儒家伦理为主、佛道二教伦理为辅的中国传统伦理体系。作者在介绍佛教伦理贴近人生的"人间佛教"的基本教义时,特别指出近代以来的太虚大师(1889—1947)、印顺大师(1906—2005)、赵朴初居士(1907—2000)和星云大师在推动佛教伦理方面的不懈努力。佛法源出人间,也要利益人间,"提倡人间佛教的思想,就要奉行五戒、十善以净化自己,广修四摄、六度以利人群"(赵朴初语),他们都为实现人间净土作出了贡献。作者认为,在道德沦丧、世风日下之时,佛教伦理是适应时代、贴近生活的人间佛教重要组成部分,除了佛教的自身建设,在重建公民道德、促进人类精神文明发展中可以发挥很大的作用。

"人生之初,面对的只能是一个集成的现实社会,而这个社会又只能是世世代代积累而成。"任何人都不能逃脱传统,再大的天才也不能"跳出三界外,不在五行中"。因此,传统文化的价值,任何时候都是不可取代的。中国社会科学院前副院长丁伟志研究员的《再论传统文化的性质与作用》指出,我们人世之间,衣食住行,做人做事,道德行为,一切生存方式,一概是传统文化的赐予。"人只能活在传统中",人们接受传统文化是被动的,无从逃避,别无选择。但是,随着人类社会的进步和文明程度的提高,人的实践经验和文化知识的增长,对待传统文化的主动抉择能力便会不断提高,"一是对传统所有者可以有所选择,有所取舍;二是对传统所无者可以有所创新,有所增补。文化上这样的选择与创新,自然只能是在继承的基础上进行,只能是在承传固有文明成果的同时进行。但是,既然文化进程不可避免地发生着、存在着选择和创新,那么也就证明传统文化所包含的具体价值,随着时代的推移和环境的变迁而发生着变异"。作者说:"任何人都不能不对前人留下来的文化遗存进行价值评估,即使是最忠诚的以继承传统为己任的文化巨匠也不能例外。"这一点,作者以把"祖述尧舜,宪章文武"作为毕生使命的孔子为例,说明他对文化遗产也不是全盘采纳,也有选择。对于传统,"拔其本,塞其源,变数千年之学说,改四百兆之脑质"其实是不可能的。无论是当年关于中西文化优劣长短之争、"国故"与"欧化"之争、20世纪20年代"路向"之争和30年代"本位文化"与"全盘西化"之争,以及至今仍未了结的争论,既不能否定中国传统文化的伟大价值,也不能否定中国文化必得有不断的创新与发展。文化是一个不断积累的过程,"旧为新基","前人的文明积淀,是后人文明发展的基础。有没有这个基础,这个基础厚不厚,对于后来文明发展的影响有着决定意义"。传统文化具有无可置疑的延续性,但这并不意味着传统文化是停滞不前的。

# 七、传统文化中的民生民权与孙中山思想

在诸子百家争鸣的思想洪流中,"有资格被称为显学的,除了儒家之外,就是墨家"。墨家留给人们的,除了"非攻"、"兼爱",还有激烈批判不平等上流社

会的"非乐"。台湾南华大学黄淑基研究员的《〈墨子·非乐〉贫民务实的批判性理论分析》一文指出,"非乐"是墨子政治思想的重要组成部分,它异于儒家思想,对封建王权制度下的腐败政治进行了严厉批判。为了破除政治影响下的社会经济的不平等,建立一个理想中的兼相爱、交相利的平等国家,墨子主张改制创新,并针对当时社会的弊病痛下针砭,以其坚毅不屈和拔本塞源的决心,提出了"非乐"理论。"子墨子之所以非乐者,非以大钟、鸣鼓、琴、竽、笙之声以为不乐也,非以刻镂华文章之色以为不美也,非以犓豢煎炙之味以为不甘也,非以高台厚榭邃野之居以为不安也。虽身知其安也,口知其甘也,目知其美也,耳知其乐也,然上考之不中圣王之事,下度之不中万民之利。是故子墨子曰:为乐,非也……"《墨子·非乐》充满了正义感,对以乐投统治者所欲者亦表达了强烈不满,墨子"所非之乐乃指过度不当,并对万民不利的'乐'……与儒家的传统雅乐意识有相当大的不同"。

台湾东吴大学许雅棠教授的《以民生为本——民本试说》先讲孙中山谋求百姓生活福祉的政治智慧,再讲其以养民为目的之"民生主义"的见解:"民生主义就是人民的生活,即社会的生存,国民的生计,群众的生命便是。""建设之首要在民生。故对于全国人民之衣食住行四大需要,政府当与人民协力……"然后,就先哲对于"民本"与现代"民主"进行梳理与阐述。《尚书》的"民惟邦本,本固邦宁"算是最早的"民本"思想。贤君之贤,在于对于民意和舆论的态度,"天聪明,自我民聪明","天视自我民视,天听自我民听"(《尚书》),"天矜于民,民之所欲,天必从之"(《尚书·周书·泰誓》),"民之所好好之,民之所恶恶之,此之谓民之父母"(《大学》)……民心动向,决定于百姓有无可靠的民生生活,所谓仁政王政王道,无外乎根据民心向背制定出保障民生的治国政策与制度。孔子、孟子等都多有对于施政者的醒世箴言,但这些传统思想对统治者来说,能有多少"贤君"能担得起百姓之"父母"?关于"民主",作者认为它是当代政治思想的龙头显学,大有"至上"的势头;"自由主义"有积累式民主和"审议式"民主两种模式,但不是"鱼与熊掌"择一舍一,而是结合"民生"和"民主",学习领会中国"和而不同"及西方混合体制表现出来的政治智慧才能体现真正的"民生"。

浙江大学张家成教授的《论孙中山先生之民族观》一文阐述孙中山的"民族主义"思想,认为"开放"、"进步"是引领中国走上进步潮流的主旋律,也是他民族观的基本特征。孙中山民族观的演变与发展经历了三个阶段:早年幻想自上而下地推行"维新改良",领导推翻清王朝统治的辛亥革命,胜利后提出满汉蒙回藏"五族共和"与民族统一的主张。孙中山为了改造中国鞠躬尽瘁,其思想的特点在于能够"与时俱进",不断超越过去,其目的在于"求中国之自由平等。积四十年之经验,深知欲达此目的,必须唤起民众,及联合世界上以平等待我之民族,共同奋斗"。

广东社会科学院黄明同在《儒家大同理想与孙中山的大同情结——兼论儒

家大同思想的当代价值》中指出,大同和谐社会是孙中山社会建设的最终目标,他试图通过系统建设、开放建设、协调建设和均衡建设,而最终建设成一个"民有"、"民治"和"民享"的如孔子所希望的大同世界。孙中山进行社会建设的终极目标无论在政治上、经济上还是道德思想层面上,都与儒家所憧憬的大同社会一致。孙中山承传中国古代的大同理想,延续中国人对和谐社会的向往与追求,在这些先贤的思想宝库中,有我们取之不尽的解答当今社会问题的智慧。

## 八、地域文化与儒商文化

每个民族都有自己的文化,每个地域在历史的演进中又都形成一种文化。中国社会科学院王震中教授的《传统文化与当代价值:以龙及其民族凝聚力为例》细腻地考察了龙文化的历史渊源,认为龙之所以成为上古以降的精神崇拜,不仅在于它曾是中华民族远古部落太皞氏、共工氏等的图腾,更主要因为它在中国农耕文化中代表春、生、雨、水,是一个极富生命力和力量的万能的农业神。尽管龙曾被封建帝王赋予权威的象征,但数千年来它却一直与百姓的思想和感情息息相关,因此,龙便成为中华民族共同的文化心理和文化传统,成为一种凝聚力和向心力。

中华文化系由地域文化融会而成。这次研讨会,关于地域文化与商文化也有多篇学理深厚、视域新颖的佳作。湖南大学朱汉民教授在《湖湘学术传统的近代转型——中国近代化进程中的文化承传与创新问题管窥》一文中,对奠基于南宋时期的湖湘学派经过明清时期的发展和转型而形成的实学化的近代文化形态进行了阐述:从"圣人之功,无非实理"、"有其体必有其用",到王夫之提出的"道"归于"器"、"天下惟器而已矣,道者器之道,器者不可谓之道之器也。无其道则无其器,人类能言之,虽然,苟有其器矣,岂患无道哉?"及至近代,以魏源、曾国藩、郭嵩焘为代表的湖湘学派,"明体大用",引进西学,重"器"、"技",进而发展成为实学型的湖湘文化,即将源于西方文化背景的科学技术、经济体制、政体形式等学术思想纳入实学体系,形成一种经世实学和强国治术。作者除了肯定这种实学型的近代文化的正面意义,也指出了它的负面意义。

浙江社会科学院吴光教授的《论"浙学"》探讨了已有七百年历史、曾经促进浙江和中国文明进步的"浙学"的历史渊源、文化演变、人文传统和理论内涵、思想特色及当代价值,是一篇有深度的力作。

厦门大学陈支平教授的《闽台区域文化特征概论》论述翔实而深厚,将闽台区域文化梳理归纳得井然有序。福建在秦汉之前,土著居民被称为"越族人",民俗自成体系,傍水而居,习于水斗,善用舟;汉晋至五代,中原汉人入闽,汉文化迅速传播,生产和生活习俗、人生礼仪与岁时节庆、宗教信仰等逐渐占据主导;及至宋代,"闽学"兴起,作为人文传统,明清时基本定型。历史上,绝大部分居民来自福建的台湾,隶属福建,台湾的社会形态与文化特征几乎就是福建的翻版,无论是血脉上还是文化上,二者都无法分割。作者从"多元复合的行为性格"、"复杂多样的地方方言"、"冒险打拼的进取精神"、"异军突起的文化学术"、"历久不息的乡族观念"和"杂乱无序的民间信仰"等方面论述了闽台文化的总特征,并总结说,尽管台湾政治生态发生了变化,但是"闽台区域文化的核心部分依然是一致的",都属于中华文化的一部分。

中国人民大学葛荣晋教授的《道家"无为"智慧与现代企业管理》一文,对将道家的"无为"智慧思想用于现代企业管理进行了深刻论述,指出道家"无为"智慧所包含的三层含义,即管理方法的"无为而治"、管理主体的"无为"品格和管理境界的"无为"理想。作者先以"在管理方法上,要'有所为,有所不为'"为题,从四个层面上论述"无为而治"的道家思想:其一,企业决策上要"有所为,有所不为","将治大者不治小,成大功者不小苛";其二,在企业用人上要"有所为,有所不为",即在识贤、求贤上有所为,而用贤上有所不为,亦即用人上实行"君无为而臣有为"的管理思想;其三,行为上提倡"顺其自然"之为,"不采取反自然的行为";其四,要有"不争之德","天之道,不争而善胜",在市场竞争中,既要竞争,又要"不竞争",适时掌握"不竞争"的推出战略。作者还以"在管理主体上,要有'无为'的内在品质"为题,论述道家的管理思想。"胜人者有力,自胜者强",因此主张企业家要有"自见者不明,自是者不彰,自伐者无功,自矜者不长"的处世哲学。此外,企业家还要有"挫其锐,解其纷,和其光,同其尘"的品质与能力,还要"圆若用智,惟圆善转",能坚持"三宝"即"一曰慈,二曰俭,三曰不敢天下先",要"上善若水","言守信",要有"大巧若拙"和"不言之教"的美德,这便是道家的理想人格。最后,作者又以"'无为而治'是管理的最高境界"为题,对道家的管理思想进行进一步剖析,强调"无为而治"的管理境界可以镜鉴当今企业与政治管理。作者还强调说,道家的"无为而治"不是凭借"法律"和"道德"实施管理,而是凭借道家的"顺其自然"的"无为"哲学智慧进行管理,这是一种以最小的管理行为获取最大的管理效果的高超管理艺术。

安徽大学解光宇的《论徽商"贾而好儒"及其现代价值》从文化上探讨了徽商"贾而好儒"的现代价值。儒家文化具有重人情、重伦理、重道义的传统,这也是徽商的重要特征,他们无论是"先儒后商",还是"先贾后儒"或"亦贾亦儒","贾"与"儒"结合是"儒商"之内在根本。徽商以儒学指导"贾行",以"仁"、"善"和"以义统利"思想指导其商务活动。作者认为,"儒商"优秀传统的现代价值主要体现在儒家"仁"与现代公司的利益、儒家利益观与现代公司的互惠互利及儒家的"人和"思想与商务管理的"双向对称"三个方面。

中国社会科学院叶坦研究员的《中日近世商品经济观及其现代价值——以石门心学和浙东学派为中心》,以"历史发展阶段的相似性"而非"实存时间"作比较基准,对中日近世商品经济观中最具代表性的江户时代石门心学与宋代浙东学派的代表人物进行考察,指出两者均蕴积着社会经济形态转化的重要因素,凸现了经济观的变迁。从"近世"向"近代"的转化过程中,商品经济是一个关键要素,而"如何认识与对待商品经济及其发展,成为商品经济观的核心。这一经济观,对后世及今天均有很大影响"。

## 九、中国古典文艺的当代价值

从原始先民祭神娱人的歌舞开始,作为综合表演艺术的中国戏曲就开始了它的历史进程。但是,中国戏曲的真正成熟始于元杂剧,这是第一个时期;从明代至清代前期,是第二个时期;从清代中叶乾隆年间至20世纪30年代,是第三个时期;20世纪50年代之后为第四个时期。这一悠久的历史,在中华炎黄文化研究会副会长曲润海的专题演讲《中华戏曲的保护与创新》中得到了淋漓尽致的展示。戏曲是一种具有融文学、音乐、舞蹈、绘画、服饰、说唱、杂技、武术为一体的综合性及表现性、虚拟性和假定性的动态性的艺术,曲润海全方位地讲述了一部中国戏曲史,尤其对被联合国列入第一批人类口头和非物质遗产的昆剧的保护、继承和推陈出新,作了精彩的论述。

中国文学作品是承传中国文化的重要载体,它始终保持着文化的人道性和鲜活性。"文化是包容历史的整体,是人类多方面生活的一个综合体,而文学则是文化体系中的一个重要部门。"北京大学童学文教授引用钱穆的话,来说明文学和文学理论之重要。"现代性"给文学理论学科建设带来许多弊端和问题,造成当下流行的不少理论命题的狭窄性与荒唐性。消解这种困惑与问题的药方是什么?西方文论能否"本土化"即"中国化"?中国现代文学理论能否从中国传统文学理论中汲取营养?童学文教授的《中国传统文学理论的当代价值论略》作为一种探索,给了我们一个肯定的回答。作者在阐述传统时说,所谓"传统"并非就是旧的或保守的东西,作为民族文化的精髓,传统是活的,具有可以传播延续下来的巨大生命力。晚清以降,政治腐败,民不聊生,外敌入侵,在"西学"的比照下,知识界认为中国落后的"罪魁祸首"是传统文化,因此这个传统便遭受到冲击和摧残。于是,传统韬光养晦百余年之后,不仅主要靠内功修葺和恢复着自己的精华,同时生发出更多的抗争能力。我们文学理论的"现代性"使之具备了三个特点:其一,话语层面的"西化",中国文论患上"失语"症,只有少数学者案头还放着"秦砖汉瓦";其二,学理层面的"反传统化",目前的文学理论,"文学"是现代性的概念,"理论"是现代性的概念,二者加在一起更是离传统很远的现代性;其三,思维层面的简单化——关于这一点,作者认为,"倘若外国文学理论只是作为一个学科被引进来,没能跟中国本土学术有机地结合,没有学科的实际上的自觉,那它就只会扮演一个尴尬的角色:不过是原装引进的知识,而非独立自主的学问"。另外,如果中国传统不能吸纳文学理论,中国古代的文学理论也是无本无根之学,势必被一种流行的简单的思维方式所左右。作者认为,要使传统文论最大限度地发挥其当代价值,首先就要对其进行从元典出发的"还原"。所谓还原,既要有"历史还原",还必须有"意义还原",即真正完整地认识某种学术或理论的超越于历史语境的意义。

## 结　　语

本次中华文化论坛所涉及内容的丰富性是空前的。除了述评的论文之外,尚有瞿林东《中国修史传统与中国文明传承》、陈卫平《儒家礼乐文明与近代海派文明的互补》、黄爱平《中国古代的文化传统与图书编纂》、胡从经《许地山力倡中华文化以提升民族凝聚力的理论与实践》、方铭《秦博士的遭遇与儒家"迂远"的再认识》、周延良《宋代古器图录学社会文化背景考论》、杜勇《论夏朝国家形式及其统一的意义》、叶海烟《台湾的中国文化认同问题》、谢政谕《文化创新与宪法之治的生成》、李尚英《〈清史〉纂修与中华传统文化》、王志光《中华文化与民族凝聚力》、张淑贤《沟通中西:梁实秋的文化选择》等论文,多为探索深刻、颇多新意之作。

（作者:北京语言大学教授）

# "西学与清代文化"国际学术研讨会综述

◇黄爱平

由国家清史编纂委员会和中国人民大学清史研究所联合举办的"西学与清代文化"国际学术研讨会,于2006年8月24—26日在北京中国人民大学和友谊宾馆隆重举行。出席会议的专家学者共110人,其中内地学者99人,海外学者11人,分别来自北京、上海、天津、黑龙江、内蒙古、山东、河南、安徽、湖北、浙江、福建、广东、香港、澳门、台湾等地,以及美国、日本等国家。与会代表既有戴逸教授、李文海教授、龚书铎教授等德高望重的老一辈专家,也有许多思想活跃、功底扎实的中青年学者,还有从事各个专门领域研究的人才。可谓基本囊括了国内外学术界相关学科领域研究有素、造诣深厚的专家学者。

本次会议的主题是"西学与清代文化"。围绕这一主题,与会学者踊跃撰稿,提交大会的论文包括部分提要在内,达80篇之多,内容涵盖了历史、哲学、宗教、美学、音乐、绘画、陶瓷、天文、历法、数学、医学、建筑、地理等各个方面。其作者队伍之整齐,论文数量之宏富,涉及范围之广泛,成为本次会议的一大亮点。

本次研讨会集中讨论了西学与清代文化的诸多问题,概括而言,主要体现在如下几个方面:

## 一、中西文化观

自明代末年以利玛窦为首的天主教耶稣会士进入中国,留居北京,服务宫廷以来,传教士就以其特殊的身份,充当了东西方交往的媒介,并成为清代前中期双方彼此了解的唯一桥梁。正是通过这扇由传教士打开的窗口,东方和西方开始了初步的接触和了解,也由此而产生了不同文化观念的碰撞和冲突。就此而言,提交本次会议的多篇论文,从各个角度、不同层面,阐发了中西文化观念的有关问题。诸如,中国的西学观,中国的士大夫和统治者上层以及近代思想家对西方文化的看法和认知;西方的中国观,传教士、西方启蒙思想家、西方社会对中国社会的观察和认识等。

李华川《清朝中前期国人对法国的认知》和王宪明、张伟良《两个法国人三个中国人,与18世纪法国两种中国观的形成》两篇论文,为我们提供了清代前中期中西交往中极富典型意义的个案。康熙、乾隆年间,先后来华的法国传教士有数十位,他们或服务宫廷,或在地方传教,与中国的上层统治者乃至一些平民百姓都有所接触,有的还深得皇帝的赏识和重用,如数学家白晋、画家王致诚,担任中俄尼布楚谈判翻译事宜的张诚,为圆明园西洋楼设计制造大"水法"的蒋友仁等。但从总体来看,中国士大夫对法国这个欧洲大国仍然关注不够,认识粗浅,甚至误解。李华川的论文揭示了这样一种现象:民国初年成书的《清史稿》,在其中的《邦交志》中,竟然将法兰西与佛郎机(葡萄牙)二者相混淆。而这一混淆直接源于乾隆时期官修的两部政书《皇朝文献通考》和《皇朝通典》,并且,同一时期撰成的《皇清职贡图》、《澳门纪略》等书,也都出现了同样的讹误。作者在分析造成这种讹误的原因时说,这"既是法兰西与佛郎机发音相近,也是两部政书的编者过于依赖旧有文献、缺少实地考察的结果"。与之形成鲜明对照的是,18世纪的法国社会和思想界对东方的中国却表现出了极大的热情和非同寻常的关注。王宪明和张伟良的论文展示出这样一幅图景:法国的两位思想家孟德斯鸠和魁奈,在探讨欧洲政治社会改革方案时,不约而同地把目光投向中国,希望从中国找到欧洲社会发展的出路。但他们得出的结论却迥然不同:孟德斯鸠把中国当成欧洲的反面典型,魁奈则把中国当成欧洲应该仿效的正面典范。而在二者争论的背后,"都有着与中国人直接交往及受此种交往影响的痕迹"。这就是当时旅居法国的三个普通的中国人:黄日升(教名黄嘉略)、杨德望和高类思。他们均随同传教士前往法国,黄日升曾受到教皇的接见,并留居法国,杨德望和高类思则有机会在法国攻读神学、物理学及化学,后回国传教。正是这三个中国人,成为当时法国思想家交往和关注的对象。孟德斯鸠曾多次访问黄日升,魁奈则受朋友之托负责照顾杨德望和高类思。接触的对象不同,信息的来源不同,直接影响到两位思想家对中国的印象以及由此而建构的两种不同的中国形象和中国观念。显然,如果我们把目光聚焦于18世纪的中法交往和中西互视,双方之间的天平可以说是完全不对称的。在18世纪的法国,不仅有《中华帝国通志》、《耶稣会士书简集》、《中国丛刊》等大量有关中国的书籍出版,而且启蒙思想家们不约而同地重视东方,关注中国,甚至以之作为参照系,来论证或提出他们的思想主张。反观同一时期的中国士大夫,他们大多数还只知埋首于传统的经典之中,无暇顾及中华之外的"蛮夷世界"。即使在杨德望、高类思携带路易十六送给乾隆皇帝的礼品归国之后,在中国社会仍然默默无闻,甚至没有留下任何有关的文字记载。之所以出现这样的反差,并非偶然,诚如李华川文中所言:"或许更主要的原因是西方世界的力量还没有强大到真正触动国人的日常生活,即使有少数人如康熙帝对西方势力有所警惕,预料到'千百年后,中国恐受其累',却也以为那是未来很遥远的事情。他们觉得,与现实中的问题相比,西方的威胁还太不重要。没有人想到,百余年后,祸患就已降临。"应该说,这样的个案比较分析,是颇有意义和深度的。

其他如周积明、温丽丽《晚清续经世文编与晚清西学》,王先明《晚清"中体西用"论的再思考》，李志军《西学东渐的策略选择及历史进程》，周武《从中西之学到新旧之学》，从不同的角度，分别论述了西学传入及其对中国学人和学界的影响，揭示了晚清时期西学观的变化。孙若怡《精致文化与乾隆时期》，吴伯娅《从新出版的清宫档案看乾隆年间的西学东渐》，着重探讨了乾隆时期中外文化交流的有关问题。王日根《西学与清代中国形象的变迁片论》，何瑜、柳岳武《西人眼中的康乾盛世》，刘凤云《从〈耶稣会士书简集〉看康乾时期的对外政策》，主要探讨了传教士以及西方思想家眼里的中国形象及其对中国的认知。许纪霖《政治美德与国民共同体：梁启超自由民族主义思想研究》，姜义华《清末孙中山革命思想的西学渊源——上海孙中山故居西文藏书的一项审察》，则对中国近代史上具有重要地位和深远影响的两个人物——梁启超和孙中山，作了重新审视和进一步的探讨，推进了相关问题的研究。

## 二、西学与清代学术

传教士东来之后，在中西不同文化观念的碰撞和冲突中，一方面传教士逐渐适应并了解了中国社会和中国文化，另一方面西方的科学技术和文化知识又对中国的传统学术产生了或多或少的影响。对此，提交会议的各篇论文从不同的领域，探究了西学与清代学术的关系。

以经学为例。张昭军《"先入之见"与"自以为是"——清前期来华传教士对程朱理学的跨文化诠释》，探讨了传教士基于宗教立场对程朱理学有关命题所作的诠释。作者指出，清前期来华传教士继承明末利玛窦的传教路线和传教方式，采取肯定"先儒"（原始儒家）、排斥"后儒"（程朱理学家）的策略，从天主教的立场出发，对理学的基本命题作了新的诠释。如否定"太极"、"理"等理学核心范畴的本原性和本体性涵义，而将其诠释为万物之"性理"和天主赋予人的灵魂的"天理"，甚至直接诠释为天主本身。显然，这样的诠释只是从天主教立场出发所作的想当然的附会，并不符合程朱理学的理论体系和真实情形。但是，"历史的跳动有时恰恰是在这种似是而非中完成的"，作者认为，"传教士对理学的诠释和传播在东西方社会产生了意想不到的效果，客观上促进了东西方文化的交流与融合"。俞祖华《晚清西方传教士对儒学的认识》，则分析了传教士对中国传统儒学的认知。文章认为，晚清时期的传教士仍然要面对如何调和两种不同背景的文化的问题，仍然需要适应中国社会和中国传统文化。为此，林乐知、李佳白、花之安、理雅各、丁韪良、李提摩太等人，明确提出了"孔子加耶稣"的传教策略。他们从基督教的立场出发，着眼于上帝观、自然观、人性论、伦理观、礼俗观等方面，把儒学与基督教加以比较，由此而形成了传教士的儒学观。作者提出，作为异域视野下的比较文化论，作为宗教视角下对世俗政治伦理思想的观照，传教士的儒学观"对我们审视儒家文化的价值与局限，在视角、宏观把握、具体分析、中西比较等方面都有参考意义"。譬如,"来自传教士的最主要批评是儒学只重人伦而忽视了天伦,忽视了对超越层面的关注、对人的终极关怀,尤其是缺乏对独一真神的纯洁而坚执的信仰,导致了民间层面的多神教、泛神教信仰与文人层面的无神论"。但是,"当传教士以基督教的神本与超越层面凸现对儒家文化的优势时,同时也呈现出儒家文化的人文特色",即"以人为本、关注现世、关注世俗、关注国计民生、重视人伦、重视人的道德修养而不看重人的信仰的人文主义,体现出一种务实精神与理性主义精神"。由此可见,"置于中西文化的背景之下,置于宗教文化与世俗文化比较的背景之下,对儒家文化进行审视,思路与视野会显得开阔得多"。

王记录《钱大昕的西学观及其影响》、漆永祥《从〈汉学师承记〉看西学对乾嘉考据学的影响》,分别着眼于专人或专书,研究了西学对乾嘉学人和学术的影响。作为乾嘉时期的著名学者,钱大昕学问广博,造诣精深,被推为"一代儒宗"。他因研究天文历法,接触到西方的数学和自然科学,由此而了解到西学有超越中学的地方,也看到了中国传统学术的缺陷。对此,钱大昕首先致力于发掘、阐扬《三统历》、《数学九章》等中国传统天算遗产,同时尽可能以西方科技知识为参照,将中西历算学的研究引入经史研究领域,主张"用西学",而不能"为西人所用"。王记录认为,钱大昕的西学观及其学术实践"笼罩在浓重的经史研究的氛围中,体现出一个历史人文主义者的固有的特点,值得我们注意",并进而指出:"随着明清之际西方传教士的东来,中国学者不得不开始直接面对'西学'这样一个新鲜的东西。异域文化所具有的不同于中土文化的特性以及它对中国传统知识体系的冲击,在传统学者中间引起了不同的反映,其间的争论及冲突折射出中国传统文化中固有的特性及中国学者评价中学、西学时的矛盾心态,也反映出传统学者面对外来学说时的心理调适。"然而,同样是探究西学的影响,漆永祥的观点却与之完全不同。他通过对江藩本人和《汉学师承记》有关记述的考察,认为:就西学的影响而论,在很大程度上多产生于天算学范围之内。而在当时占据学术主流的考据学家看来,用中国传统训诂考据方法研究儒家经典是天经地义、唯此为大的第一等学问,天算学只是传统经学研究中运用的辅助知识之一。故而有半数考据学家不明天算,更无由以通西学,即便是中西兼通的学者,对西学的认识和评价也多持"西学中源"、中优于西的观念。何况乾嘉时期的天算学界,学者大多致力于中国古代天算学著作的整理、演算和研究,与西方不仅没有产生越来越多的交流,反而有着明显的渐行渐远的态势。据此,漆永祥得出结论:"就清初至江藩所在时代而言,西学对当代考据学家产生的影响极其有限。"两篇论文都是从个案的研究出发,但得出的结论却迥然相异,由此也可看到,传教士带来的西学究竟对清代学者以及中国传统学术产生了何种影响,其影响又有多大程度,仍然是有待深入考察的问题。对此,湛晓白、江陵《清代初中期经学与西学关系问题研究述评》,也就经学与西学的关系问题,对近百年来学术界的研究状况作了疏理,并提出了自己的思考。

其他如李帆《西学视角下的戴震义理学——以章太炎、刘师培、梁启超、胡适对戴震义理学的解说为核心》,分析了后人对戴震义理学的解说;汪学群《康有为〈孟子微〉发微——兼论以西学补充印证经学》,以《孟子微》为例,对康有为以西学补充印证经学,作了进一步的探讨;毛瑞方《陈垣对清代西学的研究》,则全面考察了陈垣对清代西方宗教文化的相关研究。

再就史学而言,刘桂生《"列传"观念的历史演变与西方史学对中国史学的影响》、阚红柳《以史证教与以史驳教——清初天主教传播与史学》,从中国传统学术的视角出发,从不同方面探讨了西学对中国史学的影响以及西学与清代史学的关系。许明龙《关于冯秉正〈中国通史〉中的清史部分》,张先清《乱世文章——多明我会传教士与清初华南地方史书写》,贾建飞《19世纪西方的新疆研究及其与清代西北史地学的关系》,邹振环《〈泰西新史览要〉:"世纪史"的新内容与新形式》,张西平《〈耶稣会在亚洲〉档案文献与清史研究》,胡志宏《西方汉学家对清史感兴趣的原因》等论文,则着眼于西人或西学的视角,分析了传教士和西方汉学家笔下的清史和地方史,以及西方史著对中国史学乃至中国社会的影响。

## 三、传教士与宗教问题:传教与禁教

明清时期来华的传教士,就其根本目的而言,是要在广袤的东方和神秘的中国传播上帝的"福音",由此而与中国社会、政治、文化等各个方面产生了诸多的碰撞和冲突,传教与禁教以及相关的宗教问题也相应地成为本次会议学者感兴趣的热点。

崔维孝《方济会石铎禄神父〈初会问答〉刍议》,深入探讨了方济会传教士石铎禄所著《初会问答》一书的有关问题。《初会问答》是一部以问答形式来宣扬、传播天主教的中文书籍。在中国传教史上,最早以问答体形式著书立说、宣讲天主教义的当推耶稣会传教士,利玛窦的《天主实义》就是这类书籍的开山之作,也是最受推崇的教科书之一。此后,方济会传教士同样也使用了这一方式。康熙年间来华的西班牙方济会传教士石铎禄,与中国文人合作,用中文撰写出版了多种宣扬天主教义的神学书籍。其中,最引人注目、最受西方传教士欢迎和最具实用价值的就是《初会问答》。作者在简要疏理石铎禄生平、著述特别是《初会问答》撰写出版情形的基础上,将《初会问答》与《天主实义》相比较,认为前者并不是后者简单的翻版,而具有自己的独到之处:在语言文字方面,该书使用了非常大众化的文言语汇;在结构形式上,则采用了一位中国人与一位传教士一问一答的形式;从内容来看,可大体归纳为三部分,一是给天主下定义,二是批驳中国各种宗教与异说,三是论述入教之行规。崔维孝在逐一分析了上述各方面的内容后指出:石铎禄对中国文化的了解、对中国文人的认识是非常深刻的,在面对一个具有千年智慧和理性的民族时，他更多地吸取中国文化的元素，利用中国文化中的人物和事件来论证天主的存在，批驳中国各种宗教与偶像崇拜学说，阐释天主教的教规和教义。再加上简练的语言文字和多元的修辞方法，使得该书成为方济会传教士在华出版的最重要和最成功的宣讲天主教义的著作，同时也受到其他修会传教士的欢迎。

高王凌《刘松龄，最后的耶稣会士》，利用新发现的材料，对刘松龄其人其事作了进一步的研究。刘松龄系奥匈帝国卡尔尼罗尼亚（今斯洛文尼亚）人，于乾隆初年来到中国，长期任职钦天监，并担任过地图测绘等工作。但在相当长时间里，中国的学术界对其人其事均缺乏了解，直到上世纪80年代才有初步的研究。此后，斯洛文尼亚学者从欧洲各地陆续寻找出不少有关刘松龄的史料，包括数十封信件和他的《天文观察》一书。作者借赴斯洛文尼亚合作研究的机会，利用这些新发现的材料，进一步疏理了刘松龄的生平事迹，并结合近年来出现的一种新的"近(现)代史观"，提出了自己的思考。譬如，有学者认为，18世纪的世界历史出现了罕见的"同步现象"，首先表现在人口的增长方面，其次是中国与欧洲一起加强政府，或许还有第三个方面，即开始了各国疆土的武力开拓。就此而言，刘松龄等耶稣会士在中国参与的地图测绘工作，不仅很好地体现了传教士的作用，而且充分反映了当时的中国政府开疆拓土、奠定国家版图的积极努力。

龚缨晏、陈雪军《康熙"1692年宽容赦令"与浙江》，黄爱平《从清代档案看雍正、乾隆时期福建地区的传教与禁教》，牛贯杰《清初的"历狱"与"排教"》等文，比较集中地探讨了传教与禁教的相关问题。在中国传教史上，康熙帝曾于1692年批准了一份议奏，允许天主教在中国自由传播。这份极其重要的文件，在欧洲被誉为"1692年宽容赦令"。龚缨晏、陈雪军根据相关史料，详细考察了该文件形成的过程及其在浙江实施的情况。福建是传教士在华传教的重要地区，雍正、乾隆年间先后发生的三次大规模禁教活动中，福建一地就有两次成为禁教风暴的始发地和中心。黄爱平依据新近整理出版的清代档案以及相关文献资料，对福建地区的传教与禁教活动作了简要的疏理，并在分析福建地方特色的基础上，进而透视了清廷的禁教政策及其原因。发生在康熙年间的历法之争，是中国传教史上的一个重大事件，牛贯杰从政教之争的视角，对这场"历狱"作了简要的论述。

其他有关传教士的研究，还有李天纲《十六、十七世纪东亚新知识体系的建立：徐光启〈海防迂说〉及与陆若汉之关系》，陈玮《乾隆朝服务宫廷的西方传教士》，曹雯《清代早期中俄交涉里的在华耶稣会教士的影响》，李景屏《传教士、天文历法与清前期钦天监》，吴义雄《谢卫楼与晚清西学输入》，郭大松、于建胜《狄考文与登州文会馆述论》，杨雨蕾《西学初传朝鲜——在华西方传教士与朝鲜燕行使臣交往的历史考察》等文，分别探讨了传教士及其著述的有关情况，以及与之相关的西学输入乃至东传朝鲜的问题。

此外,房建昌《鸦片战争后西方秘密结社共济会的传入中国及组织的发展》,耿昇《西方人对中国开封犹太人的调查始末》,查时杰《从再造到没落——开封犹太教会堂在明清两朝的历史》,则分别就西方秘密结社共济会以及开封犹太人的有关问题作了详细的考述。

## 四、科学、艺术与西学

西方的科学技术知识,是传教士用于传播上帝"福音"的辅助工具。随着传教士的东来,西方的天文、数学、物理、医学、地理、建筑、音乐、绘画、机械制造等较为先进的科学技术知识也传入中国,并对中国社会文化各个方面产生了或多或少的影响。对此,与会学者也作了多方面的探讨。

以天文学为例。在传教士带来的西方科学技术知识中,天文学的地位最为重要,中国士大夫的认同程度最高,对中国社会的影响也最大。江晓原《欧洲天文学在清代社会中的影响》,考察了清代在历法和皇家天文学方面任用西人、采用西法,天文学研究空前繁荣,由此而导致"用夷变夏"与"用夏变夷"的争论等相关情形,指出"明清时代欧洲天文学在中国的传播,一度使中国非常接近欧洲天文学发展的前沿",而中国天文学之未能继续前进,主要是由于内部的原因。作者认为,天文学是古代中国社会中具有特殊神圣地位的学科,"正是在天文学的旗帜之下,一系列西方与科学技术有关的思想、观念和方法在明清之际进入中国,其中有些确实被接受和采纳,并产生了相当深刻的影响"。此外,吴蕴豪《历算无经与引进西法》,刘仲华《雷学淇及其古代天文学研究》,也集中讨论了清代天文算学与西学的有关问题。

再就机械制造而言,对中国社会颇有影响并得到各阶层广泛应用的当推西洋钟表的传入和制造。汤开健、黄春艳《清朝前期西洋钟表的仿制与生产》,在广泛系统搜集中西文献、档案及前人调查资料的基础上,对清代前期江南、福建、广州、北京等地西洋钟表仿制与生产情况作了详细的考察,认为:"清朝前期,西洋钟表的传入仿制及一定规模生产的出现对于中国机械生产技术的发展、中国钟表工业的形成仍然起了重大的推动作用,由此而产生的'西洋钟表消费热'及中国社会各阶层对西洋钟表的认同,则对这一时期中国人对西方文化的学习与接受产生了极大的影响。"其他如冯锦荣《1644—1796年清代宫廷天文仪器的制作》,介绍了清前期清宫内廷有关天文仪器的制作情形;牛润珍、安允儿《王徵与丁若镛——16至18世纪中韩两位实学家对西洋奇器的研究与制造》,则研究了中韩两位代表性学者在西洋机械制造方面所作的探索和贡献。

在艺术方面,沈定平《西洋铜版画在清宫廷的流传及其影响》,详细考察了铜版画及其技法在清代宫廷的流传情形,认为随着传教士的东来,作为西方文明标志性艺术成就的铜版画,也得以从南方到北方,从民间到宫廷,逐渐在中国流传,并在康熙、乾隆年间,一度成为描绘宫廷园林、全国舆图和边疆武功的艺术形式。刘潞、郭蕾《清代广州十三行艺术》,则主要讨论了广州因十三行的活跃及粤海关的成立而出现的本土艺术品,如广式钟表、广制紫檀家具、珐琅玻璃牙雕工艺及广东彩瓷与外销画等,认为它们均体现出中外合璧的特点。

其他如王扬宗《益智书会与晚清的科学教育》,阐述了新教传教士于1877年成立的益智书会在推动晚清科学教育方面所起到的重要作用;刘贤《清末陈垣医学文章叙论》,则对陈垣写于1908—1911年的医学文章作了介绍,并分析了其中所展示的传统与现代碰撞下清末医学卫生的状况,以及陈垣的思想倾向和学术特色。

## 五、西学与中国近代化

西学传入以及由此而带来的中西文化的碰撞与交流,对中国社会的近代化进程产生了极为重要的影响。对此,与会学者从政治、经济、思想、学术、文化等各个方面,作了深入的研讨。

以学术为例。中国近代学科的建构以及近现代理性思维方式的生成,都离不开西学的传入和影响。其中,中国现代学科作为"援西入中"的产物,涉及两个方面的问题:其一,西方分科观念是如何传入的? 其二,中国本土又是如何接引的? 章清《"西学门径"之辨与中国现代学科的形成》,探讨了晚清知识界在接纳西学过程中值得关注的一个现象:西人在传播知识分科观念时,并未过多涉及学科的次第问题,然而晚清学界在接纳这一观念时,却往往致力于探索各学科之次第亦即"西学门径",由此而构成了晚清接纳西学重要的一环。作者认为:"围绕学科次第的论辩,或围绕'西学门径'的探讨,关乎'采西学'的基本方针,多少预示着晚清对西学的取舍,也主导着中国本土学科建制的规划,值得当作中国现代学科形成的重要一环加以审察。"同样,中国人思维方式的变革,中国近现代理性思维方式的生成,也是由从传教士进入中国而开始的中西文化交流引发的。王晓朝《从明清天主教文献看中国近现代理性思维方式的生成》,通过对明末清初文献中"是"字含义的分析,探讨了西方文字中系动词"是"传入中国后对汉语的影响,认为"中西文化的碰撞与融合促使中国人的语言和思想发生重大变化,促成了汉语'是'字从用作实义动词转化为以系动词用法为主的重大变化,为汉语的变迁和中国近代思维方式的生成奠定了基础"。与此相关,王天根《严复与近代学科》,探讨了严复在救亡图存的社会语境下建构近代学科的过程、内容及其特色;郭双林《晚清驻外使领与中国现代知识体系的建构》,论述了晚清时期包括公使、领事及使领馆随员在内的驻外使领人员在建构中国现代知识体系中的作用。其他如梁景和《西方文化与十九世纪后期中国文化精英的婚姻观》,分析了西方文化影响下的中国文化精英的婚姻观;吴春梅、马晓艳《西学东渐与晚清女学的兴起》,则考察了19世纪末20世纪初西学东渐背景下女子教育的兴起及其特色。

在探讨西学与中国近代化问题时,区域研究无疑是其中重要的一个方面。王栋《环球化、区域化及其超越"西方与非西方"模式:从岭南档案沉思中美文化相遇》、魏白蒂《初探清末民初美国基督教士背景及其早期在南京活动与金陵大学创起》、李金强《西学摇篮——清季香港双语精英的诞生》、李长森《澳门土生葡人与中国近代外文报刊》、郭秋萍《镌刻在哈尔滨城市中的西方文化》等文,分别着眼于某一地域,从中西文化相遇之后的某些具体内容和实际操作层面入手,探讨了中国近现代文化生长点的有关问题。

其他如熊月之《理解的困难与表达的偏差——晚清中国对美国总统制的解读》、马金华《近代西方财政理论在清末中国的传播及影响》、孙江《作为他者的洋教——关于基督教与晚清社会关系的阐释》,分别从政治、经济、社会的视角,阐述了美国民主政体在晚清中国的特殊命运,包括税收、预算、财政分权思想在内的近代西方财政理论在中国的传播及其影响,基督教与晚清社会之间的复杂关系等问题。王晓秋《墙内开花墙外香——晚清汉译西书在日本的传播》,川尻文彦《晚清西学与明治日本:再思社会主义》,则探讨了晚清西学与日本政治、文化的关系。

尤为值得注意的,是与会学者对研究的检讨和对方法论的反思。改革开放以来,许多优秀的海外汉学研究论著被翻译、介绍到中国来,开拓了人们的视野,启迪了学者的思路,甚至在某种程度上改变了既有的研究方法。就如何正确吸收和借鉴国外汉学研究成果的问题,学者分别从宏观和微观的视角,提出了自己的思考。王俊义《庄存与复兴今文经学起因于"与和珅对立"说辨析——兼论对海外中国学研究成果的吸收与借鉴》,针对美国著名汉学家本杰明·艾尔曼教授提出的观点,即乾隆时期庄存与复兴今文经学起因于"与和珅对立"之说,以确凿的证据和缜密的考证,说明了庄存与与和珅之间并未形成对立和冲突,其研治今文经学亦与和珅无关。由此,作者特别提出,对待海外中国学的研究成果,既要勇于吸收,又要善于吸收。夏明方《十八世纪中国的"现代性建构"——"中国中心观"主导下的清史研究反思》,则对近年来国内外日趋兴盛的"在中国内部发现历史"的史学思潮,即"中国中心观"主导下的清史研究,是如何从社会生活、市场经济、政治制度、民族国家等各个方面建构18世纪中国所谓的"现代性"这一问题,进行了全方位的反思。李纪祥《近代观与西学观——魏源研究的多元面向与反思》,着眼于近代观、清学史、《海国图志》、西学观等诸面向,详细回顾并检视了魏源研究中有关海洋视域、西学影响、隐性传统、近代叙事的开端等问题,重新讨论了其中所体现的研究模式、思维特性、轴性与惯性,乃至其复制于历史传衍中的印迹。三篇论文视角各异,研究对象也不相同,但都发人深省,足资参考。

综观本次会议的学术研讨,具有如下特点:

其一,多元视野的研究和探讨。

提交本次会议的各篇论文以及会上的交流讨论,从各个角度、各个层面、各个领域,对"西学与清代文化"这一主题所涉及的诸多问题,作了有深度、有新意的研究和探讨。有的侧重中西文化观的比较和阐发,有的着眼于西学与清代学术的关系,有的集中探讨传教士以及与之相关的传教和禁教问题,有的专注于某一领域的专门研究,有的重视西学与中国近代化的有关问题。这种从多元的视野、不同的角度来观察和探讨同一主题的做法,反映了学术研究的整合趋势。

其二,研究领域的拓展。

本次会议的论文,有不少关注到前人较少涉及的领域,在某些方面、某些问题的研究上颇有开拓和创新。以音乐学为例。在中国音乐史上,清代是中西音乐交汇和中国音乐发展变化的重要历史时期。西洋音乐如器乐、歌曲、舞蹈、歌剧等艺术形式,音乐知识、音乐教育等音乐文化,分别通过相关人员、机构,以及文献、乐声等不同的途径和方式传入中国,对中国的音乐形式、音乐观念、音乐生活、音乐教育,乃至音乐史学,都产生了或多或少的影响。但以往学术界对此却关注不够,研究甚少,近年来才对其中的一些问题有所探讨。郑锦扬《西乐与清乐:西学与中国文化关系一个有机组成部分》,着眼于宏观的视角,对清代西乐的传入及其与清乐的关系等问题作了开创性的研究。作者将西乐传入的过程划分为前后两个阶段,系统论述了西乐传入的两大内容、传播的主要形式,以及清代西乐对中国音乐的影响。再就美学而言,现有的中国美学史著作在谈及西方美学在华传播情形时,一般都从王国维说起,认为他不仅在中国最先引入"美学"这一概念,最早介绍西方美学思想,而且在此基础上提出了自己的美学见解,并据以研究和评论中国文艺作品。王国维也因此而被公认为中国近代美学最早的开拓者。黄兴涛《清代西方美学观念和知识在华传播考论》,则依据相关文献史料,从观念史、知识史的角度,对西方美学在华传播的有关问题进一步作了深入的考证和论述,明确提出:在王国维之前,不仅中国已有人做过值得一提的西方美学思想和知识的传播工作,还有多人在现代意义上使用过"美学"概念。上述论文,都在各自的领域内有所推进和拓展,不同程度地深化了相关问题的研究。

其三,人文社会科学与自然科学不同学科领域的交流。

以往的学术研究中,人文社会科学与自然科学二者之间往往相互脱离。而在本次研讨会上,人文社会科学和自然科学不同领域的学者得以相互切磋,共同交流。这种跨学科、跨专业合作的尝试,既增进了不同学科、不同专业彼此之间的相互了解,也推动了各自领域内学术研究的进一步开展。诸如罗见今《从清代无穷极数发展的历程看西学的影响》,余新忠《晚清"卫生"概念演变探略》,张大庆《传教士与近代西方外科学的传入——以合信的〈西医略论〉为例》,都在中西交往的大背景之下,分别探讨了清代数学、医学等专门领域的问题,不仅深化了各个专门领域的研究,而且对其他学科专业也颇有裨益。

其四,新的文献资料的发掘和利用。

文献资料是从事学术研究的基础。在提交本次会议的学术论文中,有不少发掘和利用了新发现的文献资料。以舆图为例。华林甫《英档庋藏近代中文舆图的价值》,介绍了位于英国伦敦西南郊的英国国家档案馆收藏的124幅近代中文舆图的详细情形,并结合相关中文资料,初步探讨了其中有关太平天国战争的几幅地图,揭示了其无可替代的史料价值。根据作者所作的实地考察可以得知,这批舆图原属清朝两广总督府等衙门,绝大部分是军事作战地图,其所涉及的地域包括广东、广西、湖南、江西等地,其中有省会和府城地图、州城和县城地图,更多的则是县城以下的地图。而且,这批舆图还具有独一无二的价值,国内各主要机构如国家图书馆、中国第一历史档案馆、北京大学图书馆等收藏的舆图,均无与之重复者。但遗憾的是,由于种种原因,这批舆图至今尚无人作过系统的研究,国内学术界甚至无人知晓。就此而言,该文披露的具体情形和所作的初步研究,对中国学术界相关领域研究的推进,无疑具有极为重要的文献价值和学术意义。此外,吴莉苇《17世纪欧洲流传的与耶稣会士相关之中国地图叙论》,则介绍了1584—1686年间耶稣会士依赖中国的制图传统所完成并流传到欧洲而产生了一定影响的几幅中国地图。其他如相关外文资料、新近出版的清代档案以及翻译的传教士书简,学者也多有发掘和利用,大大提升了研究成果的学术价值。

其五,方法论的反思和检讨。

如何对待海外汉学的研究成果,如何正确地加以吸收与借鉴,以开拓视野,促进研究,是学者在从事清史特别是中西文化交流各领域研究之时必然面临的问题。在本次会议上,一些学者对海外汉学相关研究状况所作的反思,对某些具体问题所进行的考证分析,以及由此而涉及到的方法论的问题,不仅对与会的各位学者有所启迪,而且对学术界的相关研究也将起到有益的促进作用。

此外,在本次会议的学术研讨中,还提出了一些具有共同性的问题,诸如,对传教士书简以及著述中涉及的人名、地名、职官等专有名词,在翻译时如何准确地还原和对应;在学术研究中,应当如何对待前人已经取得的研究成果,如何遵守学术规范等。

总之,本次会议的成功召开,为国内外学术界在西学与清代学术文化这一领域研究有素的专家学者,特别是参与清史项目的学者和某一专门领域的专家,提供了一个相互交流讨论的平台。百余位学者就"西学与清代文化"所涉及的方方面面所作的研讨,不仅厘清了西学与清代社会、政治、经济、文化的诸多问题,推进了学术界相关领域的研究,而且为今日中国的改革开放,进一步走向世界,提供了历史的经验和借鉴。

(作者:中国人民大学清史研究所教授)

图书在版编目(CIP)数据

炎黄文化研究.第6辑/王俊义主编.—郑州:大象出版社,2007.9
ISBN 978-7-5347-4772-4

Ⅰ.炎… Ⅱ.王… Ⅲ.传统文化—研究—中国 Ⅳ.K203

中国版本图书馆 CIP 数据核字(2007)第 099490 号

| | |
|---|---|
| 责任编辑 | 吴韶明 |
| 责任校对 | 钟 骄 |
| 封面设计 | 王翠云 |
| 出版发行 | 大象出版社(郑州市经七路25号 邮政编码450002) |
| 网　　址 | www.daxiang.cn |
| 制　　版 | 郑州普瑞印刷制版服务有限公司 |
| 印　　刷 | 河南第二新华印刷厂 |
| 版　　次 | 2007年9月第1版　2007年9月第1次印刷 |
| 开　　本 | 787×1092　1/16 |
| 印　　张 | 19.5 |
| 字　　数 | 376千字 |
| 印　　数 | 1—2 000 册 |
| 定　　价 | 31.40元 |

若发现印、装质量问题,影响阅读,请与承印厂联系调换。
印厂地址　郑州市商城路231号
邮政编码　450000　　　电话　(0371)66202901